"十四五"国家重点出版物出版规划项目

U0890021

着力推动高质量发展丛书

主编 张卓元 迟福林

促进区域协调发展

肖金成 等 著

Promoting the Coordinated Development of All Regions

SPM 南方传媒 | 广东经济出版社

·广州·

图书在版编目（CIP）数据

促进区域协调发展 / 肖金成等著 . — 广州：广东经济出版社，2024. 10（2024. 11 重印）
（着力推动高质量发展丛书）
ISBN 978-7-5454-9088-6

Ⅰ . ①促… Ⅱ . ①肖… Ⅲ . ①区域经济发展—研究—中国 Ⅳ . ① F127

中国国家版本馆 CIP 数据核字（2024）第 006628 号

策划编辑：王成刚　周伊凌
责任编辑：余　朔　赵　娜　刘雨曦
责任校对：李玉娴　黄思健　陈运苗
责任技编：陆俊帆
封面设计：集力書裝　彭　力

促进区域协调发展
CUJIN QUYU XIETIAO FAZHAN
出 版 人：刘卫平
出版发行：广东经济出版社（广州市水荫路 11 号 11 ～ 12 楼）
印　　刷：广州市豪威彩色印务有限公司
（广州市增城区宁西街新和南路 4 号一楼 106 房）

开　　本：787 毫米 ×1092 毫米　1/16　　印　　张：27
版　　次：2024 年 10 月第 1 版　　印　　次：2024 年 11 月第 2 次
书　　号：ISBN 978-7-5454-9088-6　　字　　数：462 千字
定　　价：88.00 元

发行电话：（020）87393830
广东经济出版社常年法律顾问：胡志海律师
如发现印装质量问题，请与本社联系，本社负责调换
版权所有 • 侵权必究

编 委 会

主　　编

张卓元　迟福林

编　　委

（按姓氏音序排列）

迟福林　宋洪远　王一鸣　肖金成　张卓元

本书撰稿人名单

肖金成　中国国土经济学会理事长，国家发展和改革委员会国土开发与地区经济研究所原所长

覃成林　暨南大学经济学院教授，经济学博士

安树伟　首都经济贸易大学教授，经济学博士

黄征学　国家发展和改革委员会国土开发与地区经济研究所国土经济室主任、研究员，经济学博士

李军培　潍坊学院副教授，经济学博士

马燕坤　国家发展和改革委员会经济体制与管理研究所副研究员，经济学博士后

李博雅　北京物资学院副教授，经济学博士

贾善铭　暨南大学副研究员，经济学博士

张晋晋　山西财经大学讲师，经济学博士

阎　敏　山西省人民政府发展研究中心创新办主任科员

洪　晗　中国人民大学博士后流动站博士后

申秀敏　首都经贸大学经济学博士生

总　序

以结构转型推动高质量发展

党的二十大报告提出，“高质量发展是全面建设社会主义现代化国家的首要任务”。面对世界百年未有之大变局，我国作为具有巨大发展潜力的经济大国，实现高质量发展，关键是抓住机遇、应对挑战，通过结构转型充分释放14亿多人潜在的增长动力和发展活力，以结构转型推动高质量发展，以结构转型赢得主动、赢得未来。

以结构性改革释放转型新动力

经济转型的本质，是通过结构调整和制度变革，实现结构再平衡和结构升级。结构转型既是发展问题，也是改革问题。实现高质量发展离不开结构转型。我国经济结构转型具有自身的突出特点：一方面，我国14亿多人口的消费结构正在发生重要变化；另一方面，全球经济格局变化深刻影响我国经济结构转型的外部环境。未来10年左右，我国产业结构、消费结构、科技结构、城乡结构、贸易结构都至少有10～15个百分点的升级空间，蕴藏着高质量发展的巨大潜力。以消费结构为例，预计到2025年，服务型消费占比有望从2021年的44.2%提升到50%左右，带来10万亿元左右的新增消费市场，形成我国高质量发展的重要支撑。在新发展阶段，要稳步推进产业结构、消费结构等方面的转型升级，以结构转型赢得高质量发展的主动。

作为拥有14亿多人口的大国，我国经济结构转型有巨大空间，同时面临的问题非常复杂、任务也非常艰巨。这既有发展不平衡带来的结构性失衡，也有体制性摩擦带来的结构性失衡。解决结构性矛盾与问题，既需要结构性政策调整，更需要结构性改革的突破；既要以稳定经济增长为主要目标推进结构性政策调整，推动形成更具弹性的经济转型政策和社会发展政策，也要推进与结构转型相适应的结构性改革。

从当前情况看，推进结构转型，需要不断破解政策与体制、体制与体制、短期与中长期等方面的结构性矛盾；需要不断化解需求与供给、工业与服务业、经济增长与社会发展等结构性问题。从实践看，结构转型需要稳定并增强发展预期、充分激发市场活力、形成公平竞争的市场环境，这些都直接依赖于结构性改革的突破。从结构转型的具体任务来看，适应产业结构、消费结构转型趋势，要以服务领域为重点，着力打破市场垄断和行政垄断，促进现代服务业与先进制造业深度融合，并实现消费与供给的良性循环；适应科技结构升级趋势，要深化科教体制、人才管理体制改革，完善企业投入基础研发的体制机制，激发科技创新活力，释放科技创新潜力；适应城乡结构转型趋势，要推进公共资源与生产要素双向自由流动的体制改革，加快完善城乡基础设施；等等。

14亿多人口大国的结构转型，既是中国发展的重大机遇，也是世界经济增长的重大利好。作为世界第二大经济体，中国的经济转型升级具有国内国际的双重意义，在推动自身转型发展的同时，也将促进全球经济的复苏和增长，为全球经济转型发展和治理变革注入新活力，促进形成更加稳定、多元、平衡、包容的世界经济格局。

以高水平开放推动结构转型

我国经济发展是在开放条件下取得的，未来实现高质量发展也必须在更加开放的条件下进行。未来几年，我国推进高质量发展，既有结构转型的巨大潜力与空间，也面临着外部环境变化的重大挑战。促进高水平开放与推动经济结构调整密切相关。为应对世界之变、时代之变、历史之变，我们必须把高水平开放与结构转型结合起来，以高水平开放推动经济高质量发展。

稳定经济增长，实现高质量发展，既取决于消费结构、产业结构、城乡结构、能源结构等方面的调整优化，又取决于结构转型与国际市场的融合程度。构建新发展格局是与我国结构转型趋势相适应的中长期发展战略，需要高水平开放与高质量发展的相互促进、国际市场与国内市场的相互融合。为此，要把高水平开放与结构转型结合起来，协同推动高水平开放与强大国内市场建设。例如，以开放创新破解"卡脖子"难题，实现新型工业化的重要突破；以适度扩大优质商品与服务进口满足国内消费需求，促进消费结构升级；等等。

要以高水平开放拓展要素配置空间，提高全要素生产率。从要素流动型开放向制度型开放升级，将给提高资源配置效率带来更大促进作用。一是以主动开放释放超大规模市场潜力，推动内外市场联通、要素资源共享，实现国内循环和国际循环的良性互动。二是以服务贸易为重点建设高水平开放型经济新体制，加快打破服务业领域的市场垄断与行政垄断，推进服务业领域国有资本布局优化和结构调整。三是强化服务贸易自由便利的制度安排。加快制定并实行全国跨境服务贸易负面清单，减少制约要素流动的"边境上"和"边境后"壁垒；以海南自由贸易港等为依托，着力打造服务贸易开放新高地。四是以制度型开放推进制度性变革。例如，要加快深化服务领域资金、人才、数据等要素流动型开放，突出规则、规制、管理、标准等制度建设，在对接国际经贸规则中推动全面深化改革。

我国推动高水平开放，不仅为推进双边、区域、多边自由贸易进程提供了重要动力，也将进一步提升我国参与全球经济治理的影响力和制度性话语权。未来，要主动参与全球治理，塑造我国国际经济合作和竞争新优势。一是务实推进RCEP进程。2021年，我国与RCEP其他成员国贸易额同比增长18.1%，占我国外贸总值的30.9%。未来几年，以RCEP为抓手，与其他成员国合力建设全球最大自由贸易区，是我国推动高水平开放的重中之重。二是以服务贸易和数字贸易为重点积极参与全球经贸规则制定。要积极推动加入《数字经济伙伴关系协定》，加快构建我国数字贸易规则方案，制定数字贸易规则设计工作计划、实现路径和时间表，建立统筹协调机制，推动各规则模块有序构建。三是在广泛协商、凝聚共识基础上改革和完善全球经济治理体系，推动经济全球化朝着更加开放、包容、普惠、平衡、共赢的方向发展。

党的二十大报告对推动高质量发展进行了战略谋划和战略部署，指出了推动高质量发展重要的五个着力点：构建高水平社会主义市场经济体制，建设现代化产业体系，全面推进乡村振兴，促进区域协调发展，推进高水平对外开放。这五个方面，是未来高质量发展的重心，为高质量发展指明了方向，为实现中国式现代化奠定了坚实基础。基于对党的二十大对推动高质量发展作出战略部署的学习、理解和研究，中国（海南）改革发展研究院与广东经济出版社联合策划组织出版这套“着力推动高质量发展丛书”。我们希望，这套丛书能对加快构建新发展格局、着力推动高质量发展进行开创性的探索和实践总结，推动我国经济社会发展焕发新活力，以高质量发展全面推进中国式现代化。

这套丛书的作者大多是相关领域的知名专家学者。张卓元、王一鸣、宋洪远、肖金成等在百忙之中参与了丛书的撰写工作。我对为丛书出版付出艰辛努力的各位作者表示感谢，对为丛书出版给予大力支持的广东经济出版社表示感谢！

迟福林

2023年10月

绪　　论

实施区域协调发展战略是党的十九大提出的国家重大战略，是实现共同富裕目标的基本途径和重要举措。《中共中央关于党的百年奋斗重大成就和历史经验的决议》指出："着力解决发展不平衡不充分问题和人民群众急难愁盼问题，不断实现好、维护好、发展好最广大人民根本利益，团结带领全国各族人民不断为美好生活而奋斗。"本书系统阐述了区域协调发展的理论、区域协调发展战略的形成过程以及取得的成效与存在的问题，提出了建立有效的区域协调发展体制机制等对策和建议。

一、对区域协调发展的基本认识

区域经济学是从宏观角度研究国内不同区域经济发展及其相互关系的决策性科学[①]。区域包括自然区域、行政区域和经济区域。自然区域是指高原、平原、山地、沙漠、戈壁、盆地等，一般根据地形、地貌、高差进行划分。行政区域是指历朝历代为管理和控制的需要而划分的区域，如省、市、县、乡、郡、道、路、州、府、镇、区、街等。经济区域如城市圈、都市圈、城市群、经济区、经济带等，一般根据经济联系强度不同进行划分。经济区域是由区域经济主体的经济活动形成的，在地理上连续，对内具有同质性、对外具有异质性的不可无限分割的经济社会综合体。区域经济主体是指能够实现一定经济空间（经济区域）组织和运行的行为主体，主要包括区域内的企业（厂商）、居民、相关区域组织和政府，具有系统性、结构性、动态性等特征，同时，主体之间具有明显的系统结构关系。一个区域经济系统包括两个子系统：一是企业与居民在市场机制下形成的自组织系统；二是政府行为和区域经济政策系统。这两个子系统、三个主体之间的相互作用推动区域经济发展。区域经济学的研究对象主要是经济区域。

（一）区域协调发展的内涵

区域协调发展是指以实现人的全面发展为目标，通过建立有效的运行机制，使各个区域之间相互协作、相互配合、相互促进，发展差距稳定在合理、适度的范围内并逐渐收敛，不断朝着理想状态演进的过程。

国家发展和改革委员会印发的《关于贯彻落实区域发展战略促进区域协调发展的指导意见》指出，区域协调发展包括四个方面：要素有序自由流动、主体功能约束有效、基本公共服务均等和资源环境可承载。

对区域协调发展内涵的探讨是区域协调发展理论研究的重要组成部分，也是区域协调发展研究的起点。学者们从区域经济发展与区域经济关系的不同视角，提

① 陈栋生主编《区域经济学》，河南人民出版社，1993。

出了表述有所不同的区域协调发展的内涵。陈栋生提出，为了在追求效率的同时防止区际差距扩大到引起社会的震荡，往往需要从逆向，按“补偿原则”实施区域政策，以弥补市场机制的缺陷或不足，缓解在追求效率过程中同时伴生的诸多社会矛盾，发挥促进社会和谐的稳定机制作用。通过东部地区的外向经济循环带动起来的中西部内向经济循环，反过来将进一步促进东部外向经济循环的顺利运转，从而使我国区域经济走上协调发展、共同繁荣的道路①。张敦富、覃成林认为，区域协调发展是指区域之间在经济交往上日益密切、相互依赖日益加深、发展上关联互动，从而达到各区域经济持续发展的过程②。肖金成认为，区域协调发展依赖于社会主义市场经济体制的建立和不断完善，资源（自然资源和社会人文资源）在部门和空间的配置过程中，市场对其起着基础性作用，国家主要通过财政、金融、税收等政策进行宏观调控，着力改善中西部地区的投资环境，改善基础设施和提高劳动力素质，促进中西部地区经济和社会的发展③。高志刚认为，区域协调发展是指在国民经济发展过程中，既要保持国民经济的高效运转和适度增长，又要促进各区域的经济发展，使区域间的经济差异稳定在合理、适度的范围内，达到各区域优势互补、共同发展和共同繁荣的一种区域经济发展模式④。陈秀山、刘红认为，区域协调发展是指在国民经济发展过程中，既要保持区域经济整体的高效增长，又能促进各区域的经济发展，使地区间的发展差距稳定在合理、适度的范围内并逐渐收敛，达到各区域协调互动、共同发展的一种区域发展战略⑤。张可云认为，区域协调发展是在区域经济非均衡发展过程中不断追求区域间相对平衡和动态协调的发展过程，其最终目标是实现区域和谐⑥。郝寿义认为，区域协调发展具有三个不同层次的含义：第一个层次是要素的协调，主要评价区域性要素和非区域性要素之间的适宜程度和协调程度，即区域经济发展中的要素适宜度问题；第二个层次是发展的协调，

① 陈栋生主编《区域经济研究的新起点》，经济管理出版社，1991。

② 张敦富、覃成林：《中国区域经济差异与协调发展》，中国轻工业出版社，2001。

③ 肖金成：《欠发达地区发展的理论与实践》，载杜平主编《中外西部开发史鉴》，湖南人民出版社，2002。

④ 高志刚：《新疆区域经济协调发展若干问题探讨》，《经济师》2003年第2期。

⑤ 陈秀山、刘红：《区域协调发展要健全区域互动机制》，《党政干部学刊》2006年第1期。

⑥ 张可云：《论区域和谐的战略意义与实现途径》，《创新》2007年第4期。

主要评价一个区域经济发展水平和另一个区域经济发展水平的协调，即我们平时所说的区域之间的平衡与不平衡发展问题；第三个层次是社会收入水平的协调，主要评价一个区域与另一个区域之间的收入差距，解决社会经济发展与社会进步带来的社会福利均等化问题①。范恒山、孙久文、陈宣庆等认为，区域协调发展至少包括四个要点：一是地区间的人均生产总值差距保持在适度范围内；二是各地区人民能够享受到均等化的基本公共服务；三是各地区比较优势的有效发挥能够促进区域间优势互补、互惠互利；四是各地区人与自然的关系处在协调和谐状态②。孙久文还提出，区域协调发展是指在地区经济非均衡发展过程中不断追求地区间的相对平衡和动态协调发展的过程，换句话说，协调发展不等于均衡发展，不能将其狭隘地理解为区域之间绝对差距的缩小，这是因为各区域有着不同的资源禀赋、人口规模和环境承载力，不能以相同的标准要求各区域实现绝对均衡③。张军扩认为，作为区域政策所追求的目标，区域协调发展是指不同区域之间比较良性的分工和互动关系，以及由此形成的比较理想的发展格局④。

《中共中央　国务院关于建立更加有效的区域协调发展新机制的意见》明确提出，实现区域协调发展的基本目标是基本公共服务均等化，基础设施通达程度比较均衡，人民生活水平大体相当。我国区域之间发展条件差异很大，很难要求各地区齐头并进发展，收入水平也不可能都一样。习近平总书记在深入推动长江经济带发展座谈会上指出，“各地区要根据主体功能区定位，按照政策精准化、措施精细化、协调机制化的要求，完整准确落实区域协调发展战略”⑤。

（二）我国对经济区域的划分

区域是从宏观的视角对总体进行划分。我国在不同的历史阶段对经济区域进行了不同的划分。比较早的是以人口分布为依据将我国划分为东部和西部的“胡焕庸线”；新中国成立初期，以工业生产力分布为依据划分为“沿海和内地”；20世

① 郝寿义：《区域经济学原理》，上海人民出版社，2007。
② 范恒山、孙久文、陈宣庆等：《中国区域协调发展研究》，商务印书馆，2012。
③ 孙久文主编《区域经济学（第四版）》，首都经济贸易大学出版社，2017。
④ 张军扩：《中国区域政策回顾与展望》，《管理世界》2022年第11期。
⑤ 习近平：《习近平著作选读　第二卷》，人民出版社，2023。

纪60年代，将全国划分为“一二三线”；20世纪80年代，又根据各地区的经济发展水平将全国划分为“三大地带”；2000年以后，在“三大地带”基础上又划分为“四大区域”。也有一些学者根据不同的依据和标准对全国经济区域进行了不同划分。

胡焕庸线。1935年，胡焕庸在《地理学报》上发表的《中国人口之分布》一文中首次提出“瑷珲—腾冲人口分界线”。当时中国人口为4.59亿，这条线以东的中国东半部土地面积约占全国的36%，而人口却占全国的96%，以西的西半部土地面积占全国的64%，而人口仅占全国的4%。1989年，胡焕庸和伍理利用第三次全国人口普查数据和1985年人口统计资料，绘制了《中华人民共和国人口分布密度图》，第一次在图上标明了“黑河—腾冲线”。1990年，胡焕庸在《地理学报》上发表的《中国人口的分布、区划和展望》进一步指出，此分界线东半部面积占全国的42.9%，西半部面积占全国的57.1%，并以1982年人口普查数据为基础，计算出东部人口占全国的94.4%，西部人口占全国的5.6%。胡焕庸认为，造成以上分布的原因有3个：一是自然环境的不同；二是经济发展水平的不同；三是社会历史条件的不同。戚伟等利用第七次全国人口普查数据，并基于地级行政区尺度“准胡焕庸线”计算得出，2020年东南半壁人口占全国的93.50%，西北半壁人口占全国的6.50%。

“沿海和内地”的划分。新中国成立后，我国根据当时国家经济社会发展的形势，实施区域均衡发展战略。毛泽东在《论十大关系》中提出：“好好地利用和发展沿海的工业老底子，可以使我们更有力量来发展和支持内地工业。”[①]沿海地区包括辽宁、河北、天津、山东、江苏、上海、浙江、福建、广东、广西、海南11个沿海省（区、市）。其他均属于内地。

“一二三线”划分。从1964年下半年至20世纪70年代末，新中国在内陆开展了一场以备战为中心的三线建设。当时的中央政府决定按一、二、三线布局工业，

① 毛泽东：《毛泽东选集（第五卷）》，人民出版社，1977。

将经济活动迁移至“三线”地区[①]。其中，一线指沿海10个省（区、市）及广西局部，三线包括陕西、甘肃、宁夏、四川、重庆、贵州、云南和青海全境，山西、河南、湖北、湖南和广西局部，其他省份属于二线。三线建设重点围绕国防工业，建成以机械、化工、能源等资源或资本密集型产业为主，辅以纺织、印染等劳动密集型产业集群，并对三线地区原有的工业进行改造和扩建，形成了门类比较齐全的工业体系。

“三大地带”划分。1984年，陈栋生完成了国家计划委员会委托的课题——《“七五”和后十年中国生产力布局战略研究》。在研究报告中，第一次提出了“三个地带”划分的设想[②]。陈栋生认为，为了正确反映全国各地区经济、社会和科学技术的发展，适应已经变化了的情况和发展要求，按照各地区经济发展水平、交通运输条件、经济地理位置等，把全国划分为东、中、西部三大地带。东部地带包括辽宁、河北、天津、北京、山东、江苏、上海、浙江、福建、广东、广西11个省（区、市）（当时香港、澳门、台湾地区暂未列入）；中部地带包括黑龙江、吉林、内蒙古、山西、安徽、江西、湖南、湖北、河南、陕西10个省（区）和四川省的川中、川东地区；西部地带包括新疆、西藏、宁夏、甘肃、青海、贵州、云南和四川西部地区。对于三大地带，陈栋生提出三条发展战略：第一，改造、振兴老工业基地，加快东部沿海地带的发展；第二，利用资源优势，抓紧能源和原材料基地建设，调整改造现有企业，发挥中部地带“承东启西”的作用；第三，发挥现有产业优势，重点开发国家急需资源，做好大规模开发西部的准备。陈栋生还提出了“适度倾斜、协调发展，合理分工、各展所长，横向联合、优势互补，结构递进、动态耦合，以点带面、连点成带，产业走廊、纵横交错”的发展思路。国家“七五”计划采纳了陈栋生提出的“三大地带”划分的设想，对三大地带的范围作了微小调整，把四川、陕西全省划入西部地区，中部为9省（区），西部为9省

① 第三个五年计划和第四个五年计划时期，根据各地区战略位置的不同，将全国划分为一、二、三线地区，一线地区地处战略前沿，三线地区为全国的战略后方。在一、二线地区内，又根据本地区情况，划出若干地方作为区内的三线地区。前者称“大三线”，后者称“小三线”。“大三线”一般包括四川、贵州和云南，陕西、甘肃两省的大部分地区，以及豫西、鄂西、湘西、冀西、粤北、桂西北和青海东部地区。

② 红旗杂志社理论教育编辑室编《学习“七五”计划文件问题解答》，红旗出版社，1986。

（区）（当时重庆尚未从四川分出来）。

“四大区域”划分。“四大区域”俗称“四大板块”，是伴随着我国区域发展战略的陆续实施进行划分的。1999年9月，党的十五届四中全会通过的《中共中央关于国有企业改革和发展若干重大问题的决定》提出实施西部大开发战略。西部地区的范围包括重庆、四川、广西、贵州、云南、西藏、陕西、甘肃、宁夏、青海、新疆、内蒙古12个省（区、市），在西部地带基础上增加广西壮族自治区和内蒙古自治区。2003年，中共中央、国务院发布《关于实施东北地区等老工业基地振兴战略的若干意见》，提出了振兴东北地区的指导思想、原则、任务和政策措施。东北地区的范围包括黑龙江、吉林、辽宁3省和内蒙古呼伦贝尔市、兴安盟、通辽市、赤峰市、锡林郭勒盟。2004年，国务院《政府工作报告》明确提出促进中部地区崛起。2006年4月，中共中央、国务院发布《关于促进中部地区崛起的若干意见》，中部地区的范围包括山西、安徽、江西、河南、湖北、湖南6省。至此，四大板块正式形成。

“八大经济区”划分。2015年，肖金成、欧阳慧等在《优化国土空间开发格局研究》一书中提出以城市群为依托构建“八大经济区”[①]。以辽中南城市群和哈长城市群为依托构建东北经济区，以京津冀城市群和山东半岛城市群构建泛渤海经济区，以长江三角洲（以下简称“长三角”）城市群为依托构建泛长三角经济区，以海峡西岸城市群为依托构建海峡经济区，以粤港澳大湾区城市群和北部湾城市群为依托构建泛珠江三角洲（以下简称“珠三角”）经济区，以长江中游城市群和中原城市群为依托构建中部经济区，以成渝城市群为依托构建西南经济区，以关中城市群和天山北坡城市群为依托构建西北经济区。

（三）对区域协调发展的测度

2018年发布的《中共中央　国务院关于建立更加有效的区域协调发展新机制的意见》对区域协调发展目标提出了明确意见：“立足发挥各地区比较优势和缩小区域发展差距，围绕努力实现基本公共服务均等化、基础设施通达程度比较均衡、人民基本生活保障水平大体相当的目标，深化改革开放，坚决破除地区之间利益藩

① 肖金成、欧阳慧等：《优化国土空间开发格局研究》，中国计划出版社，2015。

篱和政策壁垒，加快形成统筹有力、竞争有序、绿色协调、共享共赢的区域协调发展新机制，促进区域协调发展。”

马孝先从经济增长、经济结构、经济关系、经济制度、经济协调与可持续和环境保护6个方面提出了衡量区域经济协调发展的指标体系。张可云和裴相烨从基本公共服务均等化程度、基础设施通达程度和人民基本生活保障水平3个方面构建了测算区域协调发展水平的指标体系。王思薇和刘一康则从经济发展协调、生活水平协调、社会进步协调、资源与环境友好协调、区域利益协调、经济增长质量协调、地区市场一体化程度7个方面构建了反映新时期经济高质量发展背景下的区域协调发展指标体系。

（四）区域协调发展的目标

区域协调发展的目标是共同富裕。实现共同富裕就是各区域收入水平和生活水平差距不能太大，不能越拉越大，应逐步缩小，但不是绝对平均。缩小区域差距主要是缩小人均地区生产总值的差距，因此区域协调发展可以通过人口的流动来实现，如果一个地区经济发展水平高，就会吸引人口流入，分母变大，人均收入水平自然就会下降。欠发达地区人口减少，分母变小，即使分子不变，人均地区生产总值也会提高。当然，应通过改善欠发达地区的基础设施，完善区域性中心城市的功能，改善营商环境，吸引要素聚集，促进区域加快发展。

共同富裕的前提是实现富裕，这是实现共同富裕的物质保障。生产力决定经济发展活力，是体现社会主义制度优越性的根本保证。为了实现共同富裕，必须“做大蛋糕”，不“做大蛋糕”，一切都是空谈。谁是做蛋糕的主体？是企业，是在各行各业工作的人。因此，要发挥企业和劳动者在经济发展中的作用，重视技术创新和现代化大生产。实现共同富裕：一是要集中力量发展经济，提高生产力，为实现共同富裕提供坚实的物质基础；二是要重点解决区域、城乡发展不平衡以及不同群体收入差距等问题，减少社会矛盾；三是要进一步深化体制机制改革，不断完善收入分配政策，为实现共同富裕提供制度保障。

共同富裕是一个长期、复杂而又艰巨的任务，尤其是区域之间，由于存在自然环境、基础条件、资源禀赋、文化传统的差异，需要在发展的过程中不断探索。但在公共服务方面，可以发挥社会主义国家的优势，不断改善民生，促进公共服务均等化。通过横向转移支付，逐步加大对欠发达地区公共服务的支出，通过完善基础医疗、教育、就业、文化、社会保障等公共服务体系，不断提升公共服务水平，让欠发达地区的人民能够享受与发达地区基本相同的公共服务。应建立比较完善的全国统一的社会保障体系，重点解决养老和看病问题，解除人们的后顾之忧，使他们敢消费，并逐步实现消费升级，形成现实的市场需求。通过二次分配，重点解决欠发达地区和低收入群体的生存和发展问题。

二、实施区域协调发展战略取得的历史性成就

习近平总书记多次强调，促进区域协调发展，是今后相当长一段时间内区域发展的基本战略思想。2014年中央经济工作会议指出，要完善区域政策，促进各地区协调发展、协同发展、共同发展。西部开发、东北振兴、中部崛起、东部率先的区域发展总体战略，要继续实施。2015年10月26日，习近平总书记在党的十八届五中全会上指出："特别要加大对革命老区、民族地区、边疆地区、贫困地区基本公共服务的支持力度。"从全国来看，区域协调发展就是东部、西部、东北和中部四大区域的协调发展和对"老少边穷"地区的支持。全国初步形成了4大区域（西部、东北、中部、东部）和4小特殊类型区（革命老区、民族地区、边疆地区、贫困地区）区域协调发展格局。从西部大开发战略实施尤其是党的十八大召开以来，国家促进区域协调发展战略的步伐加快，区域发展差距不断缩小，对"老少边穷"地区的支持力度加大，取得了比较显著的效果。

（一）四大区域发展战略取得明显成效，东西部差距不断缩小

实施区域协调发展战略的主要目的是缩小区域发展差距。从2000年开始实施的西部大开发战略，从2003年开始实施的东北等老工业基地振兴战略，从2005年开始实施的中部崛起战略，均属于区域协调发展战略的重要组成部分，并取得了显著成效，根本改变了差距不断拉大的趋势，尤其是东西部的差距在不断缩小。党的二十大报告提出："推动西部大开发形成新格局，推动东北全面振兴取得新突破，

促进中部地区加快崛起，鼓励东部地区加快推进现代化。支持革命老区、民族地区加快发展，加强边疆地区建设，推进兴边富民、稳边固边。”这是对区域协调发展战略比较准确和完整的表述。

1. 西部大开发战略

改革开放初期，我国实施的区域发展战略是东部地区率先发展，东部地区发展很快，但中部、西部地区的发展受多方面制约，开放与发展滞后，各地区发展差距逐渐拉大。东中西部区域经济差距一直是我国区域差距最基本的问题，缩小沿海和内陆区域经济差距一直是我国区域发展战略方针致力解决的重要问题。

实施西部大开发战略是中共中央贯彻邓小平“两个大局”战略思想，面向21世纪作出的重大战略决策。1999年3月，时任中共中央总书记的江泽民在第九届全国人民代表大会第二次会议和中国人民政治协商会议第九届全国委员会第二次会议的党员负责人会上的讲话中，提出了“西部大开发”的战略思想；1999年9月，西部大开发战略被写入《中共中央关于国有企业改革和发展若干重大问题的决定》；2001年3月，《中华人民共和国国民经济和社会发展第十个五年计划纲要》对西部大开发进行了具体部署。

西部大开发战略涉及的地区，包括原来的西部地带以及广西和内蒙古两个自治区，加上1997年直辖的重庆市，共12个省（区、市）①。这些地区地域辽阔，资源丰富，市场潜力大，劳动力成本低，有较好的产业发展和协作配套的条件。

西部大开发具有特定的含义：第一，西部地区已经具有较好的经济基础，西部大开发并非一般意义上的“开发”，而是一个再开发的概念，具有“进一步加快开发”的含义，可以为全国发展开辟更为广阔的空间；第二，西部大开发是一个全面开发的概念，不仅包括基础设施建设和生态环境保护，而且包括经济、社会、科技和教育的全面发展；第三，西部大开发是一个长期开发的概念，是一项长期而又十分艰巨的任务，西部地区要实现全面现代化的目标，不断缩小与东部地区之间的发展差距甚至赶超东部地区，不是一两个五年计划或者规划能够达到的。因

---

① 湖北恩施土家族苗族自治州、湖南湘西土家族苗族自治州、吉林延边朝鲜族自治州和海南8个黎族自治县也享受西部大开发的政策。

此，实施西部大开发战略需要从现实出发统筹规划，集中力量解决关系全局的重大问题。2002年2月，国家计划委员会和国务院西部地区开发领导小组办公室发布的《“十五”西部开发总体规划》提出：经过几代人的艰苦奋斗，到21世纪中叶“努力建成一个经济繁荣、社会进步、生活安定、民族团结、山川秀美、人民富裕的新的西部地区”。之后，全国和西部地区五年计划/规划均对西部地区的阶段性目标作了部署。

西部大开发战略实施以来，西部地区基础设施明显完善，国家生态安全屏障得到巩固，现代产业体系正在形成，社会保障能力持续提高，扩展了国家发展的战略回旋空间。当然，西部地区的发展不平衡不充分问题依然突出，西部地区与东部地区发展差距依然较大，西部地区仍然是中国全面建成社会主义现代化强国、实现全体人民共同富裕的薄弱区域。

2. 东北振兴战略

行政区划意义上的东北地区一般指黑龙江、吉林、辽宁3省，经济意义上的东北地区还包括内蒙古东部的呼伦贝尔市、兴安盟、通辽市、赤峰市、锡林郭勒盟。土地面积145万平方千米，总人口1.2亿人[①]。东北地区是中国自然和经济特点具有较大一致性、经济联系密切、各种要素空间组合较好、发育程度相对成熟的重要经济区域，维护国防安全、粮食安全、生态安全、能源安全、产业安全的战略地位十分重要，是中华人民共和国工业的摇篮，为新中国形成独立、完整的工业体系和国民经济体系作出了重大贡献。1978年，东北三省以占全国8.3%的面积，承载了全国9.1%的人口，创造了全国14%的地区生产总值。但是，随着中国向市场经济转型，东北老工业基地的体制性、结构性矛盾日益显现，东北地区经济发展面临许多困难和问题，学术界称之为“东北现象”或“萧条病”。20世纪90年代以来，国家有关部门从老工业基地调整改造和资源型城市转型等方面给予了大力支持，取得了一定成效，但并没有从根本上解决问题。面对经济全球化和中国加入世界贸易组织后日益激烈的国际国内挑战与世界经济结构调整，党的十六大以来，国家改变了以国有企业脱困为核心的老工业基地调整改造思路，开始实施东北地区等老工业基

① 由于统计资料的限制，除特别说明外，本书使用的东北地区数据均为东北三省数据。

地振兴战略。

2003年以来，东北地区营商环境不断改善，结构调整稳步推进，粮食综合生产能力显著提高，基础设施不断完善，东北全面振兴取得了积极进展。但从客观来看，东北地区经济发展仍面临不少困难，体制性因素影响仍然很大，实现全面振兴依然任重道远。

3. 中部崛起战略

中部地区位于中国内陆腹地，承东启西，连南贯北，交通设施完善，农业发展条件好，孕育了灿烂的华夏文明，经济比较发达，但也面临发展水平低、人口转移和就业压力大、“三农”问题突出、历史包袱较重等一些特殊的困难和问题。

中部崛起战略实施以来，中部地区经济总量占全国比重不断提升，工业化和城镇化快速推进，在全国经济发展格局中发挥了重要的支撑作用。但是，中部地区发展不平衡不充分问题依然突出，内陆开放水平有待提高，制造业创新能力有待增强，生态绿色发展格局有待巩固。

4. 东部率先战略

东部率先发展是国家区域发展战略的重要组成部分。虽然中央政府正式提出“支持东部率先发展”较晚，但1978年改革开放以来，就一直在多方面采取措施积极支持东部地区的发展。东部地区“率先发展”的内涵是逐步变化的，1978年改革开放以来首先体现为经济特区的“先行先试”，发挥沿海港口城市和沿海经济开放区在扩大对外经济技术交流中的作用。2001年3月，《中华人民共和国国民经济和社会发展第十个五年计划纲要》明确提出：“东部地区要在体制创新、科技创新、对外开放和经济发展中继续走在前列，有条件的地方争取率先基本实现现代化。”此时中央政府最早提出东部“率先”的概念，其内涵主要是“率先基本实现现代化”。2006年3月，《中华人民共和国国民经济和社会发展第十一个五年规划纲要》提出：“东部地区要率先提高自主创新能力，率先实现经济结构优化升级和增长方式转变，率先完善社会主义市场经济体制，在率先发展和改革中带动帮助中西部地区发展。”进一步明确了东部地区的“四率先一带动”，并将“鼓励东部地区率先发展”纳入区域发展战略之中。2021年3月，《中华人民共和国国民经济和社会发展第十四个五年规划和2035年远景目标纲要》提出“推动东部地区率先实现高质量发展”。

当西部大开发战略、东北振兴战略陆续实施之后，东部地区的范围就不再包括广西和辽宁了。从“鼓励东部地区加快发展”到“鼓励东部地区率先发展”再到“推动东部地区率先实现高质量发展”，国家对于整个东部地区的发展并没有专门的规划，更多地体现在支持局部地区率先发展的规划和政策上，东部地区依靠自身的区位优势和改革开放的先发优势，科技创新引领作用不断增强，产业升级有力推进，开放潜力进一步释放，陆海统筹力度明显加大，生态环境稳步改善，成为全国经济发展的“发动机”和“稳定器”，在全国经济高质量发展中的引领作用进一步凸显。但是，东部地区的开发强度比较高，资源环境约束日益加大；同时，东部也有欠发达地区，部分地区发展动力较弱，东部地区省际和省内区域分化也日益凸显。

（二）支持老少边欠地区发展

老（革命老区）少（少数民族地区）边（边疆地区）欠（欠发达地区）地区属于特殊类型地区，既存在发展不平衡不充分的普遍问题，也面临一些具体的困难和问题，是区域协调发展战略中需要重点关注的区域，应给予特殊政策进行扶持，以更好地体现社会公平和共同富裕目标。支持老少边欠地区的政策在中国区域政策中具有十分重要的地位，政策属性是补偿性政策和援助性政策。需要说明的是，老少边欠地区属于特殊类型地区，但特殊类型地区并非都是区域协调发展战略的实施对象，如生态退化地区、资源型地区和老工业城市虽是特殊类型地区，但多数地区的人均地区生产总值水平和基础设施通达程度并不是很低，不能一概而论。

1. 革命老区

革命老区是指土地革命战争时期和抗日战争时期在中国共产党领导下创建的革命根据地。2012年以来，国务院先后批准了支持赣南等原中央苏区和陕甘宁、左右江、大别山、川陕等革命老区振兴发展的政策文件；2021年，《国务院关于新时代支持革命老区振兴发展的意见》将革命老区范围扩大到沂蒙、湘鄂渝黔、太行、海陆丰、琼崖、浙西南、湘赣边等区域。目前，革命老区包括上述12片区域。

革命老区在革命战争年代为中华人民共和国的建立作出了重大贡献和牺牲，对革命老区进行补偿理所应当，政策力度也比较大。2012年之前，中央政府关于革命老区的支持政策以扶贫为主。2012年之后，国家出台了一系列支持和帮扶革命老区发展的政策，进一步加大对革命老区的"转移支付"资金规模，通过财政贴息、费用补贴等方式，鼓励和引导金融机构加大对革命老区重点工程和建设项目的信贷支持。截至2022年6月，共有20个革命老区重点城市与东部城市建立了对口合作关系。此外，在国家重大人才工程、引智项目、人才支持计划等领域向革命老区倾斜。

2012年以来，国家在革命老区部署实施了一批支持措施和重大项目，革命老区已经如期打赢脱贫攻坚战，基本公共服务持续改善，经济发展质量稳步提高，红色文化得到有力保护和传承，生态建设和环境保护积极推进。

2. 少数民族地区

中国是一个以汉族为主体的统一的多民族国家，少数民族地区多数位于边疆和自然条件比较差的地方，经济发展水平较低、基本公共服务支出的需求缺口较大，靠自身努力很难达到全国平均发展水平，必须予以援助。2012年7月，国务院办公厅印发的《少数民族事业"十二五"规划》中的民族地区，包括5个自治区、30个自治州和117个自治县、3个自治旗，面积约612万平方千米，占全国国土面积的64%。支持少数民族地区的发展，既是实现社会稳定、维护社会公平的需要，也是社会主义共同富裕的本质要求，在区域协调发展战略和维护民族团结中具有重要的地位。

经过多年扶持，少数民族地区绝对贫困问题得到根本解决，各族群众出行条件明显改善，经济实力大幅跃升，人民生活得到明显改善，民族文化繁荣发展，生态环境根本好转，各民族交往交流交融不断深入，各民族历史文化得到有效沉淀，各族人民幸福感大幅提升。

3. 边疆地区

中国陆地与14个国家接壤，陆地边境线长2.28万千米。2011年6月，国务院办公厅发布的《兴边富民行动规划（2011—2015年）》确定的边疆地区，包括9个沿边省（区）的136个陆地边境县（旗、市、市辖区）以及新疆生产建设兵团的58个边境团场。2017年5月，国务院办公厅印发的《兴边富民行动“十三五”规划》把陆地边境县扩大到140个[①]，这些地区在稳疆固边、国防安全中发挥了重要作用。

中央政府主要通过实施“兴边富民”行动，对边疆地区给予政策扶持。中央和省级财政逐步加大对边疆地区的财政转移支付力度，推进区域间基本公共服务均等化。设立“兴边富民”行动专项资金，重点支持基础设施、基本公共服务设施、生态环境保护和人居环境整治、民族文化传承等项目建设。保障边疆地区国家重点基础设施建设项目用地需要，资金分配向边疆地区倾斜。此外，相关部门还制定出台了对口支援政策和促进边境贸易政策。

“兴边富民”行动实施以来，边疆地区综合经济实力明显增强，边民生产条件和生活水平大幅改善，沿边开发开放水平显著提升，生态环境保护成效显著，民族团结和边防巩固效果突出，各族群众凝聚力和向心力显著增强。

4. 欠发达地区（贫困地区）

从1986年开始，中国政府以18个集中连片贫困地区和592个国家级贫困县作为对象，对贫困地区进行重点扶持。2001年，《中国农村扶贫开发纲要（2001—2010年）》将贫困人口集中的中西部少数民族地区、革命老区、边疆地区和特困地区作为扶贫开发的重点，并确定了14.8万个贫困村。2011年，《中国农村扶贫开发纲要（2011—2020年）》确定的扶贫对象，是在扶贫标准以下具备劳动能力的农村人口以及11个连片特困地区和已明确实施特殊政策的西藏、四省藏区[②]、新

---

① 海南省6个民族自治县比照享受“兴边富民”行动相关政策。

② 四省藏区是指除西藏以外的青海、四川、云南、甘肃等四省藏族与其他民族共同聚居的民族自治地方，分别为青海藏区、四川藏区、云南藏区、甘肃藏区。

疆南疆四地州[①]，共680个连片特困地区县（简称“片区县”）。2013年，精准扶贫战略实施以来，680个片区县和152个区外重点县，总共832个贫困县成为国家扶贫开发的重点对象[②]，其中主要是建档立卡贫困户。随着2020年脱贫攻坚目标任务的完成，2021年9月国务院批复的《“十四五”特殊类型地区振兴发展规划》已用“欠发达地区”取代“贫困地区”。

从1986年开始，国家实施区域瞄准的支持贫困地区发展政策，通过以工代赈、扶贫贴息贷款、财政资金投入、科技扶贫、产业发展、移民等手段，改善贫困地区基础设施，发展特色优势产业，开发利用当地的特色资源，发展商品生产，强化贫困地区的“造血”功能，进而实现脱贫致富。进入21世纪，为适应中国农村绝对贫困人口由区域分布逐渐转向点状分布的趋势，2001年6月，《中国农村扶贫开发纲要（2001—2010年）》确定了整村推进的扶贫政策，并制定实施了财政、金融、区域倾斜、对口帮扶、国际合作扶贫等政策。2011年，《中国农村扶贫开发纲要（2011—2020年）》发布，2013年，实施精准扶贫战略，国家政策已由支持贫困地区转向扶贫到户。

到2020年年底，中国顺利完成了现行标准下消除绝对贫困的艰巨任务。未来要合理设置脱贫攻坚政策过渡期，继续做好易地扶贫搬迁后续帮扶、以工代赈和消费帮扶等工作，持续改善连片特困地区的基础设施和公共服务水平，不断完善防止返贫监测和帮扶机制，推动巩固拓展脱贫攻坚成果同乡村振兴有效衔接，推动减贫工作平稳转型。

（三）实施区域协调发展战略效果显著

新世纪以来，党中央按照客观经济规律调整完善区域政策，发挥各地区比较优势，提出了一系列关于区域经济发展和空间治理的新理念、新思想，推动实施了西部大开发战略、东北振兴战略、中部崛起战略、东部率先发展战略，区域经济布局更加合理，区域协调发展取得了历史性成就，为构建优势互补、高质量发展的国土

① 新疆南疆四地州是指新疆维吾尔自治区和田地区、阿克苏地区、克孜勒苏柯尔克孜自治州和喀什地区，原为新疆南疆三地州，不包含阿克苏地区，在实践中，新疆地区的扶贫地区逐渐扩展为南疆四地州。

② “十四五”时期已改称乡村振兴重点帮扶县。

空间体系奠定了基础。区域比较优势得到发挥，中西部地区呈现出快速增长态势，区域发展的协调性显著增强。2012—2021年，东部与西部人均地区生产总值之比由1.87∶1缩小到1.68∶1，区域发展相对差距持续缩小，如期实现第一个百年奋斗目标，所有贫困县摘帽。

区域协调发展战略取得了显著成效。基本公共服务均等化、基础设施通达程度比较均衡、人民基本生活保障水平大体相当等区域协调发展目标都取得了不同程度的进展。东部、中部、西部地区九年义务教育师生比基本持平，基本医疗保障实现全覆盖。东部、中部、西部和东北地区居民人均可支配收入差距明显缩小。东部产业持续向中西部地区转移，中西部地区就业机会和吸引力不断增加。

三、新时期区域协调发展需要解决的主要问题及对策

当前我国区域发展出现了一些新情况、新问题，不同层次的区域分化、极化现象明显，一些地区发展面临的困难较大，有关政策和机制还需进一步完善，需要在推动区域发展和空间治理中不断加以解决。

（一）三大地带的发展差距

从2000年开始，我国先后实施西部大开发、中部崛起和振兴东北等老工业基地战略，在三大战略的引领下，区域发展差距有所缩小。2010年，东部地区人均地区生产总值为4.58万元，分别是中部、西部地区的1.9倍、2.03倍。2019年，地区间人均地区生产总值水平差距有所缩小但依然存在，东部地区人均地区生产总值为10.3万元，分别是中部、西部地区的1.52倍、1.67倍（图1）。

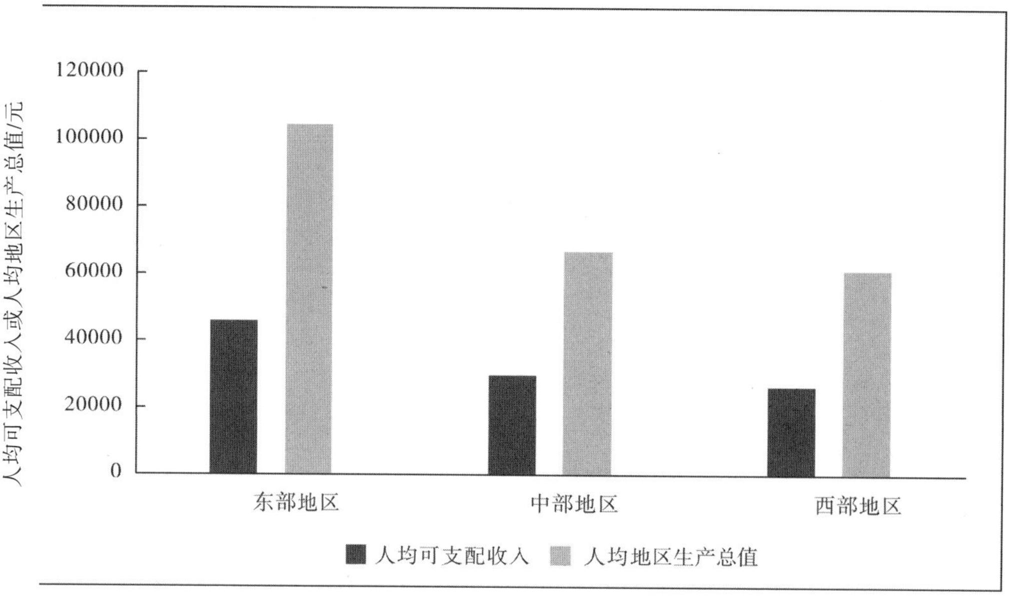

图1　2019年中国东部、中部、西部地区人均地区生产总值与人均可支配收入

资料来源：根据《中国统计年鉴2020》数据绘制。

解决发展不平衡问题是区域协调发展的永恒主题。当前，我国四大区域的分化态势明显，各区域内部也出现分化，部分区域发展比较困难，东北、西北地区发展仍然相对滞后，一些城市特别是资源枯竭型城市、传统工矿区城市发展活力不足，人口外流比较严重。要根据新征程、新情况和新目标，通过完善四大区域发展政策逐步解决发展不平衡问题。一是推动西部大开发形成新格局。把握向西开放战略机遇，加快西部陆海新通道建设，积极融入"一带一路"建设，大力发展特色优势产业，深入实施重大生态工程，不断提升可持续发展能力。二是推动东北全面振兴取得新突破。从维护国家国防、粮食、生态、能源、产业安全的战略高度，全力破解体制机制障碍，激发市场主体活力，推动产业结构调整优化。三是促进中部地区加快崛起。充分发挥连南贯北、承东启西的区位优势，推进制造业转型升级，着力推动内陆高水平开放，继续在全国高质量发展中发挥生力军作用。四是鼓励东部地区加快推进现代化。发挥基础雄厚、创新要素集聚等优势，加快培育世界级先进制造业集群，提升要素产出效率，持续推进消费升级，不断提高创新能力和经济增长能级。

新时期，西部地区要抓重点、补短板、强弱项，大力发展特色优势产业，提高政策精准性，坚持走生态优先、绿色发展的新路子，形成大保护、大开放、高质量发展的新格局。东北振兴是全面振兴、全方位振兴，需要在体制机制上有更大突破，激发市场主体活力，推动产业结构调整优化，形成对区域重大战略的坚强支撑。中部地区要在供给侧结构性改革和自主创新方面下功夫，加大对外开放力度，推进制造业转型升级，不断提高综合实力和竞争力，开创中部崛起新局面，实现高质量发展。东部地区要充分发挥改革开放先行、创新要素聚集、现代制造业领先的优势，提升科技创新能力，加快培育世界级先进制造业集群，在更高层次参与国际经济合作和竞争，在全国率先建立全方位开放型经济体系，加快推进中国式现代化，率先实现高质量发展。

（二）城市群内外的发展差距

除了东部、中部、西部地区的发展差距，还值得重视的是城市群内外的发展差距。城市群是我国21世纪以来发展得比较快的区域，城市群的基本特征是城市比较密集、产业比较密集、人口比较密集、经济比较发达。随着城镇化水平的快速提高，城市规模不断扩大，吸引了国际国内大量经济要素。我国已有10个较为成熟的城市群（京津冀城市群、长三角城市群、珠三角城市群、山东半岛城市群、辽中南城市群、海峡西岸城市群、中原城市群、成渝城市群、长江中游城市群、关中平原城市群）。2018年，十大城市群土地面积113.91万平方千米，占全国陆地面积的11.87%，人口占比为45.33%，地区生产总值占比为62.31%。也就是说，十大城市群以1/10 左右的土地，承载了全国近1/2的人口，创造了近2/3的地区生产总值，成为支撑我国经济社会发展的重要支柱。除此之外，长株潭、江淮、哈长、北部湾、天山北坡地区，未来都有希望发展为城市比较密集、结构比较合理的城市群。15个城市群的土地面积占全国土地面积的17.68%，常住人口占全国人口的55.63%，地区生产总值占全国国内生产总值（GDP）的71.89%。这意味着城市群之外有82.32% 的土地面积，44.37%的常住人口，地区生产总值占比仅为28.11%，城市群内和城市群外的发展差距较大。

表1为15个城市群的范围界定及基本情况统计（2018年）。

表1　15个城市群的范围界定及基本情况统计（2018年）

序号	名称	区域范围	土地面积/万平方千米	人口/万人	地区生产总值/亿元
1	长三角城市群	上海、南京、无锡、常州、苏州、南通、湖州、扬州、泰州、杭州、镇江、嘉兴、绍兴、舟山、台州、宁波	11.39	11247.99	149091.36
2	京津冀城市群	北京、天津、张家口、承德、唐山、秦皇岛、沧州、廊坊、衡水、保定、石家庄、邯郸、邢台	21.86	11034.42	84359.35
3	珠三角城市群	广州、佛山、肇庆、深圳、东莞、惠州、珠海、中山、江门	5.50	6300.99	81048.50
4	山东半岛城市群	济南、泰安、淄博、莱芜、滨州、潍坊、东营、青岛、烟台、威海、日照	9.43	5692.59	56209.61
5	成渝城市群	重庆、成都、自贡、泸州、德阳、绵阳、遂宁、内江、乐山、南充、眉山、宜宾、广安、雅安、资阳	22.30	9443.49	55824.88
6	长江中游城市群	武汉、黄石、鄂州、黄冈、孝感、咸宁、随州、荆门、荆州、信阳、岳阳、九江、仙桃、潜江、天门	14.78	6004.64	38337.75
7	长株潭城市群	长沙、株洲、湘潭、衡阳、益阳、娄底、岳阳、常德、萍乡	10.07	4428.66	29955.39
8	海峡西岸城市群	福州、厦门、泉州、漳州、宁德、莆田	5.54	3150.00	29249.05
9	中原城市群	郑州、开封、洛阳、平顶山、新乡、焦作、许昌、漯河、济源	5.88	4384.27	28528.73
10	哈长城市群	哈尔滨、大庆、绥化、长春、吉林、四平、辽源、松原	19.81	3823.02	22786.70
11	辽中南城市群	沈阳、抚顺、本溪、辽阳、鞍山、营口、盘锦、铁岭、大连、丹东	9.76	3334.30	22450.23
12	江淮城市群	合肥、蚌埠、淮南、芜湖、滁州、六安	5.79	2766.80	17039.20
13	关中平原城市群	西安、宝鸡、咸阳、渭南、商洛、铜川	7.47	2665.24	15911.91
14	北部湾城市群	南宁、北海、防城港、钦州、玉林、崇左、来宾、贵港	9.88	2778.40	11723.23
15	天山北坡城市群	乌鲁木齐、石河子、昌吉市、吐鲁番、五家渠、阜康、奎屯	10.27	574.03	4686.36

资料来源：根据《中国统计年鉴2019》资料测算。

我国的城市群，地区生产总值占比较高，人口占比较低，所以城市群内人均地区生产总值普遍较高。城市群内除核心城市，其他城市的规模都不大，吸纳能力还比较强，通过集聚产业，完善基础设施，可承载比现有规模大1倍的人口，如长三角城市群的南通、扬州、泰州、湖州、嘉兴、绍兴等城市容纳量就比较大。京津冀城市群中，廊坊、保定、沧州、唐山、秦皇岛、邯郸等城市也有很大的发展潜力。珠三角城市群中，惠州、江门、中山、珠海的城市规模都不大。成渝城市群的泸州、内江、广安、遂宁、南充等都有很大的发展潜力。这些城市人口规模的扩大，有利于优化城市群的空间结构，解决城市群核心城市 “一市独大”及区域发展不协调的问题。

（三）省域中心与边缘地区的发展差距

我国共34个省级行政区，除北京、天津、上海3个直辖市，海南省以及香港特别行政区、澳门特别行政区和台湾地区的陆地面积较小外，其他省（区、市）的面积都很大。面积较大的省（区、市）中心区域与边缘区域一般都存在较大的差距。根据 2021年的统计数据，将省会城市所在地区与该省（区、市）人均地区生产总值最低的地区进行对比，平均差距为2.64倍。其中，差距超过4倍的有3个（广东、湖南、甘肃），差距为3～4倍的有4个（安徽、湖北、四川、青海），差距为2～3倍的有15个（江苏、浙江、山东、山西、江西、河南、内蒙古、贵州、云南、西藏、陕西、宁夏、 新疆、辽宁、吉林），差距低于1倍的有4个（河北、福建、广西、黑龙江）。由此可见，经济发展差距最大的并不是东部、中部、西部和城乡的差距，而是省域范围内中心地区与边缘地区的差距。值得重视的是，一些发达地区的差距也较大，如广东为4.45倍。除个别地级市的人均地区生产总值高于省会城市，多数省份的省会所在地区的人均地区生产总值远远高于其他地区，并出现了一种带有规律性的现象：以省会城市为中心，由近及远，经济发展水平随距离而递减，经济发展差距随距离而递增。几乎每个省份都有以省会城市为核心的经济较发达的地区，也有离省会城市较远的处于省域边缘的欠发达地区。有两省交界、三省交界甚至四省交界地区，如晋冀鲁豫、苏鲁豫皖、湘鄂渝黔、闽浙赣皖、赣粤闽湘等四省交界地区，陕甘宁、鄂豫皖、川滇黔、甘陕川、滇黔桂等三省交界地区，两省交界地区就更多了。省际交界地区绝大多数为欠发达地区，形成了明显的“断裂带”，其原因是远离政治和经济中心，行政分割严重，交通不便，难以接收到省会城市的辐射。

促进区域协调发展，应重点解决中心与边缘的差距问题。省际交界地区往往为几个省级行政区所管辖，有些交界地区为两个省级行政区域分辖，有些交界地区为三个省级行政区域分辖，如陕甘宁交界地区、闽浙赣交界地区等，有些交界地区为四个省级行政区域分辖，如晋冀鲁豫交界地区、苏鲁豫皖交界地区等。从省内来说，它们都是每个省的边缘区，由于行政体制造成的地区分割，阻断了相邻各地的社会联系和经济联系，人为地为交界地区的发展制造了许多障碍，从而使中国省际交界地区一直处于各省（区、市）经济发展的边缘。由于边缘地区远离各自的经济、政治中心，受益于都市的辐射相对较少，在各行政区进行经济布局时也大都因交界地区位置偏僻而很少顾及，甚至某些交界地区处于各自经济圈以外的“真空地带”。解决的途径有两个：一是加强省际区域合作；二是加快发展区域性中心城市。所谓区域性中心城市，一般是指城市群和都市圈之外具有一定规模的能够辐射带动周边地区的城市。随着城市规模的不断扩大，其辐射的半径越来越大，有利于推动经济要素优化配置，支撑和带动区域经济发展。城市群、都市圈之外的地区应把地级市的中心城区、地区政府、自治州和盟政府所在地发展成为区域性中心城市。通过完善中心城市的功能，提高吸引力和辐射力，使中心城市的辐射半径同所辖区域相一致，消灭经济发展“死角”。与都市圈的核心城市“瘦身健体”的发展指向相反，区域性中心城市要做到要素集聚化和人口集中化，当其规模扩大、实力增强时，更能进一步向周边地区辐射，带动周边地区发展。强化区域性中心城市的功能应从城市能源交通系统、信息化网络出发，完善区域性中心城市的基础设施建设。还要为产业发展提供条件，构建高水平产业平台，如经济技术开发区、高新技术开发区、工业园区等，实现商贸居住与城市的有机结合。要建立符合现代化建设和市场经济的行政管理体制，合理调整和完善区域性中心城市布局，形成中心城市、县城、小城镇梯次型城镇体系，避免行政分割和“碎片化”“分散化”布局。革命老区多处于省际交界地区，如陕甘宁、鄂豫皖、川陕甘、赣粤闽、晋冀鲁豫、湘赣等地区，这些地区在革命战争时期为中国革命作出了巨大贡献，但至今很多仍是欠发达地区，因此，应改革现有行政分割的体制，加强区域合作并给予这些地区更多的政策支持和资金支持。

四、促进区域协调发展的体制机制创新

实施区域协调发展战略最重要的是建立合理有效的体制机制。2018年11月18日发布的《中共中央　国务院关于建立更加有效的区域协调发展新机制的意见》指出，我国区域发展差距依然较大，区域分化现象逐渐显现，无序开发与恶性竞争仍然存在，区域发展不平衡不充分问题依然比较突出，区域发展机制还不完善，难以适应新时代实施区域协调发展战略需要。为了更好地促进区域协调发展，实现中国式现代化，需要进行体制机制创新，要积极探索建立健全区域合作机制、区域基本公共服务均等化机制、市场一体化机制、区域利益补偿机制等。

（一）区域合作机制

区域合作机制是指相关地区按照自愿参与、平等协商、互惠互利、优势互补的原则，在促进要素流动、建立区域共同市场、资源开发、产业发展、改善交通、生态保护以及对外联系和贸易往来等诸多方面共同行动，减少或消除无序竞争，促进经济发展。

推动区域合作互动。积极发展各类社会中介组织，有序发展区域性行业协会商会，鼓励企业组建跨地区跨行业产业、技术、创新、人才等合作平台。推动城市间产业分工、基础设施、公共服务、环境治理、对外开放、改革创新等协调联动，鼓励成立多种形式的区域合作联盟。

促进流域上下游合作发展。建立健全上下游毗邻省市规划对接机制，协调解决地区间合作发展重大问题。完善流域内相关省市政府协商合作机制，构建流域基础设施体系，严格流域环境准入标准，加强流域生态环境共建共治，推进流域产业有序转移和优化升级，推动上下游地区协调发展。

加强省际交界地区合作。探索建立统一规划、统一管理、合作共建、利益共享的合作新机制。加强省际交界地区城市间交流合作，建立健全跨省城市政府间联席

会议制度，完善省际会商机制。

深入开展对口支援。对口支援是一种具有中国特色的区域合作机制。构建政府、企业和相关研究机构等社会力量广泛参与的对口协作（合作）体系，取得了显著成效。如全国对口支援贵州、青海、新疆、西藏等西部省（区），促进了民族交往交流交融，筑牢了社会稳定和长治久安的基础。深化东部发达省（市）与东北地区对口合作，开展干部挂职交流和系统培训，建设对口合作重点园区，实现互利共赢。

积极开展国际区域合作。以“一带一路”建设为重点，实行更加积极主动的开放战略，推动构建互利共赢的国际区域合作新机制。充分发挥“一带一路”国际区域合作机制的作用，加强国际区域、次区域合作。沿边地区应利用国际合作平台，积极主动参与国际区域合作。中央政府通过加强多重合作机制下的沟通与协调进一步深化中国与周边国家的区域合作机制，为中西部地区企业参与区域经济合作奠定基础，提升区域合作互动机制的层次和水平。

（二）区域基本公共服务均等化机制

区域基本公共服务均等化机制是在政府和市场共同努力的前提下，确保基本公共服务均等化得以实现的重要保障，为各区域实现公共服务水平的均衡发展提供条件。《中共中央　国务院关于建立更加有效的区域协调发展新机制的意见》提出以下要求：

> 提升基本公共服务保障能力。在基本公共服务领域，深入推进财政事权和支出责任划分改革，逐步建立起权责清晰、财力协调、标准合理、保障有力的基本公共服务制度体系和保障机制。规范中央与地方共同财政事权事项的支出责任分担方式，调整完善转移支付体系，基本公共服务投入向贫困地区、薄弱环节、重点人群倾斜，增强市县财政特别是县级财政基本公共服务保障能力，逐步缩小县域间、市地间基本公共服务差距。
>
> 提高基本公共服务统筹层次。完善企业职工基本养老保险基金中央调剂制度，尽快实现养老保险全国统筹。完善基本医疗保险制度，不断提高基本医疗

保险统筹层次。巩固完善义务教育管理体制，增加中央财政对义务教育转移支付规模……

推动城乡区域间基本公共服务衔接。加快建立医疗卫生、劳动就业等基本公共服务跨城乡跨区域流转衔接制度，研究制定跨省转移接续具体办法和配套措施，强化跨区域基本公共服务统筹合作……

（三）市场一体化机制

市场一体化机制是指在一个区域内，通过建立共同的市场规则、标准和制度等，推动各类要素在市场中自由流动，实现市场资源的优化配置和市场经济的高效运作。市场一体化机制的核心是建立统一的市场规则和制度，通过深化劳动力、资本、土地、技术等要素的改革，促进形成统一、开放、竞争、有序的全国统一大市场。《中共中央　国务院关于建立更加有效的区域协调发展新机制的意见》提出以下要求：

促进城乡区域间要素自由流动。实施全国统一的市场准入负面清单制度，消除歧视性、隐蔽性的区域市场准入限制。深入实施公平竞争审查制度，消除区域市场壁垒，打破行政性垄断……进一步优化营商环境，激发市场活力……引导科技资源按照市场需求优化空间配置，促进创新要素充分流动。

推动区域市场一体化建设。按照建设统一、开放、竞争、有序的市场体系要求……加快探索建立规划制度统一、发展模式共推、治理方式一致、区域市场联动的区域市场一体化发展新机制，促进形成全国统一大市场……

完善区域交易平台和制度。……培育发展各类产权交易平台，进一步完善自然资源资产有偿使用制度，构建统一的自然资源资产交易平台。选择条件较好地区建设区域性排污权、碳排放权等交易市场，推进水权、电力市场化交易，进一步完善交易机制。……促进资本跨区域有序自由流动，完善区域性股权市场。

（四）区域利益补偿机制

区域利益补偿是基于区域间存在明确的利益损益关系的前提，以公平负担为原则，在受损区作出特别牺牲或付出代价后，由受益区补足或抵消其利益减损[①]。区域利益补偿机制与一般的补助政策是不同的，该机制解决的是区域之间的利益问题。

《中共中央　国务院关于建立更加有效的区域协调发展新机制的意见》提出以下要求：完善多元化横向生态补偿机制。贯彻“绿水青山就是金山银山”的重要理念和“山水林田湖草是生命共同体”的系统思想，按照区际公平、权责对等、试点先行、分步推进的原则，不断完善横向生态补偿机制。鼓励生态受益地区与生态保护地区、流域下游与流域上游通过资金补偿、对口协作、产业转移、人才培训、共建园区等方式建立横向补偿关系。支持在具备重要饮用水功能及生态服务价值、受益主体明确、上下游补偿意愿强烈的跨省流域开展省际横向生态补偿。

五、区域协调发展战略与区域重大战略、主体功能区战略、新型城镇化战略的关系

党的二十大报告明确提出，“深入实施区域协调发展战略、区域重大战略、主体功能区战略、新型城镇化战略，优化重大生产力布局，构建优势互补、高质量发展的区域经济布局和国土空间体系”。四大战略是什么关系呢？很显然是并列关系，而非从属关系。很多人把区域协调发展战略当成一个筐，只要涉及区域的事就统统装在里面，搞得人们丈二和尚摸不着头脑。当然，四大战略也是相互联系、相互依托的，四个战略有一个共同的目标：区域高质量发展。

（一）区域重大战略的内涵与目标指向

党的二十大报告对区域重大战略的表述也非常明确，“推进京津冀协同发展、长江经济带发展、长三角一体化发展，推动黄河流域生态保护和高质量发展。高标

① 郑国楠：《区域利益补偿机制构建的理论基础与实践探索》，《区域经济评论》2022年第4期。

准、高质量建设雄安新区，推动成渝地区双城经济圈建设”，“推进粤港澳大湾区建设，支持香港、澳门更好融入国家发展大局，为实现中华民族伟大复兴更好发挥作用”。可以看出，区域协调发展战略与区域重大战略是并行不悖的。

从2000年开始，我国陆续实施西部开发、东北振兴、中部崛起、东部率先发展四大区域战略，目的是缩小区域发展差距，解决区域发展中的“落后病”“萧条病”“膨胀病”等问题。四大区域战略是区域协调发展战略的主要内容和核心内涵。党的十八大以来，以习近平同志为核心的党中央在原有四大区域战略基础上，开创性地提出了京津冀协同发展、长江经济带发展、粤港澳大湾区建设、长三角区域一体化发展、黄河流域生态保护和高质量发展、成渝地区双城经济圈建设等区域重大战略，目的是发挥区域比较优势，促进空间布局优化，提高我国的国际竞争力。

京津冀、长三角、粤港澳大湾区位于我国沿海，是改革开放以来经济发展最快的地区，已形成产业比较密集、人口比较密集、城市比较密集的城市群，全国GDP的1/3产生于这三个地区。成渝地区双城经济圈位于我国西部地区，但依托长江黄金水道，具有巨大的发展潜力。长江和黄河是我国的母亲河，横贯东中西部，既要发挥优势，加快经济发展，又要加倍重视生态环境保护。

京津冀协同发展战略的重中之重是治理北京的“大城市病”，形成合理的城市体系，缩小河北省与京津的发展差距，建设世界级城市群。经过近10年的发展，疏解北京非首都功能取得明显成效，雄安新区拔地而起。长三角城市群无论是城市数量、城市规模，还是经济发展水平，都名列全国第一，并已跻身于世界级城市群。长三角区域一体化发展，目的是增强长三角城市群的辐射力和带动力，使整个长江下游地区的优势得到发挥，国际竞争力同步增强。粤港澳大湾区建设就是要以全球三大湾区（纽约湾区、旧金山湾区、东京湾区）作为参照系，瞄准全球最高水平，提高科技创新能力，并发挥港澳的优势，加快推动粤港澳大湾区提升一体化水平，进一步提高国际竞争力。成渝地区双城经济圈的“双城”就是重庆和成都，这是西部地区两个大都市，并形成了范围较大的都市圈。通过“渝新欧”国际大通道、蓉欧国际大通道、孟中印缅经济走廊、“西部陆海新通道”，成渝地区区域经济圈将发展成为构建新发展格局新的动力源，有力推进内陆地区的对外开放。

长江经济带涵盖我国11个省级行政区，土地面积约占全国的20%，人口和GDP均约占全国的40%，跨越东、中、西部三大地带。长江经济带有三大城市群，除了长三角城市群，还有长江中游城市群和成渝城市群，依托长江黄金水道，将形成一条强大的经济隆起带。

黄河流域同长江经济带一样，横贯东中西部，但黄河水量比长江小很多，必须以水定地、以水定产、以水定城。要把生态保护放在第一位，在此前提下，促进经济高质量发展。黄河中下游也有山东半岛城市群、中原城市群和关中城市群三大城市群。

通过实施区域重大战略，重点地区的引擎作用不断增强。2021年，京津冀、长三角、粤港澳大湾区内9市的地区生产总值分别达9.6万亿元、27.6万亿元、10.1万亿元，合计超过全国的40%，发挥了全国经济“压舱石”、高质量发展动力源、改革开放试验田的重要作用。

（二）主体功能区战略的内涵与目标指向

党的二十大报告提出：“健全主体功能区制度，优化国土空间发展格局。……坚持人民城市人民建、人民城市为人民，提高城市规划、建设、治理水平，加快转变超大特大城市发展方式，实施城市更新行动，加强城市基础设施建设，打造宜居、韧性、智慧城市。发展海洋经济，保护海洋生态环境，加快建设海洋强国。”这是对主体功能区战略的完整表述，包括建立主体功能区制度、优化国土空间发展格局、城市规划建设和更新、超大城市特大城市发展方式、海洋开发与保护等内容。

“十一五”规划期间，国家发改委组织编制了《全国主体功能区规划》并于2010年经国务院批准发布。《全国主体功能区规划》根据资源环境承载能力、现有开发密度和发展潜力，统筹考虑未来我国人口分布、经济布局、国土利用和城镇格局，将国土空间划分为优化开发、重点开发、限制开发和禁止开发四类主体功能区，按照主体功能定位调整完善区域政策和绩效评价，规范空间开发秩序，形成合理的空间开发结构。从2020年开始，自然资源部在全国范围内开展了国土空间规划的编制工作，确定了建设区、农业区、生态区，并划定基本农田保护红线、生态保护红线、城市开发红线。确定“三区”、划定“三线”成为实施主体功能区战略的重要政策工具。

实施主体功能区战略就是基于适合发展的地区加快发展，不适合发展的地区加强保护这样的理念对全国国土进行划分，促进全国经济高质量发展。根据资源环境承载能力、发展基础和潜力，按照发挥比较优势、加强薄弱环节、享受均等化基本公共服务的要求，逐步形成主体功能定位清晰、东中西部良性互动、公共服务和人民生活水平差距趋向缩小的区域协调发展格局。

（三）新型城镇化战略的内涵与目标指向

党的二十大报告提出：“推进以人为核心的新型城镇化，加快农业转移人口市民化。以城市群、都市圈为依托构建大中小城市协调发展格局，推进以县城为重要载体的城镇化建设。”

城镇化是工业化的结果，又是经济社会发展的动力，是现代化的必由之路。要贯彻落实党的二十大精神，坚持以人为本、优化布局、生态文明、传承文化的基本原则，扎实推进符合我国基本国情的新型城镇化之路。把促进有能力在城镇稳定就业和生活的常住人口有序实现市民化作为首要任务，支持农业转移人口在城镇落户和生活，持续提高人口素质和居民生活质量。坚定不移以城市群为主体形态推进城镇化，扎实推进以县城为重要载体的城镇化建设，以城市群、都市圈为依托构建大中小城市和小城镇协调发展的城镇格局。

城镇化与乡村振兴并不矛盾，只有农村人口大幅减少，留在农村的农民的收入才能提高，土地规模化经营才有可能，人才和资本才能够流入农业和农村，农村产业才能兴旺。有些地方政府至今仍把城镇化与城市建设混为一谈，把大量资金用于城市的美化洋化，而不去解决农业转移人口面临的困难，农村的“留守儿童”“留守妇女”“留守老人”问题仍然非常严重。“三留守”问题与“三农”问题一样，都是城镇化不彻底的问题，因此，加快农业转移人口市民化、提高城镇化质量是重中之重。

农业转移人口市民化就是让已进城的农民工不管是在大中城市，还是小城市、小城镇都能享受与城市居民同等的福利待遇、同等的社会保障、同等的权利与义务，不再是城市的“边缘人”。农业转移人口市民化可从解决农民工的福利与保障入手。在社会保障制度方面，首先是解决农业转移人口社会保障的可转移问题，加快在农民工输入和输出大省之间进行养老保险关系转移的对接试点工作，在取得经验的基础上向全国推广。尽快实现社会保障全国统筹问题，使农民工群体全面建立社会保障制度尽快成为现实。其次是农民工的子女教育问题。儿童教育当然是输入地政府的责任，不应该对农民工子女有任何的歧视。最后是在住房方面，应多层面解决农民工的住房问题。参照城市住房公积金制度，制定并实行农民工住房公积金制度，对建立住房公积金账户的农民工允许其以公积金购房和支付房租；建设一批小户型廉租房，向包括农民工在内的无力购房的低收入群体出租。鼓励家庭移民，家庭中凡有一人在城镇有固定职业，允许其家庭成员落户。户籍制度改革的目标是实现城乡二元户籍向城乡一元户籍制度转变，也就是取消二元户籍，建立全国统一的以居民身份证和居住证为基本依据的人口管理机制。

发挥城市群、都市圈等经济区的引领带动作用。城市群的形成与发展本身就是市场机制发挥作用的结果，在市场机制的作用下，人口、资本不断在城市集聚，并使城市之间要素流动并产生关联，在集聚和联系达到一定程度后城市群才有了形成的条件。未来城市群和都市圈内各城市应顺应新形势发展需要，坚持市场机制对资源的配置作用，加强沟通交流、对话合作，构建高效顺畅的协同发展与合作模式，深化合作领域。各级政府应更好地发挥调控作用，运用市场经济手段，合理引导市场力量，促进功能分工、共同发展，通过构筑城市群合作发展的总体框架，构建统一的区域市场，促进城市关系由竞争向合作转变，为城市群协同发展提供不竭动力。

未来，要把区域高质量发展作为新时代中国区域经济发展的主导方向，促进区域协调发展向更高水平和更高质量迈进，必须持续完善区域战略统筹、市场一体化发展、区域合作互助、区际利益补偿等机制，增强区域发展的平衡性和协调性，加快推动形成优势互补、高质量发展的区域经济格局。

目录

CONTENTS

| 第三章 |

区域协调发展战略的形成过程

| 第四章 |

推动东部地区率先发展

| 第五章 |

推进西部大开发形成新格局

第六章

推动东北全面振兴取得新突破

第七章

促进中部地区加快崛起

第八章

支持老少边欠地区加快发展

|第九章|

区域协调发展的体制与机制

01 PART

第一章

我国区域协调发展的理论基础

区域协调发展是高质量发展的重要支撑，是实现共同富裕的必然要求。本章在回顾以马克思、恩格斯等为代表的苏联马克思主义者，新中国第一、第二、第三代国家领导人的经典论述基础上，重点阐述了新时代习近平总书记关于区域协调发展的重要论述。党的十八大以来，以习近平同志为核心的党中央着眼全国“一盘棋”，对区域协调发展作出重大部署，形成系列新理念、新思想、新战略，搭建了“一条主线、五大支撑”的逻辑架构，构建了一套科学完整的理论体系，形成新时代促进区域协调发展的根本遵循和行动指南。

区域协调发展是贯彻新发展理念的重要内容，是构建新发展格局的重要抓手。从《资本论》到习近平新时代中国特色社会主义思想，都有关于区域协调发展的阐述。新中国成立之初，第一代领导集体和众多学者就致力于促进沿海与内地的协调发展。改革开放以来，邓小平的“两个大局”理论以及进入21世纪相继实施的西部大开发战略、东北等老工业基地振兴战略、中部崛起战略和东部率先转型升级战略都是关于促进区域协调发展的战略举措。党的十八大以来，以习近平同志为核心的党中央高度重视区域协调发展，形成了一系列新理念、新思想、新战略。系统梳理马克思主义经典作家和党的领导人关于区域协调发展的重要论述，准确理解和深刻领会其科学内涵，对深入推进中国式现代化建设具有重要意义。

第一节

马克思主义经典作家和我党第一、第二、第三代领导人对区域协调发展的论述

我国区域协调发展理论的起点是马克思主义生产力均衡布局和协调发展思想，马克思主义经典作家设想社会主义社会资源配置的主要方式为均衡布局生产力[①]。马克思和恩格斯吸收西方古典经济学的分工理论，提出了地域分工理论，根据地区自然、社会、经济、技术等条件，确定区域经济发展方向，通过区域间大规模的产品交换，实现比较经济利益，提高整个区域的劳动生产率；从劳动地域分工理论出发，阐述了生产力均衡布局和协调配置、工农结合、城乡平等的重要性，形成了有关区域经济理论[②]。

① 《区域经济学》编写组：《区域经济学》，高等教育出版社，2018。

② 学习贯彻习近平新时代中国特色社会主义经济思想 做好“十四五”规划编制和发展改革工作系列丛书编写组编著《实施区域发展战略》，中国计划出版社、中国市场出版社，2020。

（一）马克思、恩格斯关于区域协调发展的经典论述

马克思在《资本论》中对分工的论述蕴含区域协调发展的思想。他从资本主义工场手工业中看到了分工协作的好处。他认为，协作是指“许多人在同一生产过程中，或在不同的但互相联系的生产过程中，有计划地一起协同劳动”，协作不仅提高了个人的生产力，而且创造了一种新的生产力，这种新的生产力本身必然是集体力[①]。马克思说的协作是由工场手工业工人间的分工带来的。他从工场手工业内部的分工协作想到了社会内部的分工协作，进而想到了地域间的分工协作，“产品交换是在不同的家庭、民族、共同体相互接触的地方产生的，以独立资格互相接触的不是个人，而是家庭、氏族等等。不同的共同体在各自的自然环境中，找到不同的生产资料和不同的生活资料”，“把特殊生产部门固定在一个国家的特殊地区的地域分工，由于利用各种特点的工场手工业生产的出现，获得了新的推动力”[②]。

马克思对劳动地域分工作过详细的解释。马克思说：“一个民族的生产力发展的水平，最明显地表现在该民族分工的发展程度上”[③]，“这既包括部门、企业间和企业内部的分工,也包括把一定生产部门固定在国家一定地区的地域分工”[④]。然而，马克思认为劳动的地域分工并不是一蹴而就的，“各种使用价值或商品体的总和，表现了同样多种的，按照属、种、科、亚种、变种分类的有用劳动的总和，即表现了社会分工。……在商品生产者的社会里，作为独立生产者的私事而各自独立进行的各种有用劳动的这种质的区别，发展成为一个多支的体系，发展成社会分工”[⑤]。他认为社会分工是由交换产生的：“不同的公社在各自的自然环境中，找到不同的生产资料和不同的生活资料。因此，它们的生产方式、生活方式和产品也就各不相同。这种自然的差别，在公社相接触时引起了产品的互相交换，从而使这些产品逐渐变成商品”[⑥]，因而“社会分工是由原来不同而又互不依赖的生产领

① 马克思：《资本论（第1卷）》，人民出版社，2018。

② 同上。

③ 中共中央马克思恩格斯列宁斯大林著作编译局编《马克思恩格斯选集（第1卷）》，人民出版社，1995。

④ 马克思：《资本论（第1卷）》，人民出版社，2018。

⑤ 同上。

⑥ 同上。

域之间的交换产生的"[①]。马克思将分工划分成社会的内部分工和工厂的内部分工两种，他认为劳动分工首先引发了工场手工业的产生，当社会的内部分工发展到一定程度时，工场手工业的内部也产生了分工："为了使工场手工业内部的分工更完善，同一个生产部门，根据其原料的不同，根据同一种原料可能具有的不同形式，而分成不同的有时是崭新的工场手工业。"[②]正是社会的内部分工和工厂的内部分工两种分工之间的协作促成了劳动地域分工，"一方面，协作可以扩大劳动的空间范围，因此，某些劳动过程由于劳动对象空间上的联系就需要协作；……另一方面，协作可以与生产规模相比相对地在空间上缩小生产领域。在劳动的作用范围扩大的同时劳动空间范围的这种缩小，会节约非生产费用"。不同部门之间的协作导致生产资料越来越集中，最后导致某一个地区专门生产某种商品或从事某种行业，劳动地域分工便由此产生了。

马克思和恩格斯提出了要在共产主义阶段消灭城乡对立、实现城乡融合的理论。恩格斯指出："通过消除旧的分工，进行生产教育、变换工种、共同享受大家创造出来的福利，以及城乡的融合，使社会主体成员的才能得到全面的发展。"[③]"城市和乡村的对立的消失不仅是可能的，它已经成为工业生产本身的直接需要，正如它已经成为农业生产和公共卫生事业的需要一样。只有通过城市和乡村的融合，现在的空气、水和土地的污染才能排除。只有通过这种融合，才能使现在城市中日益病弱的群众的粪便不致引起疾病，而是用来作为植物的肥料。"[④]他们认为可以通过生产力的平衡分布消灭城乡分离，这一思想主要集中在恩格斯的《反杜林论》中，他指出："从大工业在全国的尽可能平衡的分布是消灭城乡分离的条件这方面来说，消灭城市和乡村的分离也不是什么空想。"[⑤]恩格斯由此提出了生产力平衡分布的思想，他指出，可以充分利用各地区的资源优势，缩小各地区

① 马克思：《资本论（第1卷）》，人民出版社，2018。

② 同上。

③ 中共中央马克思恩格斯列宁斯大林著作编译局译《马克思恩格斯全集（第4卷）》，人民出版社，1958。

④ 中共中央马克思恩格斯列宁斯大林著作编译局译《马克思恩格斯全集（第20卷）》，人民出版社，1971。

⑤ 中共中央马克思恩格斯列宁斯大林著作编译局编《马克思恩格斯选集（第3卷）》，人民出版社，1995。

的发展差距，消灭城乡差别。恩格斯也指出，各地区之间的差别将会永久存在，不可能完全消灭，他在1875年写给马克思的一封信中提到：“在国和国、省和省，甚至地方和地方之间总会有生活条件方面的某种不平等存在，这种不平等可以减少到最低限度，但是永远不可能完全消除。”[①]恩格斯认为各地区之间既要谋求统一，又要承认差异，在谋求共同发展的基础上，将地区间的差别减少到最低限度。

不仅如此，马克思和恩格斯还对生产力布局原则作出了详细的阐述。恩格斯在《反杜林论》中指出：“只有按照一个统一的大的计划协调地配置自己的生产力的社会，才能使工业在全国分布得最适合于它自身的发展和其他生产要素的保持或发展。”[②]恩格斯的这一论断强调了生产力布局需要由一个“统一的大的计划”进行宏观调控，且不仅要保证自身的发展，还要与其他生产要素协调发展，最终实现共同、全面发展。在工业布局上，马克思认为生产地应当尽量接近原料产地。他曾在《资本论》中这样表述：“如果由于原料价格的提高一方面引起了原料需求的减少，另一方面既引起了当地原料生产的扩大，又使人们从遥远的一向很少利用或根本不利用的生产地区去取得原料供给，而这两方面加在一起又使原料的供给超过需求，以致这种高价现在突然跌落下来。”[③]恩格斯还分析了社会主义生产力平衡分布的可能性，他在《反杜林论》中提出：“纺织工业所加工的原料大部分是进口的，西班牙的铁矿石在英国和德国加工；西班牙和南美的铜矿石在英国加工。每个煤矿区都把燃料远销本地区以外的逐年扩大的工业地区。在欧洲全部沿海地方，蒸汽机都是英国的，有的地方用德国和比利时的煤来发动。摆脱了资本主义生产的局限性的社会可在这方面更大大地向前迈进。”[④]

马克思、恩格斯关于区域协调发展的思想里不仅强调公平，而且强调效率。马克思认为：“劳动在一切有劳动能力的社会成员之间分配得越平均，一个社会阶层把劳动的自然必然性从自身上解脱下来并转嫁给另一个社会阶层的可能性越小，社

① 中共中央马克思恩格斯列宁斯大林著作编译局编《马克思恩格斯选集（第3卷）》，人民出版社，1995。

② 同上。

③ 马克思：《资本论（第3卷）》，人民出版社，2018。

④ 中共中央马克思恩格斯列宁斯大林著作编译局译《马克思恩格斯全集（第20卷）》，人民出版社，1971。

会工作日中必须用于物质生产的部分就越小，从而个人从事自由活动、脑力活动和社会活动的时间部分就越大。”[①]他强调的是，给予每个社会成员公平参与劳动的机会。一个国家或地区的社会成员不是一个虚拟概念，而是分布在不同区域或区位的个人，即马克思认为分布在不同区域内的社会成员都享有公平参与劳动的机会。

（二）苏联马克思主义者关于区域发展的经典论述

列宁和斯大林继承了马克思、恩格斯的地域分工思想，并进一步发展了该理论。列宁在经过一系列的分析和考察后，认为社会主义国家应该实行生产力布局政策，使生产力在各区域内平衡分布。斯大林也指出：“我们决不能只集中力量发展全国性的工业，因为全国性的工业，……不可能满足一亿四千万人民各种不同的口味和需求。为了能满足这些需求，必须使每个区、每个专区、每个省、每个民族共和国的生活，即工业生活沸腾起来。”[②]

列宁在《科学技术工作计划草稿》中明确指出：“使俄国工业布局合理，着眼点是接近原料产地，尽量减少从原料加工转到半成品加工一直到制出成品阶段时的劳动消耗。”[③]除此之外，列宁还继承了大卫·李嘉图的比较优势理论，提出利用各地区比较优势合理布局生产力的思想。他在提出全俄电气化计划时强调：“首先要把国家划分为‘若干个经济上独立的单位——区域’，要采取比较的方法，即比较那些在实行各种措施，特别是实行电气化的基础上所制定的经济计划的各种方案。”[④]

列宁和斯大林都强调大城市在社会主义发展过程中的地位和作用。列宁指出：“城市是经济、政治和人民的精神生活的中心，是前进的主要动力。”[⑤]斯大林也认为，大城市是“文化最发达的中心”“大工业的中心”“农产品加工和一切食

① 马克思：《资本论（第1卷）》，人民出版社，2018。

② 中共中央马克思恩格斯列宁斯大林著作编译局主编《斯大林全集（第七卷）》，人民出版社，1958。

③ 中共中央马克思恩格斯列宁斯大林著作编译局编译《列宁全集（第三十四卷）》，人民出版社，1985。

④ T.M.克尔日查诺夫斯基：《苏联经济区划问题论文集（1917—1929）》，王守礼译，商务印书馆，1961。

⑤ 中共中央马克思恩格斯列宁斯大林著作编译局编译《列宁全集（第十九卷）》，人民出版社，1959。

品供应部门大发展的中心”[①]。在针对城乡分离问题时，列宁在1919年的《俄共（布）纲领草案》中指出：消灭城乡对立是“共产主义建设的根本任务之一”。斯大林在1924年的《关于俄共（布）第十三次代表大会的总结》中也提到：“建立城乡间的集合”是“党和国家的实践的基本问题”[②]。在探讨实现城乡融合的物质基础时，列宁指出：“只有农业人口和非农业人口混合和融合起来，才能提高乡村居民，使其摆脱孤立无援的地位……正是农业人口和非农业人口的生活条件接近才创造了消灭城乡对立的条件。”[③]要促进城乡融合，“只有一条道路，就是城市工人和农业工人结成联盟”[④]。

萨乌什金在《经济地理学：历史、理论、方法与实践》一书中也对劳动地域分工理论作了详细的阐述。他认为，“劳动地域分工”是“各地、中心、企业的各种各样的经济专门化的形成，在很大程度上，是经济社会过程的结果”[⑤]。劳动地域分工是“从许多部门及其分支部门和各种生产中选出经济上最有利的方面”[⑥]，它是“由于拥有不同经济的地方结合起来的结果”，是“经济专门化不同的地域（国家、区、中心等）在经济上互相补充的过程”[⑦]。他认为，劳动地域分工“不仅反映出历史上形成的人们相互的社会关系，而且还表明社会生产力的发展水平”[⑧]。萨乌什金对劳动地域分工理论作出了一定的拓展，并且自成体系，完整地叙述了劳动地域分工的内涵、特点等问题，他的理论在学术界具有重要意义。

“地域生产综合体论”是马克思主义区域发展思想与苏联区域规划相结合的产物，正式形成于20世纪30—40年代，20世纪50年代广泛推广并传入中国，对我

---

① 中共中央马克思恩格斯列宁斯大林著作编译局编《斯大林选集（下卷）》，人民出版社，1980。

② 中共中央马克思恩格斯列宁斯大林著作编译局编《斯大林全集（第六卷）》，人民出版社，1956。

③ 中共中央马克思恩格斯列宁斯大林著作编译局编译《列宁全集（第二卷）》，人民出版社，1959。

④ 中共中央马克思恩格斯列宁斯大林著作编译局编译《列宁全集（第十九卷）》，人民出版社，1959。

⑤ 萨乌什金：《经济地理学：历史、理论、方法和实践》，毛汉英等译，商务印书馆，1987。

⑥ 同上。

⑦ 同上。

⑧ 同上。

国后来的生产力布局理论产生了深远的影响。他认为，“地域生产综合体”是“合理的空间生产组织形式”，是“有一定全国规模的专业化部门的区域”，能够“保证最有效地利用自然资源”，能“使劳动消耗（不合理的运输等）减少到最低限度”[①]。

总体来说，20世纪50年代以后，苏联学者对经济地理理论的理解更加深入和系统化，他们逐渐摆脱了早期资源均等、抑强补弱的观点，开始更加关注多种经济要素在区域中的协调演进。但是，其理论建构在计划经济框架之内，以政府为投资建设的主体尤其是以中央政府为主体，是一种理想化的空间布局模式，尤其是没有考虑市场的力量和消费需求对生产的引导作用，很难在现实中得到完全实现。因为其实现的前提是政府必须集中全部资源，然后再逐级分配。在分配的过程中，将带来资金泄漏和效率丧失。

（三）新中国第一、第二代领导集体关于区域协调发展的论述

新中国成立后，第一代中央领导集体很重视汲取苏联的经验，并开始区域协调发展的探索。毛泽东结合我国的国情，提出了利用沿海工业发展内地生产力平衡布局的思想。他在《论十大关系》中提出，“沿海的工业基地必须充分利用，但是，为了平衡工业发展的布局，内地工业必须大力发展”，“好好地利用和发展沿海的工业老底子，可以使我们更有力量来发展和支持内地工业”，“新的工业大部分应当摆在内地，使工业布局逐步平衡，并且利于备战，这是毫无疑义的”[②]。这一思想也成为第一代中央领导集体生产力布局的指导思想。毛泽东强调要利用沿海地区工业发展的优势，带动内地工业的发展，主张实行沿海工业与内地工业并举的生产力布局理论。

20世纪60年代，中苏关系破裂，中国周边局势紧张，毛泽东在分析国内外形势后，在研究“三五”计划的中央工作会议上指出：“在原子弹时期，没有后方不行，‘三五’计划要考虑解决全国工业布局不平衡的问题，要搞一、二、三线的战

① 萨乌什金：《经济地理学：历史、理论、方法和实践》，毛汉英等译，商务印书馆，1987。

② 毛泽东：《毛泽东著作选读（下册）》，人民出版社，1986。

略布局，加强三线建设，防备敌人的入侵。”[①]为平衡工业布局，中央采取了一系列向中西部倾斜的政策，使中西部的工业得到了一定的发展，但生产力和投资重点过分关注较落后的中西部地区,因而忽视了经济效益。

邓小平将区域协调发展问题与中国特色社会主义发展的时代背景相结合，既坚持了毛泽东区域协调发展思想的合理内核，又适应了改革开放的新变化。邓小平认为：“我们坚持走社会主义道路，根本目标是实现共同富裕，然而平均发展是不可能的。过去搞平均主义，吃‘大锅饭’，实际上是共同落后，共同贫穷。我们就是吃了这个亏。改革首先要打破平均主义，打破‘大锅饭’。”[②]1988年9月，邓小平提出：“沿海地区要加快对外开放，使这个拥有两亿人口的广大地带较快地发展起来，从而带动内地更好地发展，这是一个事关大局的问题。内地要顾全这个大局。反过来，发展到一定的时候，又要求沿海拿出更多力量来帮助内地发展，这也是个大局。那时沿海也要服从这个大局。”[③]这一思想不仅承认了地区之间发展的差别，破除了平均主义，而且明确了发展的最终目的是实现区域协调发展。在这一思想的指导下，我国在沿海地区设立了5个经济特区，以培育新的经济增长极来带动整个国民经济的发展。在邓小平理论的指导下，区域分工和国际贸易有了新的发展，对外开放的格局不断深入，整个国民经济步入良性发展轨道。

（四）第三代中央领导集体对区域协调发展的论述

以江泽民为代表的第三代中央领导集体对区域协调发展理论进行了探索。在1995年《正确处理社会主义现代化建设中的若干重大关系》的讲话中，江泽民概括了我国现代化发展的十二大关系，深入诠释了产业与产业之间、区域与区域之间、所有制与所有制之间的一系列对立统一关系，指出“我们要善于统观全局，精心谋划……做到相互协调、相互促进”，从而把区域协调发展的理念提升到更为突出的位置[④]。

① 孔全新：《论毛泽东的区域经济均衡发展战略》，《济宁师范专科学校学报》2002年第4期。

② 邓小平：《邓小平文选（第3卷）》，人民出版社，1993。

③ 同上。

④ 黄俊、张晓峰：《科学发展观：马克思主义协调发展理论的时代解读——以协调发展为例》，《湖北社会科学》2008年第1期。

20世纪末，全国经济发展已达到较高水平，解决沿海与内地发展差距问题所需的条件已经具备。江泽民不失时机地把西部大开发提上了议事日程，实施区域战略重点的转移。党的十五大报告指出，“国家要加大对中西部地区的支持力度，优先安排基础设施和资源开发项目，逐步实行规范的财政转移支付制度，鼓励国内外投资者到中西部投资”。江泽民曾指出，“办法主要是通过加强横向经济联合，通过向内地辐射先进技术、管理经验，向内地投资，转移劳动密集型产业，传递经济信息，进行联合生产经营，参与改造内地的一些老企业，帮助内地开发出口货源基地，以及对口扶助内地一些贫困地区脱贫方式来进行”[①]。西部大开发战略有力地推动了西部地区经济的发展，极大地促进了我国整体经济实力的提高和综合国力的增强。

中共十六大以后，胡锦涛提出了“以人为本、全面协调可持续”的科学发展观。区域协调发展是科学发展观的重要内容，就是统筹兼顾，合理布局，妥善处理区域发展中的各方面关系，走各地区协调发展、共同富裕之路。胡锦涛在总结中国区域经济发展进程的基础上，先后启动了东北振兴和中部崛起发展战略，根据科学发展观的要求，重新调整了区域布局：积极推进西部大开发，有效发挥中部地区的综合优势，支持中西部地区加快改革发展，振兴东北地区等老工业基地，鼓励有条件的东部地区率先基本实现现代化，逐步形成东、中、西部经济互联互动、优势互补、协调发展的新格局[②]。胡锦涛在中国共产党第十七次全国代表大会上的报告提出，“推动区域协调发展，优化国土开发格局”，“遵循市场经济规律，突破行政区划界限，形成若干带动力强、联系紧密的经济圈和经济带。重大项目布局要充分考虑支持中西部发展，鼓励东部地区带动和帮助中西部地区发展。加大对革命老区、民族地区、边疆地区、贫困地区发展扶持力度。帮助资源枯竭地区实现经济转型。更好发挥经济特区、上海浦东新区、天津滨海新区在改革开放和自主创新中的重要作用。走中国特色城镇化道路，按照统筹城乡、布局合理、节约土地、功能完善、以大带小的原则，促进大中小城市和小城镇协调发展。以增强综合承载能力为重点，以特大城市为依托，形成辐射作用大的城市群，培育新的经济增长极”。

① 苟兴朝、杨继瑞：《从“区域均衡”到“区域协同”：马克思主义区域经济发展思想的传承与创新》，《西昌学院学报（社会科学版）》2018年第3期。

② 郭丽：《中国区域经济发展的理论与实践——基于四代领导人区域经济思想的分析》，《山东省青年管理干部学院学报》2008年第1期。

▶▶▶

第二节

新时代关于区域协调发展的重要论述

区域协调发展始终是大国治理的重要内容。习近平总书记高度重视区域协调发展，在继承几代中央领导集体智慧的基础上，不断丰富和完善区域协调发展的目标、思路和机制，奠定新时代区域协调发展战略坚实的基础。

一、党的十八大之前地方区域协调发展的实践

习近平同志在基层工作期间，高度重视区域协调发展。在正定县确立的“依托城市、服务城市、打入石市、挤进京津、咬住晋蒙、冲向全国”的经济发展思路[①]，凝聚了习近平同志对县域经济如何融入城市经济、如何融入重大区域战略、如何服务全国的深入思考，蕴含了区域合作、在服务全国中促进地方发展、促进区域协调发展等意涵，为后来提出构建新发展格局奠定了基础。在厦门市主持制定了第一个发展战略，提出了“两门对开”“两门先行”等发展战略。任福建省省长期间，习近平同志还提出厦门应加快实施跨岛发展战略，把厦门提升到整个国家的窗口作用和龙头地位上来[②]。在宁德市提出“弱鸟可望先飞，至贫可能先富”“发展山区经济要坚持因地制宜、综合开发的方针”等发展理念[③]。在福州市实施“3820”战略工程，提出了“山区沿海一盘棋”“海上福州”等观点[④]。

① 中央党校采访实录编辑室：《习近平在正定》，中共中央党校出版社，2019。
② 中央党校采访实录编辑室：《习近平在厦门》，中共中央党校出版社，2020。
③ 中央党校采访实录编辑室：《习近平在宁德》，中共中央党校出版社，2020。
④ 杨继瑞：《推动区域协调发展的先行实践》，《经济日报》2022年5月24日第10版。

在福建省推动“山海协作、协同发展”，重视省际对口帮扶、对口支援工作，提出了建立海峡西岸繁荣带的设想[①]。在浙江省推动实施“八八战略”，积极推动长三角一体化，提出了“山海协作”“跳出浙江发展浙江”等观点，并且将“山海协作工程”“欠发达乡镇奔小康工程”“百亿帮扶致富工程”三个工程作为推动区域协调发展、加快欠发达地区发展的重要抓手[②]。在上海市力推长三角一体化，处处体现对中央“服务长三角、服务长江流域、服务全国”要求的坚决落实，并且提出长三角各城市不能搞同类竞争，要占领制高点，促使区域形成梯度，以合作避免过度竞争，形成产业错位发展。上海的龙头作用要体现在服务平台的提供上，做兄弟省市没条件做的事，更多地照顾他们的利益[③]。这些都奠定了区域协调发展的思想基础。

二、党的十八大之后正式提出区域协调发展战略

党的十八大之后，习近平总书记多次强调，促进区域协调发展，是今后相当长一段时间内区域发展的基本战略思想。要“完善区域政策，促进各地区协调发展、协同发展、共同发展。西部开发、东北振兴、中部振兴、东部率先的区域发展总体战略，要继续实施”（2014年中央经济工作会议），“特别要加大对革命老区、民族地区、边疆地区、贫困地区基本公共服务的支持力度”（在党的十八届五中全会上的讲话，2015年10月26日），初步形成“4（西部、东北、中部、东部）+4（革命老区、民族地区、边疆地区、贫困地区）”区域协调发展格局。习近平总书记在2015年12月18日《围绕贯彻党的十八届五中全会精神做好当前经济工作》中进一步强调区域协调发展和资源环境之间的关系，明确指出：“促进区域发展，要更加注重人口经济和资源环境空间均衡。既要促进地区间经济和人口均衡，缩小地区间人均国内生产总值差距，也要促进地区间人口经济和资源环境承载能力相适应，缩小人口经济和资源环境间的差距。要根据主体功能区定位，着力塑造要素有

① 中央党校采访实录编辑室：《习近平在福建》，中共中央党校出版社，2021。
② 中央党校采访实录编辑室：《习近平在浙江》，中共中央党校出版社，2021。
③ 中央党校采访实录编辑室：《习近平在上海》，中共中央党校出版社，2022。

序自由流动、主体功能约束有效、基本公共服务均等、资源环境可承载的区域协调发展新格局。”同时，延续缩小政策单元的思路，先后提出京津冀协同发展、长江经济带发展、粤港澳大湾区建设、长三角一体化发展、黄河流域生态保护和高质量发展等区域重大战略，构建连接东中西部、贯穿南北方的多中心、网络化、开放式的区域开发格局，不断缩小地区发展差距，推动我国经济在实现高质量发展上取得新进展。

随着我国经济发展进入新常态，区域经济发展分化态势明显，发展动力极化现象日益突出，部分区域发展面临较大困难，区域经济发展不平衡不充分问题突出。锚定不平衡不充分的矛盾，着眼高质量发展需要，党的十九大报告将区域协调发展首次上升为国家战略。我国区域之间发展条件差异很大，很难要求各地区齐头并进发展，收入水平也不可能都一样。2018年4月26日，习近平总书记在深入推动长江经济带座谈会上指出：“各地区要根据主体功能区定位，按照政策精准化、措施精细化、协调机制化的要求，完整准确落实区域协调发展战略。”2018年11月，《中共中央　国务院关于建立更加有效的区域协调发展新机制的意见》颁布，提出区域协调发展的新目标是“实现基本公共服务均等化、基础设施通达程度比较均衡、人民基本生活保障水平大体相当”。2019年8月，在中央财经委员会第五次会议上，习近平总书记强调：“新形势下促进区域协调发展，总的思路是：按照客观经济规律调整完善区域政策体系，发挥各地区比较优势，促进各类要素合理流动和高效集聚，增强创新发展动力，加快构建高质量发展的动力系统，增强中心城市和城市群等经济发展优势区域的经济和人口承载能力，增强其他地区在保障粮食安全、生态安全、边疆安全等方面的功能，形成优势互补、高质量发展的区域经济布局。”在区域协调发展和开放的关系上，2020年9月，在中央全面深化改革委员会第十五次会议上，习近平总书记指出：“要把构建新发展格局同实施国家区域协调发展战略、建设自由贸易试验区等衔接起来，在有条件的区域率先探索形成新发展格局，打造改革开放新高地。”至此，区域协调的目标、思路、机制等内容都非常明确。

三、党的二十大以来区域协调发展战略的深化提升

着眼新发展格局构建以及统筹发展和安全的需要，党的二十大报告明确提出，“深入实施区域协调发展战略、区域重大战略、主体功能区战略、新型城镇化战略，优化重大生产力布局，构建优势互补、高质量发展的区域经济布局和国土空间体系”，首次把区域协调发展战略、区域重大战略、主体功能区战略、新型城镇化战略作为促进区域高质量发展的重要内容，对四大战略融合发展、协同发展提出更高要求，首次提出“优化重大生产力布局”，突出安全在区域协调发展中的重要地位，丰富了区域协调发展的手段。同时，对协调好区域经济布局和国土空间体系的关系指明了方向。

总体而言，进入新时代以来，习近平总书记根据新的区域经济发展实践需要，对推进区域协调发展战略提出了更加丰富、更加系统、更加明确的部署和要求，深刻回答了区域协调发展的若干重大理论和实践问题，为推动区域经济高质量发展提供了理论遵循和行动指南。

第三节

对四大区域和特殊类型地区的重要论述

西部、东北、中部、东部四大板块是促进区域协调发展的基本政策单元，革命老区、少数民族地区、边疆地区、欠发达地区是促进区域协调发展的重要支撑单元。习近平总书记高度重视四大区域和特殊类型地区发展，统筹谋划，提出系列方向性指导。

一、推进西部大开发形成新格局

破解区域发展不平衡不充分问题，始终是习近平总书记关心的大事。党的十八大以来，习近平总书记赴西部省份考察20多次，发表系列重要讲话，为新时代西部大开发把脉定向。西部地区是我国脱贫攻坚的主战场。以习近平同志为核心的党中央把脱贫攻坚作为全面建成小康社会的底线任务，作出系列决策部署，打响声势浩大的脱贫攻坚战，历史性地解决了绝对贫困问题。西部地区是向西开放的桥头堡，也是向南出海的排头兵。2018年9月，习近平总书记在致第十七届中国西部国际博览会的贺信中指出："中国西部地区积极参与共建'一带一路'，将进一步焕发出巨大生机活力，成为陆海内外联动、东西双向互济开放格局的重要组成部分。"习近平总书记在广西、贵州、内蒙古、甘肃、新疆等地考察时，对当地开放均提出了具体指导。西部地区是我国重要的生态屏障。2015年1月，习近平总书记在云南调研时强调："经济要发展，但不能以破坏生态环境为代价。生态环境保护是一个长期任务，要久久为功。"至此，开发、开放和保护成为西部地区新格局的三大支撑。2017年10月18日，习近平总书记在党的十九大报告中提出“强化举措推进西部大开发形成新格局”。2020年5月，《中共中央　国务院关于新时代推进西部大开发形成新格局的指导意见》指出，推进西部大开发形成大保护、大开放、高质量发展的新格局，吹响新一轮西部大开发的号角。同时，积极出台成渝地区双城经济圈、西部陆海新通道等规划，加快培育西部地区增长新引擎，推动西南西北地区联动发展。

二、推动东北振兴取得新突破

新时代的东北振兴，习近平总书记始终念兹在兹、充满期待。党的十八大以来，习近平总书记多次到东北地区考察调研，发表系列重要讲话，作出许多重要指示。2015年7月，习近平总书记在长春召开的部分省区党委主要负责同志座谈会上指出，“党中央对东北地区发展历来高度重视。东北地区人口、资源、产业、人才、基础设施、区位等支撑能力很强，发展空间和潜力巨大”。2015年12月，习近平总书记主持召开中共中央政治局会议，审议通过《中共中央　国务院关于全面振兴东北地区等老工业基地的若干意见》，为东北振兴提供了重要遵循。2018年9月，习近平总书记在沈阳召开的深入推进东北振兴座谈会上强调，“东北地区是我国重要的工业和农业基地，维护国家国防安全、粮食安全、生态安全、能源安全、产业安全的战略地位十分重要，关乎国家发展大局。新时代东北振兴，是全面振兴、全方位振兴，要从统筹推进‘五位一体’总体布局、协调推进‘四个全面’战略布局的角度去把握，瞄准方向、保持定力，扬长避短、发挥优势，一以贯之、久久为功，撸起袖子加油干，重塑环境、重振雄风，形成对国家重大战略的坚强支撑”。这次讲话明确了东北“五个安全”战略定位，丰富了振兴内涵，指明了前进方向。在此次座谈会上，习近平总书记进一步强调，“以培育壮大新动能为重点，激发创新驱动内生动力。要依靠创新把实体经济做实、做强、做优，坚持凤凰涅槃、腾笼换鸟，积极扶持新兴产业加快发展，尽快形成多点支撑、多业并举、多元发展的产业发展格局”，“要培育发展现代化都市圈，加强重点区域和重点领域合作，形成东北地区协同开放合力”，“深度融入共建‘一带一路’，建设开放合作高地”，“更加关注补齐民生领域短板，让人民群众共享东北振兴成果”等，表明优化营商环境、新动能、现代化都市圈、开放、民生等成为东北振兴新的突破口。2019年，党中央、国务院对支持东北地区深化改革创新推动高质量发展作出重要部署。2020年，党的十九届五中全会要求“推动东北振兴取得新突破”。2020年7月，习近平总书记在吉林考察时再次突出深化改革重要性，明确指出“要加快转变政府职能，培育市场化法治化国际化营商环境。要深化国有企业改革，支持民营企业发展，发扬企业家精神，激发各类市场主体活力”，同时要求“吉林要把保障粮食安全放在突出位置，毫不放松抓好粮食生产，加快转变农业发展方式，在探索现代农业发展道路上创造更多经验”。2022年，习近平总书记在党的二十大报告中再次要求“推动东北全面振兴取得新突破”。尽管东北目前遇到困难和问题，但前景依然光明。

三、开创中部地区崛起新局面

中部地区承东启西、连南接北，在国家发展大局中占有重要地位，习近平总书记高度重视中部地区的崛起。党的十八大以来，习近平总书记多次深入中部6省考察调研，围绕区域协调发展作出系列重要论断和系统部署，指明中部地区改革发展方向。2019年5月，习近平总书记在江西考察调研时主持召开推动中部地区崛起工作座谈会并强调，“要坚持以新时代中国特色社会主义思想为指导，全面贯彻党的十九大和十九届二中、三中全会精神，贯彻新发展理念，在供给侧结构性改革上下更大功夫，在实施创新驱动发展战略、发展战略性新兴产业上下更大功夫，积极主动融入国家战略，推动高质量发展，不断增强中部地区综合实力和竞争力，奋力开创中部地区崛起新局面”。同时，从推动制造业高质量发展、提高关键领域自主创新能力、优化营商环境、积极承接新兴产业布局和转移、扩大高水平开放、坚持绿色发展、做好民生领域重点工作、完善政策措施和工作机制8个方面提出具体要求，并且要求“走出一条创新链、产业链、人才链、政策链、资金链深度融合的路子”。习近平总书记尤其重视中部地区自主创新能力建设，每到中部省（区）考察时都反复强调。在湖北，他提出“真正的大国重器，一定要掌握在自己手里”①；在江西，他指出“技术创新是企业的命根子”②；在安徽，他鼓励“要对标世界一流，加强前沿探索和前瞻布局，加大关键核心技术攻坚力度”③；在湖南，他强调“关键核心技术必须牢牢掌握在我们自己手中”④。中部地区大江、大河、大湖众多，长江、黄河横贯东西，生态地位十分重要。习近平总书记高度重视中部地区生态建设，2018年在湖北考察时他指出，“要坚持把修复长江生态环境摆在推动长江经济带发展工作的重要位置，共抓大保护，不搞大开发。不搞大开发不是不要开发，而是不搞破坏性开发，要走生态优先、绿色发展之路”⑤；2020年在山西考察时他指出，“要牢固树立绿水青山就是金山银山的理念，发扬‘右玉精神’，统筹推进山水林田湖草系统治理”⑥；2020年在合肥市考察时他说，“一定要把巢湖治理好，把生态湿地保护好，让巢湖成为合肥最好的名片”⑦；2021年5月，在河南主持召开推进南水北调后续工程高质量发展座谈会时他强调，“要把水源区的生态环境保护工作作为重中之重，划出硬杠杠，坚定不移做好各项工作，守好这一库碧水”。近年来，中部地区坚决落实习近平总书记指示精神，推动高质量崛起，谱写出创新驱动、区域协同、绿色崛起的新篇章。

---

① 《加强改革创新战略统筹规划引导　以长江经济带发展推动高质量发展》，《人民日报》2018年4月27日第1版。

② 《贯彻新发展理念推动高质量发展　奋力开创中部地区崛起新局面》，《人民日报》2019年5月23日第1版。

③ 《坚持改革开放坚持高质量发展　在加快建设美好安徽上取得新的更大进展》，《人民日报》2020年8月22日第1版。

④ 张晓松、朱基钗、杜尚泽：《坚守人民情怀，走好新时代的长征路——习近平在湖南考察并主持召开基层代表座谈会纪实》，《人民日报》2020年9月21日第1版。

⑤ 同①。

⑥ 《牢固树立绿水青山就是金山银山的理念》，《人民日报》2020年5月14日第1版。

⑦ 杜尚泽、朱思雄、张晓松：《下好先手棋，开创发展新局面》，《人民日报》2020年8月24日第1版。

四、鼓励东部地区加快推进现代化

东部地区是中国经济高质量发展的重要引擎，习近平总书记高度重视，先后擘画了京津冀协同发展、粤港澳大湾区建设、长三角一体化发展三个区域重大战略的宏伟蓝图。

2014年2月26日，习近平总书记在北京主持召开座谈会并强调，实现京津冀协同发展是优化国家发展区域布局、优化社会生产力空间结构、打造新的经济增长极、形成经济发展新方式的需要，是一个重大国家战略，全面深刻阐述了京津冀协同发展的推进思路和重点任务，为京津冀协同发展指明了方向。

2012年12月，习近平总书记在广东考察时指出，希望广东联手港澳打造更具综合竞争力的世界级城市群。2017年7月，在习近平总书记见证下，《深化粤港澳合作　推进大湾区建设框架协议》正式签署。2019年2月，《粤港澳大湾区发展规划纲要》正式公布，标志着粤港澳大湾区建设进入全面实施阶段。习近平总书记要求，“要抓住粤港澳大湾区建设重大历史机遇，推动三地经济运行的规则衔接、机制对接，加快粤港澳大湾区城际铁路建设，促进人员、货物等各类要素高效便捷流动，提升市场一体化水平”[①]，“粤港澳大湾区要围绕建设国际科技创新中心战略定位，努力建设全球科技创新高地，推动新兴产业发展”[②]，明确了粤港澳大湾区建设的重点。

2018年11月，在上海首届中国国际进口博览会开幕式上，习近平总书记宣布“将支持长江三角洲区域一体化发展并上升为国家战略”。2019年12月，中共中央、国务院印发的《长江三角洲区域一体化发展规划纲要》指出，到2025年长江三角洲地区在科创产业、基础设施、生态环境、公共服务等领域基本实现一体化发展。2020年8月，在安徽合肥举行的扎实推进长三角一体化发展座谈会上，习近平总书记对长三角一体化发展进一步提出“率先形成新发展格局”“勇当我国科技和产业创新的开路先锋”“加快打造改革开放新高地”的明确要求。

① 习近平：《在深圳特区建立40周年庆祝大会上的讲话》，《人民日报》2020年10月15日第2版。

② 《习近平向2021年大湾区科学论坛致贺信》，《人民日报》2021年12月12日第1版。

除东部沿海三大区域重大战略外，习近平总书记对东部地区发展也非常关注。2017年10月，党的十九大报告中提出“创新引领率先实现东部地区优化发展”。2020年，党的十九届五中全会报告中要求“鼓励东部地区加快推进现代化”。从“东部率先发展”到“鼓励东部地区加快推进现代化”，对东部地区提出更高要求，赋予更重大的使命。国家“十四五”规划纲要提出，支持深圳建设中国特色社会主义先行示范区、浦东打造社会主义现代化建设引领区、浙江高质量发展建设共同富裕示范区，深入推进山东新旧动能转换综合试验区建设。党的二十大报告再次重申“鼓励东部地区加快推进现代化”。

目前，东部地区北京、上海、粤港澳大湾区三大国际科创中心加快建设，怀柔、张江、合肥、大湾区4个综合性国家科学中心进展顺利，“3+4”区域创新布局快速构建，夯实东部地区高质量发展基础。同时，自由贸易试验区等高能级开放平台实现全覆盖，规则、制度、标准等制度型开放体系逐步完善。

五、支持特殊类型地区发展

党的十八大以来，以习近平同志为核心的党中央把脱贫攻坚摆到治国理政的突出重要位置，就脱贫攻坚和特殊类型地区振兴发展的目标、路径、政策、机制、责任落实等作出全面部署。

2012年年底，党的十八大召开后不久，党中央就突出强调，“小康不小康，关键看老乡，关键在贫困的老乡能不能脱贫”，承诺“决不能落下一个贫困地区、一个贫困群众”，拉开了新时代脱贫攻坚的序幕。2013年11月3日，习近平总书记到湖南省花垣县十八洞村考察扶贫工作，首次提出“精准扶贫”的重要理念，明确要求“不栽盆景，不搭风景”“不能搞特殊化，但不能没有变化”，不仅要自身实现脱贫，还要探索“可复制、可推广”的脱贫经验。2015年6月18日，习近平总书记在部分省区市扶贫攻坚与“十三五”时期经济社会发展座谈会上，针对扶贫开发工作机制不健全的问题指出，要强化扶贫开发工作领导责任制，把中央统筹、省负总责、市（地）县抓落实的管理体制，片为重点、工作到村、扶贫到户的工作机制，党政一把手负总责的扶贫开发工作责任制真正落到实处。2015年11月27日，习近平总书记在中央扶贫开发工作会议上针对精准扶贫中“扶持谁”“谁来扶”“怎么扶”等关键问题，提出实现脱贫攻坚目标的总体要求，实行扶持对象、项目安排、资金使用、措施到户、因村派人、脱贫成效“六个精准”，实行发展生产、易地搬迁、生态补偿、发展教育、社会保障兜底“五个一批”，发出打赢脱贫攻坚战的总攻令[①]。2016年7月20日，习近平总书记在东西部扶贫协作座谈会上指出：“现在，扶贫开发到了攻克最后堡垒的阶段，所以党的十八届五中全会把‘扶贫攻坚战’改成了‘脱贫攻坚战’。”2017年6月23日，习近平总书记在深度贫困地区脱贫攻坚座谈会上指出：“造成各地深度贫困的原因各不相同，集中优势兵力打歼灭战要从各地实际出发，充分发挥我们集中力量办大事的制度优势。”2017年，党的十九大把精准脱贫作为三大攻坚战之一进行全面部署，锚定全面建成小康社会目标，聚力攻克深度贫困堡垒，决战决胜脱贫攻坚。同时，提出“确保到二〇二〇年我国现行标准下农村贫困人口实现脱贫，贫困县全部摘帽，解决区域性整体贫困，做到脱真贫、真脱贫”，首次明确脱贫攻坚的重点任务和宏伟目标。2018年2月12日，习近平总书记在打好精准脱贫攻坚战座谈会上指出：“要加强扶贫同扶志、扶智相结合，激发贫困群众积极性和主动性，激励和引导他们靠自己的努力改变命运，使脱贫具有可持续的内生动力。”这赋予了精准脱贫新的内涵。2018年6月15日，《中共中央　国务院关于打赢脱贫攻坚战三年行动的指导意见》颁布。2020年3月6日，针对脱贫攻坚目标任务完成后政策的延续问题，习近平总书记在决战决胜脱贫攻坚座谈会上指出：“接续推进全面脱贫与乡村振兴有效衔接。……要针对主要矛盾的变化，理清工作思路，推动减贫战略和工作体系平稳转型，统筹纳入乡村振兴战略，建立长短结合、标本兼治的体制机制。”2020年12月底，习近平总书记在中央农村工作会议上强调：“脱贫攻坚取得胜利后，要全面推进乡村振兴，这是‘三农’工作重心的历史性转移。要坚决守住脱贫攻坚成果，做好巩固拓展脱贫攻坚成果同乡村振兴有效衔接，工作不留空档，政策不留空白。”2021年2月25日，习近平总书记在全国脱贫攻坚总结表彰大会上庄严宣告：“经过全党全国各族人民共同努力，在迎来中国共产党成立一百周年的重要时刻，我国脱贫攻坚战取得了全面胜利，现行标准下9899万农村贫困人口全部脱贫，832个贫困县全部摘帽，12.8

① 习近平：《在全国脱贫攻坚总结表彰大会上的讲话》，《人民日报》2021年2月26日第2版。

万个贫困村全部出列，区域性整体贫困得到解决，完成了消除绝对贫困的艰巨任务，创造了又一个彪炳史册的人间奇迹！”

革命老区是党和人民军队的根，在中国共产党革命史上，革命老区作出了重大的牺牲和贡献。党的十八大以来，习近平总书记先后30余次到革命老区考察，多次对老区人民和老区发展提出要求。2013年11月，习近平总书记在山东考察时指出：“让老区人民过上好日子，是我们党的庄严承诺，各级党委和政府要继续加大对革命老区的支持，形成促进革命老区加快发展的强大合力。”2015年2月13日，习近平总书记在陕甘宁革命老区脱贫致富座谈会上指出：“老区和老区人民，为我们党领导的中国革命作出了重大牺牲和贡献。这些牺牲和贡献永远镌刻在中国共产党、中国人民解放军、中华人民共和国的历史丰碑上。我们要永远珍惜、永远铭记老区和老区人民的这些牺牲和贡献，继承和发扬老区和老区人民的光荣传统，为实现‘两个一百年’奋斗目标、实现中华民族伟大复兴的中国梦而不懈奋斗。”2019年9月，习近平总书记在河南考察时强调：“我们绝不能忘记革命先烈，绝不能忘记老区人民，要把革命老区建设得更好，让老区人民过上更好生活。”“两个更好”成为革命老区发展的重要指引。目前，国家支持革命老区“1+N+X”的政策体系逐步完善，革命老区在新时代焕发新光芒。

少数民族地区是多民族、多文化汇聚地区，也是经济欠发达地区。2014年5月28日，习近平总书记在第二次中央新疆工作座谈会上强调：“在各民族中牢固树立国家意识、公民意识、中华民族共同体意识，最大限度团结依靠各族群众，使每个民族、每个公民都为实现中华民族伟大复兴的中国梦贡献力量，共享祖国繁荣发展的成果。”2017年，党的十九大报告中指出，深化民族团结进步教育，铸牢中华民族共同体意识，加强各民族交往交流交融，促进各民族像石榴籽一样紧紧抱在一起，共同团结奋斗、共同繁荣发展。这是首次提出铸牢中华民族共同体意识。2017年10月，铸牢中华民族共同体意识正式写入党章，成为全党全国各族人民的根本遵循。2018年3月11日通过的《中华人民共和国宪法修正案》，正式将“中华民族”载入，为国家认同和国家统一奠定宪法基础。2019年9月27日，在全国民族团结进步表彰大会上，习近平总书记明确指出，“要加快少数民族和民族地区发展，推进基本公共服务均等化，提高把‘绿水青山’转变为‘金山银山’的能力”，为民族地区发展指明方向。2021年8月，习近平总书记在中央民族工作会议上的重要讲话中强调，“民族地区要立足资源禀赋、发展条件、比较优势等实际，找准把握新发展阶段、贯彻新发展理念、融入新发展格局、实现高质量发展、促进共同富裕的切入点和发力点”，为少数民族地区发展提出更高要求。目前，少数民族群众生活和经济发展取得历史上前所未有的进步，各民族优秀文化得到有效保护和传承，少数民族面貌、少数民族地区面貌、民族关系面貌、中华民族面貌发生了翻天覆地的变化。

边疆地区是维护国防安全重要战略地。习近平总书记高度重视边疆地区发展，提出“治国必治边”的战略思想。习近平总书记先后给库尔班大叔的后人，卓嘎、央宗姐妹和沧源边境村老支书们回信，指出希望他们传承红色基因、赓续红色血脉，各族群众争做“热爱党、热爱祖国、热爱中华民族大家庭的模范”“神圣国土的守护者、幸福家园的建设者”。2017年3月，习近平总书记在参加新疆代表团审议时强调“完善农牧区和边境地区基本公共服务，努力让各族群众过上更好生活”。2019年10月，党的十九届四中全会通过的《中共中央关于坚持和完善中国特色社会主义制度　推进国家治理体系和治理能力现代化若干重大问题的决定》指出，加强边疆治理，推动兴边富民。2022年10月，党的二十大报告中提出“加强边疆地区建设，推进兴边富民、稳边固边”，进一步明确了新时代边疆地区发展的主要任务。在党中央的坚强领导下，边疆地区人民自信自强、团结奋斗，特色产业蓬勃发展，开发开放水平稳步提升，边防巩固边境安全，经济社会发展取得历史性成就。

六、积极拓展海洋经济发展空间

海洋是蓝色国土，是高质量发展战略要地，习近平总书记非常重视海洋经济发展，对海洋强国建设作出了系列重要指示。党的十八大报告首提“建设海洋强国”，明确海洋经济发展的战略目标。2013年7月，习近平总书记主持十八届中共中央政治局第八次集体学习时强调：“建设海洋强国是中国特色社会主义事业的重要组成部分。”2013年8月，习近平总书记在考察大连船舶重工集团海洋工程有限公司时强调："要顺应建设海洋强国的需要，加快培育海洋工程制造业这一战略性新兴产业，不断提高海洋开发能力，使海洋经济成为新的增长点。"2017年10月，党的十九大报告中提出，"坚持陆海统筹，加快建设海洋强国"。2018年4月，习近平总书记在庆祝海南建省办经济特区30周年大会上强调："要发展海洋科技，加强深海科学技术研究，推进'智慧海洋'建设，把海南打造成海洋强省。"2018年6月，习近平总书记在山东考察时指出："海洋经济发展前途无量。建设海洋强国，必须进一步关心海洋、认识海洋、经略海洋，加快海洋科技创新步伐。"2019年10月，习近平总书记在致2019中国海洋经济博览会的贺信中指出："要高度重视海洋生态文明建设，加强海洋环境污染防治，保护海洋生物多样性，实现海洋资源有序开发利用，为子孙后代留下一片碧海蓝天。"国家"十四五"规划纲要中明确提出"积极拓展海洋经济发展空间"，协同推进海洋生态保护、海洋经济发展和海洋权益维护，加快建设海洋强国。党的十八大以来，海洋经济在培育新动能、拓展新空间、引领新发展等方面作用显著，成为沿海省份高质量发展的重要动力源。

▶▶▶

第四节

新时代对区域协调发展理论的重大贡献

新时代以来，习近平总书记亲自指导区域协调发展战略实施，涌现出大量新实践、新探索，积累了宝贵经验，取得了丰硕成果，作出了重大贡献。

一、新时代推动区域协调发展的宝贵经验

（一）坚持党的领导

党的十八大以来，以习近平同志为核心的党中央领航掌舵，把方向、谋大局、定政策、促改革，进一步完善支持西部大开发、东北振兴、中部地区崛起、东部率先发展的政策体系，发布《中共中央　国务院关于建立更加有效的区域协调发展新机制的意见》，为推动区域经济发展指明了方向和路径。充分发挥党中央总揽全局、协调各方的领导核心作用，坚定不移贯彻落实在建立健全区域协调发展体制机制、推动形成优势互补高质量发展的区域经济布局等方面的大政方针和决策部署，是我国区域经济发展取得历史性成就、发生历史性变革的根本保障。

（二）坚持以人民为中心

党的十八大以来，以习近平同志为核心的党中央鲜明提出坚持以人民为中心的发展思想，把增进人民福祉、促进人的全面发展、朝着共同富裕方向稳步前进作为经济发展的出发点和落脚点，明确提出我国新时代区域协调发展的三大目标：实现

基本公共服务均等化、基础设施通达程度比较均衡、人民基本生活保障水平大体相当，进一步深化了对区域协调发展的认识。在推动实现基本公共服务均等化方面，研究基本公共服务均等化范畴和标准，不断加大基本公共服务投入力度，推动城乡区域人群均等享有和协调发展；在推进基础设施通达程度比较均衡方面，加大对中西部地区基础设施投入力度，实施一批交通物流、现代能源体系、国家水网、信息网络等重大工程，有效改善居民出行、用水、用电、上网等生活便利度；在推动人民基本生活保障水平大体相当方面，改善收入分配制度，不断提高基本公共服务共建能力和共享水平，织密扎牢托底的民生“保障网”，确保全国各地人民群众安居乐业、社会秩序安定有序。

（三）坚持发挥比较优势

根据各地区的条件，注重发挥比较优势，走合理分工、优化发展的路子。2019年9月，习近平总书记在黄河流域生态保护和高质量发展座谈会上创造性地提出了“宜水则水、宜山则山、宜粮则粮、宜农则农、宜工则工、宜商则商”的区域分工合作思路。贯彻落实这一重要指示精神，在生态功能重要、生态环境敏感脆弱的区域，要求创造更多生态产品，筑牢国家生态安全屏障，即要“宜山则山、宜水则水”；在适合农业和粮食生产的区域，要求增强优质农产品生产能力，保障国家粮食安全，即要“宜农则农、宜粮则粮”；在推动区域经济发展中，国家十分注重发挥各地区的比较优势。对于经济发展条件好的区域，要求承载更多产业和人口，即要“宜工则工、宜商则商”。对于区域发展差距扩大问题，通过建立财政转移支付、区域间帮扶合作等方式，支持欠发达地区提升自身发展能力，在发展中促进相对平衡。

（四）坚持有效市场和有为政府更好结合

党的十九届五中全会提出，“坚持和完善社会主义基本经济制度，充分发挥市场在资源配置中的决定性作用，更好发挥政府作用，推动有效市场和有为政府更好结合”。在促进区域协调发展方面，就是在经济建设阶段更多地注重效率，在国民财富分配阶段更多地兼顾公平，通过政府的宏观调控，实现地区差距缩小和基本公共服务均等化[①]。习近平总书记在多种场合多次提出："协调发展注重的是解决发展不平衡问题……在经济发展水平落后的情况下，一段时间的主要任务是要跑得快，但跑过一定路程后，就要注意调整关系，注重发展的整体效能"[②]，"我国经济发展的'蛋糕'不断做大，但分配不公问题比较突出，收入差距、城乡区域公共服务水平差距较大。在共享改革发展成果上，无论是实际情况还是制度设计，都还有不完善的地方"[③]，"按照市场经济一般规律制定政策"[④]。中央不断深化市场经济体制改革，充分发挥市场在资源配置中的决定性作用，推动形成全国统一大市场，畅通国内大循环，打破地区分割和利益藩篱，破除"小而全"和"地区封锁"，切实提高区域开发效率。同时，充分发挥政府在促进区域协调发展方面的引导作用，通过财政转移支付和基础设施建设促进落后地区发展，制定区域战略、规划和政策引导区域发展，努力缩小区域发展差距。

（五）坚持重点突破和整体推进协调统一

要从全局谋划区域、以区域服务全局，坚持重点突破，强调抓主要矛盾和矛盾的主要方面，力争以"一子突破"换得"满盘皆活"，坚持整体推进，强调牢固树立"一盘棋"的思想，加强相互间协同联动，提升整体发展效率，共同推进实现高质量发展。围绕重点突破，2013年中央经济工作会议强调，完善并创新区域政策，缩小政策单元，重视跨区域、次区域规划，提高区域政策精准性，按照市场经济一般规律制定政策。"十四五"规划提出，以中心城市和城市群等经济发展优势区域为重点，增强经济和人口承载能力，带动全国经济效率整体提升。围绕整体推进，建立健全区域战略统筹、市场一体化发展、区域合作互助、区际利益补偿等机制，推动实现区域重大战略间的有机衔接和协同联动，促进区域间融合互动、融通补充，增强区域发展的协同性、联动性、整体性，深化对口支援、对口帮扶、对口

---

① 周毅仁：《加快构建更加有效的区域协调发展新机制》，《中国经贸导刊（中）》2020年第7期。

② 习近平：《在党的十八届五中全会第二次全体会议上的讲话（节选）》，《求是》2016年第1期。

③ 同上。

④ 《中央经济工作会议在北京举行》，《人民日报》2013年12月14日第1版。

合作，加强区域间基础设施、环保、产业等方面的合作，更好促进发达地区和欠发达地区、东中西部和东北地区共同发展。

（六）坚持统筹发展和安全

习近平总书记强调，“安全是发展的前提，发展是安全的保障”①。统筹发展和安全，既要推动区域经济持续健康稳定发展，筑牢国家繁荣富强、人民幸福安康、社会和谐稳定的物质基础，又要牢牢守住国土空间安全底线，为发展提供更为稳固的空间基础和条件。在区域发展过程中，中央要求树立底线思维和战略眼光，强调促进人口、经济和资源、环境的空间均衡，更加凸显不同区域的资源环境承载能力和开发潜力，以中心城市和城市群等经济发展优势区域为重点，增强经济和人口承载能力，开拓高质量发展的重要动力源，以农产品主产区、重点生态功能区、能源资源富集地区和边境地区等承担战略功能的区域为支撑，切实维护国家粮食安全、生态安全、能源安全和边疆安全，提升重要功能性区域的保障能力，通过加快构建高质量发展的动力系统，促进形成优势互补、高质量发展的区域经济布局和国土空间体系。

二、新时代中国区域协调发展理论的重大贡献

新时代中国区域经济理论，深深扎根于中国区域经济发展实践，是对马克思主义哲学和政治经济学基本原理的创造性运用和创新性发展，对于解决中国乃至世界区域发展不充分、不平衡问题具有重要现实意义和理论价值。

（一）开辟了马克思主义有关区域经济理论中国化新境界

关于平衡和协调的关系，习近平总书记指出，“善于运用辩证思维谋划经济

① 习近平：《关于〈中共中央关于制定国民经济和社会发展第十四个五年规划和二〇三五年远景目标的建议〉的说明》，《人民日报》2020年11月4日第2版。

社会发展”[①]，“不平衡是普遍的，要在发展中促进相对平衡”[②]，“协调既是发展手段又是发展目标……是发展两点论和重点论的统一，是发展平衡和不平衡的统一，是发展短板和潜力的统一”[③]。关于区域协调发展的思路，2019年8月习近平总书记在中央财经委员会第五次会议中指出，“要根据各地区的条件，走合理分工、优化发展的路子，落实主体功能区战略，完善空间治理，形成优势互补、高质量发展的区域经济布局”[④]。在坚持国内各区域开展劳动合理分工和有效协作的基础上，拓宽了国际视野，强调各区域应积极服务和融入新发展格局，推进高水平开放，增强高质量发展动力，实现更高水平的区域协调发展。关于区域发展不平衡问题，习近平总书记强调，要从“覆盖领域要全面”“覆盖人口要全面”“覆盖区域要全面”等方面实现协调发展，强调脱贫、全面小康、现代化，一个民族也不能少，提出区域协调发展的三大目标，主张通过对口支援与合作、东西部协作和定点帮扶等方式推动发达地区和欠发达地区协调发展。同时，新时代区域协调发展理论强调发挥比较优势、因地制宜，强调新增长极带动区域协调发展，强调欠发达地区增强内生发展动力，内含区域经济规律和空间经济学机理，是对马克思主义区域经济学理论的继承和发展，具有鲜明的科学性、时代性、先进性和实践性。习近平总书记关于新时代区域协调发展重要论述集中体现了党对区域经济重点及特征的敏锐洞察和把握，标志着党对区域经济发展规律的认识达到了新阶段。

（二）开创了中国特色区域经济发展理论的新篇章

习近平总书记针对新时代发展的主要矛盾变化和新形势发展要求，对区域协调发展新格局、区域开发格局、新增长极、东西部扶贫协作和对口支援、内生发展动力、绿色发展、协同对外开放等重大问题展开论述，创造性地将生态文明、安全发展等因素纳入区域协调发展中，系统回答了新时代中国区域协调发展

① 《看清形势适应趋势发挥优势　善于运用辩证思维谋划发展》，《人民日报》2015年6月19日第1版。

② 习近平：《推动形成优势互补高质量发展的区域经济布局》，《求是》2019年第24期。

③ 习近平：《深入理解新发展》，《求是》2019年第10期。

④ 《推动形成优势互补高质量发展的区域经济布局　发挥优势提升产业基础能力和产业链水平》，《人民日报》2019年8月27日第1版。

的目标任务、动力来源、发展思路和工作方法等一系列重大问题，构建了新时代区域协调发展理论体系。同时，提出了一系列促进区域协调发展的体制、机制、政策，强调宏观经济政策工具与区域经济政策工具的统一，形成了比较完善的区域政策工具箱。习近平总书记指出，要加强顶层设计，加强区域组织领导和省际协商合作，从多方面健全区域协调发展新机制，重视跨区域、次区域规划，提高区域政策的精准性，清除不合理的与国家法律相抵触的地方性法律法规和市场壁垒。为适应人口老龄化、“双碳”等新形势、新要求，习近平总书记提出尽快实现养老保险全国统筹、完善财政转移支付制度、健全市场化多元化生态补偿机制、完善能源消费双控制度等新要求①。

（三）提供了解决我国区域经济发展问题的新方略

在区域经济一体化发展方面，习近平总书记强调，坚持全国“一盘棋”②，打破自家“一亩三分地”的思维定式③，以区域经济一体化促进全国统一大市场建设，清理和废除妨碍全国统一大市场和公平竞争的各种规定和做法，促进人员、技术、资本、货物、服务、信息等要素有序自由流动，全面提高资源配置效率。在区域发展优先序方面，习近平总书记指出，“产业和人口向优势区域集中，形成以城市群为主要形态的增长动力源，进而带动经济总体效率提升，这是经济规律”④。这有助于让各地区、各部门的思想认识更加统一，不仅有利于优势地区发展，更有利于全国发展大局。这一思路在实践中已经取得积极效果。在区域绿色发展方面，习近平总书记指出，“要科学布局生产空间、生活空间、生态空间，扎实推进生态环境保护，让良好生态环境成为人民生活质量的增长点，成为展现我国良好形象的发力点”⑤。随着资源环境硬约束的加强，传统的资源导向型增长模式以及以破坏

---

① 习近平：《推动形成优势互补高质量发展的区域经济布局》，《求是》2019年第24期。

② 《进一步推动长江经济带高质量发展　更好支撑和服务中国式现代化》，《人民日报》2023年10月13日第1版。

③ 《优势互补互利互赢扎实推进　努力实现京津冀一体化发展》，《人民日报》2014年2月28日第1版。

④ 同①。

⑤ 《抓住机遇立足优势积极作为　系统谋划“十三五”经济社会发展》，《人民日报》2015年5月29日第1版。

生态环境为代价的区域发展方式被叫停，“绿水青山就是金山银山”的理念日益深入人心。我国四大区域在环境治理实践中形成了多样化的区域环境治理路径。

（四）贡献了解决全球区域经济发展问题的中国智慧

区域发展不平衡是世界各国在经济发展中普遍面临的现实问题。党的十八大以来，以习近平同志为核心的党中央结合新形势，充分发挥社会主义的政治优势和制度优势，对贫困地区、革命老区、少数民族地区、边疆地区等实施了一系列特殊扶持政策，历史性消除绝对贫困，为各国推动欠发达地区发展开辟了行之有效的“中国思路”。近年来，全球新一轮科技革命和产业变革面临重大突破，争夺发展制高点的竞争空前激烈，创新驱动代替要素驱动成为区域经济发展的重要增长动力。党的十八大以来，以习近平同志为核心的党中央把创新摆在国家发展全局的重要位置，极大地丰富了全球发展中国家区域创新发展的理论和实践，为广大发展中国家提供了区域创新的“中国经验”。当前，全球气候变化、环境污染、生态安全、重大自然灾害等问题日益突出，对各国经济社会可持续发展产生了重大而深远的影响，以习近平同志为核心的党中央创新性地提出长江经济带发展、黄河流域生态保护和高质量发展等重大战略，为全球重点生态功能区高质量发展作出了极具参考意义的中国特色新实践、新探索。

（五）完善了区域协调发展理论基本框架

习近平总书记从理论和实践角度回答了新形势下什么是区域协调发展、如何实现区域协调发展、怎么促进区域高质量发展等重大现实问题，围绕“一条主线、五大支撑”不断丰富区域经济理论的逻辑架构，提出了完整的思路，形成了一套科学完整的理论体系。习近平总书记关于区域协调发展的重要论述，为做好区域协调发展工作提供了根本遵循和行动指南。

1.一条主线

坚持以人民为中心，围绕满足人民日益增长的美好生活需要，坚持因地制宜，发挥各地区比较优势，加快解决区域发展不平衡、不充分问题，推动形成优势互补、高质量发展的区域经济布局，努力实现基本公共服务均等化、基础设施通达程度比较均衡、人民基本生活保障水平大体相当的目标。

2.五大支撑

区域经济与国民经济关系、区域高质量发展、区域协调发展、区域布局优化、区域政策调控是新时代区域经济理论的核心内容，也是新时代促进区域协调发展的路径和方法。

一是着眼“区域经济与国民经济关系”视角，科学回答如何在区域发展中更好统筹平衡和不平衡、全局和局部、发展和安全、发展和保护等重大问题。对于如何处理好局部和全局的关系，习近平总书记强调，“我们要学会运用辩证法，善于‘弹钢琴’”①，要坚持系统观念，“牢固树立全国一盘棋思想，谋划和推动本地区本部门工作要以贯彻党中央决策部署为前提，创造性开展工作，做到既为一域增光、又为全局添彩”②。对于如何统筹好发展和安全的关系，习近平总书记提出，“要统筹发展和安全”③，“要增强中心城市和城市群等经济发展优势区域的经济和人口承载能力，增强其他地区在保障粮食安全、生态安全、边疆安全等方面的功能”④。对于如何统筹好发展和保护的关系，习近平总书记指出，“生态环境保护和经济发展不是矛盾对立的关系，而是辩证统一的关系。生态环境保护的成败归根到底取决于经济结构和经济发展方式。发展经济不能对资源和生态环境竭泽而渔，生态环境保护也不是舍弃经济发展而缘木求鱼，要坚持在发展中保护、在保护中发展”⑤。

二是始终贯彻“区域高质量发展”主题，科学回答区域经济增长、区域产业结构、区域内部分工等区域内部如何发展的问题。对于区域经济增长的动力，

① 习近平：《深入理解新发展理念》，《求是》2019年第10期。

② 习近平：《在二十届中央政治局第一次集体学习时的讲话》，《求是》2023年第2期。

③ 《习近平同志〈论把握新发展阶段、贯彻新发展理念、构建新发展格局〉主要篇目介绍》，《人民日报》2021年8月17日第2版。

④ 同上。

⑤ 习近平：《在深入推动长江经济带发展座谈会上的讲话》，《人民日报》2018年6月14日第2版。

习近平总书记在重要文章《推动形成优势互补高质量发展的区域经济布局》中强调，“要发挥各地区比较优势，促进各类要素合理流动和高效集聚，增强创新发展动力，加快构建高质量发展的动力系统”。2018年4月，习近平总书记在深入推动长江经济带发展座谈会上的讲话中指出，“既要紧盯经济发展新阶段、科技发展新前沿，毫不动摇把培育发展新动能作为打造竞争新优势的重要抓手，又要坚定不移把破除旧动能作为增添发展新动能、厚植整体实力的重要内容，积极打造新的经济增长极”。习近平总书记高度重视区域产业结构调整，如在2018年9月召开的新时代推动东北全面振兴座谈会上他就指出，“要依靠创新把实体经济做实、做强、做优，坚持凤凰涅槃、腾笼换鸟，积极扶持新兴产业加快发展，尽快形成多点支撑、多业并举、多元发展的产业发展格局”。对于区域内部分工，习近平总书记在2018年4月召开的深入推动长江经济带发展座谈会上的讲话中指出，“长江经济带的各个地区、每个城市都应该也必须有推动自身发展的意愿，这无可厚非，但在各自发展过程中一定要从整体出发，树立‘一盘棋’思想，把自身发展放到协同发展的大局之中，实现错位发展、协调发展、有机融合，形成整体合力”。

三是高度重视“区域协调发展”，科学回答区域合作、区域矛盾协调、区域共同发展等区域之间的分工与合作问题，做好区域协调发展“一盘棋”这篇大文章。习近平总书记在重要文章《推动形成优势互补高质量发展的区域经济布局》中强调，“不能简单要求各地区在经济发展上达到同一水平，而是要根据各地区的条件，走合理分工、优化发展的路子”。一方面，解决发展不平衡问题，要符合经济规律、自然规律，因地制宜、分类指导，承认客观差异，不能搞“一刀切”。另一方面，健全区域战略统筹、市场一体化发展、区域合作互助、区际利益补偿等机制，更好促进发达地区和欠发达地区、东中西部地区和东北地区共同发展。此外，要以更宽的胸襟、更广的视野拓展区域合作，大力推动小多边合作、次区域合作，共创新的辉煌。

四是推进“区域布局优化”，科学回答如何构建优势互补、高质量发展的区域经济布局。构建优势互补、高质量发展的区域经济布局和国土空间体系是一项事关全局的战略性举措。习近平总书记在党的二十大报告中明确提出，“深入实施区域协调发展战略、区域重大战略、主体功能区战略、新型城镇化战略，优化重大生产力布局，构建优势互补、高质量发展的区域经济布局和国土空间体系”。重点要抓好五项任务：深入实施区域协调发展战略，在发展中促进相对平衡；深入实施区域重大战略，增强高质量发展的重要动力源；深入实施主体功能区战略，完善国土空间体系；深入实施新型城镇化战略，加快农业转移人口市民化，提升发展优势区域综合承载能力；加快建设海洋强国，拓展海洋经济发展空间。

五是将马克思主义政治经济学原理运用于指导“区域政策调控”的实践，科学回答如何有效开展区域调控、如何利用区域政策增强宏观调控的有效性。习近平总书记高度重视体制机制建设，提出要坚决破除体制机制障碍，形成一个同市场完全对接、充满内在活力的体制机制，加快形成统筹有力、竞争有序、绿色协调、共享共赢的区域协调发展新机制。《中华人民共和国国民经济和社会发展第十三个五年规划纲要》提到，完善以财政政策、货币政策为主，产业政策、区域政策、投资政策、消费政策、价格政策协调配合的政策体系，增强财政货币政策协调性。这就将区域政策纳入了宏观调控政策体系，大大提高了宏观调控的可操作性、针对性、落地性和有效性。

PART 02

第二章

区域协调发展的理论探索

本章在回顾国内外区域经济学者关于区域经济增长差异、区域经济增长趋同、区域经济一体化、区域经济相互依赖、区域合作和核心–边缘6个与区域协调发展相关的理论基础上，辨析了区域、协调、发展3个基本概念，提出区域协调发展是通过建立有效的协调机制，使全国各个区域发挥比较优势并相互之间协作、配合和相互促进，实现共同发展、共同富裕，同时使区域经济差距稳定在合理适度水平并趋于缩小，具有整体性、精准性和动态性3个特征。在此基础上，结合区域协调发展目标与测度的代表性研究成果以及“十四五”规划的要求，提出新时代区域协调发展目标包括区域发展相对差距逐步缩小、基本公共服务均等化水平不断提高、基础设施通达均衡程度明显改善、人民生活水平跃上新台阶4个方面，并设计了新时代区域协调发展水平测度指标体系。最后，结合区域协调发展相关理论，对区域协调发展的内生动力进行了详细分析，提出区域协调发展是一个系统工程，其发展动力主要来自中央政府与各级地方政府的区域协调发展政策，其次是在这些政策影响下企业和居民所形成的自组织行为，两者相互配合促进区域协调发展不断深入。

▶▶▶

第一节

国内外区域经济学者关于区域协调发展的研究

区域协调发展的相关理论研究既是推进区域协调发展的前提，也是进行区域协调发展理论探索的基础。目前来看，国内外区域经济学者关于区域协调发展的理论研究主要集中在区域经济增长差异理论、区域经济增长趋同理论、区域经济一体化理论、区域经济相互依赖理论、区域合作理论和核心–边缘理论6个方面。

一、区域经济增长差异理论

区域经济增长差异是我国区域经济学界、经济地理学界的学者们早已涉猎的研究领域，同时，学术界对区域经济增长差异基本形成了3种认识：一是区域经济增长差异是各区域之间经济增长总量上的差异；二是区域经济增长差异是各区域之间的经济增长总量及其增长速度方面的差异；三是区域经济增长差异应包括各区域之间在经济增长总量、增长速度、经济结构乃至经济发展条件方面所存在的差异[①]。

从区域经济学和发展经济学的视角看，区域经济增长差异除了源于资本、劳动和创新等要素的投入外，区域发展的模式在其中起到了关键性作用，非均衡的发展战略是产生区域经济增长差异的重要原因。比较有代表性的研究有极化–涓滴效应理论、梯度推移理论和倒“U”形假说。

① 覃成林：《中国区域经济差异研究》，中国经济出版社，1997。

极化-涓滴效应理论的主要观点是，在增长极理论[①]的基础上，郝希曼使用涓滴效应（trickling-down effect）和极化效应对发达地区与落后地区之间的关系进行了研究，指出发达地区会通过增加对外围地区产品的需求产生涓滴效应而带动外围地区发展，同时会通过吸引外围地区的资金、劳动力而产生极化效应，阻碍外围地区发展，但是从长远看，涓滴效应最终将超过极化效应并缩小区域差距[②]。瑞典经济学家缪尔达尔也研究了增长极对周边腹地的影响，并提出了扩散效应（spread effect）和回流效应（backwash effect）以分析增长极与其腹地之间的关系，并且认为回流效应要远远大于扩散效应，因此市场力的作用是趋向于扩大而不是缩小区域之间的差距[③]。

梯度推移理论是一种以“效率优先”为基本指导思想的区域发展理论。根据梯度推移理论，每个国家和地区都处在一定的经济发展梯度上，一个区域究竟是处在梯度的顶端、中层还是低层，并不是由它的地理位置决定的，而是由它的经济发展水平，特别是创新能力决定的。由于我国各地区经济技术的发展是不平衡的，地区间客观上已形成一种经济技术梯度，有梯度就有空间转移，因此，应让有条件的高梯度地区引进和掌握先进技术，先发展一步，然后逐步依次向处于二级梯度、三级梯度的地区推移，随着经济的发展，推移的速度加快，也就可以逐步缩小地区间的差距，实现经济分布的相对均衡[④]。

库兹涅茨第一次提出了收入平等与经济增长之间呈现倒“U”形关系的观点。威廉逊在《区域不平等与国家发展过程》[⑤]一文中，根据其在20世纪50年代对24个国家有关区域差异的实证研究结果提出了区域发展的“倒‘U’形假说”。威廉逊把区域人均国民收入作为指示器，将权变系数作为度量区域收入差距的工具，通过

① Perroux F, “Economic Space: Theory and Application,” *Quarterly Journal of Economics*, No.1（1950）: 89–104.

② Hirschman A O, *The strategy of economic development*（New Haven: Yale University Press, 1958）.

③ Myrdal G, Asian Drama, *An Inquiry into the Poverty of Nations*（USA: Pantheon Press, 1968）.

④ 肖金成：《梯度推移与区域协调发展》，《中国经济导报》2008年4月12日第3版。

⑤ Williamson J G, “Regional Inequality and the Process of National Development: A Description of the Patterns,” *Economic Development and Culture Change*, No.13（1965）.

对24个发展程度不同的国家区域不平等的经验进行考察得出了惊人的结果。当这些国家按其发展水平进行“排列”时，可以发现，区域不平等格局呈现为倒“U”形。其中巴西、哥伦比亚、菲律宾与波多黎各等中等收入国家和地区到达了倒“U”形的顶端。威廉逊又将横断面分析法扩充到对单个国家区域收入差异变化趋势的分析上，并从24个国家中的16个取得其所需的数据。其结果是，这种趋势分析进一步证实了其所假想的格局：人们预料富国各区域之间会逐步趋同。事实上，它们也正在走向这个阶段，而不是趋向于区域收入差距的扩大。而穷国正相反，它们以区域收入差距的不断扩大为特征。

极化–涓滴效应理论、梯度推移理论和倒“U”形假说，从不同侧面研究了区域经济增长存在差异的原因，尤其是极化–涓滴效应，可能会产生累积因果循环的效果，从而带来“马太效应”。但是，3个理论都试图论证，经济体通过不平衡发展战略最终实现区域相对平衡发展主要取决于3个因素：一是市场机制是否能保障要素流动通畅；二是政府能否在区域经济发展过程中动态、有效地识别并安排有限的资源；三是市场机制与政府作用能否有效衔接。因此，基于这些理论推进区域协调发展时，要做好3项工作：第一，政府要对各级各类区域经济发展的基础和条件有很好的了解；第二，市场能够有效解决区域之间可能存在的各类市场分割问题；第三，政府干预能有效弥补市场机制的缺陷。

二、区域经济增长趋同理论

从经济增长的角度看，区域经济协调发展是趋同框架下的一个问题[①]。巴罗指出，经济增长趋同的概念是指人均水平低的经济趋于在人均项上更快地增长，偏好和技术类似的经济会收敛到相同的稳态，并以新古典经济增长模型为基础，验证了新古典经济增长模型中存在收敛的特性，接着通过实证分析证明了收敛的存在[②]。

经济增长趋同从理论上看是对经济增长趋势的一种预测研究，同时，这种趋势

① 徐现祥、舒元：《中国省区经济增长分布的演进（1978—1998）》，《经济学（季刊）》2004年第2期。

② Barro R J, “Xavier Sala-i-Martin.Convergence,” *The Journal of Political Economy*, No.2（1992）.

的存在是需要满足一些条件的，这些条件的挖掘可以为政策调控提供方向。同时，可能会产生区域经济增长向特定区域集聚的现象，而且这种集聚现象一旦产生就很难打破；此外，随着区域经济的发展，区域集聚的方式、范围都会发生变化，特别是区域集聚的范围会与行政区划之间产生一定的偏差，这时候通过合理的区域经济空间组织既可以推动集聚区域发展，又可以更好地协调各级各类区域之间的关系，从而实现区域协调发展。因此，在推进区域协调发展战略时，既要考虑时间维度上经济增长演变的趋势，又要考虑空间尺度上各级各类区域之间的关系。

三、区域经济一体化理论

区域经济一体化理论源于关税同盟理论①。从理论起源上看，区域经济一体化理论是国际经济学对于国际贸易的研究，罗伯逊认为从组织形式的角度看，区域经济一体化应该包括自由贸易理论、关税同盟理论、共同市场理论、经济同盟理论和全面的经济一体化理论②。区域经济一体化理论经历了从关注区域经济一体化的贸易效应到关注区域经济一体化的规模经济效应、直接投资效应、长期增长效应和产业集聚效应③等。

区域经济一体化的主要目的是协调区际关系，而关于区际关系的演变，空间经济理论将其归结为4个原因，分别是：经济系统内生的循环累积因果关系决定了经济活动的空间差异；即使不存在外生的非对称冲击因素，经济系统内生力量也可以促使经济活动的空间差异；区位黏性的存在决定着地区的经济稳定性；产业集聚带来集聚租金，且集聚租金随着贸易自由度的提高，先升后降，显示出驼峰形态④。因此，区域经济一体化在实施过程中主要是利益的协调，同时与区域实践密

① Viner J, *The Customs Union Issue*（New York：Carnegie Endowment for International Peace Press,1950）.

② Robson P, *The Economics of International Integration*（Academic Division of Unmin Hyman Ltd，1990）.

③ 金丹：《区域经济一体化的理论框架研究》，《西部经济管理论坛》2014年第3期。

④ 安虎森、蒋涛：《一体化还是差别化——有关区域协调发展的理论解析》，《当代经济科学》，2006年第4期；安虎森、蒋涛：《块状世界的经济学——空间经济学点评》，《南开经济研究》2006年第5期。

切相关。

区域经济一体化作为一个目标，是区域经济政策实施的着力点之一，从遵循区域经济差异—区际关系调整—区域经济一体化的路径看，其最终目标应该是市场一体化，也就是全国统一大市场的形成。只有这样才能形成消除区域经济一体化中的资源错配问题，这是因为区域经济一体化理论的核心是区际利益分配的问题，借助市场机制实现利益分配的合理化是基础，而市场机制要发挥作用的基本前提是各类要素的价格不存在区域剪刀差，要素价格能完全反映市场信息，不存在明显的市场分割。

四、区域经济相互依赖理论

库珀指出，相互依赖是指一个国家（或者地区）的经济活动对另一个国家（或者地区）的经济活动双向的、相互的作用和影响程度。这个相互依赖表明不存在任何孤立存在的国家（或者地区）①。国际货币基金组织指出，经济相互依赖有两个主要特征：一是其他国家中发生的事将对一国的经济运行产生影响；二是一国能够做的和将要做的事情将在一定程度上依赖于其他国家的行动和政策②。这是因为经济体是开放的，相互之间会存在各类要素之间的联系，这种联系使得经济体之间相互影响，因此一个区域的经济增长不仅取决于自身的条件和要素投入，还取决于其与其他区域之间的关系及邻近区域的经济发展情况③。区域相互依赖形成的主要因素有3个，分别是区域市场联系、区域产业链、企业跨区域组织网络。这3个因素给区域相互依赖带来两个效果：第一是每个区域的经济发展都可以从其他区域的发展中获益；第二是如果一个区域不顾及或者损害其他相关区域的利益，反过来其自身

---

① Cooper R N, *The Economics of Interdependence. Economic Policy in the Atlantic Community*（New York：Columbia University Press，1968）.

② 姜文仙：《区域协调发展的动力机制研究》，经济科学出版社，2017。

③ Martin R，Sunley P，"Slow Convergence? The New Endogenous Growth Theory and Regional Development，" *Economic Geography*，No.3（1998）：201–207；Rey S J，Janikas M V，"Regional Convergence, Inequality, and Space，" *Journal of Economic Geography*，No.2（2005）.

利益也会受到损害，由此就产生了区域协调发展的诉求①。

从区域相互作用视角理解区域经济相互依赖理论的演变过程，陈栋生指出，区域相互作用的具体表现，长期来看，可能会更加有利于相对发达的区域，同时要求区域协调发展要从功能分工视角认识区域之间的关系，区域经济相互依赖会使得区域经济差距过大，从需求和供给约束两个角度制约整个经济体的经济增长，因此在区域协调发展过程中要从供给和需求两个方向发力，而在其中起关键作用的就是区域之间的互动和产业转移②。

五、区域合作理论

从区域合作的研究看，其研究带有明显的实践性，这是因为区域合作有不同的类型，在实践过程中也会取得不同的效果。关于区域合作类型和实施效果的研究最具代表性的是中国区域经济学的奠基者陈栋生的研究。陈栋生指出，按照合作组织涉及的地区范围和性质，区域合作主要分为3种类型：一是中心腹地型的大都市圈；二是跨地区带的大区域合作；三是数省接壤地（市）合作。前两种合作针对的是“异质区”，后一种合作针对的是“同质区”③。

改革开放初期，为沟通城乡经济与物资交流，发挥大城市“中心腹地”功能，许多特大城市、省会城市与周边城市和县城联合组成中心腹地型经济区。经济区的合作能够推进各城市间、城乡间基础设施一体化建设与网络化发展，达到既增强城市竞争力，又有效缓解“大城市病”的目的。

跨地区的大区域合作，涉及区域范围最辽阔，往往地跨处于不同发展阶段的东中西部，互补性强，是推进东中西部互动、优势互补、相互促进、共同发展新格局形成的有效组织形式，对推进横跨东西、纵贯南北的全国性经济带的形成与完善有重要作用，具有代表性的是西南6省（区、市）协作、泛珠三角区域合作、长江沿线城市（区域）合作、陇海–兰新沿线城市（区域）合作、大京九经济协作带等。

① 胡军、覃成林等：《中国区域协调发展机制体系研究》，中国社会科学出版社，2014。

② 陈栋生：《落实区域发展总体战略　构建协调发展的区域经济新格局》，《黄河文明与可持续发展》2008年第2期。

③ 陈栋生：《深化区域合作　推进经济转型和协调发展》，《贵州社会科学》2012年第1期。

数省接壤地（市）合作的背景是，在行政性资源配置下，离省会较远的地区往往被边缘化。改革开放初期，相互接壤的数省边远地区力图通过联合摆脱困境，闯出发展新路。比较有代表性的是淮海经济区、中原经济协作区和沪苏浙皖一市三省泛长三角协作区。这类合作区成败的关键有两点：一是能否坚持政府搭台、市场主体唱戏、社会组织广泛参与的市场运作的工作模式和运行机制；二是是否有一个权威、务实、高效的组织架构。

区域合作是处理区际关系的一种重要方式，在推进区域协调发展中起着关键性作用，区域如果不合作发展，就很难达到协调发展的目标。随着经济社会发展，区际关系表现得更为复杂，区域所承担的职能因不同的空间层次而表现出很大差异，由此带来区域功能的多重叠加，此时创新区域合作方式、发挥各级各类区域优势变得更加关键。对区域协调发展而言，就是要发挥各类区域中各类主体的能动性，以及区域比较优势，出台动态性的因时因地因人而异的政策，引导区域合作，并最终实现区域协调发展的目的。

六、核心-边缘理论

增长极理论最早由法国著名社会经济学派代表人物弗朗索瓦·佩鲁于20世纪50年代提出，其在随后的一系列著作中对增长极理论进行了发展和完善[①]。佩鲁认为，经济增长并非同时出现在所有的地方，它以不同的强度首先出现在一些增长点上，然后通过不同的渠道向外扩散，并对整个经济产生不同的最终影响。增长极最初是用来描述经济空间的增长历程和溢出效应的[②]。布代维尔继承和发展了佩鲁的增长极理论，并实现了增长极理论由抽象经济空间向地理空间的转向。他指出，增长极不是主导部门，而是主导部门所在的城市，它通过扩散效应带动所在区域腹地的发展，并且进一步提出不同等级的增长极与其腹地是构成区域空间的最基本结构

① 李仁贵：《增长极理论的形成与演进评述》，《经济思想史评论》2006年第1期。

② Perroux F, “Economic Space: Theory and Application,” *Quarterly Journal of Economics*, No.1（1950）：89–104.

单元[①]。随着经济的发展，增长极与腹地构成的基本空间单元得到进一步深化，弗里德曼首先提出了“核心–边缘理论”[②]。他将产业发展与区域空间组织模式演变有机结合，提出整个区域空间系统是由核心区域和边缘区域两个子系统构成的，而且随着区域经济的不断发展，区域经济空间组织模式也会相应地发生演变。克鲁格曼通过模型构建，论证了在对称区位条件上，企业在垄断竞争情形下所形成的集聚力和分散力是如何对区域经济的空间组织模式产生影响的，从而论证了“核心–边缘”结构形成的微观机理，同时指出了“核心–边缘”结构出现的必然性，创立了空间经济学[③]。

“核心–边缘”作为空间组织的一种形式，其主要的理论前提是要素的自由流动，同时表明在经济体，尤其是大国经济体内部，会存在多层次的“核心–边缘”结构。在这样的背景下，经济体要推动区域协调发展，就要营造要素自由流动的环境，充分发挥市场机制的作用，打破制约区域分工和合作的障碍；同时要根据“核心–边缘”的不同特点，提出差异化的测度体系对其经济发展水平进行测度，尤其是注重对核心和边缘所在区域的主体功能进行分析，以主体功能作为判定的主要依据，引导区域协调发展。

---

① Boudeville J R，*Problems of Regional Economic Planning*（Edinburgh：Edinburgh University Press，1966）.

② Friedmann J R，*Regional Development Policy*：*A Case Study of Venezuela*（Cambridge: MIT Press，1966）.

③ Krugman P，“Increasing Returns and Economic Geography，” *Journal of Political Economy*，No.3（1991）.

▶▶▶

第二节

对区域协调发展的基本认识

区域协调发展作为一项理论和实践相结合的综合研究，其概念一直处在探索过程中，至今没有形成公认的科学定义。关于区域协调发展的研究文献很多，但是存在区域协调发展与区域经济协调发展交叉使用的现象，因此本部分将区域协调发展和区域经济协调发展相关研究都纳入分析范围，并统一用区域协调发展来表述。

一、基本概念辨析

从概念构成看，区域协调发展是由3个基本概念构成的。一是区域，二是协调，三是发展。为了准确认识和把握区域协调发展的科学内涵，有必要对区域、协调、发展这3个基本概念进行辨析。事实上，无论在学术界还是实践部门，对区域协调发展概念的理解出现偏差，在较大程度上与没有真正搞清楚这3个基本概念有关。

（一）区域

区域这个概念被多个学科使用，包括地理学、经济学、社会学、管理学、历史学、教育学等。最早提出区域概念的是地理学。区域是地理学的核心概念之一。地理学中的区域是指特定的地球表面或者地理空间，用来描述地球表面的某种地理现象或者地理过程。在地理学中，区域是一个系统，具有空间边界、结构、功能、规模、层级等系统特质及与环境的关系。区域还有一个重要的特征，就是区域内部的一致性和区域之间的差异性。在一个区域内部，地理现象的分布是连续的，而且持续进行着时空耦合的演化。地域分异规律是决定区域形成和发展的内在机理。

根据地理现象或地理过程的性质，地理学通常把区域划分为自然地理区域与人文地理区域两大类。前者描述的是地球表面的某种自然地理现象或者自然地理过程，后者描述的则是地球表面的某种人文地理现象或者人文地理过程。进一步，自然地理区域和人文地理区域均可按照地理现象或者地理过程类型的单一性或综合性进行分类，如可以根据气候、水文、土壤、地貌、植被等单一自然地理要素划分自然地理区域，也可以根据所有这些自然要素的有机组合划分综合自然地理区域。我国地理学家曾将全国划分为东北区、华北区、华中区、华南区、西南区、内蒙区、西北区、青藏区八大综合自然地理区[①]。同样，根据经济地理现象的单一性或综合性，可分别划分出部门经济区、综合经济区。如在著名经济地理学家孙敬之先生主编的《中国经济地理概论》中，作者“根据自然资源、社会资源条件、历史发展特点、经济发展程度和发展趋势”，把除台湾、香港、澳门之外的中国大陆（内地）划分为沿海地区、内地、边疆地区三大经济区[②]。

区域也是区域经济学的一个核心概念。区域经济学中的区域是指经济区域，简称经济区。经济区域是根据各类经济活动之间的空间关系而形成的。一般地，经济区域可划分为类型区与功能区。前者是根据经济活动类型或者经济发展水平、经济发展问题等而划分的经济区，如工业区、农业区、发达地区、欠发达地区、贫困地区、衰退区等。后者则根据经济活动的空间组织关系而划分的经济区，通常由一个或者若干个经济中心及其腹地所组成。就概念而言，长期以来，区域经济学将区域理解为经济空间。也有学者认为，区域具有双重性质，一是经济空间，二是经济组织[③]。认识区域的双重性质有利于科学、客观地观察和分析区域经济现象，揭示其形成和发展规律。区域经济学认为，区域是人类经济活动在空间上的表现，是客观存在的，而不是臆想的或随意划分的。

行政区域是另一个常见的区域概念，简称行政区。行政区是一个国家为了行政

① 任美锷、杨纫章、包浩生编著《中国自然地理纲要》，商务印书馆，1979。

② 孙敬之主编《中国经济地理概论》，商务印书馆，1983。

③ 覃成林：《发展中国的区域经济学》，《区域经济评论》2021年第4期。

管理而划分的区域。世界各国都会将自己管辖的国土划分出不同类型和层级的行政区，称之为行政区划。一般而言，划分行政区需要综合考虑经济发展基础和条件、人文历史联系、资源环境等经济社会发展支撑条件、地形地貌的完整性、公共服务和行政治理能力以及国家安全等因素。行政区具有以下特点：一是有法定的唯一的行政主体，其行政权益是独立的和排他的；二是区域边界明确且长期稳定，同级行政区域的边界不交叉；三是同级行政区之间互不隶属，上下级行政区之间有由上至下的行政管辖关系。在我国，现阶段的行政区划包括省级行政区、地市级行政区、县级行政区、乡镇级行政区以及特别行政区。

需要明确的是，在区域协调发展研究中所使用的区域概念是区域经济学的区域概念，它与上述地理学的自然地理区域、人文地理区域、行政区域等概念既有区别又有联系。其中，自然地理区域是经济区域形成的自然基础，这是在很多情况下经济区域与自然地理区域的边界存在较大程度吻合或相关的原因。经济地理学中的经济区与区域经济学中的区域概念有一定的交叉，二者都反映了经济活动在地理空间上的分布与组合状态，但后者更注重对“经济空间”“经济组织”内涵的表达。行政区域有悠久的历史，是长期以来行政管理与经济社会发展在空间上互动的结果，而不是单纯地取决于行政管理的需要。久而久之，行政区域与经济区域的边界相关性不断增强。当然，在市场机制的作用下，经济区域边界的稳定性弱于行政区域，因此，需要辩证地理解经济区域与行政区域的关系。一方面，二者的性质不一样，不能相互取代；另一方面，二者存在空间范围的重合及边界的相关性，因而不可能决然分开或相互排斥。特别是，在区域协调发展实践中，往往需要地方政府的参与甚至主导，而地方政府的经济权限是以行政区为边界的，这就导致区域协调发展战略、规划和政策不得不选择行政区域作为区域单元。

概括来说，区域是从宏观的视角对全国进行划分。我国在不同的历史阶段对经济区域进行了不同的划分。比较早的是以人口分布为依据将我国划分为东部和西部的“胡焕庸线”；新中国成立初期，以工业生产力分布为依据将我国划分为“沿海和内地”；20世纪60年代，将我国划分为“一二三线”；20世纪80年代，又根据各地区的经济发展水平将我国划分为“三大地带”；2000年以后，在“三大地带”基础上将我国划分为“四大区域”。新时代，我国区域协调发展主要还是应该关注四大区域之间的协调，这是因为东部、中部、西部、东北四大区域是从国家战略层面对全国区域发展的统筹安排和总体部署，是国家实施区域协调发展战略的核心组成部分[①]。

（二）协调

协调是一个广泛使用的概念，是对事物之间关系的一种反映。就一般意义而言：作为名词，协调主要是指各种关系处于合适、和谐的状态，这种状态对于所有相关方都是有利的、相互促进的和共赢的；作为动词，协调是指采取某种行动促使某种关系达到合适、和谐的状态。由此可见，协调与事物之间的关系相对应，既是处理相关方关系的结果，也是处理相关方关系的过程。

从经济运行看，协调是经济运行的内在要求，是一种高效率的均衡状态。如果各类经济主体之间、生产与消费之间、各个生产环节之间的关系处于协调状态，那么，供需就能够实现平衡，各种资源和要素就能够得到充分利用，全社会的生产率就能够持续提高，经济就能够因此得以发展。我国十分重视国民经济运行的协调问题，把协调作为宏观调控的一个重要原则。在新发展理念中，协调位居第二，与创新、绿色、开放、共享共同构成了指导经济发展的五大理念。协调就是要解决发展不平衡问题，使国民经济的各种关系趋向合适、和谐的状态，推动经济高质量发展。

在区域协调发展研究中，协调关注的是区域之间的经济关系。相关研究包括区域之间的经济关系处于协调状态的特征、趋向协调的影响因素及其作用机制。

（三）发展

发展是一个为世人所熟知的概念。仅从一般的词义看，发展是指事物持续变化的过程，既包括量的变化，也包括质的变化。发展概念之所以广为人知且受到高度重视，是因为经济社会发展与每个人的切身利益息息相关，因此人们更多地把发展聚焦于经济发展和社会发展上。

---

① 肖金成、安树伟：《深入实施区域经济协调发展》，https://app-api.henandaily.cn/mobile/view/news/335237。

经济学的发展概念有着丰富的内涵。要理解发展，首先需要理解增长这个概念。“增长”是“经济增长”的简称，是指一个经济体经济总量规模的扩大，包括其生产的产品和提供的服务总量的增加。经济发展，是指一个经济体的经济总体进步过程，包括增长、导致增长的动力和结构变迁、增长成果的分配以及经济的可持续性增强。由此可见，发展是比增长内涵更广的概念，不能将二者混为一谈。从二者的关系看，增长是发展的重要基础。没有增长，发展就无从谈起。否定增长的必要性和重要性，必然会损害发展。反过来，也不能以增长替代发展。发展的其他三个组成部分是促进增长的重要保障，忽视这三个组成部分必然有害于增长，导致增长的不可持续。

在区域协调发展研究中，发展体现在两个层面。一是区域经济发展，即相互之间存在经济联系的各区域的经济发展；二是全国经济发展，即在区域经济发展基础上的全国经济整体发展。这两个层面的发展是相互联系和相互制约的，不可偏废。

二、区域协调发展的概念

区域协调发展是我国区域经济学者建立的一个描述区际经济关系的新概念。关于这个概念的学术研究始于20世纪80年代初。随着区域协调发展实践的持续推进，对区域协调发展概念的研究也在不断深化和完善。

（一）学术界关于区域协调发展概念的认识

区域协调发展概念是区域协调发展理论研究的重要组成部分，也是区域协调发展研究的起点。为了更好地展现区域协调发展研究的成果，本部分从区域经济发展的视角，将区域协调发展概念研究的代表性成果大致分为两类：一是区域协调发展主要表现为实现区域经济发展目标的一种手段；二是区域协调发展主要表现为区域经济发展达到的目标。

第一，区域协调发展是实现区域经济发展目标的一种手段。在这种情况下，区域协调发展界定的落脚点一般为过程、模式或者战略等。其中比较有代表性的观点有：陈南京认为，区域协调发展，就是按照经济规律把东部发达地区的区域优势向中部、西部延伸，与内地的资源优势和经济技术优势有机结合起来，以较大范围和各自不同特点进行区域经济规划，使资源合理配置，从不平衡中求平衡发展，达到共同富裕[①]。覃成林在参与编写的《经济地理学》中认为，区域协调发展是区域之间在经济交往上日益密切、相互依赖日益加深、发展上关联互动，从而达到各区域经济持续发展的过程[②]。高志刚认为，区域协调发展是指在国民经济发展过程中，既要保持国民经济的高效运转和适度增长，又要促进各区域的经济发展，使区域间的经济差异稳定在合理、适度的范围内，达到各区域优势互补、共同发展和共同繁荣的一种区域经济发展模式[③]。陈秀山、刘红认为，区域协调发展是指在国民经济发展过程中，既要保持区域经济整体的高效增长，又要促进各区域的经济发展，使地区间的发展差距稳定在合理、适度的范围内并逐渐收敛，达到各区域协调互动、共同发展的一种区域发展战略[④]。张可云认为，区域协调发展是在区域经济非均衡发展过程中不断追求区域间相对平衡和动态协调的发展过程，其最终目标是实现区域和谐[⑤]。孙久文则提出，区域经济协调发展是指在地区经济非均衡发展过程中不断追求地区间的相对平衡和动态协调发展的过程。协调发展不等于均衡发展，不能将其狭隘地理解为区域之间绝对差距的缩小。这是因为各区域有着不同的资源禀赋、人口规模和环境承载力，不能以相同的标准要求各区域实现绝对均衡[⑥]。肖金成则认为，区域协调发展就是以实现人的全面发展为总目标，在遵循区域发展客观规律的基础上，通过建立有效的运行机制，使各个区域相互协作、相互配合、相互促进，不断朝着理想状态演进的过程[⑦]。

第二，区域协调发展是区域经济发展的一个目的。在这种情况下，区域协调发展概念界定的落脚点一般为状态、发展格局等。其中比较有代表性的观点有：蒋清海从系统论角度出发，认为区域协调发展是在各区域对内对外开放的条件下，

① 陈南京：《坚持区域经济协调发展是当前的一项战略任务》，《求实》1996年第4期。
② 李小建主编《经济地理学》，高等教育出版社，1999。
③ 高志刚：《新疆区域经济协调发展若干问题探讨》，《经济师》2003年第2期。
④ 陈秀山、刘红：《区域协调发展要健全区域互动机制》，《党政干部学刊》2006年第1期。
⑤ 张可云：《论区域和谐的战略意义与实现途径》，《创新》2007年第4期。
⑥ 孙久文：《区域经济学（第四版）》，首都经济贸易大学出版社，2017。
⑦ 肖金成：《区域发展战略的演变与区域协调发展战略的确立——新中国区域发展70年回顾》，《企业经济》2019年第2期。

各区域间所形成的相互依存、相互适应、相互促进、共同发展的状态和过程[①]。郝寿义则认为区域协调发展具有3个不同层次的含义。第一个层次是要素的协调，主要评价区域性要素和非区域性要素之间的适宜程度和协调程度，即区域经济发展中的要素适宜度问题。第二个层次是发展的协调，主要评价一个区域经济发展水平和另一个区域经济发展水平的协调，即我们平时所说的区域之间的平衡与不平衡发展问题。第三个层次是社会收入水平的协调，主要评价一个区域与另一个区域之间的收入差距，解决社会经济发展与社会进步带来的社会福利均等化问题[②]。姜文仙、覃成林认为，区域协调发展是不同区域基于自身要素禀赋的特点，确定不同要素约束条件下的开发模式，形成合理的分工，同时在政府的调控下，保持区域之间的发展条件、人民生活水平的差距在合理的范围内，人与自然之间保持和谐状态下的发展状态[③]。范恒山等认为，区域协调发展的概念至少要包括4个要点：一是地区间的人均生产总值差距保持在适度范围内；二是各地区人民能够享受到均等化的基本公共服务；三是各地区比较优势的有效发挥，能够促进区域间优势互补、互惠互利；四是各地区人与自然的关系处在协调和谐状态[④]。国家发展和改革委员会印发的《关于贯彻落实区域发展战略促进区域协调发展的指导意见》指出，区域协调发展的概念包括4个方面：要素有序自由流动、主体功能约束有效、基本公共服务均等和资源环境可承载。郝寿义、倪鹏飞认为，从国家发展战略的视角，以区域整体发展和效率、公平兼顾为目标，充分发挥区域内各要素的优势和潜力，使一国之内的各个区域都具有较强的自我发展能力和潜力，区域间要素能够按照市场经济规则自由流动，每个区域均满足其他区域的发展要求，发挥整体功能，并将区域差异保持在一个社会可容忍限度内或逐步呈现缩小趋势，区域间经济、社会、生态环境等方面的合作日益增强[⑤]。张军扩认为，作为区域政策所追求的目标，区域协调发展是指不同区域之间比较良性的分工和互动关系，以及由此形成的比较理想的发展格局[⑥]。

---

① 蒋清海：《区域协调发展：对区域差距的分析与思考》，《贵州社会科学》1995年第2期。

② 郝寿义：《区域经济学原理》，上海人民出版社，2007。

③ 姜文仙、覃成林：《区域协调发展研究的进展与方向》，《经济与管理研究》2009年第10期。

④ 范恒山、孙久文、陈宣庆等：《中国区域协调发展研究》，商务印书馆，2012。

⑤ 郝寿义、倪鹏飞：《区域协调发展战略》，广东经济出版社，2020。

⑥ 张军扩：《中国区域政策回顾与展望》，《管理世界》2022年第11期。

以上学者的观点对于进一步认识区域协调发展概念具有重要的参考价值。随着我国经济社会的发展，区域协调发展的概念也处在不断演变的过程中，既反映了学术界对区域协调发展认识的深化，也反映了我国区域经济学理论研究紧密结合和服务国家发展大局。

（二）本书对区域协调发展的定义

尽管学术界对区域协调发展的认识存在差异，但是从理论上看，讨论区域协调发展概念需要注意以下两个问题。

第一，区域协调发展本质上是区域之间经济协调发展。区域协调发展是区际经济关系的反映，属于区域经济学的范畴。部分学者把生态治理、基本公共服务等生态和社会关系也纳入其中，是因为区际生态关系、区际社会关系与区际经济关系、区际利益冲突及平衡等紧密相关。需要强调的是，作为一个区域经济学的概念，区域协调发展有其概念边界，不能作无原则的泛化。区域协调发展仅是区域经济发展的一个过程或状态，它不可能替代区域经济发展的一切①。

第二，区域协调发展是中国式现代化进程中区域经济发展的新探索，需要从中国式现代化的经济哲学基础出发讨论区域协调发展的概念。这是因为，我国社会主义市场经济是以马克思主义为指导，与传统的西方经济学有本质的不同。这就要求我们坚持唯物辩证法认识区域协调发展，从客观事物的内在联系去把握事物。唯物辩证法认为，事物是普遍联系的，事物及事物各要素相互影响、相互制约，整个世界是相互联系的整体，也是相互作用的系统。以唯物辩证法为指导，我们认为区域协调发展概念的界定必须考虑3个方面的因素：一是我国经济社会发展所处的阶段；二是我国的基本国情；三是区域协调发展是区域经济发展手段、发展目标和评价标准的统一。党的十九大报告作出了“中国特色社会主义进入新时代”的重大判断。我国社会的主要矛盾转化为人民日益增长的美好生活需要和不平衡不充分的发展之间的矛盾，我国经济进入了高质量发展阶段，对区域协调发展提出了新要求。

基于上述考虑，为更好地反映新时代区域协调发展的特征，在已有研究基础上，本书将区域协调发展定义为：区域协调发展是通过建立有效的协调机制，使全

① 胡军、覃成林等：《中国区域协调发展机制体系研究》，中国社会科学出版社，2014。

国各个区域发挥比较优势并相互之间协作、配合和相互促进，实现共同发展、共同富裕，同时使区域经济差距稳定在合理适度水平下并趋于缩小。

正确理解区域协调发展概念，需要注意以下几点：

一是区域协调发展是区域之间经济关系的协调，而不是一个区域内部各经济部门之间的协调，也不是一个区域内部经济发展与社会发展、生态环境之间的协调。在区域协调发展中，还需要处理好区域之间的生态关系和社会关系，这是因为区域之间的经济关系受到区际生态关系和社会关系的影响，但不能因此而否认区域协调发展属于区际经济关系范畴。需要清楚地认识到，泛化、滥用区域协调发展概念，在理论上会偏离区域协调发展的本意，在实践上会导致区域协调发展认识上的混乱和行动上偏离区域协调发展的重心。

二是区际经济关系直接与相关区域的经济利益相连。区域协调发展必然涉及区域之间经济利益的变化。对于一个区域而言，如果参与区域协调发展能够带来经济利益的增大，则会主动参与区域协调发展。因此，促进区域协调发展必须兼顾各区域正当、合理的经济利益诉求，否则就会挫伤一部分区域参与协调发展的积极性，进而导致区域协调发展受阻。同时，区域协调发展必须实现各区域经济的共同发展，走向共同富裕。

三是区域协调发展的组织者和主要推动者是政府。其中，中央政府从发展全局出发，引导各区域发挥比较优势、在“一盘棋”中开展合作，协调区域之间的利益关系，从而提高资源配置效率，促进全国经济发展。地方政府则通过政府间的合作，解决跨区域的产业转移、基础设施建设、资源开发、生态建设等问题，为企业跨区域发展、生产要素跨区域流动等提供条件，从而实现各区域的比较优势，加快本区域经济发展，同时达到各区域共赢的效果。否认、忽视政府在区域协调发展中的重要作用，是不可取的。

四是区域协调发展不等同于区域协同发展。协调与协同一字之差，含义却不一样。主要的区别是，在区域协调发展中，相关区域是自愿参与的，其地位和经济权益是完全平等的，它们依据市场原则处理区际经济关系。而在区域协同发展中，相关区域往往是为解决某个重大发展问题而被组织起来，因此，区域之间存在主次之分，其经济权益也可能是不平等的。

三、区域协调发展的特征

当前，我国区域协调发展面临着新形势。这意味着，面对纷繁复杂的国际和国内环境，区域协调发展应该根据新形势，切实解决制约我国区域发展的深层次问题。从区域协调发展本质是处理区域与区域之间关系的角度看，随着区域之间关系的日益复杂，区域协调发展的特征应该包括更加丰富的内容。

（一）区域协调发展的整体性

区域协调发展不仅仅是将区域发展差距保持在适度的范围内，更需要在此基础上促进全国经济的全面发展。因此，必须将区域协调发展放在国民经济的整体性角度上去理解。这是因为，国民经济是一个有机的整体，在这一有机整体中，各个区域之间存在有机联系和相互依存关系，并且随着经济社会发展，区域之间联系的规模更大、形式更加多样、关系更加复杂，这对区域协调发展提出了更高的要求，需要从整体出发看待各个区域在全国发展大局中的功能和定位。具体而言：就是要看东部、中部、西部、东北四大区域在全国经济社会发展中各自承担的功能；就是要看革命老区、少数民族地区、边疆地区和欠发达地区在推进区域协调发展中的作用，并从整体上把握这些区域之间的关系，从而实现区域协调发展的整体提升。

（二）区域协调发展的精准性

随着我国经济规模的不断增大，区域之间的差距虽然依然存在，但是区域之间的差距所表现的形式已经发生了本质性变化，因此对区域协调发展的要求不应该只关注各个区域占全国经济的比重、经济增长速度的差异，更应该认识到区域差异化是区域的本质特征之一，要发挥区域比较优势必须立足分析区域差异化，从而提升区域协调发展政策的精准性。因此，针对我国区域经济发展的实际情况，区域协调发展的精准性应着眼于城市群内外、省域中心地区与边缘地区、老少边欠地区与其他地区人均收入的差距，通过合理有序的人口流动和国家政策支持，才能取得明显效果①。

① 肖金成、洪晗：《促进区域协调发展　迈向共同富裕之路》，《经济》2022年第11期。

（三）区域协调发展的动态性

我国区域经济发展的历程表明，区域协调发展与区域经济发展阶段相适应才能取得应有的效果，这就意味着必须准确把握区域协调发展所处的阶段，只有这样，才能更好地落实区域协调发展的相关措施，滞后或者过于超前的政策都无法起到应有的效果。这一动态性主要体现在3个方面：一是对全国所处发展阶段的把握；二是对区域协调发展的主要区域所处发展阶段的把握；三是区域所处发展阶段与全国所处发展阶段的相互协调与配合。因此，区域协调发展的动态性要求我国既要提出全国推进区域协调发展的总体策略，也要针对四大板块、老少边欠四类区域提出充分反映其发展阶段特征的区域性策略。

▶▶▶

| 第三节 |

区域协调发展的目标与测度

区域协调发展的目标与测度是区域协调发展战略和评价的基础，同时，目标与测度又是一体两面，是区域协调发展理论探索的有机组成部分。但是目标与测度也存在一定的偏差，测度的一个重要基础是数据的可得性与可比较性，由于区域差异的存在，很难构建一个能充分考虑各个区域特征的指标。在这样的背景下，只能通过目标的引导，落实区域协调发展各项政策。因此，测度只是一个参考性数值，是否能作为检验区域协调发展战略实施效果的依据，我们需要将其与区域协调发展的目标放在一起来考虑。

一、区域协调发展目标与测度的代表性研究成果

区域协调发展的目标与测度是与我国经济社会发展阶段密切相关的。为了更好地提出新时代区域协调发展的目标与测度思路，本部分在现有代表性研究成果基础上，结合新时代我国区域协调发展的新要求，尝试提出新时代区域协调发展的目标与测度方式。

（一）区域协调发展目标的代表性研究成果

关于区域协调发展的目标研究，是与区域协调发展研究一脉相承的，学者们在界定区域协调发展概念的同时，也相应提出判断区域是否协调的标志或者特点，也就是区域协调发展应该达到的目标。蒋清海提出了判断区域协调发展目标的7个

标志：各区域都具有较强的自我发展能力，区域间的差距未呈现急剧扩大或两极分化之趋势，各地区的经济优势都得到较充分的发挥、资源配置的效率大大提高，区域间生产要素能够自由流动，区域间分工协作观念增强、横向经济联合得到广泛发展，区域市场发育迅速、全国统一市场逐步形成，各地区生产力稳步发展、经济效益逐步提高、人民生活不断改善①。胡乃武、韦伟认为，区域协调发展有3个标志：一是各区域经济都具有较强的自我发展能力和潜力；二是区域间要素能够按照市场经济的要求自由流动；三是区域间横向经济联合得到广泛的发展②。这个时期的区域协调目标研究为后续研究奠定了坚实基础，比较有代表性的研究有下面三个。彭荣胜认为，判断区域协调发展有4个标志，分别为：区域之间经济联系日益密切、区域分工趋向合理、区域间经济发展差距在一定的“度”内且逐步缩小、区域经济整体高效增长③。吴殿廷认为，区域经济是否处于协调发展状态，主要看3个方面：第一是区域之间的经济联系是否增强；第二是各个区域的经济是否都能持续发展；第三是区域之间的差距是否缩小④。肖金成则认为，新时期实施区域协调发展战略有6个方面的意义：一是新形势下适应国际国内环境作出的重大决策；二是有利于区域联动发展，增强经济发展动力；三是有利于实施分类指导，提高区域政策的精准性；四是有利于全面深化改革，形成促进区域发展的长效机制；五是有利于统筹国际国内开放，形成全方位开放新格局；六是有利于推动生态文明，构建高效安全的国土开发保护格局⑤。

通过梳理区域协调发展的目标相关研究，可以看出，区域协调发展目标涉及区域自身发展和区际关系两个方面，大致可以分为两类：一是直接目标，是指区际经济关系目标，主要包括区域经济增长、国家经济增长、缩小区域经济差距等。二是区际生态关系和公共服务等方面的目标。其中，生态关系目标源自区域之间生态相互联系、相互制约而产生的对区际经济关系的约束，基本公共服务目标则是源自维

① 蒋清海：《论区域经济协调发展》，《开发研究》1993年第1期；蒋清海：《区域协调发展：对区域差距的分析与思考》，《贵州社会科学》1995年第2期。

② 胡乃武、韦伟：《区域经济协调发展论》，《发展论坛》1995年第2期。

③ 彭荣胜：《区域经济协调发展内涵的新见解》，《学术交流》2009年第3期。

④ 吴殿廷：《区域经济学（第四版）》，科学出版社，2019。

⑤ 肖金成：《中国区域发展——理论、战略与布局》，光明日报出版社，2021。

护区际社会关系和谐、有助于实现共同富裕等的社会发展需求，其中包括了区域发展公平的因素。

（二）区域协调发展测度的代表性研究成果

在区域协调发展概念和目标基础上，从定量视角研究区域协调发展是理论研究的需要，更加有助于准确认识区域协调发展的特征及其演变规律。陈秀山、杨艳指出，对区域经济协调发展的评价，应基于其内涵和目标，构建一个相对简单却又不失代表性的指标体系。因此，在直接测度方面，已有研究主要是遵循先提出区域协调发展的概念，然后提出区域协调发展的判断标准，再构建相应的指标体系对所研究对象的区域协调发展进行测度①。覃成林等基于区际经济联系、区域经济增长和区域经济差异3个判断标准，构建了区域经济协调发展度“U”形模型②。覃成林等在此基础上，分析了中国 2001—2010 年区域经济协调发展的趋势及特征，发现整体上看，中国区域经济协调发展已达到较高的水平。从四大区域看，东部和东北协调度上升，中部和西部协调度有所下降③。乔旭宁等以综合协调度评价为基础，从经济发展水平、社会发展水平和资源环境承载力3个方面构建了区域经济协调发展的指标体系④。李小建和杨慧敏从人口、产业和空间3个子系统出发，构建指标体系衡量区域经济协调程度，并以中原城市群为例进行实证分析，发现中原城市群整体上协调程度较低，区域发展差距显著⑤。马孝先从经济增长、经济结构、经济关系、 经济制度、经济协调与可持续发展6个方面提出了衡量区域经济协调发展的指标体系⑥。张可云和裴相烨从基本公共服务均等化程度、基础设施通达程度和人

① 陈秀山、杨艳：《区域协调发展：回顾与展望》，《西南民族大学学报（人文社科版）》2010年第1期。

② 覃成林、张华、毛超：《区域经济协调发展：概念辨析、判断标准与评价方法》，《经济体制改革》2011年第4期。

③ 覃成林、郑云峰、张华：《我国区域经济协调发展的趋势及特征分析》，《经济地理》2013年第1期。

④ 乔旭宁、张婷、安春华、冯德显、马晓哲：《河南省区域发展协调度评价》，《地域研究与开发》2014年第3期。

⑤ 李小建、杨慧敏：《中原城市群产城协调发展分析》，《区域经济评论》2017年第4期。

⑥ 马孝先：《区域经济协调发展内生驱动因素与多重耦合机制分析》，《宏观经济研究》2017年第5期。

民基本生活保障水平3个方面，构建了测算区域协调发展水平的指标体系[①]。王思薇和刘一康则从经济发展协调、生活水平协调、社会进步协调、资源与环境友好协调、区域利益协调、经济增长质量协调、地区市场一体化程度7个方面构建了反映新时期经济高质量发展背景下的区域协调发展指标体系[②]。

从区域协调发展度的测度来看，现有研究呈现两大特点：一是测度注重定性与定量的结合；二是测度指标体系包括的内容与国家发展战略的调整密切相关。这说明我国区域协调发展研究紧密结合和服务国家发展大局的特征，但是，由于存在指标体系构建原则的不一致，各类研究之间的可比性相对不足，同时，由于学者自身对指标体系进行了动态调整，研究存在缺乏长时间跟踪我国区域协调发展状态的缺陷。我国区域协调发展的研究需向指标统一化和标准化方向继续努力，以便更好地反映和认识我国区域协调发展的情况。特别是在测度过程中，如何更加有效地反映区域协调发展的本质、区际关系的演变、人民生活水平的改善、区位要素禀赋条件的差异等，都是区域协调发展测度研究需要关注的。

二、新时代区域协调发展的目标与测度

新时代，国家更加重视区域协调发展，从国家层面对区域协调发展提出了全方位的要求。2017年年底，习近平总书记在中央经济工作会议上指出，实施区域协调发展战略，要实现基本公共服务均等化，基础设施通达程度比较均衡，人民生活水平大体相当。2018年9月，在中央全面深化改革委员会第四次会议上，习近平总书记将区域协调发展的目标进一步明确为："立足发挥各地区比较优势和缩小区域发展差距，围绕努力实现基本公共服务均等化、基础设施通达程度比较均衡、人民基本生活保障水平大体相当的目标，坚决破除地区之间的利益藩篱和政策壁垒，加快形成统筹有力、竞争有序、绿色协调、共享共赢的区域发展新机制。"2018年，《中共中央　国务院关于建立更加有效的区域协调发展新机制的意见》对区域

① 张可云、裴相烨：《中国区域协调发展水平测度——基于省级数据分析》，《郑州大学学报（哲学社会科学版）》2019年第6期。

② 王思薇、刘一康：《高质量发展视角下区域协调发展水平测度》，《统计与决策》2023年第2期。

协调发展目标提出了系统化的认识：“立足发挥各地区比较优势和缩小区域发展差距，围绕努力实现基本公共服务均等化、基础设施通达程度比较均衡、人民基本生活保障水平大体相当的目标，深化改革开放，坚决破除地区之间利益藩篱和政策壁垒，加快形成统筹有力、竞争有序、绿色协调、共享共赢的区域协调发展新机制，促进区域协调发展。”这一认识是新时代区域协调发展目标的指导思想，也是评价区域协调发展的基础。

我们认为，新时代区域协调发展的目标应该包括4个方面，分别是区域发展相对差距逐步缩小、基本公共服务均等化水平不断提高、基础设施通达均衡程度明显改善、人民生活水平跃上新台阶。综合考虑区域差异性、数据可得性与指标代表性，我们提出了测度新时代区域协调发展水平的指标体系（表2–1）。

表2–1　新时代区域协调发展水平测度指标体系

目标层	准则层	指标层
区域协调发展水平A	区域发展水平B1	人均GDP
		人均GDP增速
	基本公共服务水平B2	九年义务教育师生比
		义务教育生均用房面积
		贫困人口医疗费用实际报销比例
	基础设施通达性水平B3	可达性
		信息网络覆盖水平
		高速公路、国省干线公路里程
	人民生活水平B4	居民人均可支配收入
		城镇就业增长对全国的贡献率
		低收入群体人均可支配收入增速

参考资料：《“十四五”规划〈纲要〉解读文章之21|深入实施区域协调发展战略》，https://www.ndrc.gov.cn/fggz/fzzlgh/gjfzgh/202112/t20211225_1309709.html?state=123。

▶▶▶

第四节

区域协调发展的内生动力

区域协调发展是一个系统性工程，社会各界对区域协调发展已形成基本的共识：一是区域协调发展战略解决的主要问题是区域发展差距问题；二是区域协调发展是协调区际关系的一种重要方式；三是区域空间组织是影响区域协调发展的重要因素之一。本节在与区域协调发展密切相关的区域经济增长差异、区域经济增长趋同、区域经济一体化、区域经济相互依赖、区域经济合作和核心–边缘理论的基础上，指出这些理论对区域协调发展的作用，并进一步提出区域协调发展的内生动力。

一、区域协调发展的相关理论

为我国经济社会发展出谋划策一直是我国区域经济学者研究的出发点。20世纪80年代末，我国学术界开始出现区域协调发展的理念。胡焕庸先生主张，中国国土辽阔，各地自然地理条件多样，人口和资源分布极不平衡，因此可以根据人口的大系统分析和国土经济的中观分析，将我国划分为8个人口大区。8个人口大区分别为东部沿海的辽吉黑区、黄河下游区、长江中下游区和东南沿海区，内地的晋陕甘宁区和川黔滇区，边疆的蒙新区和青藏区，并以8个人口大区作为我国区域生产力布局和协调发展的基础[①]。在这个阶段，学者们主要关注城乡协调发展，如蒋

① 胡焕庸：《中国八大区的人口增长、经济发展和经济圈规划》，《地理研究》1985年第4期。

会成、夏英祝发表了《关于城乡经济协调发展的几个问题》，高山发表了《国民经济新成长阶段的区域问题》；以及经济区和经济带建设问题，如张耀华发表了《运用经济手段促进南京区域经济协调发展》，李树桂、王小琪发表了《横向开放经济带：沿海与内地的协调发展》。此后，中国区域协调发展理论稳步发展。20世纪90年代，中国学术界关于区域协调发展理论的认识不断深化。陈栋生指出，中国要逐步实现生产力布局合理化和区域经济协调，有效发展[①]。刘再兴则提出，协调区域关系、改善生产力布局成为20世纪90年代中国经济建设的主旋律[②]。此阶段中国区域协调发展的研究主要强调推动落后地区的发展，使各个区域都在各自增长的基础上彼此协调发展[③]。也有学者将“公平与效率”的思想[④⑤]纳入区域经济协调发展的研究中，强调推动经济布局合理化，将区域经济发展差距控制在合理的范围内，并朝着缩小的方向努力，从而协调地区间的经济发展[⑥]。尤其是对于我国不同战略之间的关系，研究作出了客观评价。肖金成指出，改革开放以来，中国的区域经济发展战略是先发展东部，逐步向中西部推移的非均衡发展战略，事实证明，这一发展战略取得了巨大成功[⑦]。由于有了非均衡发展取得的成果，我们才有条件提出区域协调发展战略，才能贯彻促进中西部发展的政策。此后我国学者围绕区域协调发展的概念、区域协调发展机制、区域协调发展策略等内容[⑧⑨⑩⑪⑫]，形成了一系列代表性研究成果，既取得了理论上的新认识，更为我国区域协调发展战略的实施提供了很好的指导和借鉴。

---

① 陈栋生：《90年代的生产力布局与区域经济》，《投资研究》1992年第1期。

② 刘再兴：《九十年代中国生产力布局与区域的协调发展》，《江汉论坛》1993年第2期。

③ 蒋清海：《论区域经济协调发展》，《学术论坛》1992年第3期。

④ 杨开忠：《我国区域经济协调发展的总体部署》，《管理世界》1993年第1期。

⑤ 徐国弟、刘源：《我国区域经济协调发展的构想》，《经济经纬》1994年第4期。

⑥ 魏后凯、刘楷：《中国区域经济协调发展的目标和政策（上）》，《经济纵横》1994年第3期。

⑦ 肖金成：《东、中、西的经济差距与中西部的发展》，《经济纵横》1999年第9期。

⑧ 陈栋生、王崇举、廖元和：《区域协调发展论》，经济科学出版社，2005。

⑨ 肖金成：《城镇化与区域协调发展》，经济科学出版社，2013。

⑩ 胡军、覃成林等：《中国区域协调发展机制体系研究》，中国社会科学出版社，2014。

⑪ 郝寿义、倪鹏飞：《区域协调发展战略》，广东经济出版社，2020。

⑫ 孙久文、席强敏、易淑昶：《新型城镇化与区域协调发展》，中国人民大学出版社，2023。

从中国区域协调发展理论研究呈现的国家战略实施与学者研究相互促进的特点看，其理论的立足点都是区际关系，尤其是区际经济关系，这是因为区域协调发展最主要的内容是处理各区域之间的关系，尤其是经济发展存在差距的区域之间的关系[①②]。因此，区域协调发展的关键就是要正确认识区际关系，并提出相应的处理区际关系的原则。值得注意的是，随着我国经济社会发展，区际关系更加复杂，各级各类区域呈现出不同的发展特点与发展脉络，需要我国学者作更加深入的研究，为我国更好处理和利用区际关系推动区域协调发展提供基础。

二、区域协调发展的内生性

综合前面的理论观点，我们可以发现一个特点，就是这些理论都涉及了推动力问题。目前关于推动力的研究主要分为3类：一是认为区域协调发展是政府外在推动的；二是不关注区域协调发展的推动力问题；三是将区域协调发展理解为各级各类区域的主动行为，具有内生性[③]。笔者赞同区域协调发展具有内生性的观点，并且认为区域协调发展的动力应该具有内生和外生相互促进的特点。为了更好地展现这一认识，我们首先分析区域协调发展的主体，因为只有确定了主体，才能更好地分析动力的来源及其作用方式。

（一）区域协调发展的主体

区域经济学是从宏观角度研究国内不同区域经济发展及其相互关系的决策性科学[④]。既然涉及决策，就需要有参与者，也就是区域经济主体。这是因为，区域应该是这样一种经济区域，即它是人的经济活动造成的、具有特定的低于构成要素的不可无限分割的经济社会综合体[⑤]。区域经济主体是指能够实现一定经济空间（经

---

① 刘再兴：《九十年代中国生产力布局与区域的协调发展》，《江汉论坛》1993年第2期。

② 覃成林、张华、毛超：《区域经济协调发展：概念辨析、判断标准与评价方法》，《经济体制改革》2011年第4期。

③ 胡军、覃成林等：《中国区域协调发展机制体系研究》，中国社会科学出版社，2014。

④ 陈栋生：《区域经济学》，河南人民出版社，1993。

⑤ 程必定：《区域经济学》，安徽人民出版社，1989。

济区域）组织和运行的行为主体，主要包括区域内的企业（厂商）、居民、相关区域组织和政府，具有系统性、结构性、动态性，同一主体有不同角色等特征，同时，主体之间具有明显的系统结构关系。一个区域经济系统包括两个子系统：一个是企业与居民在市场机制下形成的自组织子系统，另一个是政府行为和区域经济政策子系统。这两个子系统、三个主体之间的相互作用推动区域经济发展[①]。由此可见，政府与企业、居民对区域经济行为的影响是不同的，政府和区域政策通常被认为是外生的。但是，对于区域协调发展而言，从现象观察看，其似乎是由国家或者上一级政府推动的，这在推动区域协调发展的早期表现得十分明显，随着我国经济社会的发展，区域协调发展正在成为各级区域的主动行为[②]。因此，区域协调发展应该是参与区域协调发展政策制定，并积极推动区域协调发展落实和生效的区域主体，包括政府、企业和居民，但是在区域协调发展机制体系中，政府应该起主导作用，企业和居民起辅助作用。

（二）区域协调发展的动力

基于区域协调发展主体的认识，区域协调发展的动力主要来自中央政府与各级地方政府的区域协调发展政策，其次是在这些政策影响下企业和居民所形成的自组织行为，两者相互配合促进区域协调发展不断深入。实际上，结合我国经济社会发展历程，尤其是我国从计划经济体制向中国特色社会主义市场经济体制转变的过程，可以看出，推动我国经济发展的主体基本经历了从中央政府到中央政府、地方政府，再到中央政府、地方政府、居民和企业过渡的过程。

基于区域协调发展主体的认识，区域协调发展的动力主要可以分为内生动力和外生动力两种，同时需要供给侧和需求侧的相互支撑。其实，从我国区域发展的主体来看，内生动力和外生动力的来源也在不断发生变化，计划经济时代的统一性严重影响了地方政府和企业、居民等微观主体的主动性和创造性，企业、居民想要更好的生活的内在诉求，是以外部动力的方式推动我国计划经济向社会主义市场经济过渡。在这个阶段，地方政府、企业和居民是外部动力的主要来源，经济发展还是

① 郝寿义、安虎森主编《区域经济学（第三版）》，经济科学出版社，2015。

② 胡军、覃成林等：《中国区域协调发展机制体系研究》，中国社会科学出版社，2014。

由中央政府主导。

进入中国特色社会主义市场经济阶段，经过不懈的探索和努力，我国逐步形成了以有效市场和有为政府相互促进、相得益彰为核心的中国式现代化发展道路，此时有效市场和有为政府实际上是一个系统，既可以提供内部动力，也可以提供外部动力，其作用机制主要是通过供给侧和需求侧的调节来实现。从供给侧来看，主要是资源配置问题。我国是资源分布极不均衡的大国经济体，资源配置必须充分利用有效市场和有为政府的双重力量才能实现。从需求侧来看，主要是市场扩大问题。市场扩大过程中虽然主要是企业、居民等微观主体的自组织行为，但是，由于区域具有的地理、行政和经济属性在很大程度上是不匹配的，因此就需要地方政府和中央政府的介入，逐步实现区域经济一体化和全国统一大市场，进而实现区域协调发展的目标。

需要特别注意的是，中央政府在引导要素流动、优化资源配置、化解区域间过度竞争、增大全国经济利益等方面所提供的外部保障，以外生动力的形式保障了区域协调发展目标的实现；而从区际关系的角度看，随着区域经济的发展，区域之间的相互依赖和合作日益紧密，协调不但成为维护国家整体利益的目标，也成为维护本区域利益的重要方式，此时地方政府、企业和居民的内在诉求成为实现区域协调发展目标的内生动力。

需要特别注意的是，区域中存在经济主体与区位相互作用的过程，无论经济主体是何种形式、内生动力和外生动力是以什么样的形式出现，最终都要通过经济主体与区位的相互作用发挥作用。因为区域差异是区域的本质特征，也是区域经济学研究得以存在的前提，所以区域差异不仅仅体现在区域的要素禀赋条件上，更体现在经济主体与区位的相互作用上。这也是有些区域具有很好的要素禀赋条件却没有发展起来，有些要素禀赋条件相对较差的区域却发展得相对较好的原因。这里存在一个基本的逻辑，就是区域发展水平取决于3个方面，即经济主体自身的能力、区位要素禀赋条件以及经济主体与区位的相互作用（图2-1）。基于这些认识，在推进区域协调发展过程中，若要更好地提升经济主体与区位相互作用水平，就需要创造一个更加有利于要素自由流动的环境。

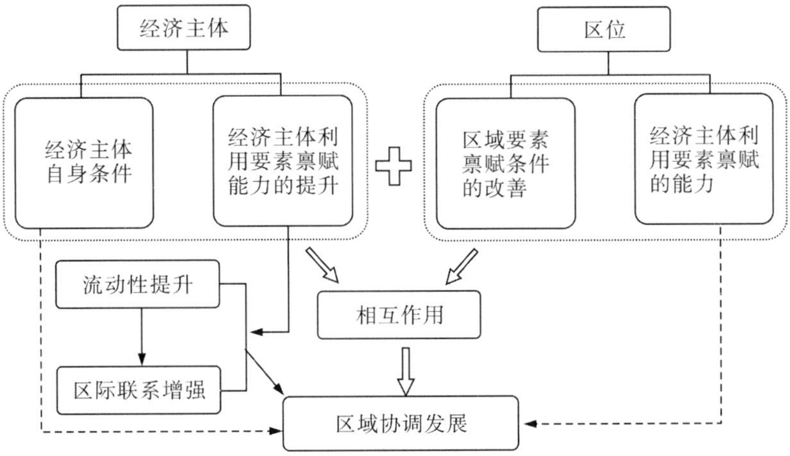

图2-1　流动性与区域协调发展关系

PART 03

第三章

区域协调发展战略的形成过程

本章阐述了新中国成立以来不同发展阶段实施的区域发展战略，回顾了区域协调发展战略的形成过程。第一阶段为1949—1979年，实施均衡发展战略，以内地为投资重点，改变了工业集聚于沿海的不合理状况。第二阶段为1979—1999年，实施非均衡发展战略，通过设立经济特区、开发区，开放沿海城市等举措，东部地区率先发展起来，增强了国力，提高了国际竞争力，但也拉大了中西部的经济发展差距。第三阶段为1999—2017年，通过实施西部大开发战略、东北振兴战略、中部地区崛起战略，支持革命老区、少数民族地区、边疆地区、贫困地区的经济社会发展，拉开了区域协调发展的序幕。第四阶段从2017年党的十九大报告提出实施区域协调发展战略开始，表明区域协调发展战略进入不断深化的新阶段。

中国国土辽阔、人口众多、资源丰富、区域差异明显，区域问题是中国经济发展必须面对的重大问题。新中国成立伊始，即确立了区域均衡发展战略，意欲改变比较薄弱的工业集聚于沿海地区的不合理状况，以促进内地发展为重点。该战略一直持续到1979年，这一阶段称为均衡发展阶段（1949—1979年）。改革开放以来，中国区域发展从以内地为重点向沿海地区转变，这一阶段称为非均衡发展阶段（1979—1999年）。以1999年提出西部大开发战略为标志，我国又进入促进欠发达地区和萧条地区发展阶段（1999—2017年）。从2017年中国共产党第十九次全国代表大会提出区域协调发展开始，中国进入区域协调发展阶段（2017年至今）。本章根据历史发展脉络，阐述新中国成立以来区域发展战略的演变，从形成背景、主要措施到实施效果，总结区域发展的基本经验，回顾中国区域发展的历史和区域协调发展战略的形成过程。

第一节

1949—1979年：区域均衡发展

新中国成立以来，我国在促进欠发达地区的经济发展方面取得了举世瞩目的成就，积累了比较丰富的正反两方面的经验，理论工作者对此进行了总结和探索，回顾和分析通过实践得来的理论和经验，对于研究区域协调发展战略具有十分重要的意义。

一、均衡布局与西部工业基础的建立

新中国成立之初，我国生产力水平十分低下，工业基础非常薄弱，地区分布也极不平衡。全国工业总产值的77%以上集中在占国土面积不到12%的东部沿海狭长地带，其中超60%集中在以上海为中心的长江三角洲（占23%）、以沈阳为中心的东北南部（占20%）、以天津为中心的京津唐地区（占10%）、以青岛为中心的胶济沿线（占5%）和广州（占3%）等少数几个地区；而广大中西部地区，尤其是西南、西北地区，除少数采矿业之外，几乎没有什么近代工业。占国土面积45%的西北和内蒙古广大地区，工业总产值仅占全国的3%；占国土面积23%的四川、重庆、云南、贵州和西藏，工业总产值仅占全国的6%[①]。这境况是旧中国在半殖民地半封建社会遗留下来的，客观上也与我国人口土地和资源的分布极不对称有关，严重影响了我国内地的经济发展和民族团结。改变这种工业偏集于沿海的状况，成为新中国领导人首要考虑的问题。

从20世纪50年代初到70年代末，我国区域政策的主基调是均衡发展，即以内地为投资和建设的重点，以实现生产力的均衡布局为基本目标，追求区域经济的同步发展和自成体系，缩小内地与沿海之间的差距。

“一五”时期，我国开始了以重工业为主的大规模基本建设。发展国民经济的第一个五年计划明确指出：“在全国各地区适当地分布工业的生产力，使工业接近原料、燃料产区和消费地区，并适合于巩固国防的条件，来逐步地改变这种不合理，提高落后地区的经济水平。”在这5年内动工兴建的694个限额以上（投资在1000万元以上）工业建设项目中，有472个分布在内地，占总额的68%。在全国基本建设投资总额中，沿海和内地分别占36.9%和46.8%，沿海与内地之比为0.79（以内地投资为1）。在苏联援建的156项重点工程中（实际施工150项），有4/5布局在内地，仅西部就占44项，其中陕西省就有包括西安和咸阳的纺织、铜川煤矿和兵器项目等在内的24项，居全国各省（区、市）首位。这一时期还修建了成（都）渝（重庆）、宝（鸡）成（都）、天（水）兰（州）、兰（州）新（乌鲁木齐）铁路和青（西宁）藏（拉萨）、康（雅安）藏（拉萨）等公路，形成了以兰州、西

① 陈栋生：《区域经济学》，河南人民出版社，1993。

安、成都等城市为依托的新工业基地。由于注重了项目布局的集聚经济效益，因此其投资效果比较明显。综合计算，全国固定资产的交付使用率高达83.6%，资金产出率为0.338。“一五”时期在西部建设的项目均成为西部的骨干企业，为西部经济的发展奠定了良好的基础。

针对“一五”时期忽视沿海发展的倾向，毛泽东在《论十大关系》中强调要兼顾内地与沿海地区的发展。他指出：“好好地利用和发展沿海的工业老底子，可以使我们更有力量来发展和支持内地工业。如果采取消极态度，就会妨碍内地工业的迅速发展。”毛泽东又指出：“我国全部轻工业和重工业，都有约百分之七十在沿海，只有百分之三十在内地。这是历史上形成的一种不合理的状况。沿海的工业基地必须充分利用，但是，为了平衡工业发展的布局，内地工业必须大力发展。”[①]由此可见，毛泽东始终重视内地工业的发展。所以，《关于发展国民经济的第二个五年计划的建议的报告》提出：“必须根据资源情况和合理分布生产力的原则，在内地继续建立和积极准备建立新的工业基地，使全国各地区经济逐步走向平衡发展。但是，在内地进行大规模工业建设的同时，还必须积极地、充分地利用并适当地发展近海各地原有的工业，这不仅是为着适应国家和人民日益增长的需要，而且是为着支援内地的建设。”“二五”计划对全国生产力布局进行了具体部署：继续加强东北的工业基地，充分利用并适当加强华北、华东、华南近海城市的工业；积极进行西南、西北和三门峡周围等地区以钢铁工业和大型水电站为中心的新工业基地的建设，继续进行新疆地区石油工业和有色金属工业的建设，并且加强西藏地区的地质工作，为发展西藏的工业准备条件。各地区不管有无资源条件和实际可能，都追求本地区工业自成体系，大中小项目遍地开花。直到1964年，钢铁工业的投资重点才重新转向西部，在大力建设攀枝花钢铁公司的同时，新建和扩建了四川江油长城钢厂、成都无缝钢管厂、西宁钢厂、陕西钢厂、贵阳钢铁厂等企业。新建的煤炭工业大多设在西北、西南地区，机械工业在进一步发展和利用原有基地的同时，在西部又建设了重庆、成都、昆明、贵阳、西安、兰州等10多个新的机械工业基地。内地基本建设投资在全国的比重提高到58.3%，沿海与内地投资之比下降为60%。

整个20世纪50年代，我国在均衡发展战略的指导下，大规模投资于中西部地

① 毛泽东：《毛泽东选集（第五卷）》，人民出版社，1977。

区，初步建立了现代工业体系，加快了西部经济的发展，基本实现了生产力均衡布局的区域发展目标，这既有利于维护国家统一和民族团结，也有利于开发利用西部地区的优势资源，改变了旧中国遗留的70%以上工业和交通设施偏集沿海一隅的情况，在实现全国生产力的均衡配置方面取得了很大成效，在较短的时间内为中西部地区奠定了工业化基础。从东西部发展差距看，1952—1965年，人均国民收入的相对差距缩小了12.6个百分点。如果没有这一时期的工业和铁路等基础设施建设，广大中西部地区的经济社会进步或许还要延迟若干年，而且正是这一时期奠定的中西部工业化基础，有力支撑了改革开放以后沿海地区乃至整个国民经济的快速增长。

在此期间，也出现了忽视沿海地区发展的问题，主要体现为投资减少、增长率下降，如1955年上海、天津两市的投资仅分别相当于同年折旧费的76%和108%，致使上海、华北等老工业基地的作用和潜力远未得到应有的发挥和加强，工业生产没有得到应有的发展。可以认为，国家对西部的投资，其机会成本是很高的。事实证明，加快西部地区的发展不仅具有重要的经济意义，而且具有重要的政治意义和国防意义，可见，付出这些代价是值得的。落后地区的发展，离不开国家和外界的支持，我国之所以能够在短时间内集中如此大量的资金，与当时的经济体制即政府主导型的计划经济体制是分不开的。利用政府的力量集中资金，并把其集中投入欠发达地区，正是政府主导型经济的优势所在，但在市场化情况下，要做到这一点是十分困难的，历史给了西部地区这一难得的机遇。

二、“一五”时期苏联援建的156项重点工程

“一五”时期，我国从苏联与东欧国家引进了156项重点工程项目。以这些项目为依托，以900多项大中型项目作配套，我国初步建立了基本完备的工业经济体系。156项重点工程项目奠定了我国工业化的初步基础。时任中央财政经济委员会主任与国家基本建设委员会主任的陈云说:“第一个五年计划中的一百五十六项，那确实是援助，表现了苏联工人阶级和苏联人民对我们的情谊。”[①]

① 中共中央文献研究室编《陈云传》，中央文献出版社，2015。

在毛泽东、周恩来访苏会商基础上，1950年2月14日，中苏两国正式签订了《中华人民共和国中央人民政府苏维埃社会主义共和国联合政府关于贷款给中华人民共和国的协定》，苏联以年利1%的优惠条件贷款给中国3亿美元，用以偿付为恢复和发展中国经济而由苏联交付的机器设备与器材，中国以原料、茶、现金、美元等分10年偿还贷款及利息。1950年至1952年年初，苏联帮助设计的项目共有42个。

42个项目的区域分布为：东北30个，其中电力、钢铁、煤炭、制铝等占20个，其他10个是机械、化学、造纸等；山海关内6个，分别是太原、重庆、西安、郑州4个电站和太原肥料厂及燃料厂；新疆5个，是电厂和医院；内蒙古1个。

1952年8月，周恩来总理、陈云副总理率领中国政府代表团赴苏联与苏联政府进一步商谈经济援助问题。苏方同意在1953年5月以前，援助我国建设和改建鞍山钢铁公司、大石桥镁矿厂、富拉尔基特殊钢厂、本溪钢铁公司等50个企业。

1953年5月15日，由李富春副总理和苏共中央政治局委员米高扬分别代表两国政府签订《关于苏维埃社会主义共和国联盟政府援助中华人民共和国中央人民政府发展中国国民经济的协定》，商定由苏联在1953—1959年，用技术设备援助中国建设与改建91个企业。苏联完成这些企业70%～80%的设计工作、50%～70%的设备制造，其余设计与设备制造工作由苏联专家帮助中国企业完成。中国政府为偿付以上设备和技术援助，将按质按量对苏联供给钨精矿16万吨、锡11万吨、钼精矿3.5万吨、锑3万吨、橡胶9万吨以及羊毛、黄麻、大米、猪肉、茶叶等。

按照协定，到1959年这些项目完工时，中国钢铁、煤炭、电力、石油等重工业产品，相当于苏联“一五”计划的水平，接近或超过日本1937年的水平。

1954年9月，苏共中央主席团会议决定对华大幅增加援助，在前述141项工程的基础上再增加15项工程，并提升技术含量。截至1954年年底，确定的156项建设项目，成为1955年正式颁布的“一五”计划的重点。根据国家计委基本建设综合局于1983年写成的《“一五”156项建设情况》，实际正式施工的项目为150项，这些项目绝大部分布局在东北和内地（表3-1）。

表3-1　150项工程空间分布情况

单位：项

省（市、区）	项目数	城市及项目数
辽宁	24	沈阳7，抚顺8，阜新4，鞍山1，本溪1，大连1，杨家杖子1，葫芦岛1
陕西	24	西安14，兴平4，宝鸡2，户县（现西安市鄠邑区）2，铜川1，渭南1
黑龙江	22	哈尔滨10，富拉尔基3，鹤岗4，佳木斯2，鸡西2，双鸭山1
山西	15	太原11，大同2，侯马1，潞安1
吉林	10	吉林6，长春1，丰满1，辽源1，通化1
河南	10	洛阳6，郑州1，三门峡1，平顶山1，焦作1
甘肃	8	兰州6，白银1，郝家川1
四川	6	成都5，重庆1
河北	5	石家庄2，峰峰2，热河1
内蒙古	5	包头5
北京	4	北京4
云南	4	个旧2，东川1，会泽1
江西	4	南昌1，大庹（现赣州市）1，虔南（现全南县）1，定南1
湖南	4	株洲3，湘潭1
湖北	3	武汉3
新疆	1	乌鲁木齐1
安徽	1	淮南1

资料来源：董志凯、吴江：《新中国工业的奠基石——156项建设研究（1950—2000）》，广东经济出版社，2004。

三、“三五”“四五”时期的“三线建设”

20世纪60年代中期，由于中苏关系恶化，客观上存在战争危险，中共中央和毛泽东主席作出了加快“三线建设”建立战略后方的战略决策。1965年4月，《中共中央关于加强备战工作的指示》发布。根据中央指示，我国第三和第四两个五年计划的制订以及生产建设都转向了以备战为中心，以“三线建设”为重点的轨道。“三五”时期，主要以西南为重点开展“三线建设”，修筑连接西南的川（重庆）黔（贵阳）、成（都）昆（明）、贵（阳）昆（明）、襄（阳）渝（重庆）、湘（株洲）黔（贵阳）等重要铁路干线，建设了以攀枝花、酒泉、武钢、包钢、太钢五大钢铁基地以及为国防服务的10个迁建和续建项目；煤炭工业重点建设了贵州省的六枝、水城和盘县（现盘州市）等12个矿区；电力工业重点建设了四川省的映秀湾、龚咀，甘肃省的刘家峡等水电站和四川省的夹江等火电站；机械工业重点建设了四川德阳重机厂、东风电机厂、贵州轴承厂等。5年内，内地建设投资达631.21

亿元，占全国基本建设投资的64.7%。其中“三线”地区的11个省（区）的投资为482.43亿元，占基本建设投资总额的52.7%。“四五”时期，“三线建设”的重点转向“三西”（豫西、鄂西、湘西）地区，同时继续进行大西南的建设。5年中，累计投资959.34亿元，占全国基本建设投资的54.4%，其中“三线”11个省（区）的投资额为690.98亿元，占全国基本建设投资的41.1%。在“三线建设”过程中，国家还把一大批沿海地区老企业逐步搬迁到“三线”地区。据1971年统计，全国内迁项目共计380个，包括14.5万名职工和3.8万台设备[①]。

经过10年建设，通过新建、迁建和改扩建等方式，在“三线”地区相继建成了近2000个大中型企业和科研单位，形成了5个大型科研基地和30个新兴工业城市，建成了拥有全国1/3以上工业固定资产原值以国防工业和机电工业为主体的“三线”工业。截至1975年年底，“三线”地区全民所有制大型企业占全国的43.1%；煤炭开采能力和水电机组容量占50%以上；炼铁、炼钢和轧材能力超过30%；有色金属开采和冶炼能力的大部分、电子工业2/3的企业和职工集中在这里；机械工业固定资产净值占全国的1/3。

“三线建设”正值十年“文革”，少数国防尖端项目布点要“分散、靠山、隐蔽”，有的还要进洞，割断了生产的有机联系，很多项目和企业成了经济包袱，不得不花费大量资金再从山里搬出来。“三线建设”在指导思想上，是想赶在战争爆发以前把大后方建设起来，规模安排很大，建设速度过快，而且没有经过周密论证和充分的准备，决策之后立即上马，全面铺开。在具体实施过程中，往往是边勘探，边设计，边施工，留下了许多难以弥补的缺陷，如建设不配套、选址不科学、生产成本高等。

“三线建设”对沿海地区工业的发展也有很大影响。首先，沿海地区投资不足。“三五”时期，沿海地区的投资降到了新中国成立以来各个时期的最低点，在全国基本建设投资总额中仅占30.9%，比“一五”时期下降了10.9个百分点。其次，影响了轻工业的发展，轻工业投资仅占全国基本建设投资总额的4.4%。“四五”时期，仅占5.8%，造成很长一段时期轻工产品的严重短缺。最后，由于同样的原因，国民经济许多部门的发展受到了不同程度的影响。

---

① 上述数据均引自陈栋生主编《区域经济学》，河南人民出版社，1993。

任何事物都有正反两个方面，“三线建设”也是如此。从区域发展来看，通过如此大规模的建设，有力地促进了西部的发展。

一是“三线建设”在中西部建成了一批重要项目。横贯西部的几条铁路干线，均是在地形复杂、气候恶劣、条件艰苦的地区修筑而成，尤其是成昆铁路的修建，可谓是创造了筑路史上的奇迹。四川攀枝花钢铁厂、酒泉钢铁厂、成都无缝钢管厂、贵州铝厂、四川德阳第二重型机械厂等企业为西部的发展发挥了极为重要的作用。“三线建设”使西部一些省份一跃成为工业门类齐全、机械装备程度较高的地区。如四川省，“三线建设”投资规模达393亿元，占“三线建设”总投资的33.5%，新建、扩建、内迁来的以重工业为主的项目有250多个。1975年，全省固定资产原值已达到182.3亿元，超过了上海，仅次于辽宁，位居全国第二。陕西省在“三线建设”中，建立了比较完整的工业体系。西安、成都等城市成为新兴技术的中心和高精尖产品生产基地。

二是通过“三线建设”集中大量人力物力对欠发达地区实行全面的综合开发具有历史意义。“文革”时期，各大城市停工停产搞“运动”，“三线”地区能够集中如此大量的人力、物力、财力，充分说明我党领导的坚强有力，也说明在政府的主导下，实行工业生产能力与生产技术的大踏步向内地与边远地区推进是促进欠发达地区经济发展的一种有效举措。当时，全国人民“勒紧裤带搞建设”，固然吃了很多苦头，但由此形成的大量基础设施和工业生产能力却成为维系国民经济运行的重要依托。由此可以证明，在国家财力、物力许可的条件下，只要有充分、周到的准备和科学的实施方案，对欠发达地区实施综合开发，就可以取得比较好的效果。在政府主导型的计划经济时期，资金和物质资源绝大部分集中于中央，对西部进行大规模投资，相对是比较容易的。在市场经济条件下，集中资金要相对困难一些，因此，要更多地采用市场手段、政策手段，通过经济利益引导投资者去欠发达地区投资。

三是“三线”企业不仅集中了大量的设备和物质资源，而且集中了一大批高素质的人才。“三线建设”时，主要采取了老工业区、老企业支援新建项目的办法，而且强调支援“三线”“人要好人，马要好马”，因此，“三线”企业集中了一批技术骨干。大量的高素质技术人才集中于西部，相当大地改善了西部的人力资本结构。在某种程度上，他们比机器设备不知重要多少倍，他们所起的作用是难以估量的。在他们的培养和带领下，一大批年轻的人才成长了起来。

四是“三线建设”形成的产业成为西部经济发展的基础。“三线建设”是我国沿海地区工业生产能力向内陆腹地的一次大推移，在工业技术和管理经验上，是继“一五”时期以后又一次全国性的传播与扩散，建成了几千个企业，形成了数千亿元资产。

| 第二节 |

1979—1999年：以东部沿海为重点的区域非均衡发展

1979年以来，我国经济体制和发展战略开始双重转轨。理论界在对过去经验教训的总结中，对那种以牺牲效率为代价的均衡布局观进行了反思，重新探讨促进经济发展的理论体系，把效率原则和效益目标放在优先的地位，在全国范围内形成一种非均衡发展思潮。“六五”计划（1981—1985年）明确提出，要积极利用沿海地区的现有经济基础，充分发挥沿海地区的优势，带动内地经济进一步发展，表明了区域发展战略的转变。

一、改革开放以来，促进东部发展的重大举措

党的十一届三中全会作出了把工作重点转移到社会主义现代化建设上来的重大战略决策，正式提出了改革开放的总方针，国家对区域发展战略也进行了重大调整，由区域均衡发展转为区域非均衡发展，并采取了一系列向沿海地区倾斜的战略举措。

（一）兴办经济特区

1979年7月，中共中央、国务院同意在广东省的深圳、珠海、汕头和福建省的厦门试办出口特区。1980年5月，中共中央、国务院决定将深圳、珠海、汕头和厦门这4个出口特区改称为经济特区。特区之特，在于特殊政策。国家之所以要创办经济特区，在经济特区实行特殊政策，就是通过让经济特区实行市场经济体制，发

挥对外开放的窗口和桥梁作用，同时让特区作为中国经济改革的基地发挥示范引领作用。

经济特区是中国特有的称谓，是为了集中、吸引并有效利用外国投资者到特区投资办企业、发展贸易、繁荣经济而设置的交通条件和政策比较优越的特别地区。在范围不大的地方推行对外开放政策，吸收外国投资，实现国际经济合作，并通过创造良好的投资环境，鼓励外商投资，引进先进技术和管理方法，从而达到促进经济技术发展的目的。

当时设立经济特区的基本考虑有六点：第一，在国内划出一定区域，一般选择在港口附近或交通方便的地方，以有利于货物流转、节省费用、降低成本；第二，在对外经济活动中推行开放政策，并采用减免关税的办法吸引外资；第三，为外商创造优良的投资环境，制定优惠政策和法律制度；第四，以发展工业为主，产品以外销为主，实行工贸结合，并相应发展旅游、房地产、金融服务等第三产业；第五，特区行政管理机构有权因地制宜、因时制宜地制定特区管理条例；第六，经济运行机制是以国家指导下的市场调节为主，企业享有相当的自主权。

1980年8月26日，第五届全国人民代表大会常务委员会第十五次会议通过了《广东省经济特区条例》，批准在深圳等地设置经济特区，这一天便成为深圳经济特区的诞生日。深圳经济特区将建成以发展工业为重点，集工、商、农、住宅、旅游等行业于一体的综合性特区。

随着深圳、珠海、汕头、厦门4个经济特区建设的全面展开，海南在中国对外开放中的重要地位逐渐引起国家的重视。1980年7月24日，国务院批转《海南岛问题座谈会纪要》，决定给予海南岛较大的自主权，通过采取较宽松的政策把经济搞活。其中，在进出口贸易方面，可参照深圳、珠海的办法管理。1983年3月出台的《加快海南岛开发建设问题讨论纪要》提出，海南要实行“以对外开放促进内部开发”的方针。1987年4月，中共中央、国务院开始研究在海南岛实行特殊经济政策和灵活措施，把海南岛建设成为全国面积最大的经济特区。1988年4月13日，第七届全国人民代表大会第一次会议通过了《关于设立海南省的决定》和《关于建立海南省经济特区的决议》，海南岛作为当时中国第5个，也是面积最大的经济特区正式诞生。1988年5月，《国务院关于鼓励投资开发海南岛的规定》发布，授予海南省人民政府更大的自主权，对海南经济特区实行更加灵活开放的经济政策。

设立经济特区是改革开放之初推进改革开放的重大举措，主要通过促进出口，吸引国外的资金和技术进而推动中国的现代化建设。各个经济特区尤其是深圳特区通过在体制创新和经济发展方面的成功实践，不仅使特区自身实现了快速发展，而且使特区逐步发展成为带动珠三角经济发展的新的经济增长极，在全国范围起到了示范引领作用，加快了沿海地区乃至全国改革开放的进程和现代化建设的步伐。

（二）开放沿海城市和设立经济技术开发区

“六五”时期，国家调整了区域经济发展与生产力布局的指导方针，明确提出沿海、内地和少数民族地区应确定不同的发展方向。当时，沿海地区的发展方向是带动内地经济发展，内地则是“支援”沿海地区发展。1984年，中共中央召开沿海部分城市座谈会，决定进一步开放大连、秦皇岛、天津、烟台、青岛、连云港、南通、上海、宁波、温州、福州、广州、湛江、北海14个沿海地区城市，这14个城市成为国家首批对外开放的城市。沿海开放城市是中国沿海地区率先对外开放，并在对外经济活动中允许实行经济特区的某些特殊政策的港口城市，是经济特区的延伸，也是国家实施对外开放战略的又一重大决策。

14个沿海港口城市实行对外开放后，在扩大地方权限和吸引外商投资等方面实行了一系列优惠政策，其中一个重要举措就是在这些城市中划定一个有明确范围的区域，在此兴办经济技术开发区，通过大力引进中国急需的先进技术，集中兴办三资企业和中外合作的科研机构，以带动沿海城市的发展。在经济技术开发区内，可以实行经济特区的某些政策，如放宽利用外资项目的审批权限，产品出口、内销执行经济特区的政策，税收政策也更加优惠，但经济特区享受的一些优惠政策，如在商业、对外贸易方面的一些特殊待遇，经济技术开发区并不能享受。从1984年9月到1988年，国务院先后批准12个沿海开放城市建立了14个经济技术开发区，分别为大连、秦皇岛、烟台、青岛、宁波、湛江、天津、连云港、南通、广州、福州，上海闵行、虹桥、漕河泾经济技术开发区。在经济技术开发区普遍建立了管理委员会，作为市委、市政府的派出机构并享有市级管理权限。通过引进外资、扩大对外贸易、引进和开发新技术，促进传统产业改造升级，学习先进管理经验，提高管理水平，带动所在区域经济发展。1992年，国务院批准在温州、昆山、威海、营口、东山、融侨设立国家级经济技术开发区。1993年5月，国务院又批准沈阳、杭州、武汉、哈尔滨、重庆、长春、芜湖设立经济技术开发区。截至1999年，国务院共批复设立32个国家级经济技术开发区，这些开发区绝大多数设立在沿海地区。

（三）促进沿海地区开放，建立五大沿海经济开放区

1984年，在邓小平第一次南方视察之后，中国的对外开放步伐明显加快，并出现了许多战略性转变，“符合国际惯例”“与世界经济接轨”等呼声越来越高。1985年2月，中共中央、国务院批转《长江、珠江三角洲和闽南厦漳泉三角地区座谈会纪要》，决定在长江三角洲、珠江三角洲和闽南厦漳泉三角地区实施对外开放。1988年，国务院又决定将辽东半岛、胶东半岛列入沿海开放区；1990年年初，济南市也被批准加入沿海经济开放区；1992年9月，国务院批准广东省的韶关、河源、梅州3市列入沿海经济开放区；1993年2月，国家批准福建省的三明、南平、龙岩、福安、福鼎5市，辽宁省的营口和山东的东营（不包括辖县）设立沿海经济开放区。至此，五大沿海经济开放区连成一条沿海开放带，总面积为41.7万平方千米，占全国国土面积的4.4%，涉及人口2.1亿，占全国总人口的20%。沿海经济开放区与经济特区、沿海开放城市一样，既是连接内地与国际市场的桥梁，也是发展对外经济贸易和实现出口创汇的重要区域，同时还是中国经济体制改革的大型试验基地。

（四）乡镇企业和民营企业迅猛发展，小城镇大量涌现

东部沿海地区的乡镇企业由改革开放前的社队企业转型而来，20世纪80年代借助改革开放取得迅猛发展。民营企业则是改革开放之后产生的，由此形成了具有不同特征的“苏南模式”[①]和“温州模式”[②]。1984年，国家推出相关政策，准许

① 苏南模式指20世纪80年代初期，江苏苏州、无锡、常州等地利用毗邻上海的优势，在社队企业的基础上发展起乡镇企业，其特征是：以集体经济为主，以轻工业为主，以市场调节为主，坚持经济与社会、物质与文明协调发展，走共同富裕之路。后来，这些乡镇企业多改制为集体持股的股份制企业。

② 温州模式指浙江省东南部的温州地区以家庭工业和专业化市场的方式发展非农产业，从而形成小商品、大市场的发展格局。

自筹资金、自理口粮、在城镇有固定住所、有经营能力或在乡镇企业长期服务的农民及其家属进入城镇务工经商。乡镇企业的发展，使大量农村劳动力得以从农业生产中分离出来，使小城镇的人口迅速增加。在东部沿海地区，一座座面貌一新的小城镇如雨后春笋般涌现出来。1985—1997年，我国小城镇的数量由7956个增加到18316个，增加了1.3倍，增加的小城镇绝大多数在东部沿海地区。乡镇企业的发展和集聚推动了小城镇的兴起，小城镇的兴起反过来又促进了乡镇企业的进一步发展[①]。

二、向东部沿海地区倾斜取得的成效

1988年，改革开放总设计师邓小平提出了“两个大局”的战略思想，“沿海地区要加快对外开放，使这个拥有两亿人口的广大地带较快地先发展起来，从而带动内地更好地发展，这是一个事关大局的问题。内地要顾全这个大局。反过来，发展到一定的时候，又要求沿海拿出更多力量来帮助内地发展，这也是个大局，那时沿海也要服从这个大局”[②]。沿海地区通过引进、吸收国外的资金和技术，借鉴国外先进地区的经营管理经验，加快现有企业的技术改造和产业结构调整，并以出口贸易为导向，大力发展加工业，并通过加工业的发展带动农副产品生产，逐步形成“贸—工—农”一体化的产业布局，使沿海地区成为内外交流、工农结合、城乡互动的现代化、开放式的文明富庶之地，并成为推动我国国民经济高速发展的重要引擎。

20世纪80年代以来，东部地区无论是经济总量还是增长速度都不仅高于全国平均水平，而且处于全国领先地位，有力地带动全国经济的发展，也让我国在国际上拥有更大的话语权和影响力。从经济总量来看，1978年，东部地区创造地区生产总值1514.4亿元，占全国的41.7%；20年后，东部地区生产总值总量占全国比重已超过50%。随着我国对外开放步伐的加快，东部地区的发展优势更加明显。从经济增速来看，东部地区的经济增速长期高于全国平均水平，“八五”计划期间

① 刘仲黎主编《奠基——新中国经济五十年》，中国财政经济出版社，1999。

② 邓小平：《邓小平文选（第三卷）》，人民出版社，1993。

（1991—1995年）经济增速最快。

改革开放以来，东部地区经济的高速发展，增加了更多的就业机会，促进了经济、文化和社会的繁荣，改善了东部城市及周边地区居民的生活水平。人均可支配收入持续稳定增长，且收入水平明显高于东北、中部和西部地区。

东部率先改革开放，使东部经济快速发展，取得举世瞩目的成就。首先从经济增长速度看，“八五”期间东部地区生产总值平均增速达到16%，1995年东部地区生产总值已占全国的62%。东部地区率先发展，带动整个国家经济发展进入快速增长期，加快了我国改革开放的步伐，为实现新世纪更快更好地发展奠定了基础。

三、东中西部“三大地带”划分与区域发展战略的调整

非均衡发展战略的实施在取得明显成效的同时存在一些问题。一是中部、西部地区与东部地区的经济发展差距不断拉大。经济发展差距的持续扩大，既不利于区域经济协调发展，也不利于民族团结和社会稳定。二是片面让东部地区扩大开放，而推迟了中部、西部地区的开放。对外开放政策最先在4个特区实行，事实证明是完全正确的，但并未适时地在中部、西部地区扩大开放，使中部、西部地区失去了发展的机遇。三是政策的过度倾斜。国家在投资、外贸、财政、税收、金融、工资和价格等方面对东部地区特别是沿海开放城市实行全面的特殊优惠政策，有力地推动了沿海经济的高速增长，但同时对内地经济乃至全国经济产生了不良影响。东中西部“三大地带”的提出，使东中西部差距显性化，推动了国家区域发展战略的调整。从1999年开始，西部大开发战略、东北振兴战略、中部崛起战略相继推出，并最终形成了区域协调发展战略。

1984年，陈栋生在《“七五”和后十年中国生产力战略研究》报告中，第一次提出了“三大地带”划分的思路。陈栋生提出，为了正确反映全国各地区经济、社会和科学技术的发展，适应已经变化了的情况和发展的要求，按照地区经济发展的水平、交通运输条件、经济地理位置等方面的差别，全国可划分为东中西部三大地带。东部地带包括辽宁、河北、天津、北京、山东、江苏、上海、浙江、福建、广东、广西11个省（区、市）（未包括港澳台地区，当时海南尚未建省，在广

东省范围内），土地面积占全国的14.2%，人口4.2亿，占全国的41.3%。中部地带包括黑龙江、吉林、内蒙古、山西、安徽、江西、湖南、湖北、河南、陕西10个省（区）和四川省的川中、川东地区，土地面积占全国的34.3%，人口4.89亿，占全国的47.9%。西部地带包括新疆、西藏、宁夏、甘肃、青海、贵州、云南和四川西部地区，土地面积占全国的51.5%，人口占全国的10.8%。“三大地带”划分的理论是在沿海与内地两分法的基础上根据新的区域特征进行的重新划分，是区域发展理论的重大创新。此后，无论是区域经济学者还是国家的文献都沿用这一划分方法。

“七五”计划明确提出将全国划分为东中西部“三大地带”，但三大地带的范围有所区别，即陕西和四川全省划入西部，中部的范围有所缩小，西部的范围有所扩大，东部11省（区、市）（不包括港澳台地区），中部9省（区），西部9省（区）（重庆市尚未直辖）。“七五”计划提出，要加速东部沿海地带的发展，同时把能源、原材料建设的重点放到中部，并积极做好进一步开发西部地带的准备。

学者们根据“七五”计划确定的三大地带的范围测算了东中西部“三大地带”存在的经济差距。1978—1995年，东部地区生产总值占全国的比重由52.4%提高到59.3%，中部地区生产总值占全国的比重由30.7%下降到26.5%，西部地区生产总值占全国的比重由16.9%下降到14.1%。20世纪80年代，在以市场化为导向的经济体制改革背景下，中西部地区的资本和劳动力等生产要素流向东部地区，加之能源、原材料价格不合理，且中西部地区的基础设施建设比较薄弱并缺乏紧密的内在联系，使东中西部三大地带的经济差距不断扩大。1978—1995年，东部和西部地区的人均生产总值之比由1.75：1扩大到2.31：1。因此，从“九五”计划开始，国家开始考虑解决区域差距过大的问题。

从20世纪80年代末开始，学者们对东中西部差距扩大的情况和形成的原因进行了充分的讨论并基本达成了共识，对新的区域经济发展战略进行了探讨。从多数学者的观点来看，他们对20世纪80年代实施的非均衡发展战略给予了充分肯定，认为这一战略的实施是适时的、必要的，与此同时，采取新的区域发展战略，借以阻止差距的扩大也是非常必要的。新的发展战略不能抑制东部地区的发展，也就是说，促进中西部发展不能以牺牲东部发展为代价。在新的区域发展战略的探索中，基本摒弃了“抽肥补瘦”等平均主义思路，新的发展战略不是对非均衡发展战略的否定，而是在非均衡发展战略的基础上进行调整，促进区域协调发展。国家主要通过财政、金融、税收等政策进行宏观调控，着力改善中西部地区的体制和投资环境，改善基础设施和提高劳动力素质，促进经济和社会的全面发展。从根本上说，区域协调发展依赖于社会主义市场经济体制的建立和不断完善。市场对资源（自然资源和社会人文资源）在空间中的配置起到基础性作用。这是因为市场主体——企业——的目标是追求利润最大化，通过价格、竞争、利益机制和市场信息等因素共同作用，促使劳动力、资金、技术等生产力要素在区际流动。国家所掌握的资源已十分有限，因此，不会发生因促进中西部发展而抑制东部发展的情况。

进入20世纪90年代，区域发展出现了与80年代不同的新特征。首先，国家区域政策在继续强调效率目标的同时，开始注意区域平等的目标取向。《90年代国家产业政策纲要》明确指出，“在继续发挥经济较发达地区优势并加快其发展的同时，积极扶持欠发达地区的经济发展，逐步缩小经济发达地区与欠发达地区的差距”。“八五”计划中，区域经济开发和生产力布局遵循的基本指导原则是“统筹规划，合理分工，优势互补，协调发展，利益兼顾，共同富裕”，这表明国家对20世纪80年代过分向东部沿海地区倾斜的区域经济政策进行了调整。其次，通过进一步扩大对外开放，特别是重点开放沿海、沿江、沿边地区，建立各种类型的经济开发区，逐步扩大外商投资领域，为中西部地区的开发创造良好的政策环境。“沿边开放”战略使西部地区陆地边境线长的区位优势充分显示了出来，通过扩大对周边地区的经济技术交流，特别是发展边境贸易，有力地推动了西南西北经济发展。再次，“八五”计划突出了基础产业和基础设施建设，区域布局在继续考虑沿海发展的同时，将较多的项目安排在中西部，如兰新复线、宝中铁路、西康铁路、二滩水电站、贵州瓮福磷矿、神府东胜煤田等。这一时期，西部9省（区）在国家预算投资中的比重有所上升，在投资较大的1993年和1994年分别达到17.4%和16.8%。最后，为了加快贫困地区的发展，国家还制订了《国家八七扶贫攻坚计划》，并采取各种措施，鼓励中、西部地区大力发展乡镇企业。

第三节

1999—2017年：着力促进欠发达地区和萧条地区发展

东西部差距不断扩大引起了中央的高度重视。20世纪90年代，随着社会主义市场经济体制的深入推进，各种生产要素向东部沿海地区集中，东部沿海地区的发展进一步加快，地区发展差距特别是东西差距进一步拉大，并由此引发了一系列区域矛盾和问题。对此，在20世纪末21世纪初，国家审时度势，作出了实施西部大开发、东北振兴、中部崛起等重大战略决策。

一、实施西部大开发战略

西部大开发是中共中央贯彻邓小平关于中国现代化建设“两个大局”战略思想的重大战略决策，目的是缩小西部地区与东部地区日益扩大的经济差距。1999年6月17日，时任中共中央总书记的江泽民在西安就加快中西部地区发展发表了重要讲话。他指出，“逐步缩小地区之间的发展差距，实现全国经济社会协调发展，最终达到全体人民共同富裕，是社会主义的本质要求，也是关系我国跨世纪发展全局的一个重大问题。……强调要把逐步缩小中西部地区同东部地区的发展差距作为一条长期坚持的重要方针”。他还指出，实施西部大开发，是全国发展的一个大战略、大思路；加快西部地区经济发展，是保持国民经济持续快速健康发展的必然要求，也是实现我国现代化建设第三步战略目标的必然要求[①]。江泽民的讲话拉开了西部大开发的大幕。党的十五届四中全会的决定也将西部大开发作为21世纪我国经济发

① 江泽民：《江泽民文选（第二卷）》，人民出版社，2006。

展的重大战略之一。

1999年9月，党的十五届四中全会正式提出实施西部大开发战略，并强调实施西部大开发战略、加快中西部地区发展关系经济发展、民族团结、社会稳定，关系地区协调发展和最终实现共同富裕，是实现第三步战略目标的重大举措。

自1999年提出实施西部大开发战略以来，原来属于东部地区的广西壮族自治区，属于中部地区的内蒙古自治区以及湖北省恩施土家族苗族自治州、湖南省湘西土家族苗族自治州、吉林延边朝鲜族自治州被划入西部地区，加上1997年设立的直辖市重庆，西部地区扩展为12个省（区、市），总面积为686万平方千米。西部地区地域辽阔，地处内陆，1999年人均地区生产总值为4171元、城镇居民人均可支配收入为5284元、农村居民人均纯收入为1634元，仅分别相当于东部地区的40.6%、70.2%和54.6%；按人均625元的贫困标准统计，在全国3400万没有脱贫的农村贫困人口中，有60%左右分布在西部地区；西部地区有307个贫困县，占全国贫困县总数的51.9%。因此，国家“十五”计划特别强调，实施西部大开发战略就是要依托新亚欧大陆桥、长江水道、西南出海通道等交通干线，发挥中心城市作用，以线串点，以点带面，逐步形成包昆、陇海-兰新线、长江上游、南（宁）贵（阳）昆（明）、呼（和浩特）包（头）银（川）等跨行政区域的经济带，带动其他地区发展，有步骤、有重点地推进西部大开发。

2000年1月，国务院决定成立西部地区开发领导小组，西部大开发战略正式启动实施。2000年10月，国务院在《国务院关于实施西部大开发若干政策措施的通知》中提出，“力争用5到10年时间，使西部地区基础设施和生态环境建设取得突破性进展，西部开发有一个良好的开局。到21世纪中叶，要将西部地区建设成为一个经济繁荣、社会进步、生活安定、民族团结、山川秀美的新西部”。2002年，《“十五”西部开发总体规划》发布并实施，西部大开发战略进入实质性推进阶段。

2010年，《中共中央　国务院关于深入实施西部大开发战略的若干意见》提出，到2020年，西部地区基础设施更加完善，现代产业体系基本形成，建成国家重要的能源基地、资源深加工基地、装备制造业基地和战略性新兴产业基地，综合经济实力进一步增强；生态环境恶化趋势得到遏制，基本公共服务能力与东部地区差距明显缩小；人民生活水平和质量大幅提升，基本实现全面建设小康社会奋斗目标。自2000年中共中央、国务院作出实施西部大开发战略的重大决策部署以来，国务院已先后批复实施了“十一五”“十二五”“十三五”3个西部大开发规划，为加强对西部大开发工作的统筹引导发挥了重要作用。

西部大开发战略的深入实施，较好地扭转了东西部地区发展差距不断拉大的趋势，这种把落后地区发展上升到国家战略高度，并通过国家的政策、资金、项目扶持及其他地区政府和企业的共同参与来推动落后地区发展，以缩小区域差距的尝试，是区域发展理论的重大创新。

西部大开发战略实施近20年，完善了西部地区的基础设施，生态环境得到了改善，与东部地区的经济发展差距逐步缩小，西部地区人民的生活水平也有了较大的提高。西部地区的经济建设获得了巨大成就，除在调整产业结构、深化国有企业改革方面取得重大进展外，还重点加强了基础设施建设和生态工程建设。此外，西部地区的特色优势产业不断壮大，能源工业、矿产资源开采及加工业、农牧产品加工业、装备制造业、高技术产业、旅游业六大产业发展势头良好，形成了一批特色优势产业基地及一批在国内外拥有较高知名度和较强竞争力的名优品牌与企业集团。再者，西部地区的高新技术和旅游文化产业也渐成规模，先进适用技术推广和科技成果转化加快，高新技术对经济增长的促进作用不断增强。

实施西部大开发战略以来，西部地区经济社会发展速度明显加快，人民生活水平得到显著提高；基础设施逐步完善，生态环境建设取得积极成果；对外开放水平不断提高，多层次区域合作格局逐步形成；整体经济实力和区域地位得到提升，正逐渐形成一批具有一定竞争力的特色优势产业，为西部地区的进一步发展奠定了良好基础。

二、实施东北振兴战略

东北地区包括黑龙江、吉林、辽宁和内蒙古东部地区，是我国资源禀赋合理、交通设施完善、产业基础雄厚、生态环境优美的地区之一。东北地区的面积为145

万平方千米，总人口为1.2亿[①]。东北地区能源、原材料工业和装备制造业比较发达，是我国重要的石油生产基地、钢铁生产基地和装备制造业基地，在全国占有十分重要的地位。交通经济联系密切、各种要素空间组合较好、发育程度相对成熟，维护国防安全、粮食安全、生态安全、能源安全、产业安全的战略地位十分重要，是中华人民共和国工业的摇篮，为我国形成独立、完整的工业体系和国民经济体系作出了重大贡献。东北地区耕地资源丰富，土地肥沃，是世界三大黑土地地区之一，耕地面积为21.53万平方千米，占全国的16.6%，具有规模化生产的条件，是我国重要的粮食主产区。1978年，东北三省以占全国8.3%的面积，承载了9.1%的人口，创造了14%的GDP。

随着我国向市场经济转型，东北老工业基地的体制性、结构性矛盾日益显现，东北地区经济发展面临着许多困难和问题，学术界一致认为东北患了“萧条病”，社会上称之为“东北现象”。主要原因是：市场化程度低，经济发展活力不足；所有制结构单一，国有经济比重偏高；产业结构调整缓慢，企业设备、技术老化；企业办社会等历史包袱沉重，社会保障和就业压力大；资源型城市产业衰退，接续产业亟待发展。由于体制性、结构性矛盾突出，老工业基地内部有相当一部分国有企业陷入困境，竞争力下降，陷入非常困难的境地。

针对东北地区出现的问题，20世纪90年代，国家有关部门从老工业基地调整改造和资源型城市转型等方面给予了大力支持，并取得了一定成效，但并没有从根本上解决问题。面对经济全球化和我国加入世界贸易组织后日益激烈的国际国内竞争挑战与世界经济结构调整，中央政府改变了过去以国有企业脱困为核心的老工业基地调整改造思路，开始实施东北地区等老工业基地振兴战略。

2002年，党的十六大报告提出支持东北地区等老工业基地加快调整和改造，支持以资源开采为主的城市和地区发展接续产业的方针。2003年3月，《政府工作报告》提出支持东北地区等老工业基地加快调整和改造的思路。2003年10月，《中共中央　国务院关于实施东北地区等老工业基地振兴战略的若干意见》发布，对振兴东北地区等老工业基地作出部署。振兴东北地区等老工业基地，不仅要使这些地区在经济发展方面跟上全国的步伐，而且要解决影响发展的体制性、结构性问

① 由于统计资料的限制，除特别说明外，本章使用的东北地区数据均为东北三省数据。

题，增强内在活力，改善发展环境，实现又快又好发展并最终实现振兴。

2003年12月2日，国务院作出成立振兴东北地区等老工业基地领导小组的决定，并确定下设办公室，具体承担领导小组的日常工作。2004年4月2日，国务院东北振兴办正式成立，并于2007年8月编制完成了《东北地区振兴规划》。规划范围：辽宁省、吉林省、黑龙江省和内蒙古自治区呼伦贝尔市、兴安盟、通辽市、赤峰市和锡林郭勒盟（蒙东地区），土地面积为145万平方千米，总人口为1.2亿。至此，辽宁省从东部沿海地区划入东北地区，吉林省、黑龙江省和蒙东地区从中部地带划出，东北板块正式形成。该规划提出，以改革开放为动力，转变发展观念，增强发展活力；以老工业基地振兴为主线，提高自主创新能力，促进结构调整和优化；经过10～15年的努力，形成具有国际竞争力的装备制造业基地、国家新型原材料和能源保障基地、国家重要商品粮和农牧业生产基地、国家重要的技术研发与创新基地、国家生态安全的重要保障区，实现东北地区的全面振兴。

东北振兴战略实施以来取得了明显成效，经济结构进一步优化，自主创新能力显著提升，对外开放水平有所提高，基础设施条件得到改善，矿区职工的生活居住问题得到根本解决。优势产业不断壮大，并成为主导经济发展的重要支柱，产业结构已向集约化、高级化和精深加工转变。通过联合重组和深化国有企业改革，产业结构趋于合理，生产要素进一步向优势产业集中，企业生产效率普遍提高，市场竞争力有所增强。

在各级政府和东北人民的共同努力下，东北振兴取得阶段性成果，但仍面临经济下行压力持续增大、体制机制的深层次问题进一步显现、经济增长动力不足等问题。为加快东北全面振兴，2016年4月，《中共中央　国务院关于全面振兴东北地区等老工业基地的若干意见》提出，到2030年，“东北地区实现全面振兴，走进全国现代化建设前列，成为全国重要的经济支撑带，具有国际竞争力的先进装备制造业基地和重大技术装备战略基地、国家新型原材料基地、现代农业生产基地和重要技术创新与研发基地”。

三、实施中部地区崛起战略

中部地区包括山西、安徽、江西、河南、湖北和湖南6省，土地面积为103万平方千米，占全国总面积的10.7%；第六次全国人口普查（2010年）统计总人口为35666万，占全国总人口的26.76%。中部地区位于中国内陆腹地，承东启西，连南贯北，交通设施完善，农业发展条件好，孕育了灿烂的华夏文明，是我国区域关联度最强的地区，是全国重要的交通枢纽和物流中心，具有开拓大市场和发展大流通的优越条件。中部地区的矿产资源种类多、储量大，动植物资源丰富，在明清时期就有“湖广熟，天下足”的盛誉，是全国著名的农产品生产基地和重要的能源原材料工业基地，产业基础比较雄厚，具有加快发展的优越条件。但也面临着城镇化水平低、人口就业压力大、“三农”问题突出、历史包袱较重、人才资金技术等要素不断流向东部等问题。

改革开放以来，国家先后实施了东部沿海开放、西部大开发、振兴东北地区等老工业基地等分区域推进的发展战略，使得中部地区成为“政策洼地”。1985年以后，中部地区的经济增长进入相对较慢阶段，并出现增速落后于西部的状况，中部地区的学者将其形容为“中部塌陷”。

2004年1月，中央经济工作会议首先提出了“促进中部崛起”；2005年10月，《中共中央关于制定国民经济和社会发展第十一个五年规划的建议》明确将中部崛起纳入国家区域战略。

2006年4月，《中共中央　国务院关于促进中部地区崛起的若干意见》提出了促进中部地区崛起的多项政策意见，中共中央的战略决策与一系列政策安排对中部崛起发挥了强大的推动作用。2016年12月，国务院批复的《促进中部地区崛起“十三五”规划》提出，“努力把中部地区建设成为全国重要先进制造业中心、全国新型城镇化重点区、全国现代农业发展核心区、全国生态文明建设示范区、全方位开放重要支撑区”。

通过实施中部地区崛起战略，充分发挥综合优势，加快农业产业化、新型工业化和城镇化步伐，促进经济增长方式由数量粗放型向质量效益型转变，由投资带动型向投资、消费、出口协同推进型转变；进一步扩大开放，在结构调整中承接海外和沿海的产业转移，加快区域资源整合与经济合作，统筹经济社会发展，促进城乡二元发展模式向城乡协调发展模式转变；能源、原材料、装备制造业、农业和农产品加工业都获得较快发展，经济和社会增长速度有所加快。但是，中部地区仍面临着诸多制约长远发展的矛盾和问题，应进一步扩大开放，统筹城乡发展和经济社会发展，提高工业化水平和城镇化水平，走出一条全面、协调、可持续发展的新路子。

从2000年开始，我国实施了西部大开发战略；2003年，开始实施东北振兴战略；2005年，开始实施中部崛起战略。加上改革开放之初即开始实施的东部率先发展战略，俗称“四大板块”。有一段时间，曾将四大区域的发展战略概括为区域发展总体战略，事实上，国家对四大区域采取了不同的发展战略，有针对性地出台了不同的区域政策。东部区域主要采取扩大对外开放、招商引资、促进“国际大循环”措施；西部区域主要采取加快基础设施建设、加强生态环境保护、加大支持力度改善民生措施；东北区域主要采取老工业基地国有企业改革、资源型城市加快转型发展接续产业、下岗职工再就业措施；中部区域主要采取支持承接东部沿海地区的产业转移措施，提高工业化和城镇化水平，提高农业发展水平和解决革命老区、粮食主产区的脱贫致富问题。这些战略和政策有力地促进了四大区域经济社会的发展，不同程度缩小了区域之间经济发展的差距，因此，将其概括为区域协调发展战略更为准确和科学。

▶▶▶

| 第四节 |

2017年之后：区域协调发展战略全面实施

为了解决社会主要矛盾中的“不平衡不充分”问题，党的十九大报告将区域协调发展战略提升为七大国家战略[①]之一。党的十九大报告提出：“实施区域协调发展战略。加大力度支持革命老区、民族地区、边疆地区、贫困地区加快发展，强化举措推进西部大开发形成新格局，深化改革加快东北等老工业基地振兴，发挥优势推动中部地区崛起，创新引领率先实现东部地区优化发展，建立更加有效的区域协调发展新机制。”党的十九大报告明确了区域协调发展的内涵，既包括东部率先发展、西部大开发、东北振兴、中部地区崛起四大区域战略，还包括老（革命老区）少（少数民族地区）边（边疆地区）穷（贫困地区）[②]四个特殊类型区。

一、区域协调发展战略的酝酿

区域协调发展战略经历了比较长的酝酿过程。陈栋生很早就提出区域协调发展的观点：区域协调发展是国民经济平稳、健康、高效运行的前提。从当前区域协调发展战略来看，国家和东部地区要对我国中西部地区给予有力的支持，比如在资金、技术、项目、人才等政策方面都应给予重点倾斜。通过东部地区外向经济循环带动中西部内向经济循环，而中西部经济发展之后又能有效促进东部地区经济循

① 党的十九大报告提出，“坚定实施科教兴国战略、人才强国战略、创新驱动发展战略、乡村振兴战略、区域协调发展战略、可持续发展战略、军民融合发展战略”。

② 2021年9月，《“十四五”特殊类型地区振兴发展规划的批复》已用“欠发达地区”取代“贫困地区”。

环，这样最终推动我国区域经济实现协调发展。

2006年，《中华人民共和国国民经济和社会发展第十一个五年规划纲要》提出，坚持实施推进西部大开发，振兴东北地区等老工业基地，促进中部地区崛起，鼓励东部地区率先发展，健全区域协调互动机制，形成合理的区域发展格局；支持革命老区、少数民族地区和边疆地区发展；加大财政转移支付力度和财政性投资力度，支持革命老区、少数民族地区和边疆地区加快发展。

2011年，《中华人民共和国国民经济和社会发展第十二个五年规划纲要》又提出，实施区域发展总体战略，充分发挥不同地区比较优势，促进生产要素合理流动，深化区域合作，推进区域良性互动发展，逐步缩小区域发展差距；推进新一轮西部大开发，全面振兴东北地区等老工业基地，大力促进中部地区崛起，积极支持东部地区率先发展；加大对革命老区、少数民族地区、边疆地区和贫困地区扶持力度，加强基础设施建设，强化生态保护和修复，提高公共服务水平，切实改善老少边穷地区生产生活条件。

《中华人民共和国国民经济和社会发展第十三个五年规划纲要》在“深入实施区域发展总体战略”一章中提出：深入实施西部开发、东北振兴、中部崛起和东部率先的区域发展总体战略，创新区域发展政策，完善区域发展机制，促进区域协调、协同、共同发展，努力缩小区域发展差距。

《中华人民共和国国民经济和社会发展第十四个五年规划和2035年远景目标纲要》用区域协调发展替换了区域发展总体战略，并把区域重大战略与区域协调发展战略相并列。在第九篇中提出：深入实施区域重大战略、区域协调发展战略、主体功能区战略，健全区域协调发展体制机制，构建高质量发展的区域经济布局和国土空间支撑体系。推动西部大开发形成新格局，推动东北振兴取得新突破，开创中部地区崛起新局面，鼓励东部地区加快推进现代化，支持特殊类型地区发展。

二、区域协调发展战略的确立

党的二十大报告在第四部分“加快构建新发展格局，着力推动高质量发展”中提出，高质量发展是全面建设社会主义现代化国家的首要任务，要着力推进城乡融合和区域协调发展，推动经济实现质的有效提升和量的合理增长，并把区域协调发展与区域重大战略相并列。党的二十大报告提出：深入实施区域协调发展战略、区域重大战略、主体功能区战略、新型城镇化战略，优化重大生产力布局，构建优势互补、高质量发展的区域经济布局和国土空间体系；推动西部大开发形成新格局，推动东北全面振兴取得新突破，促进中部地区加快崛起，鼓励东部地区加快推进现代化；支持革命老区、民族地区加快发展，加强边疆地区建设，推进兴边富民、稳边固边。区域协调发展是习近平新时代中国特色社会主义思想的重要组成部分，是贯彻新发展理念、建设现代化经济体系的重要内容，对于促进国民经济持续健康发展、全面建成小康社会和构建现代化区域发展新格局具有重要意义。

国民经济是一个有机整体，在这一有机整体中，各区域之间、各产业之间存在着有机联系和相互依存关系，各区域的发展要保持协调，即各区域发展水平的相对差距应逐渐缩小或至少把区域间差距的扩大幅度控制在一定限度内，保持各区域经济普遍有所增长，不能出现一些区域产生经济衰退的状况，从而保持国民经济、政治、社会秩序的安定。区域协调发展就是以实现人的全面发展为总目标，在遵循客观规律的基础上，通过建立有效的运行机制，使各个区域之间相互协作、相互配合、相互促进，不断朝着理想状态演进的过程。

三、新时代区域协调发展的基本思路

紧密围绕服务高质量发展和社会主义现代化国家建设的目标任务，统筹好发展与安全、发展与保护、发展与合作三大关系，促进要素有序自由流动和高效集聚，增强创新发展动力，构建高质量发展的动力系统，加快形成优势互补、高质量发展的区域经济布局，努力构筑东中西部良性互动、特殊类型地区振兴发展、体制机制完善的区域协调发展新格局。

（一）尊重客观规律

顺应经济和人口集中集聚发展的规律，健全要素有序自由流动的体制机制，推动形成“大分散、小集中”的区域经济布局，促进区域均衡发展。欧美发达国家的经验表明，经济和人口都同时向少数地区集中。如加拿大2/3的人生活在多伦多、蒙特利尔和温哥华，美国东西海岸和五大湖区是美国乃至全球的人口稠密区，西欧经济产出强度远远高于东欧。改革开放以来，特别是伴随着社会主义市场经济体制的建立，中国经济向海、向江（河）、向心（省会）集聚态势非常明显。但受户籍制度改革、行政管理体制改革、农村土地制度改革等相对滞后的影响，人口和经济的集聚并不同步，特别是超大特大城市集聚差距更大，影响更加协调、更加均衡发展。顺应区域发展分化和极化并存的新形势，立足资源环境承载力和国土空间开发适宜性评价，按照构建高质量发展动力系统的要求，推进经济与人口高效协同集聚，改善资源配置方式，激发优势地区和潜力地区发展动力和活力。牢牢把握新发展格局加快形成的趋势，增强京津冀、粤港澳大湾区、长三角等高质量发展动力源地区核心城市的创新策源、资源配置、国际交往、国际消费和文化创意等功能，吸引全球高端人才集聚，强化中国的全球引领力、辐射力、影响力。同时，统筹发展和安全，防范人口过度集聚，推动超大特大城市瘦身健体，持续推进其他地区新型工业化、信息化、城镇化和农业现代化同步发展，增强中心城市、都市圈和城市群综合承载能力，提高中心城市吸纳能力，提升城镇化水平和质量。

（二）发挥比较优势

立足资源禀赋、发挥比较优势、彰显区域主体功能、走差异化发展道路是实现高质量发展的重要途径。改革开放以来，东部地区发挥沿海区位优势，加大改革开放力度，主动参与国际国内循环，充分利用两种资源、两个市场，获得更多发展红利；西部地区发挥资源富集优势，大力发展资源能源产业，稳步缩小与东部地区发展差距；东北地区发挥老工业基地优势，深化体制机制改革，推进区域发展焕发新活力；中部地区发挥能源原材料优势，加快发展特色优势产业，实现快速崛起。但也有部分地区为追求跨越式发展，不顾本地实际条件，盲目发展城镇和工业，造成资源大量浪费。在继续发挥东部、西部、东北、中部四大区域优势的基础上，适当细化区域政策空间单元，补齐短板，缩小差距，分类精准施策，增强政策适应性。鼓励工业和商业发达的地区承载更多产业和人口，提高经济发展效率，发挥价值创造作用；强化林地、水域等生态地区的保护，建立生态产品价值实现机制，创造更多生态产品；加强耕地和农地等农产品主产区的保护，完善耕地和农地保护补偿机制，端稳中国饭碗；增强边疆地区发展能力，吸引人口和经济集聚，促进民族团结和边疆稳定。

（三）强化区域合作

完善区域合作治理机制、增进协同发展共识、汇聚发展合力是推动区域分工合作、高质量协同发展的重要举措。改革开放初期，国家以西南、西北、中南、华东、华北和东北六大经济协作区为基础，推动建立不同水平、各有特点、各自为战、大力协作、农轻重比较协调发展的经济体系。而由于发展水平较低、经济联系不紧密，协作区内部合作非常有限。进入21世纪后，随着西部大开发、东北振兴、中部地区崛起等区域发展战略的实施，区域合作也受到社会各界关注，体制机制不断完善，合作广度、深度稳步向前推进。京津冀、粤港澳大湾区、长三角等战略区合作已从“硬联通”转向“软联通”，长江、黄河在流域协同治理上已有新突破，对口支援、对口帮扶、对口合作等互助机制在推动区域协调发展中扮演的角色越来越重要。不过，也有部分区域（如省际交界地区）合作进展缓慢、合作的广度和深度都不够。瞄准建设全国统一大市场目标，消除歧视性、隐蔽性的区域市场壁垒，加快打破行政垄断，完善区域合作的决策机制、协调机制、推进机制和评估考核机制，强化基础设施、生态环保、基本公共服务等领域制度和标准对接，推动设施共建、产业共兴、市场共拓、生态共保、服务共享、社会共治，在合作中通过市场机制促进分工协作、在合作中实现高质量协同发展。

（四）保障民生底线

坚持以人民为中心的发展思想，高度重视保障和改善民生，积极推进基本公共服务均等化，是促进区域协调发展的基本要求。党的十六届五中全会首次提出“公共服务均等化”后，国家在指导思想、主要目标、重要内容、政策导向、工作要求、规则标准、实施责任等方面均作出具体部署，覆盖城乡居民的基本公共服务体系逐步完善，并开始实施《国家基本公共服务标准》。但由于人口流动快，基本公共服务统筹层次低，碎片化、不均衡等问题比较突出。结合中央和省级政府财权和事权的划分，加快实施养老保险全国统筹，积极推动医疗保险省级统筹，稳步提升基本公共服务统筹层级，夯实人口有序自由流动的基础。顺应广大中西部地区人口外流的趋势，进一步完善综合配套改革，支持农产品主产区、重点生态功能区人口稳步向发达地区转移，支持山区人口向平原转移，支持农村人口向城市转移，同时，调动中心城市、都市圈和城市群吸纳人口的积极性，促进农业转移人口市民化。强化财政转移支付与财政性建设资金同农业转移人口市民化、非户籍人口公共服务供给挂钩政策的激励作用，健全常住地提供基本公共服务制度，明确常住地基本公共服务提供的主体、类型、标准、范围等内容，以统一标准指导和规范常住地基本公共服务的提供。加大中央和省级财政一般性转移支付力度，确保承担粮食安全、生态安全和边疆安全等战略功能的区域基本公共服务均等化。

四、支持老少边欠地区发展

老少边欠地区既存在发展不平衡不充分的普遍问题，也面临一些具体的困难和问题，是区域协调发展战略中需要重点关注的特殊类型地区，应给予特殊政策进行扶持，以更好地体现社会公平和共同富裕目标。国家“十二五”规划纲要明确提出，继续实施扶持革命老区发展的政策措施。贯彻落实扶持少数民族地区发展的政策，大力支持西藏、新疆和其他少数民族地区发展，扶持人口较少民族发展。深入推进“兴边富民”行动，陆地边境地区享有西部开发政策，支持边境贸易和民族特需品发展。

革命老区是指土地革命战争时期和抗日战争时期在中国共产党领导下创建的革命根据地。2012年以来，国务院先后批准了支持赣南等原中央苏区和陕甘宁、左右江、大别山、川陕等革命老区振兴发展的政策文件；2021年印发的《国务院关于新时代支持革命老区振兴发展的意见》将革命老区范围扩大到沂蒙、湘鄂渝黔、太行、海陆丰、琼崖、浙西南、湘赣边等12片区域。革命老区在革命年代为中华人民共和国的建立作出了重大贡献和牺牲，对革命老区进行补偿理所应当，政策力度也比较大。2012年之前，中央政府关于革命老区的支持政策以扶贫为主。2012年之后，国家出台了一系列支持和帮扶革命老区发展的政策。

少数民族地区多数位于边疆和自然条件比较差的地方，特点是区位比较偏僻、自然环境较差，经济发展水平较低、基本公共服务支出的需求缺口较大，靠自身努力很难达到全国平均发展水平。支持少数民族地区的发展，在区域协调发展战略和维护民族团结中具有重要的地位。支持少数民族地区发展的政策主要有：一是财政转移支付。二是设立少数民族发展基金，1998年以前为有偿使用，1998年之后改为无偿使用，并在少数民族发展资金中安排专项资金，用于支持22个人口较少民族的发展。三是设立“民族自治地方改革开放试验区”，如农村改革试验区、开发开放试验区等特殊功能区等，促进少数民族地区对外开放。四是国家支持少数民族地区的基础设施建设和特色产业发展，对民族贸易和民族特需商品定点生产企业实行流动资金贷款优惠利率、技术改造贷款财政贴息和税收减免“三项照顾”政策。

国务院办公厅发布的《兴边富民行动规划（2011—2015年）》确定的边疆地区，包括中国内地9个沿边省（区）的136个陆地边境县（旗、市、市辖区），以及新疆生产建设兵团的58个边境团场。2017年5月，国务院办公厅发布的《兴边富民行动“十三五”规划》把陆地边境县扩大到140个[①]，这些地区在稳疆固边、国防安全中发挥了重要作用。边疆地区土地面积为197万平方千米，占全国国土面积的20.5%；2016年人口为2300多万，约占全国的1.7%。中央政府主要通过实施“兴边富民”行动，对边疆地区给予政策扶持。一是中央和省级财政逐步加大对边疆地区的财政转移支付力度，推进区域间基本公共服务均等化。二是设立“兴边富民”行动专项资金，重点支持基础设施、基本公共服务设施、生态环境保护和人居环境整治、民族文化传承等项目建设。三是鼓励和引导各类金融机构加大对边疆地区的支持力度。四是保障边疆地区国家重点基础设施建设项目用地需要，城乡建设用地增减挂钩指标以及土地整治与高标准农田建设资金分配向边疆地区倾斜。此外，相关部门还制定出台了对口支援政策和促进边境贸易政策。

从1986年开始，中国政府以18个集中连片贫困地区和592个国家级贫困县作为对象，对贫困地区进行重点扶持。2001年，《中国农村扶贫开发纲要（2001—2010年）》将贫困人口集中的中西部少数民族地区、革命老区、边疆地区和特困地区作为扶贫开发的重点，并确定了14.8万个贫困村。2011年，《中国农村扶贫开

① 海南省6个民族自治县比照享受“兴边富民”行动相关政策。

发纲要（2011—2020年）》确定的扶贫对象，是在扶贫标准以下具备劳动能力的农村人口以及11个连片特困地区和已明确实施特殊政策的西藏、四省藏区、新疆南疆四地州，共680个连片特困地区县（简称“片区县”）。2013年，精准扶贫战略实施以来，680个片区县和152个区外重点县，总共832个贫困县成为国家农村扶贫开发的重点对象①，其中主要是建档立卡贫困户。随着2020年脱贫攻坚目标任务的完成，2021年9月公布的《国务院“十四五”特殊类型地区振兴发展规划的批复》已用“欠发达地区”取代“贫困地区”。

五、建设现代化区域发展体系

2018年年初，习近平总书记在中央政治局第三次集体学习时指出，要建设彰显优势、协调联动的区域发展体系，塑造区域协调发展新格局，优化现代化经济体系的空间布局，实施好区域协调发展战略。习近平总书记的讲话为区域发展指明了方向。

现代化区域发展体系，应以实现全国现代化为导向，以区域协调发展为战略指导，统筹东中西部、协调南北方，促进经济要素在更大范围、更高层次、更广空间顺畅流动与合理配置，顺应小城镇、中心城市、大都市、都市圈梯次发展的趋势，构建以城市群、经济带、经济区等为支撑的功能清晰、分工合理、各具特色、协同联动的区域发展新格局。

所谓城市群，就是在特定区域范围内拥有相当数量、不同规模、不同类型的城市，有一个以上超大城市、特大城市或辐射功能强的大城市，每个城市都有一个城市圈，相互耦合而成。目前，我国已经形成长三角、珠三角、京津冀等十几个城市群。城市群的地区生产总值总量已超过全国GDP的80%，是我国经济发展的主要支柱。城市群中的城市比较密集，城市规模比较大，其核心城市的常住人口都超过300万，像上海、北京、深圳的城市常住人口已超过1000万。

城市群的数量不可能很多，城市群向外扩展的速度也不可能很快。有些城市群规划的范围很大，但短期内不一定能够实现。在城市群范围之外，应支持区域性中

① “十四五”时期已改称乡村振兴重点帮扶县。

心城市的发展，改变目前广泛存在的“小马拉大车”的状况，强化中心城市对区域的辐射带动功能，形成带动区域发展的增长极。

在城市之间和城市群之间依托交通干线，聚集了大量经济要素，崛起了大大小小的城市和城镇，被称为经济带。依托重要交通干线和业已形成的经济带，规划发展轴，完善基础设施，吸引经济要素聚集，使其成为纵向横向经济隆起带，提升轴带区域协调发展的能力。当前，我国交通运输方式组合条件好，具有一定发展基础的经济带主要有沿海经济带、长江经济带、陇海–兰新经济带和京广–京哈经济带。新时期，在充分发挥上述经济带辐射带动作用外，还要立足国土空间开发的整体需求，积极培育新的经济带作为统筹东中西部协调南北方的重要手段和工具。

经济区分为多个层次，一般以城市为中心，对周边地区具有一定联系和影响的区域称为经济区。国家层面的经济区应以城市群为核心，发挥城市群对周边区域的辐射力和带动力，形成范围比较大、经济联系比较密切、区域发展差距较小、优势互补的区域。如依托辽中南、哈长城市群，辐射吉林、辽宁、黑龙江和内蒙古东部地区，形成泛东北经济区；依托京津冀、山东半岛城市群，辐射山西、内蒙古中部地区，形成泛渤海经济区；依托长三角城市群、江淮城市群，辐射苏北、浙南、安徽北部、江西东北部地区，形成泛长三角经济区；依托海峡西岸城市群与台北都市圈，辐射粤东北、江西东南部和台湾南部地区，形成海峡经济区；依托珠三角城市群和北部湾城市群，辐射海南、广西和湖南南部地区，形成泛珠三角经济区；依托长江中游城市群、中原城市群、湘东城市群和南昌都市圈，辐射鄂西、湘西、豫西地区，形成中部经济区；依托关中城市群、天山北坡城市群、兰州都市圈、银川都市圈，辐射宁夏、甘肃、青海、新疆南部，形成西北经济区；依托川渝城市群、贵安都市圈、昆明都市圈，形成西南经济区。经济区的范围可根据不同情况进行调整，但只有依托城市群构建经济区，才能将城市群这种形态与更大范围的区域耦合起来。每个经济区内均有经济相对发达的城市群，通过经济轴线与周边地区加强经济联系，实现功能互补，既可以发挥城市群的辐射带动作用，也可以发挥整个经济区对城市群的支撑作用。通过建立优势互补的区域合作机制，能够冲破行政区的藩篱，加强区域合作，继而开展国际次区域合作，使边疆经济得到快速发展，实现我国区域协调发展和现代化目标。

六、构建区域协调发展的体制机制

2018年11月18日，《中共中央　国务院关于建立更加有效的区域协调发展新机制的意见》（简称《意见》）提出，以习近平新时代中国特色社会主义思想为指导，坚持新发展理念，紧扣我国社会主要矛盾变化，按照高质量发展要求，立足发挥各地区比较优势和缩小区域发展差距，围绕努力实现基本公共服务均等化、基础设施通达程度比较均衡、人民基本生活保障水平大体相当的目标，深化改革开放，坚决破除地区之间利益藩篱和政策壁垒，加快形成统筹有力、竞争有序、绿色协调、共享共赢的区域协调发展新机制，促进区域协调发展。

建立更加有效的区域协调发展新机制的基本原则。一是坚持市场主导与政府引导相结合。充分发挥市场在区域协调发展新机制建设中的主导作用，更好发挥政府在区域协调发展方面的引导作用，促进区域协调发展新机制有效有序运行。二是坚持中央统筹与地方负责相结合。加强中央对区域协调发展新机制的顶层设计，明确地方政府的实施主体责任，充分调动地方按照区域协调发展新机制推动本地区协调发展的主动性和积极性。三是坚持区别对待与公平竞争相结合。进一步细化区域政策尺度，针对不同地区实际制定差别化政策，同时更加注重区域一体化发展，维护全国统一市场的公平竞争，防止出现制造政策洼地、地方保护主义等问题。四是坚持继承完善与改革创新相结合。坚持和完善促进区域协调发展行之有效的机制，同时根据新情况新要求不断改革创新，建立更加科学、更加有效的区域协调发展新机制。五是坚持目标导向与问题导向相结合。瞄准实施区域协调发展战略的目标要求，破解区域协调发展机制中存在的突出问题，增强区域发展的协同性、联动性、整体性。

《意见》提出以下机制。一是建立区域战略统筹机制。推动国家重大区域战略融合发展，统筹发达地区和欠发达地区发展，推动陆海统筹发展。二是健全市场一体化发展机制。促进城乡区域间要素自由流动，推动区域市场一体化建设，完善区域交易平台和制度。三是深化区域合作机制。推动区域合作互动，促进流域上下游合作发展，加强省际交界地区合作，积极开展国际区域合作。四是优化区域互助机制。深入实施东西部扶贫协作，深入开展对口支援，创新开展对口协作（合作）。

五是健全区际利益补偿机制。完善多元化横向生态补偿机制，建立粮食主产区与主销区之间利益补偿机制，健全资源输出地与输入地之间利益补偿机制。六是完善基本公共服务均等化机制。提升基本公共服务保障能力，提高基本公共服务统筹层次，推动城乡区域间基本公共服务衔接。七是创新区域政策调控机制。实行差别化的区域政策，建立区域均衡的财政转移支付制度，建立健全区域政策与其他宏观调控政策联动机制。八是健全区域发展保障机制，规范区域规划编制管理，建立区域发展监测评估预警体系，建立健全区域协调发展法律法规体系。

《意见》还强调，坚持和加强党对区域协调发展工作的领导，充分发挥中央与地方区域性协调机制作用，强化地方主体责任，广泛动员全社会力量，共同推动建立更加有效的区域协调发展新机制，为实施区域协调发展战略提供强有力的保障；中央和国家机关有关部门要按照职能分工，研究具体政策措施，协同推动区域协调发展；各省（区、市）要制定相应落实方案，完善相关配套政策，确保区域协调发展新机制顺畅运行。

04
PART

第四章

推动东部地区率先发展

改革开放以来，东部地区一直处于领跑我国经济的前沿地带，是带动全国经济社会发展的重要引擎与先行地区。本章系统梳理了东部地区发展的历史演进和国家支持东部地区率先发展的重要举措，在此基础上，分析了东部地区13个行政单元的基本情况，剖析了改革开放后东部地区率先发展的具体表现，总结了东部地区在产业转型升级、外向型经济发展、优化空间格局、体制机制创新等方面取得的诸多成效。展望未来，东部地区应积极发挥创新要素集聚优势，加快转型发展，建立资源节约、环境友好、可持续发展的绿色经济体系，积极谋划率先发展的新路径，率先实现高质量发展，引领和带动其他地区的发展。

东部地区是我国经济发展的先行区，对全国经济发挥着重要的增长引擎和辐射带动作用。东部地区率先发展是党中央基于我国发展实际和经济内在规律对区域经济布局作出的重要战略部署，也是我国深入进行改革开放伟大事业的重要举措。当前，我国发展进入新时代，经济总量、产业体系、贸易规模等均居世界前列，随着国内要素禀赋和国际经济政治环境的变化，构建统一开放、竞争有序的全国大市场，是构建新发展格局、实现区域经济协调发展的基础。发挥东部地区优势引领全国经济发展、提升产业链现代化水平、重塑大国竞争优势是本章研究的主要内容。本章所讨论的东部地区包括北京市、天津市、河北省、山东省、江苏省、上海市、浙江省、福建省、广东省和海南省共10个省（市），总面积为93.1万平方千米，占全国国土面积的9.7%[①]。

第一节

东部地区率先发展的历史演进

纵观世界发达国家的基本战略，都是充分利用有利条件，推动国际经济技术交流，参与国际竞争与全球价值链构建。东部地区地理条件优越，人口密集，经济基础雄厚，产业结构较为合理，交通、电力等基础设施较为完善，具有很大的发展潜力，一直是我国优先开放发展的地区。经过改革开放后几十年的发展，东部地区形成了许多各具特色的经济发展模式，积累了诸多宝贵经验，创造了大量就业岗位和社会财富，带动了全国的开放发展，为增加国家财政收入、增强综合国力作出了突出贡献。

① 因数据资料有限，本章所讨论的东部地区没有包括我国的香港特别行政区、澳门特别行政区和台湾地区。

一、东部地区率先发展的宏观背景

东部地区地理位置优越，自然资源丰富，港口众多，具有发展现代工业与进出口贸易的优越条件，由此形成的产业与人口集聚给东部地区的经济发展带来了丰富的劳动力资源与消费市场。我国的近代工业化进程便始于东部地区，主要以纺织、食品加工、冶炼、采矿等工业为主，形成了一定的轻工业基础，具备了明显优于我国其他地区的经济基础与发展潜力。

（一）纵观国际：中美关系缓和

新中国成立后，以美国为首的资本主义国家对我国实行经济封锁、政治孤立、军事威胁等政策，拒绝承认新中国政权，在政治上阻挠我国统一，阻挠我国加入联合国。20世纪50年代中后期，中苏矛盾激化，为中美关系的改善提供了契机，同时期，我国先后与亚、非、拉等地区的20多个国家建立了外交关系，大大改善了我国的国际影响力。20世纪60年代末，美国为了与苏联抗衡，开始调整其亚洲战略，不断寻求改善中美关系的途径。1971年，我国恢复了联合国的合法席位，国际地位得到进一步提升。1972年，美国总统尼克松访华，中美两国签署《上海公报》（《中华人民共和国和美利坚合众国联合公报》），标志着中美两国政府经过20多年的对抗终于使中美关系走向缓和，最终于1979年建立了外交关系。随后，我国与英国、荷兰的外交关系升级，又陆续与希腊、日本、德国、澳大利亚等国家建交，我国综合国力和国际地位不断提高。我国加入联合国、中美关系的改善，为我国实行改革开放和经济崛起提供了良好的外部环境。

（二）审视国内：推行改革开放

1978年12月，党的十一届三中全会作出了实行对外开放的重大决策。我国的发展重点转移到经济建设和社会主义现代化建设上来。在邓小平同志“两个大局”的战略思想指导下，中央作出了一系列支持东部地区率先发展的战略部署和决策，按照“外引内联”的方针，引进先进技术，改造传统工业，发展新兴产业，东部地区的产业结构、产品结构经历了调整优化。1988年，国家提出以沿海乡镇企业为主力、“两头在外，大进大出”的沿海地区经济发展战略，强调大力发展外向型经济，积极参加国际交换和竞争，扩大劳动密集型产品的出口。20世纪90年代初期，中共中央作出了“开发上海浦东，带动长江三角洲和整个长江流域地区经济的发展”的重大战略决策，并出台了一系列推进和加快东部沿海地区对外开放的政策，使东部沿海地区出现了新一轮对外开放的高潮。1992年，邓小平同志南方谈话后，国家进一步巩固沿海地区对外开放的成果，在东部沿海地区设立了上海外高桥、天津港、深圳福田等15个保税区，进一步扩大了沿海经济开放区的范围；同时，国家也鼓励东部地区的外资企业到中西部地区再投资，使我国形成了多层次、全方位对外开放的格局。面对经济逆全球化和西方一些国家的挤压，我国坚定地实施改革开放，打开国门、开放市场，以市场换技术，做大做强了一大批企业，促进了产业转型升级，自主创新能力显著提高，经济发展表现出很强的内生性和韧性，保持了长期稳定、健康增长的态势。

（三）聚焦东部：区域发展战略由均衡发展转向非均衡发展

新中国成立后，为改变中西部地区的落后面貌，我国实行了内地优先的区域均衡发展战略，国家在生产力布局上向内地倾斜，投放了大量的资金，安排了大批的重点建设项目，目的是缩小中西部地区与东部地区的发展差距。但是，由于中西部地区的经济基础过于薄弱，加之国际军事威胁和国内政治运动的干扰，其经济建设效率不高，产业结构偏重，以至于到20世纪70年代末，中西部地区的经济发展水平依然落后于东部沿海地区，而且发展潜力与活力匮乏。改革开放后，我国区域发展采取效率导向的非均衡发展战略，国家生产力布局和区域政策由过去强调备战和缩小区域差距逐步转向以提高经济效益为中心，国家的投资布局和发展中心向条件较好的沿海地区倾斜，推行东部沿海地区对外开放和国家投资向优势地区倾斜的区域发展政策，在经济上取得了良好的效果，使国家总体经济水平、经济实力大大提高。东部地区的率先发展体现为经济特区、沿海城市、沿海经济开放区在扩大对外经济技术交流中的作用。在全国基本建设投资的地区分配中，东部地区所占比重由

“五五”时期的42.2%提高到50%以上，沿海与内地基建投资比也呈提高趋势[①]。

（四）新的机遇：中国加入世界贸易组织（WTO）

自1971年我国恢复了联合国的合法席位后，我国修订完善了与贸易、投资和市场准入等相关的法律法规和政策条例，主动接轨世界贸易组织规则，履行入世承诺，推动贸易自由化和投资便利化，知识产权保护和技术标准体系更具国际领先性。经过多年的社会主义市场经济体制建设和入世谈判，我国于2001年12月11日正式加入世界贸易组织，成为第143名成员。加入世界贸易组织后，我国对外开放转向全方位对外开放，也密集出台了关于东部地区发展的战略规划。2001年，我国“十五”规划纲要中明确提出“东部地区要在体制创新、科技创新、对外开放和经济发展中继续走在前列，有条件的地方争取率先基本实现现代化”，这是我国最早关于东部率先的提法。为充分发挥东部地区优势，进入21世纪以来，我国陆续出台了综合配套改革试验区、自由贸易区等战略举措，鼓励沿海地区进行体制机制创新，发挥创新要素集聚优势，加快在创新引领上实现突破，积极融入全球价值链，提高我国在国际市场上的竞争力。2003年以来，国务院先后批准上海外高桥、青岛、大连、宁波、张家港、厦门象屿、深圳盐田港、天津保税区实行区港联动试点。2005年后，国家综合配套改革试验区已发展到12个，位于东部地区的有7个。2006年，我国“十一五”规划进一步明确“东部地区要率先提高自主创新能力，率先实现经济结构优化升级和增长方式转变，率先完善社会主义市场经济体制，在率先发展和改革中带动帮助中西部地区发展”，并指出要推进天津滨海新区开发开放，支持海峡西岸和其他台商投资相对集中地区的经济发展。经济全球化和我国加入WTO的背景，加快了我国经济融入全球经济系统的步伐，形成了一系列新的经济增长点，也使我国区域发展格局发生了新的变化。东部地区承担了全国改革开放先行区和试验田的历史使命，围绕率先实现全面建成小康社会、率先基本实现现代化的目标推进改革开放，切实转变经济增长方式，推进外向型经济发展。

---

① 魏后凯：《中国国家区域政策的调整与展望》，《西南民族大学学报（人文社科版）》2008年第10期。

二、国家支持东部地区率先发展的重要举措

党的十一届三中全会后，国家决定实行对外开放政策，工作重心转向以经济建设为中心，在自力更生的基础上，积极发展同世界各国平等互利的经济合作和技术交流，我国的区域经济发展战略开始由均衡发展向非均衡发展转变。综合考虑区位条件、经济基础与发展潜力，党中央将东部沿海地区作为对外开放的前沿阵地，采取了一系列重要举措予以倾斜支持。

（一）设立经济特区

党的十一届三中全会之前，为汲取国外的先进经验，推动中国现代化建设，国务院先后组织多批团组分别考察了港澳地区和西方一些国家，提出把靠近港澳的广东宝安、珠海两县改为省辖市，建设成为具有相当水平的对外生产基地、加工基地和吸引港澳游客的游览区。党的十一届三中全会后，创办经济特区的设想逐步形成。1979年7月，党中央、国务院决定对广东、福建两省的对外经济活动给予更多的自主权，以充分发挥两省毗邻港澳台的区位优势，扩大对外贸易，加快建设全国的改革开放窗口。1980年，我国相继批准设立了深圳、珠海、厦门、汕头4个经济特区，实行特殊的经济政策和管理体制。广东、福建被率先赋予在对外经济活动中实行“特殊政策、灵活措施”的权力，使得两省的对外经济活动迅速活跃起来，来自全国各地的建设大军前来创业，短短几年时间，特区建设就取得了重要成就。

（二）开放沿海城市

1984年，为了加快对外开放的步伐，国家进一步开放了大连、秦皇岛、天津、烟台、青岛、连云港、南通、上海、宁波、温州、福州、广州、湛江、北海14个沿海城市，这些城市交通便利，具有良好的工业基础，集中了众多优秀的技术人才和经营管理人才，积累了比较丰富的对外贸易经验，是我国经济比较发达的地区。沿海开放城市是经济特区的延伸，其在对外经济活动中实行经济特区的某些特殊政策，如放宽利用外资建设项目的审批权限、对中外合资（合作）经营及外商独资企业给予优惠待遇等。进一步提升这些城市的对外开放水平，目的是进一步开展

我国对外经济合作与贸易往来，通过大力发展外向型经济，引进外资、技术和管理经验，推动我国新产品、新产业、新技术的开发创造，提高我国产品在国际市场的份额及竞争力，对于带动全国科技进步、创新发展、加速社会主义现代化建设产生了举足轻重的作用。

（三）设立经济开放区

随着改革开放的深化，1984年年底，国务院先后批复，同意在湛江、广州两个开放城市兴办经济技术开发区。1985年年初，中共中央、国务院决定把长江三角洲、珠江三角洲和闽南厦（门）漳（州）泉（州）三角地区开辟为沿海经济开放区，3个沿海经济开放区按出口贸易的需要发展加工工业，形成“贸—工—农”的生产结构，这是我国实施对内搞活经济、对外实行开放的又一重要举措。1988年3月，国务院进一步扩大了沿海经济开放区的范围，把辽东半岛、山东半岛、环渤海地区的一些市、县和沿海开放城市的所辖县列为沿海经济开放区。1992年，国务院批准将韶关、河源、梅州3市列入沿海经济开放区，又决定对5个长江沿岸城市，东北、西南和西北地区13个边境市（县），11个内陆地区省会城市实行沿海开放城市的政策，目的是推动内地发展，加快内陆省（区、市）对外开放的步伐，缩小东西发展差距。至此，我国初步形成了多层次、全方位、宽领域的对外开放新局面。

（四）“苏南模式”“温州模式”和“珠江模式”

对外开放的不断扩大，为进一步拓展我国同世界各国的经济技术合作、加快我国经济发展创造了更好的条件。20世纪80年代末，东部沿海地区涌现出一批乡镇企业、民营企业、三资企业，形成了极具活力的“苏南模式”“温州模式”和“珠江模式”。

“苏南模式”通过乡镇企业的发展开启工业化进程。在改革开放初期，江苏以乡镇政府为主导，集中土地、资本、劳动力等生产要素，高效快速推动乡镇企业发展。在20世纪90年代末期，及时将乡镇企业改制为民营企业、股份合作制企业，通过产权制度改革及时化解了政企不分、企业活力减弱等困境，政府完全撤出对乡镇企业的直接支配权。此外，江苏依托工业园区建设，积极开展招商引资，利用外资充分发展外向型经济，以开发区建设带动城市扩容增量。

“温州模式”体现了浙江民营经济的活力特征。改革开放前，浙江的微观经济主体主要是家庭工商业，随着经济发展和市场竞争的加剧，地方政府积极推进股份合作制改造和对外贸易制度创新，降低对自营进出口权的审批门槛，发展出口导向的民营经济，在“一镇一品”的基础上推动建立了一批专业化市场，如义乌小商品市场、海宁皮革城等已发展成为国际知名的专业化市场。地方政府通过保护市场机制、发挥企业家精神、推动制度改革创新保障了浙江经济蓬勃发展。

“珠江模式”具有引进外资和发展外向型经济的典型特征。珠三角地区借助毗邻香港、澳门的区位优势，通过“三来一补”[①]吸引外商直接投资，大力发展乡镇企业，形成了“前店后厂”的开放型发展格局。珠江两岸的东莞、中山、南海、顺德凭借这种外向型发展模式迅速崛起，被称为“广东四小虎”。珠江东侧以东莞为代表，与香港形成“前店后厂”的关系，成为承接香港制造业外溢的主要基地，主要发展来料加工的劳动密集型产业；珠江西侧北侧以中山、顺德、南海为代表，通过引进国外先进技术促进当地改革，走集约发展的路子，对外商投资的工业用地、税收、佣金等出台了诸多优惠政策，民营经济空前活跃，成为我国重要的制造业基地。

（五）浦东新区

1990年4月，中共中央、国务院决定开发开放浦东新区，实行经济特区优惠政策，提出了“开发浦东，振兴上海，服务全国，面向世界”的方针。1992年10月，国务院批准撤销川沙县建制，将其与黄浦、南市、杨浦3个区的浦东部分及原上海县的三林乡合并为浦东新区。浦东开发开放界定的区域是黄浦江以东、长江口西南、川杨河以北的范围，总面积定位于350平方千米。1993年1月，成立浦东新区管理委员会[②]。2009年4月，国务院批准撤销南汇区，将其行政区划并入浦东新区，合并后的浦东新区面积为1210.4平方千米。

---

① “三来”指“来料加工”“来件装配”和“来样加工”，“一补”指“补偿贸易”。

② 《上海人民政府志》编纂委员会编《上海人民政府志》，上海社会科学院出版社，2004。

浦东新区设立的出发点是为了疏解浦西地区要素成本不断提高、交通拥挤、住房紧张、发展空间不足等问题。在实施开发开放战略中，浦东新区率先探索了资本、土地、劳动力、技术等要素市场化配置的体制机制，发展服务业和制造业，在核心功能区建立了全国第一个金融贸易区、出口加工区以及全国第一家证券交易所、期货交易所，吸引了众多外资金融机构及中外合资的零售企业、物流企业等。2001年我国加入WTO后，浦东新区进一步参与全球经济竞争，深度融入国际分工体系，不断加快制造业升级，特别是借助张江科技园区和平台，引进并发展电子信息、汽车产业、成套设备、新能源、生物医药等先进制造业。2005年6月，国务院批准浦东新区在全国率先开展综合配套改革试点。经过30多年的发展，浦东新区从过去以农业为主的区域变成了一座功能集聚、要素齐全、设施先进的现代化新城，地区生产总值从1990年的60.24亿元增长到2021年的15353亿元，以占上海市1/5的面积、1/4的人口，贡献了1/3的GDP，不仅推动了上海的经济发展，也带动了长江三角洲和长江流域的发展与开放。

（六）天津滨海新区

2006年5月，国务院发布《国务院关于推进天津滨海新区开发开放有关问题的意见》，批准天津滨海新区为全国综合配套改革试验区，先行先试一些重大的改革开放措施，同时设立天津东疆保税港区。天津滨海新区位于天津东部沿海，背靠京津，面向东北亚，是欧亚大陆桥东部的主要起点，行政区划面积为2270平方千米，海岸线长153千米。2007年，党的十七大报告提出，要“更好发挥经济特区、上海浦东新区、天津滨海新区在改革开放和自主创新中的重要作用”。2009年11月，天津滨海新区管理体制改革启动。国务院批复同意天津市调整部分行政区划，撤销天津市塘沽区、汉沽区、大港区，设立天津市滨海新区。作为我国北方对外开放门户，天津滨海新区的开发开放，既有利于提升京津冀及环渤海地区的国际竞争力，又有利于区域协调发展，形成南北方优势互补、共同发展的区域协调发展格局。

（七）自由贸易试验区

从20世纪80年代开始，我国为了适应制造业和货物贸易发展的需要，推动对外开放，先后设立了保税区、出口加工区、保税物流园区、跨境工业区、保税港区、综合保税区6种形态的海关特殊监管区域[①]。从1990年我国设立第一个保税区起，到2013年8月我国整合上海外高桥保税区、外高桥保税物流园区、洋山保税港区和浦东机场综合保税区，设立了第一个自由贸易试验区。2013年后，我国自由贸易试验区的发展逐渐转向满足服务业和服务贸易发展的需要。截至2021年12月底，国务院陆续批复成立6批自由贸易试验区，数量增至21个[②]，基本形成了覆盖东中西部的对外开放新格局。我国自由贸易试验区的设立强调以制度创新为核心，目的是降低国际贸易成本、优化营商环境、促进投资便利化。作为推动我国高水平对外开放的核心试验田，自由贸易试验区的建设不仅承担起了推进全面深化改革和探索制度型的重大历史使命，也肩负起了连接国内国外双循环的关键枢纽作用。

（八）海南自由贸易港

早在1984年，邓小平同志在视察深圳、珠海、厦门经济特区后，就提出了发展海南岛的设想。1988年4月，第七届全国人民代表大会第一次会议正式批准设立海南省，划定海南岛为经济特区。从此，海南岛进入了深化改革、扩大开放的历史新阶段。经过30多年的不懈努力，海南岛已从一个边陲海岛发展成为我国改革开放的重要窗口，地区生产总值、人均生产总值、地方财政收入快速增长，交通、通信等基础设施日益完善，国际交流合作扩大，人民生活质量显著提升。2018年4月10日，习近平总书记在博鳌亚洲论坛2018年年会开幕式上发表主旨演讲，提出“探索建设中国特色自由贸易港”；4月13日，习近平总书记在庆祝海南建省办经济特区30周年大会上郑重宣布，党中央决定支持海南全岛建设自由贸易试验区，支持海南逐步探索、稳步推进中国特色自由贸易港建设，分步骤、分阶段建立自由贸易港政策和制度体系。2020年6月1日，中共中央、国务院印发《海南自由贸易港建

---

① 崔卫杰：《自贸区高质量发展的多维度思考》，《开放导报》2022年第2期。

② 自由贸易试验区分别设立在上海、广东、天津、福建、辽宁、浙江、河南、湖北、重庆、四川、陕西、海南、山东、江苏、广西、河北、云南、黑龙江、北京、湖南、安徽。

设总体方案》。发挥海南岛全岛试点的整体优势，紧紧围绕建设全面深化改革开放试验区、国家生态文明试验区、国际旅游消费中心和国家重大战略服务保障区，实行更加积极主动的开放战略，加快构建开放型经济新体制，推动形成全面开放新格局，把海南打造成为我国面向太平洋和印度洋的重要对外开放门户。

（九）山东半岛蓝色经济区

随着沿海地区珠江流域、长江流域、环渤海地区的快速发展，黄河流域也迫切需要一个便捷的出海通道，同时更要注重经济发展与生态环境保护的协调发展。2009年4月，胡锦涛总书记在山东考察时提出发展海洋经济、打造山东半岛蓝色经济区的设想；2011年1月，国务院批复《山东半岛蓝色经济区发展规划》，规划主体区范围包括山东全部海域和青岛、烟台、威海、潍坊、东营、日照6市及滨州的无棣、沾化2个沿海县所属陆域，海域面积达15.95万平方千米，陆域面积达6.4万平方千米。这一国家战略的提出，标志着我国区域发展从陆域经济延伸到海洋经济，通过合理利用海洋资源，构建现代海洋产业体系，提升海洋科技自主创新能力，推进陆海统筹，改善海陆生态环境，不断完善海洋经济对外开放格局。山东半岛蓝色经济区成为国家海洋发展战略和区域协调发展战略的重要组成部分，大力发展海洋经济，加快建设山东半岛蓝色经济区，有利于拓展经济发展新空间，形成新的经济增长极，完善我国沿海整体经济布局，对于维护国家战略安全、提高海洋经济国际合作水平、深化东部沿海地区对外开放具有重要意义。

（十）海峡西岸经济区

海峡西岸经济区的设想可追溯至20世纪80年代提出的“闽南金三角”①，作为改革开放的前沿阵地，福建是我国东部极具活力的区域之一，闽南金三角也是台商在大陆投资最为密集的区域。2004年，福建省政府提出海峡西岸经济区的战略构想；2009年5月，国务院出台《国务院关于支持福建省加快建设海峡西岸经济区的若干意见》；2011年3月，国务院正式批准《海峡西岸经济区发展规划》，指出要将海峡西岸建设成为科学发展之区、改革开放之区、文明祥和之区、生态优美

① 闽南金三角包括中国福建省东南南部沿海的泉州、厦门、漳州3个设区市及所辖县（区）。

之区。海峡西岸经济区东与台湾地区一水相隔，北承长江三角洲，南接珠江三角洲，是我国沿海经济带的重要组成部分。推进海峡西岸经济区建设，对于完善沿海地区经济布局、加强两岸交流合作、推进祖国和平统一具有重要的经济意义和政治意义。

三、东部地区基本情况

东部地区位于我国沿海，是我国改革开放的先行区，创造了诸多经济发展模式，也创造了大量就业岗位和社会财富，有力地带动了全国的开放改革，为增加国家财政收入、增强综合国力作出了突出贡献。东部地区包括北京市、天津市、上海市、河北省、山东省、江苏省、浙江省、福建省、广东省、海南省、台湾地区、香港特别行政区和澳门特别行政区共13个行政单元。

（一）区域范围

东部地区位于东亚大陆东缘，太平洋西岸，包括我国东部沿海地区以及我国东部、南部的渤海、黄海、东海和南海等海域。随着我国国家战略及经济发展格局的演变，东部地区的区域范围也有相应调整。从新中国成立初期的沿海与内地两分法，到“七五”时期的“三大地带”划分，东部地区的范围包括北京市、天津市、上海市、辽宁省、河北省、山东省、江苏省、浙江省、福建省、广东省、广西壮族自治区、海南省、台湾地区和香港特别行政区、澳门特别行政区共15个行政单元。凭借港口、产业和对外开放的先发优势，东部地区成为承接全球制造业的桥头堡，是国家率先发展的地区。进入21世纪，我国政府相继制定了西部大开发、东北振兴和中部崛起战略，在区域层面形成了东部、中部、西部和东北四大板块，辽宁省与广西壮族自治区虽地处沿海，但分别被划入东北地区和西部地区。

（二）自然地理特征与资源分布

东部地区位于东亚大陆东侧、太平洋西岸，地理区位优越，地形地貌以平缓的平原和丘陵为主，海陆兼备，气候湿润，具有发展农业、现代工业和进出口贸易的绝对优势，也适宜人口和产业聚集。从自然资源情况看，东部地区土地资源相对有限，尤其是耕地资源，人均耕地资源面积低于全国平均水平。从矿产和能源资源来看，东部地区的矿产资源数量与种类差异较大，能源储量也十分有限，煤炭、石油和天然气储量分别仅为全国的6%、23%和2%，且空间分布上北多南少，能源供应主要依靠外部输入，对北煤南运、西气东输的依赖性较大。因此，东部地区的工业布局呈现出北方工业基地多以钢铁和石油化工等重工业为主，长三角、珠三角以加工制造业为主的特征。相较于其他地区，东部地区最大的特点是拥有丰富的海洋资源，种类繁多、储量巨大，这也为东部沿海经济持续稳定发展提供了更广阔的空间。

（三）经济社会发展水平

长期以来，东部地区凭借改革开放的先行优势，利用得天独厚的沿海区位条件，发展成为我国最具经济活力的地区，在我国区域经济发展格局中占据主导地位。改革开放后，我国经济实现快速增长，全国GDP从1978年的0.37万亿元增至1999年的9.06万亿元，其中东部地区从0.15万亿元增至4.64万亿元，占全国的比重从40.5%增至51.2%，远超中西部地区，实现了东部地区率先发展的战略目标。产业结构（三次产业占比）也从1978年的23.3∶56.8∶19.9转变为1999年的12.6∶48.7∶38.7，第一产业明显下降，第三产业明显上升，产业结构不断优化升级。

2021年，东部地区10省（市）共创造地区生产总值59.2万亿元，占全国总量的51.5%（图4-1），人均地区生产总值达104620元，是全国平均水平的1.29倍。广东是东部地区生产总值最高的省份，2021年地区生产总值达12.4万亿元，其次为江苏和山东，地区生产总值分别为11.6万亿元和8.3万亿元；人均地区生产总值最高的地区是北京，河北和海南的人均地区生产总值较低，不及全国8.1万元的平均水平。从地区生产总值构成来看，东部地区各省（市）基本步入服务主导型经济阶段，第三产业增加值所占份额最高，其中北京和上海两市的第三产业占比最高，分别达81.7%和73.3%。从经济增速的变化看，自2015年起，北京、上海等地的地区生产总值增长率已下降至7%以下。

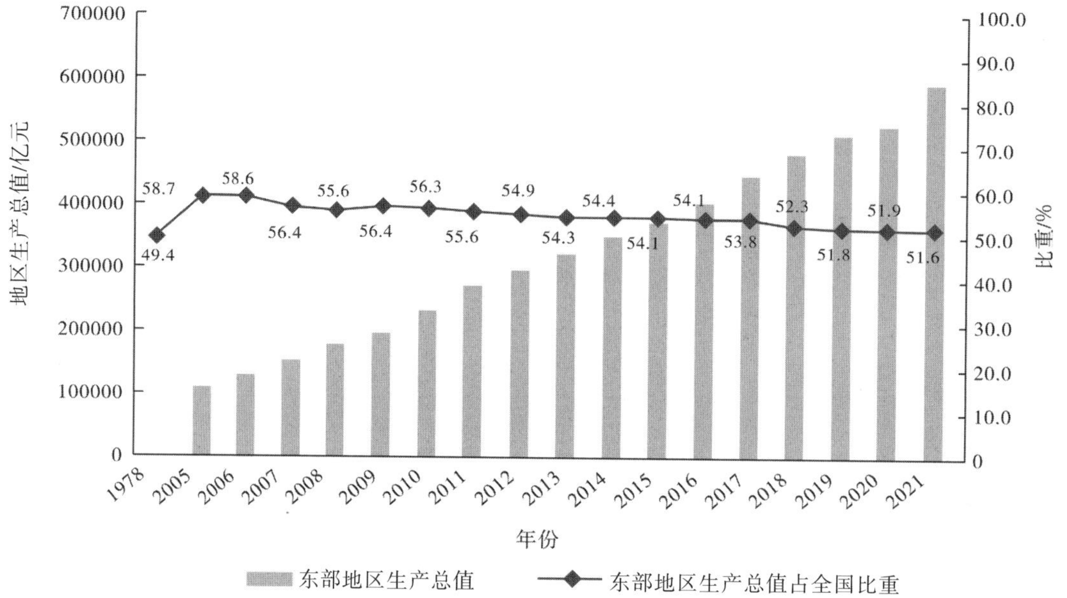

图4-1　1978—2021年东部地区生产总值和全国GDP对比

数据来源：根据1978—2022年《中国统计年鉴》整理。

从人口规模来看，2021年东部地区常住人口为5.66亿，占全国总人口的40%，主要分布在北京、上海、广州、深圳等超（特）大城市（图4-2）。人口的密集分布和快速增长给东部地区经济发展带来了丰富的劳动力资源和消费市场，但过重的人口负担也造成了资源紧张、交通拥堵等问题。在人口分布与流动方面，东部地区仍然是主要的人口迁入地区，但近年来北京、上海、广州等一线城市对人口的吸引力逐渐弱化，人口迁移呈现出向南京、杭州、苏州等城市流动的特征。此外，根据全国人口普查资料，东部地区人口的文化素质水平较中西部地区更高，特别是北京、天津、上海等教育资源丰富的大城市，成为国内外人才的主要集聚地，人力资本的不均衡分布也对区域发展分化产生了一定影响。

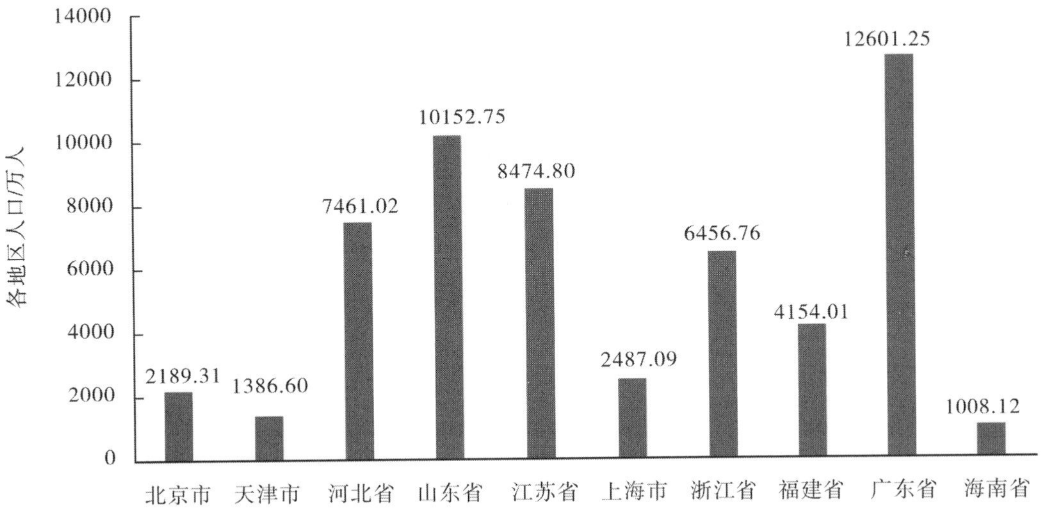

图4-2　东部地区各省（市）第七次人口普查情况

数据来源：第七次全国人口普查公报（第三号）——地区人口情况。

东部地区城镇化水平总体较高，但存在地区差异。2021年，东部地区城镇化平均水平达到71.4%，比同期全国64.7%的平均水平高近7个百分点。区域内各省（市）的城镇化水平均有所上升，城镇化水平最高的是上海，其次分别为北京和天津，这3市的城镇化水平均已超过80%，广东省、江苏省、浙江省的城镇化水平也已达70%以上，而山东省、河北省、海南省的城镇化水平仍低于全国，河北省和海南省也是东部地区经济较不发达的省份（图4-3）。

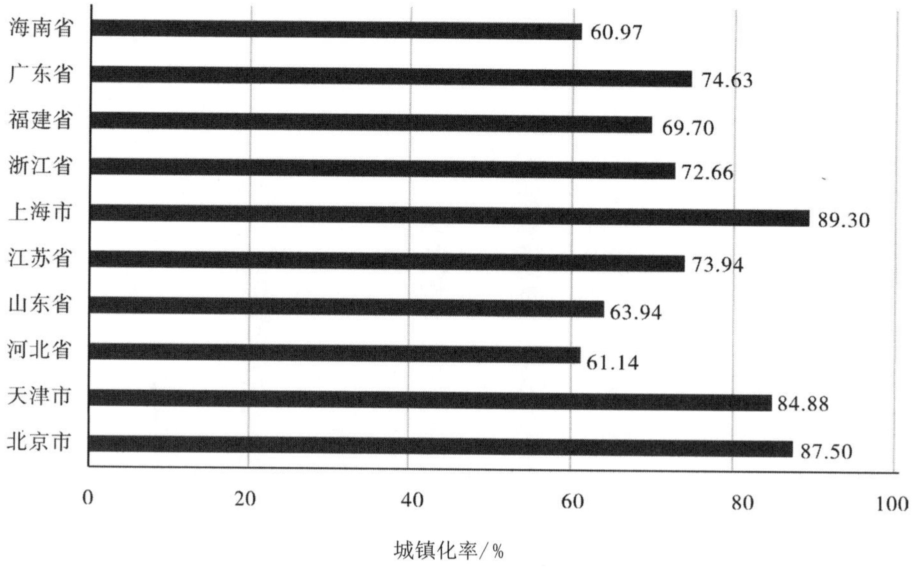

图4-3　2021年东部地区各省（市）城镇化水平

数据来源：根据《中国统计年鉴2022》整理。

东部地区是我国参与国际经济最早的区域。作为我国对外开放的首批受益者，东部地区率先引入大量的国际投资、先进的生产技术和管理经验，形成拉动地区经济快速增长的外部动力，同时，东部地区也是我国利用外资和参与国际贸易的主要区域。2021年，东部地区进出口总额为31.04万亿元，占全国的79.4%，比同期中部、西部地区高8.2倍，广东省、江苏省、浙江省、上海市和北京市在东部的份额相对较高，北京、上海、广州、深圳是利用外资的主要地区。从国际贸易相关指标看，东部地区的进出口总额占全国的比例已接近80%，意味着东部地区发展与国际经济密不可分，但也在一定程度上面临着外贸依存度较高、贸易摩擦、资源环境约束趋紧等挑战（图4-4）。

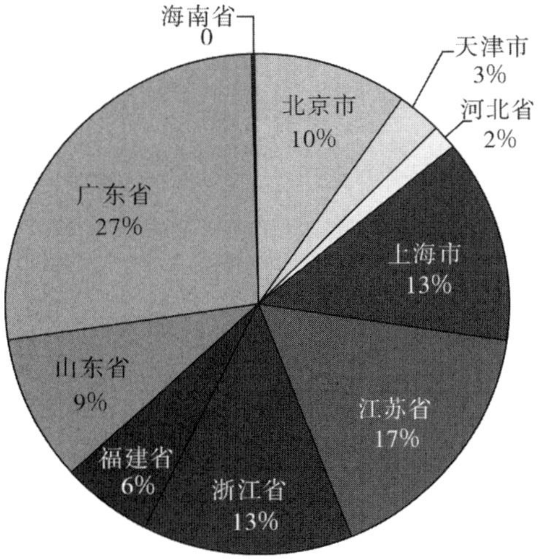

图4-4　2021年东部地区各省（市）进出口总额分布

数据来源：根据《中国统计年鉴2022》整理。

在基础设施与公共服务方面，东部地区具有良好的交通区位条件，拥有较发达的内河运输和多层次交通网络。首先，东部地区地势平坦，河流众多，内河航道宽阔且多与出海口相连，构成了联通内外的水运通道；其次，东部地区具有较发达的公路和铁路网络，高速公路、高速铁路覆盖面广，城际交通也比较发达，这缩短了城市间的时间距离，降低了运输成本，有效连接了东部地区与中西部地区，也加速了城市群一体化和都市圈同城化进程。公共服务方面，东部地区的医疗、教育、文化发展水平较其他地区更高，高等教育的普及性更广。根据联合国开发计划署2022年发布的《人类发展报告》，2022年我国人类发展指数为0.761，居世界第85位，整体处在高人类发展指数阶段。我国东部地区人类发展指数平均达到0.81，已经进入极高人类发展指数阶段，其中北京市、天津市、上海市、江苏省、浙江省、广东省等地均在0.8以上。相应地，劳动力素质整体较高，在2020年的就业人员中，拥有高中（含中专）及以上和大学（大专及以上）及以上学历的就业人员平均占比分别为52%和33%，均比全国平均水平高出10个百分点（表4-1）。

表4-1　我国东部地区各省（市）各类受教育程度人数（2020年）

单位：人/10万人

省（市）	大学（大专及以上）	高中（含中专）
北京市	41980	17593
天津市	26940	17719
河北省	12418	13861
上海市	33872	19020
江苏省	18663	16191
浙江省	16990	14555
福建省	14148	14212
山东省	14384	14334
广东省	15699	18224
海南省	13919	15561

数据来源：第七次全国人口普查公报（第六号）——人口受教育情况。

（四）东部地区各省（市）概况

2021年，东部地区10省（市）以全国9.7%的国土面积承载了40%的全国人口，创造了超过50%的国内生产总值。受港澳台地区数据资料所限，以下对10省（市）基本情况进行说明（表4-2）。

表4-2　东部地区基本经济指标（2021年）

	面积/万平方千米	地区生产总值/亿元	人口/万人	城镇化水平/%	产业结构	人均地区生产总值/元
北京市	1.64	40269.6	2189	87.50	0.3：18.0：81.7	183980
天津市	1.20	15695.0	1373	84.88	1.4：37.3：61.3	113732
河北省	18.88	40391.3	7448	61.14	10.0：40.5：49.5	54172
山东省	15.58	83095.9	10170	63.94	7.3：39.9：52.8	81727
江苏省	10.72	116364.2	8505	73.94	4.1：44.5：51.4	137039
上海市	0.63	43214.9	2489	89.30	0.2：26.5：73.3	173630
浙江省	10.55	73515.8	6540	72.66	3.0：42.4：54.6	113032
福建省	12.40	48810.4	4187	69.70	5.9：46.8：47.2	116939
广东省	17.97	124369.7	12684	74.63	4.0：40.4：55.6	98285
海南省	3.54	6475.2	1020	60.97	19.4：19.1：61.5	63707
东部地区	93.11	592202.0	56605	71.38	4.5：39.1：56.4	1136243
东部地区占全国比重	9.7%	51.5%	40.1%	1.1倍	—	1.29倍

数据来源：根据《中国统计年鉴2022》整理。

1. 北京市

北京市是我国的政治中心、文化中心，地处我国北部、华北平原北部，东与天津市毗连，其余均与河北省相邻。截至2020年，北京市下辖16个区，总面积为16410.54平方千米。2021年，北京市常住人口为2188.6万，城镇化水平为87.50%。2021年，北京市地区生产总值为40269.6亿元，产业结构为0.3：18.0：81.7，人均地区生产总值为18.4万元，地方财政收入为8707.1亿元。北京市经济活力指数贡献度最大的是新经济增加值，其次是高新技术产业增加值。北京市高度重视发展高新技术产业和战略性新兴产业，大力培育壮大新业态、新模式，产业整体水平得到提升，北京经济活力攀升。

2. 天津市

天津市是直辖市，地处我国华北地区、华北平原东北部、海河流域下游，东临渤海，北依燕山，西靠首都北京市，其余均与河北省相邻。天津市总面积为11966.45平方千米。截至2021年，天津市常住人口为1373万，其中城市常住人口为1165万，乡村常住人口为208万，城镇化水平为84.88%。2021年，天津市实现地区生产总值15695亿元，产业结构为1.4：37.3：61.3，人均地区生产总值为11.4万元，地方财政收入为3609.4亿元。天津市工业具有比较优势，可依托京津人才优势，搭建跨区域的人才合作交流平台和人才市场信息网络，以此来完成产业转型。同时，京津冀协同发展进一步扫除了影响京津冀三地发展与合作的制度障碍。

3. 河北省

河北省位于我国华北地区，环抱首都北京市，东与天津市毗连并紧傍渤海，东南部、南部衔山东省、河南省，西倚太行山与山西省为邻，西北部、北部与内蒙古自治区交界，东北部与辽宁省接壤，总面积为18.88万平方千米。河北省下辖11个地级市，共有49个市辖区、21个县级市、91个县、6个自治县。截至2021年年末，河北省常住人口为7448万，城镇化水平为61.14%，地区生产总值为40391.3亿元，人均地区生产总值为5.4万元，产业结构为10.0：40.5：49.5，地方财政收入合计7021.3亿元。河北省工业占比较高，增速低，产品结构偏“重”，在目前经济转型期的背景下，对经济支撑作用较弱。经济增长动力由工业向服务业转变、投资向消费转变、传统服务业向现代服务业转变，新旧动能转换成效明显。为解决教育、科技等要素投入欠缺，依靠技术创新带动经济增长方式转变的动力不足等问题，河北省加大科技、教育等要素投入，从人才、创新上入手，带动新一轮经济增长。

4. 山东省

山东省位于我国北部沿海地区，自北而南与河北省、河南省、安徽省、江苏省接壤，全省陆域面积为15.58万平方千米。2021年，山东省常住人口为10169.99万，比上年增加了17.24万人，城镇化水平为63.94%。山东省是我国经济实力较强的省份之一，也是发展较快的省份。2021年，山东省地区生产总值为83095.9亿元，人均地区生产总值为8.2万元，产业结构为7.3：39.9：52.8，地方财政收入为15453.5亿元。山东省区位优势突出，自然资源优势明显，海洋科研实力雄厚、实体经济基础扎实。依托良好的经济基础和先天优势，山东省经济取得了快速发展，然而与先进省份相比，在一些方面还存在问题和差距，破除体制制约和行政壁垒，正是山东省发展的巨大潜力。

5. 江苏省

江苏省位于东部沿海地区，与上海市、浙江省、安徽省、山东省接壤，土地面积为10.72万平方千米。2021年，江苏省常住人口为8505.4万，城镇化水平为73.94%，地区生产总值为116364.2亿元，人均地区生产总值为13.7万元，产业结构为4.1：44.5：51.4，地方财政收入为23995.7亿元。自20世纪90年代开始，江苏省通过体制创新形成了以乡镇企业为主要发展动力的“苏南模式”，在经济全球化的背景下，大规模利用外资和外贸出口，形成了投入推动和投资拉动的开放型发展模式。近年来，江苏省积极推进创新型省份建设，促进产业结构优化升级，经济发展方式转变取得了积极成效。

6. 上海市

上海市位于我国东部沿海地区，是长江三角洲的一部分，也是我国国际经济、金融、贸易、航运、科技创新中心。截至2021年，全市下辖16个区，土地面积为6340.5平方千米，常住人口为2489.43万，城镇化水平为89.30%。2021年，上海市实现地区生产总值43214.9亿元，人均地区生产总值为17.4万元，产业结构为0.2∶26.5∶73.3，地方财政收入为11715.9亿元。“十四五”时期是上海市“五个中心（国际经济、金融、贸易、航运和科技创新中心）”功能进一步提升和巩固的重要时期，使上海市高科技产业获得新的发展机遇，高新技术产业比重将逐渐提高，有效抵冲传统工业增速的回落。

7. 浙江省

浙江省位于我国东部沿海地区，南接福建省，西与安徽省、江西省相连，北与上海市、江苏省、安徽省接壤，土地面积为10.55万平方千米。2021年年末，浙江省常住人口为6540万，城镇化水平为72.66%，地区生产总值为73515.8亿元，人均地区生产总值为11.3万元，产业结构为3.0∶42.4∶54.6，地方财政收入为20034.9亿元。浙江省以轻纺、服装为代表的传统产业和劳动密集型制造业相对发达，这类产业在工业化、城镇化前期具有较强的产业竞争优势。当经济发展进入工业化、城镇化中后期，重化工业在地区生产总值中的比重迅速扩大，高技术产业、战略性新兴产业和生产性服务业快速成长，逐渐成为推动经济增长与经济发展方式转变的主要产业载体。

8. 福建省

福建省位于我国东南沿海地区，东北与浙江省毗邻，西北与江西省接界，西南与广东省相连，东南隔台湾海峡与台湾省相望，陆地面积为12.4万平方千米。2021年，福建省常住人口为4187万，城镇化水平为69.70%，地区生产总值为48810.4亿元，人均地区生产总值为11.7万元，产业结构为5.9∶46.8∶47.2，地方财政收入为6837.9亿元。福建省经济增长平稳发展，企业效益不断提升，产业结构稳定，经济增速从高速增长向中高速增长转变，经济结构从中低端迈向中高端，发展方式从规模速度型转向质量效益型。近年来，随着“一带一路”的深入实施，福建省与“一带一路”沿线国家的交往日益频密，贸易发展加快。

9. 广东省

广东省位于我国东南沿海地区，与香港特别行政区、澳门特别行政区、广西壮族自治区、湖南省、江西省及福建省接壤，与海南省隔海相望，全省陆地面积为17.97万平方千米。广东省下辖21个地级市、65个市辖区、20个县级市、34个县、3个自治县。截至2021年，广东省常住人口为12684万，城镇化水平为74.63%，地区生产总值为124369.7亿元，人均地区生产总值为9.8万元，产业结构为4.0：40.4：55.6，地方财政收入为22921.8亿元。改革开放后，广东省引进、借鉴发达国家或地区的技术、体制和经验，以较小的风险、较低的成本和较快的速度实现发展的跨越。但是，以外向型经济为主导的广东省经济已经形成了相对固化的发展模式，新发展格局为广东省经济实现高质量和跨越式发展带来新机遇。

10. 海南省

海南省是我国的经济特区、自由贸易试验区，地处我国南海地区，北以琼州海峡与广东省划界，西临北部湾与广西壮族自治区、越南相对，东濒南海与台湾省对望，东南和南部在南海与菲律宾、文莱、马来西亚为邻。海南省陆地总面积为3.54万平方千米，岛屿面积为3.39万平方千米，海域面积约200万平方千米，是我国最大的“热带宝地”，海岸线总长1823千米，管辖海域总面积约200万平方千米，是全国最大的海洋省。截至2021年，海南省常住人口为1020.5万，城镇化水平为60.97%，地区生产总值为6475.2亿元，人均地区生产总值为6.4万元，产业结构为19.4：19.1：61.5，地方财政收入为1319.8亿元。随着全面深化改革开放的推进以及国家政策的不断支持，海南省经济的发展态势不断向好。海南自由贸易港的优惠政策，叠加特有的优势资源禀赋，为海南省经济发展创造了有利条件。但海南省经济基础薄弱、创新能力不强等不利因素，也在一定程度上制约其经济的发展壮大。海南省须扬长避短，明确经济发展方向，着力优化产业结构，大力提升营商环境，注重人才培养和技术创新，推动经济取得跨越式可持续发展。

第二节

推动东部地区率先发展的过程

随着改革开放后经济发展战略和体制的转轨，国家从多方面采取措施积极支持东部地区率先发展。东部地区充分利用了国内外两种资源、两个市场，在更大空间、更广领域内优化配置资源，进一步拓宽了经济发展和布局空间，形成了更具活力、更加开放的体制机制，有力地带动了中西部地区发展，也使我国形成了“沿海经济特区—沿海开放城市—沿海经济开发区—沿江沿边开放城市—内陆经济特区”逐步推进的梯次格局。

一、经济特区先行先试

创办经济特区是启动我国对外开放的重要举措，也是为加速社会主义现代化建设而作出的重大决策。1978年，我国开始探索以“出口特区”为突破口启动沿海地区的对外开放。1979年，国务院决定在深圳、珠海试办出口特区，又于1980年将“出口特区”更名为“经济特区”，同年批准在深圳、珠海、汕头和厦门设立经济特区，以此为起点，沿海地区逐渐对外开放。1988年，海南经济特区的设立成为我国新一轮改革开放的重要标志，而随着1990年上海浦东开发开放，我国经济特区的模式不断丰富，成为我国利用境外资金、技术、人才的重要窗口，也成为我国推动工业化、城镇化和现代化进程的重要形式。

国家赋予经济特区在总体规划、经济合同、外资建设项目审批等方面比内地更加宽松的自主权，“建设资金来源以吸收外资为主，经济形式以中外合资、中外合作、外商独资经营为主，产品以外销为主，经济运行以市场调节为主”。经济特区的经济结构复杂，以外资为主的多种经济成分并存，实行特殊的经济政策和管理体制，尤其是对在经济特区内投资的外商给予了大幅度的优惠政策和待遇。如给予外商一定的税收优惠，外资企业3年免税，2年减半征税，外商投资企业所得税平均税率仅为15%，远低于内地33%的所得税平均税率[①]；在企业经营管理方面，完全由外商自主选择决定；在土地使用方面，深圳特区允许外商合法取得土地使用权，土地使用年限因行业、项目、资金收回时间的长短和盈利难易而异。

经济特区的设立率先在传统计划体制的边缘打开了一个缺口，在经济体制改革上走在了全国前列。建设初期，我国的经济特区加快“七通一平”基础设施建设，积极改善投资环境，发展“三来一补”经济业务，并重视政策红利与法规、监管的脱钩问题，充分利用自身的区位优势和国家给予的优惠政策实现了经济的快速增长。经过40多年的实践，我国的经济特区充分发挥了试点作用，彰显了强大的经济活力，既推动了我国经济体制改革顺畅地走上了市场化的改革轨道，也促进了东部地区率先发展，加快了我国对外开放的步伐，成为我国社会主义现代化建设的开路先锋。

二、沿海城市率先开放

为了更好地引进外资、扩大出口和开展对外技术交流，1984年5月，国家决定开放大连、上海、天津、秦皇岛、烟台、青岛、连云港、南通、宁波、温州、福州、广州、湛江和北海14个沿海城市，之后又决定开放海南岛。这是我国实行对外开放政策以来采取的又一个重大举措。国家对14个沿海开放城市的主要支持政策如下。（1）扩大这些城市开展对外经济活动的自主权，放宽利用外资、引进技术和建设项目的审批权。（2）对外商在这些地区投资实行优惠政策。投资在3000万美元以上的项目或属技术密集型企业，征收所得税可按15%的税率；国外投资所需物资可予免税；对技术先进、国内短缺的商品，允许一定的比例内销；为前来洽谈业务的外商提供出入境方便等。（3）在有条件的城市，可划出一定区域开办经济技

① 聂华林、马红翰：《中国区域经济格局与发展战略》，中国社会科学出版社，2009。

术开发区，在此区内可以实行更为优惠的政策，以吸引我国急需的先进技术，特别是技术密集型和知识密集型项目和新兴工业项目；鼓励设立“三资”企业和中外合作科研机构等。海南岛开放以后，国家同样赋予了其在对外经济合作方面较大的自主权。

1985年2月，中共中央、国务院决定把长江三角洲、珠江三角洲和闽南三角地区[①]开辟为沿海经济开放区，表明了我国实施对内搞活经济、对外实行开放的又一重要步骤。1992年，国务院批准将广东省的韶关、河源、梅州3市列入沿海经济开放区，将大亚湾、南沙两地区开辟为经济开发区，推动珠江三角洲经济开放区形成多层次、多类型、多功能的对外开放格局。1993年，国家又将福建省的三明、南平、龙岩、福安、福鼎5县（市）以及辽宁省的营口市和山东省的东营市（不包括所辖县）列入沿海经济开放区。至此，五大沿海经济开放区形成了一条沿海开放带，陆地面积为41.7万平方千米，占全国总面积的4.4%；涉及人口约2.1亿，占全国总人口的20.0%。

这些沿海开放城市交通便利、经济发达，既有优越的开放条件，又有广阔的腹地支撑，吸引了众多外商前往考察洽谈，使这些城市和地区的对外经济技术交流合作关系得到迅速发展。国家在经济特区和沿海经济开放区实行了一系列优惠政策，对于我国进一步吸引外资、引入先进技术和管理经验起到了巨大的推动作用，通过促进这些区域的经济快速发展，达到带动落后区域经济发展和推动全国经济发展的目的[②]。

三、推进经济体制改革

经济体制改革的核心问题是处理好政府与市场的关系。制度经济学认为，国家和市场是紧密联系的，制度与规则既可以引导市场行为，也可以促进或抑制经济增长，政府与市场的良性动态互动是推动经济增长的关键驱动力。改革开放后，为

① 长江三角洲包括上海市和江苏省、浙江省的部分地区。珠江三角洲包括广州、佛山、江门、深圳、珠海5个城市及周围的城镇及农村。闽南三角地区包括厦门、漳州、泉州3个城市及周围的城镇和农村。

② 聂华林、马红翰：《中国区域经济格局与发展战略》，中国社会科学出版社，2009。

改善计划经济时期要素流动受阻、国内市场分割、生产效率低下等问题，我国经济体制由行政计划方式向社会主义市场经济转轨过渡，东部沿海地区在财税、投资、外贸、金融等领域得到了更多关于体制机制创新的鼓励措施与优惠政策。从经济特区、沿海开放城市到自由贸易试验区、先行示范区建设，东部地区一直是制度创新的先行者，通过实践，生动诠释了中国渐进式改革逻辑和制度变迁道路。

（一）深化价格体制改革

推进价格体制改革，深化生产要素和资源价格形成机制，从制度上更好发挥市场在资源配置中的基础性作用。改革开放后，经济特区和沿海开放城市率先开放部分产品市场，实行自由购销，让市场价格自动调节供求关系，打破了我国长期以来商品由政府指令性定价的束缚。如广州市从改革水产品市场价格入手，带动蔬菜、生猪等其他农副产品价格放开，1980年开始逐步放开百货、五金等小商品价格，至1985年彻底取消了指令性计划；深圳经济特区建立伊始，面对大规模城市建设对生活、建筑物资的大量需求与此前资源短缺时期实行政府调拨、统一定价的计划供给体制的尖锐矛盾，利用市场机制积极发展商品市场，逐步建立起了完善的价格体系①；随着市场体系不断发育和发展，东部沿海地区形成了一批大型商业企业集团，便利店、购物中心、专业性超市等现代化商业业态迅速发展，流通市场秩序更加规范。在放开物价的同时，也在流通、外贸领域推进了一系列经济体制改革与政策创新。1979年，国家准许广东、福建两省在对外经济方面实行特殊政策和灵活措施，扩大其在对外经济工作中的自主权。两省可自主制订关于生产、基建、财政、外贸、技术改造、商品流转、科技、文教卫生等方面的计划，通过这些灵活政策的实施，广东和福建两省的生产力发展迅速，对外经济工作局面进一步打开，人民生活水平大幅提高。

（二）发展民营经济

改革开放伊始，东部沿海地区便率先推进所有制改革，大力发展非公有制经济、混合所有制经济，积极引进“三资”企业，鼓励民营企业发展，构建起多元化

① 付莹：《深圳重大改革创新史略（1979～2015）》，社会科学文献出版社，2017。

的所有制格局，以“苏南模式”“温州模式”和“珠江模式”为典型代表。外资经济、私营经济、个体经济在推进社会主义市场经济发展中发挥了积极作用，有力促进了东部沿海地区快速发展。

20世纪80年代初期，深圳率先在全国建立市场经济的基本体系和运行机制，提出建设资金以引进外资为主、经济成分以发展外资企业为主、经济运行以市场调节为主、产品销售以外销为主的“四个为主”模式，通过特区建设、土地制度改革、劳动制度改革、审批权限下放等制度创新，使广东在经济社会制度上始终率先突破，成为我国市场发育程度较高、经济实力较强、现代化发展较快的地区。1979—1990年，广州全市个体工商户增加了近18倍，私营企业数目从无到有，至1990年已有2905户，投资人数达5708人，雇工人数达32755人[①]。从“三来一补”为主要形式的外向型传统产业起步，珠三角地区迄今已形成了以传统制造业为基础、高新技术产业蓬勃发展、战略性新兴产业日益崛起的开放型产业体系，产品销往中国香港、日本、韩国及欧美等发达国家和地区。

（三）有效市场与有为政府相结合

中国的发展历程表明，强大的政府是发展中国家经济起飞的重要推动力，然而进入工业化阶段后，是否还需要强势政府引导经济增长成为学术界十分关注的问题。东部地区的成功实践表明，市场与政府的关系更侧重于如何完善二者的互补作用。一是转轨时期在关键领域推行体制机制改革，如广东率先实行外汇收入和财政定额包干，在物价、劳动工资、企业管理和对外经济活动等方面扩大地方管理权限，江苏通过体制改革推动产业结构转型，上海率先进行服务业增值税征收试点等；二是由“全能型”政府向“服务型”政府转变，如浙江、广东等都通过产权制度改革、股份制改造、完善基础设施维护市场主体的合法权益和公平竞争，增强经济发展的内在动力；三是政府目标由经济增速向共同富裕转变，近年来东部沿海地区加大力度招才引智，推动文化发展繁荣，缩小收入分配差距、区域发展差距。通过一系列的经济制度改革，东部地区率先确立了比较完善的社会主义市场经济体

① 刘江华：《改革开放以来广州经济体制改革的基本历程与经验》，《城市观察》2018年第4期。

制，为中国经济转型提供了实践基础与理论依据。

四、构筑高质量发展动力源

（一）以综合性改革试验区为载体构建开放格局

从改革开放初期设立经济特区、沿海开放城市，到20世纪80年代后的经济技术开发区、高新技术开发区、海关特殊监管区（出口加工区）、综合配套改革试验区等经济改革试验区的建设，再到2013年开始设立自由贸易试验区，东部沿海地区率先开展综合型改革试点，一直是我国改革创新的试验田。这些综合性改革试验区凭借土地、税收、人才引进等优惠政策，通过一系列上下连贯的集成式制度创新，带动形成产业集聚效应和本地市场效应，为国家全面深化改革和扩大开放探索新途径积累新经验。

为了推广和放大经济特区的成功经验，国务院于1984年批准大连建立第一个国家级经济技术开发区；到1988年，大连、秦皇岛、宁波、青岛、烟台、湛江、广州、天津、南通、连云港、福州、上海12个沿海港口城市建立了14个国家级经济技术开发区，同年，国家在北京中关村设立了第一个国家高新技术产业开发区；1992年，国务院先后批准了温州、昆山、营口、威海、融侨、东山6个经济技术开发区；1994年又新批准建设了苏州工业园区和北京经济技术开发区。1999年，全国共有国家级开发区32个，全部在沿海地区。此外，为促进高新技术产品的出口，2000年4月，国务院批准大连、天津、北京、烟台、威海、昆山、苏州工业园区、上海松江、杭州、厦门（杏林）、深圳、广州等15个地区作为第一批出口加工区试点；2005年，为进一步促进和加快沿海地区的外向型经济发展，国务院先后批准设立上海洋山、天津东疆、大连大窑湾、洋浦、宁波梅山、钦州、厦门海沧、青岛前湾、深圳前海湾、广州南沙、烟台、福州等14个保税港区，享受出口加工区相关的税收和外汇管理政策；2013年，中国（上海）自由贸易试验区成立，涵盖上海市外高桥保税区、外高桥保税物流园区、洋山保税港区和上海浦东机场综合保税区4个海关特殊监管区域，面积达30平方千米。2015年，我国在广东、天津、福建设立了第二批自由贸易试验区，之后又相继在浙江、海南、江苏、河北、山东、北京批准设立自由贸易试验区。截至2021年年末，在我国已批准设立的21个自由贸易试验区中，有10个位于东部地区。

（二）以都市圈、城市群为主体形成经济增长引擎

都市圈、城市群都是城镇化水平进入高级阶段所出现的空间形态。都市圈是以超大、特大城市或辐射带动功能强的大城市为中心，以1小时通勤圈为基本范围的区域空间形态①。城市群是在都市圈的基础上进一步发展演化的，以1个以上都市圈和城市群相互耦合，包含不同等级规模的城市，城市间联系密切。都市圈与城市群的发展演进伴随着功能和空间结构的动态变化，各城市依托交通、通信等基础设施网络紧密联系、相互作用，形成一体化水平较高的城市集合体。

"十三五"以来，我国相继出台了《京津冀协同发展规划纲要》《国家发展改革委关于培育发展现代化都市圈的指导意见》《长江三角洲区域一体化发展规划纲要》《粤港澳大湾区发展规划纲要》等政策，都市圈、城市群在新型城镇化、区域协调发展等国家战略中的战略地位不断巩固提升。党的十九大报告提出"以城市群为主体构建大中小城市和小城镇协调发展的城镇格局"。目前，我国已形成了多个不同等级和规模的城市群，这些城市群的城镇化水平普遍较高，经济总量较大，各城市间联系密切，已成为我国经济高质量发展的重要空间载体。

从空间分布来看，发展成熟的都市圈、城市群主要分布于东部沿海地带，在我国"十三五"规划的19个城市群中，位于东部地区的有5个，分别是以上海、南京、杭州都市圈耦合而成的长三角城市群，以广州、深圳都市圈耦合而成的珠三角城市群，以北京、天津、石家庄都市圈耦合而成的京津冀城市群，以济南、青岛都市圈耦合而成的山东半岛城市群，以福州、厦门都市圈耦合而成的海峡西岸城市群。这些都市圈、城市群发育较为成熟，内生发展动力较强，外向型经济活跃，不仅提升了东部地区的开放水平和国际竞争力，也是引领全国经济高质量发展的重要引擎。

---

① 参见《国家发展改革委关于培育发展现代化都市圈的指导意见》（发改规划〔2019〕328号）。

▶▶▶

| 第三节 |

东部地区率先发展的成效

改革开放以来，东部地区一直处于领跑我国经济的前沿地带，是带动全国经济社会发展的重要引擎与先行地区，在产业转型升级、外向型经济发展、优化空间格局、体制机制创新等方面取得了诸多成效，为增强国家综合实力、缩小与发达国家经济差距作出了重要贡献。

一、东部地区率先发展的重要成就

新中国成立以来，东部地区一直是我国最主要的经济区域。20世纪80年代，我国各地区都保持了较高的发展速度，其中东部地区无论是经济总量还是增长速度不仅高于全国总体水平，而且处于全国领先地位，有力地带动全国经济的发展，也让我国在国际上拥有更大的话语权和影响力。

（一）经济高速发展

从经济总量来看，1978年东部地区创造地区生产总值1514.4亿元，占全国的41.7%，20年后，东部地区生产总值总量占全国的比重已超过50%。随着我国对外开放步伐的加快，东部地区的发展优势更加明显，2006年的地区生产总值占到了全国的55.8%。2021年东部地区创造了地区生产总值59.2万亿元，占全国总量的51.8%（图4-5）。从经济增速来看，东部地区的经济增速长期保持高于全国水平，“八五”计划期间（1991—1995年）经济增速最快。随着区域协调发展战略的推进，中西部地区的经济增长加速，但是东部地区对全国经济增长的拉动作用非常关键，可见东部地区对于全国经济总量的增长具有举足轻重的地位。

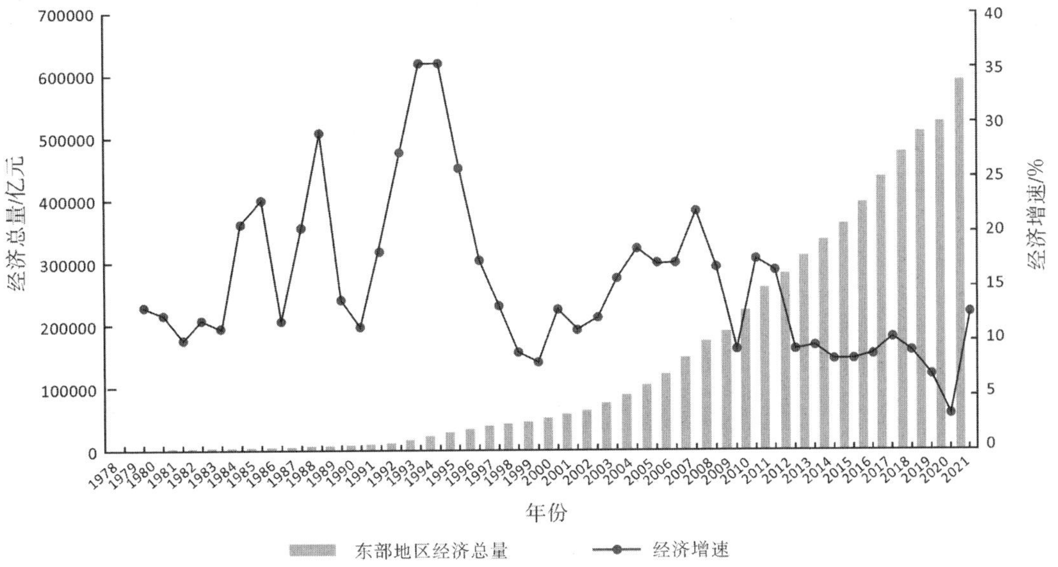

图4-5　1978—2021年东部地区经济总量及经济增速

数据来源：根据历年《中国统计年鉴》整理。

分省来看，东部地区各省（市）均实现经济持续稳定增长。2021年，广东、江苏、山东和浙江的地区生产总值在全国处于领先地位，其中，广东和江苏地区生产总值已达到10万亿元以上，广东连续32年位居全国第一。此外，东部10省（市）财政收入也实现了稳健增长，2020年我国财政收入排名前6的省（市）依次为广东、江苏、浙江、上海、山东、北京，其中广东完成一般公共预算收入12922亿元，增长2.1%，总量连续30年稳居全国第一。

几十年来，东部地区经济的高速发展带动了更多的就业机会和丰富的生活资源，促进了经济、文化和社会等方面的繁荣，改善了东部城市及周边地区居民的生活水平。人均可支配收入持续稳定增长，且收入水平明显高于东北地区、中部地区和西部地区。

（二）城市规模扩大

经过改革开放后40多年的发展，东部地区城镇化进程逐步加速，城市规模不断扩大，形成了北京、天津、上海、广州、深圳等具有国际影响力的特大、超大城市以及杭州、苏州、南京、青岛、宁波、厦门等一批大城市。2021年，东部地区的城镇化水平为71.38%，比全国同期高出近7个百分点。

2021年，常住人口在1000万以上的超大城市共7个，其中位于东部地区的有5个，常住人口在500万～1000万的特大城市有14个，东部地区占50%，常住人口在100万～500万的大城市有42个。近年来，广州都市圈、杭州都市圈、上海都市圈、深圳都市圈的人口年均净流入超过20万，珠三角、长三角城市群人口年均净流入超过60万。城市经济的繁荣对我国经济快速增长和转型升级发挥了重要作用：一方面，作为推进贸易和工业化的重要载体，城市的产业发展创造了大量的就业机会，吸引了大批农村居民到城市就业和生活，提升了城乡居民的人均收入水平；另一方面，随着大城市和中小城市的迅速发展，都市圈、城市群成为城镇化的主体形态，进一步辐射带动了更大范围的经济发展。我国最早出现的京津冀、长三角、珠三角三大城市群正是东部地区经济高度发达、城镇化水平较高的地区。

（三）形成五大城市群

东部地区已形成五大城市群，分别是京津冀城市群、长三角城市群、粤港澳大湾区城市群、山东半岛城市群和海峡西岸城市群。五大城市群的经济发展水平与人口规模都位居全国前列，成为带动我国经济高质量发展和高水平对外开放的重要引擎。

1. 京津冀城市群

京津冀城市群是引领我国北方地区发展的重要载体，范围包括北京、天津两个直辖市和河北11个地级市及其下属的城镇，区域面积为21.8万平方千米。2014年，习近平总书记提出京津冀协同发展。2015年，《京津冀协同发展规划纲要》经中共中央政治局批准，京津冀协同发展正式上升为国家区域重大战略。以有序疏解北京非首都功能为重中之重，在交通、生态、产业3个重点领域实现率先突破。2021年，京津冀城市群总人口为1.1亿，实现地区生产总值9.6万亿元，以2.3%的国土面积，承载了7.8%的全国人口，创造了8.5%的经济总量。经过多年的发展，京津冀已经形成良好的产业合作基础，区域协同发展成效显著。未来应加快优化京津冀空间格局，缩小河北各市与京津的发展差距，促进北京、天津形成优势突出、功能互补、错位发展的格局，不断提升中小城市功能，促进北京、天津、石家庄三大都市圈耦合发展，进一步提高京津冀一体化水平，推动京津冀高质量发展，推进京津冀世界级城市群建设。

2.长三角城市群

长江三角洲是我国发展水平最高、市场化程度最高、最有国际竞争力的地区，区域一体化水平已取得显著成效。根据2016年发布的《长江三角洲城市群发展规划》，长三角城市群包括上海、江苏、浙江和安徽共26市，区域面积为35.8万平方千米，在沿海三大城市群中面积最大。2021年，长三角城市群总人口为2.4亿，占全国总人口的16.7%，创造地区生产总值27.6亿元，占全国的比重约为24.3%。2019年，国务院印发《长江三角洲区域一体化发展规划纲要》，提出长三角地区作为全国发展强劲活跃增长极、全国高质量发展样板区、率先基本实现现代化建设引领区、区域一体化发展示范区、新时代改革开放新高地的功能定位。长三角区域协作机制不断健全，政策体系不断完善，基础设施互联互通水平不断提升，协同开放水平显著提升，但是区域内部发展不平衡不充分问题依然突出，产业发展的协同性有待提升，要通过加强合作、强化对接、做大中心等举措，推动大中小城市与小城镇形成分工协作和功能互补的有机整体，提高区域一体化水平。

3.粤港澳大湾区城市群

粤港澳大湾区城市群是我国对外联系和经济开放的窗口，国际贸易与综合服务功能较强，包括香港、澳门、广州、深圳、珠海、佛山、江门、肇庆、惠州、东莞、中山，土地面积为5.6万平方千米，占广东省国土面积的14%。2021年创造地区生产总值14万亿元，占全国的13%，常住人口为8669.2万，人均地区生产总值达165655.2元，是全国平均水平的2倍。粤港澳大湾区城市群原称珠三角城市群，早在2009年1月，国务院批复的《珠江三角洲地区改革发展规划纲要（2008—2020

年）》就提出，“推进与港澳紧密合作、融合发展，共同打造亚太地区最具活力和国际竞争力的城市群”。2015年，国家发展和改革委员会、外交部、商务部联合发布的《推动共建丝绸之路经济带和21世纪海上丝绸之路的愿景与行动》提出，“充分发挥深圳前海、广州南沙、珠海横琴、福建平潭等开放合作区作用，深化与港澳台合作，打造粤港澳大湾区”。2017年，国家发展和改革委员会与粤港澳三地政府签署了《深化粤港澳合作 推进大湾区建设框架协议》；2019年，中共中央、国务院印发《粤港澳大湾区发展规划纲要》，明确粤港澳大湾区要建成充满活力的世界级城市群、国际科技创新中心、“一带一路”建设的重要支撑、内地与港澳深度合作示范区。国家大力“支持港澳在泛珠三角区域合作中发挥重要作用，推动粤港澳大湾区和跨省区重大合作平台建设”，推动广州、深圳携手港澳共同打造粤港澳大湾区，建设世界级城市群。

4. 山东半岛城市群

山东半岛城市群地处我国环渤海区域，北邻京津冀，南接长三角，是我国沿海经济带的重要组成部分，也是我国参与东北亚区域合作的前沿阵地。山东半岛城市群以济南、青岛为核心，范围涵盖山东省所有下辖市，区域面积为15.6万平方千米，2021年总人口超1亿，创造地区生产总值8.3万亿元。山东半岛城市群拥有丰富的自然资源和文化资源，城镇密集，港口集中，制造业基础雄厚，水陆空交通便捷，经济发展十分活跃。2022年1月，山东省政府印发《山东半岛城市群发展规划（2021—2035年）》，提出要把山东半岛城市群打造成为服务和融入新发展格局引领区、全国重要的经济增长极、黄河流域生态文明建设先行区、文化“两创”新标杆、改善民生共同富裕典范，到2025年创新自强实现新跨越，形成一批具有全球影响力的产业集群，到2035年实现较高水平的社会主义现代化，济南、青岛进入现代化国际大都市行列，共同富裕取得更为明显的实质性进展，跻身世界级城市群行列。

5. 海峡西岸城市群

海峡西岸城市群东与台湾地区一水相隔，北承长三角，南接珠三角，是我国东部沿海经济带的重要组成部分，在全国区域经济发展布局中处于重要位置，范围包括福州、厦门、莆田、泉州、漳州、宁德6市，区域面积为5.5万平方千米，2021年常住人口为3399万，人均地区生产总值为11.9万元，为全国平均水平的1.5倍。在福建省海峡西岸经济区中居主体地位，具有对台交往的独特优势，既是开展对台合作的基地，又可在合作中加快发展。福建应加强与台湾地区在经济、文化、社会等领域的交流与合作，加快建设海峡经济区，进一步整合两岸经济，促进海峡两岸紧密联系、互利共赢，实现和平统一。

（四）外向型经济发展良好

作为我国利用外资和参与国际经济的主要区域，东部地区多年来实施外向型和开放型区域经济发展战略，力求建立更高水平的开放型经济体系，在更高层次上参与国际竞争与合作。自20世纪90年代以来，大量国际资本进入我国，使我国利用外资水平大幅提升，“九五”计划期间，我国实际利用外资总额为2898亿美元，是“七五”计划期间的6.3倍和“八五”计划期间的1.8倍。这部分资金主要投放于东部沿海地区，很大程度上影响了我国产业布局和区域发展的格局。2000年，我国已成为世界第七大贸易国。2000—2021年，东部地区进出口额占GDP的比重由96.4%下降为52.4%，然而与中部地区、西部地区和东北地区相比，东部地区的进出口额占GDP的比重远大于其他三个区域，这表明对外贸易对东部地区经济增长的重要性远大于其他地区。在参与国际经济竞争的过程中，东部地区的产业结构也在发生调整优化。最初，纺织、服装、轻工等劳动密集型产业和家电、五金、化工等资源密集型产业是东部地区参与国际竞争的优势产业，这些产业为我国的社会主义经济建设积累了大量资金，为经济崛起与高速增长作出了重要贡献。在科技要素与高科技产业主导的世界产业结构调整的趋势下，东部沿海地区的对外开放政策吸引了大量的外商直接投资，建立了众多的跨国公司、外商独资企业和合资企业，本地企业创新意识不断提高，传统产业逐步向高端制造、科技创新、研发设计等更高附加值领域转型。

（五）体制机制创新取得显著成效

体制机制创新是促进区域经济发展的根本动力，即通过创造新的或改革旧的管理体系、政策制度推进生产力发展和技术创新①。我国改革开放以来的实践表明，开放程度较高的东部地区体制转换和创新较快，促进经济发展的成效也较显著。东部沿海地区一直是我国体制机制创新的先锋地带，对外开放水平较高，科学技术、教育文化水平较为先进，对新观念、新思想的接受能力较强。各级政府提出了大量的改革创新政策，为企业的发展和创新创造了有利的环境和条件，使资本、技术、劳动力等生产要素流向效益较高的领域和地区，提高了资源要素的使用效率。一方面，新体制提供了技术进步机制，使全要素生产率提高；另一方面，新体制创造了新的微观组织形式，形成了多种所有制形式并存的企业组织形态，提高了资源的产出效率，工业总产值中非公有制企业的贡献不断上升，也是促进东部地区经济高速发展的重要原因。相比之下，中西部地区改革开放的深度、广度和体制机制创新程度都与东部沿海地区形成明显反差。

二、东部地区发展面临的挑战

经过40多年的快速发展，我国东部地区出现了生产成本不断上升、经济下行压力加大、资源环境制约突出、省际省内区域分化等问题。这些问题如果不能得到及时有效解决，将严重削弱东部地区在经济发展、劳动就业、外贸出口、财政税收等方面对全国的支撑作用。

（一）要素成本不断上升

改革开放后，东部地区经济持续快速增长了20多年，由于长期以来高强度的开发建设，土地、劳动力等要素成本不断上升，以加工贸易、劳动密集型和资源密集型为主体的产业增长动能开始衰减。进入21世纪以后，随着我国先后启动西部大开发、振兴东北老工业基地和中部地区崛起等区域发展战略，工业发展的优惠政策

① 肖金成：《城镇化与区域协调发展》，经济科学出版社，2014。

逐步向中西部地区和东北地区倾斜，而长三角、珠三角等经济发达地区的土地和用工成本大幅上涨，企业的经营成本不断攀升。自2010年以来，东部地区经济增长持续下滑，经济下行压力趋大，从2015年起，北京、上海等地的地区生产总值增速已降至7%以下，区域内部的经济发展也呈现扁平化趋势。

（二）资源环境约束趋紧

世界各国现代化的发展历程表明，工业化、城镇化、现代化的进程总是伴随着内陆地区人口向沿海地区迁移。我国是典型的内陆国家，海岸线短，陆地国土面积广阔，适宜工业化和城镇化开发的用地只有28万平方千米，仅占全国陆地国土面积的3%①，人均占有沿海资源也远低于世界发达国家，因此沿海城市就承载了更多的人口与经济活动。

经过改革开放之后40多年的高度开发，东部地区城市密集、工业集聚度高、人口密度较大，土地资源严重透支，可以利用的增量部分更是十分有限，近年来环境污染问题越发严峻，资源环境的刚性约束日益趋紧。例如，上海市各类建设用地面积占陆域国土面积的47%，深圳市超过50%，长三角地区人均耕地面积只有0.043公顷，多数市（县）的人均耕地面积不足全国人均耕地水平的一半。1920—2000年的80年间，上海中心城区地面平均累计下沉1.892米，沉降面积约400平方千米。

在传统工业发展模式下，大量的资源消耗和污染排放对东部地区的自然环境造成了严重破坏，当前华北平原的用水量已远远超过区域的水资源承载能力，位于亚热带湿润地区的粤港澳大湾区2019年人均常年水资源量仅为807立方米，远低于全国（2074立方米/人）和世界（5829立方米/人）平均水平，深圳、香港、澳门年人均水资源量不足500立方米，属于极度缺水区②。此外，水土资源还面临生活污水污染、养殖污染、化肥农药污染、水土流失等诸多问题。大气污染方面，京津冀及周边地区PM2.5、PM10和NO_2等多项大气污染排放物始终超过国家标准。2019年，京津冀及周边地区优良天数平均比例为53.1%，在全国环境空气质量较差的后10名城市中京津冀就有4个。多年来，河北张家口、承德等地区尽其所能为京津提供了

① 孙久文：《改革开放以来我国区域经济发展战略演变与趋势》，经济科学出版社，2019。

② 杨开忠、李国平等：《面向现代化的中国区域科学》，经济管理出版社，2021。

丰富的水源，但上下游之间生态补偿机制尚未建立起来，导致上下游之间生态保护与经济发展的矛盾始终未能有效解决，跨行政区的生态环境协同治理和管控还有待完善。

（三）省际和省内区域分化明显

虽然东部沿海整体上属于我国经济发达地区，但也分布着许多发展相对滞后的地区，如河北南部、山东西部、江苏北部、福建西部和粤西北地区。东部地区高速发展不仅拉大了东部、中部、西部地区之间的经济发展差距，也加剧了省际和省域内的区域分化。

从省际发展差距来看，2021年排名第一的广东省地区生产总值是排名最后的海南省的19倍，是福建省的2.5倍。2010—2020年，长三角、珠三角地区保持高速发展，而京津冀增速明显放缓，天津、河北和山东3个省（市）的发展较慢。从经济增长的主要驱动力来看，高技术产业主要集中在北京、上海、广东等少数发达地区，河北、山东等北方省份仍然面临产业转型升级的挑战，区域创新动力不足，产业发展的综合竞争能力也不强，与之伴随的是东部地区人口持续向广东、浙江、福建等地区流动。

在省域内，欠发达地区往往是一些区位条件较差、工业基础薄弱的地区，如苏北、闽西、粤西、粤北地区。2021年，广东省珠三角9市的地区生产总值占全省的81%，排名第一的深圳人均地区生产总值是排名最后的梅州的5.1倍。山东省内东部与西部的经济发展差距也较为明显，青岛、烟台、威海等东部城市区位条件优越，工业基础雄厚，经济和社会发展态势良好；而聊城、菏泽等西部地区的工业基础薄弱，产业结构低端，多为劳动密集型和资源密集型产业，创新能力不足，经济外向度不高，与山东东部存在一定差距。

（四）陆海统筹力度有待提升

陆海统筹是统筹利用陆海两种资源、实现要素联动利用的发展战略。东部地区拥有丰富的海洋资源和陆地资源，由于长期以来我国国土开发与经济发展存在明显的“重陆轻海”现象，绝大部分沿海省（市）对海洋经济发展及其经济效率的提升重视程度不够。环渤海和长三角地区的海洋产业竞争能力较弱，珠三角地区海洋产业发展迅速，竞争力不断增强，3个城市群内部也呈现不同程度的分异[①]。从经济发展效率来看，浙江、福建及河北的陆域经济发展效率优于海洋经济发展效率，陆海经济差距较大，缺乏创新战略性海洋产业；天津、江苏以及海南海洋经济发展迅速，海洋第二、第三产业占主导地位，但资源环境问题面临挑战；上海和广东经济发展属于陆海效率复合型，在资金、技术、环境以及管理方面具有明显优势，以第三产业为主的高新技术产业发达，海洋与陆域经济发展较为均衡[②]。由此可见，东部沿海地区丰富的海洋资源优势尚未得到高效开发利用，海洋产业结构仍处于调整期，如何在发挥东部地区传统产业优势的基础上拓展新领域、新空间，通过海洋经济产业链的构建促进陆地产业和海洋经济的互动发展，也是当前东部地区转型发展面临的一大挑战。

① 郭建科、邓昭、许妍等：《我国三大经济圈海洋产业发展轨迹比较》，《统计与决策》2019年第2期。

② 韩增林、夏康、郭建科等：《基于Global-Malmquist-Luenberger指数的沿海地带陆海统筹发展水平测度及区域差异分析》，《自然资源学报》2017年第8期。

▶▶▶

第四节

促进东部地区率先实现现代化的对策

作为引领我国经济社会发展的“领头羊”，东部地区肩负着我国建设现代化强国的重要使命，应进一步破除行政壁垒，在提高自主创新能力、全面深化改革开放、生态文明建设、密切区域联系等方面加大探索力度，率先实现高质量发展和现代化。

一、东部地区的未来展望

东部地区应积极发挥创新要素集聚优势，加快转型发展，积极谋划率先发展的新路径，率先实现高质量发展，同时积极发挥带动作用，引领和支持其他地区的发展。

（一）率先实现高质量发展

从改革开放初期设立经济特区、开放沿海城市，到上海浦东新区、天津滨海新区被列为全国综合配套改革试验区，再到支持深圳建设中国特色社会主义先行示范区，支持浦东打造社会主义现代化建设引领区，支持浙江高质量发展建设共同富裕示范区，东部地区始终肩负着高质量发展先行探索的重要使命。

一是全面深化创新驱动战略，加快培育世界级先进制造业集群，引领新兴产业和现代服务业发展，提升要素产出效率，率先实现产业升级；二是构建高质量发展的区域经济布局，强化核心城市的辐射带动功能，形成核心城市引领、中等城市支撑、推动其他中小城市协同发展的区域高质量发展格局，发挥京津冀、长三角、粤港澳大湾区等动力源的引领带动作用，高标准、高质量建设雄安新区，打造高质量发展的全国样板；三是通过产业转型、节能减排形成绿色低碳的生活生产方式，塑造数字经济新动能，进一步提高资源要素的利用效率，通过改进管理、提高效率来突破资源的约束和增长的“瓶颈”。

（二）率先基本实现现代化

“十四五”规划纲要明确提出，要鼓励东部地区加快推进现代化，发挥创新要素集聚优势，加快在创新引领上实现突破。东部地区率先发展要承担起科技创新“领头羊”、国家治理能力现代化样板的重任。

首先，要率先提高自主创新能力。大力推进产品创新、技术创新、产业创新，多渠道增加科技投入，支持企业成为技术创新和科技投入的主体，提高原始创新能力、集成创新能力和引进消化吸收再创新能力。加快形成一批自主知识产权、核心技术和知名品牌，健全科研、开发、生产和市场紧密结合的开发机制，加速自主创新和科研成果的转化，培育更多的世界级企业和世界级品牌。

其次，要率先实现产业升级。东部地区应紧抓新一轮科技革命的重大机遇，不断突破传统发展路径的约束，凭借良好的发展基础和敢为人先的创新精神，利用技术红利和政策红利，加快转向创新驱动发展，推进产业转型升级和空间布局优化，努力占据全球产业链、价值链和创新链的高端环节，引领新型产业和现代服务业发展，打造全球先进制造业基地，带动东部地区实现新一轮发展。

最后，要率先推进政府转型。国家治理能力现代化需要发挥有为政府、有效市场以及有序社会参与的重要作用。东部地区市场经济较为发达，经过了较长时期关于政府机构改革、服务改革、简政放权的探索，应进一步完善政府调节经济、监管市场、社会管理和公共服务的职能，切实提高政府执行力和应急管理能力，形成市场作用和政府作用相互补充、相互协调、相互促进的有机统一，推动有为政府和有效市场更好结合。

（三）率先建立全方位开放型经济体系

在开放中发展已经成为我国的基本国策。早在党的十四届三中全会上，中央就提出了开放型经济的概念。近年来，从党的十八大报告中提出“全面提高开放型经济水平”，到党的十九大报告中提出“推动形成全面开放新格局”，再到党的二十大报告中提出“推进高水平对外开放，稳步扩大规则、规制、管理、标准等制度型开放”，充分表明中国的对外开放一以贯之，并不断向更大范围、更深层次、更多领域挺进。

东部地区作为我国对外开放的前沿地带，40多年来在促进贸易繁荣、投资便利、技术进步等领域为我国注入了源源不断的动力，发挥了先锋表率作用，使我国作为全球货物贸易第一大国的地位得到巩固。面向现代化，东部地区应在更高层次上参与国际经济合作和竞争，通过口岸城市、自由贸易区（港）建设构建制度性区域比较优势，吸引国外优质企业、人才、研发机构，打造国际贸易中心城市，进一步提升对外开放水平。

一是建设具有中国特色的高水平自由贸易体系。依托综合保税区、保税港区、自由贸易试验区等平台载体，确立符合国际高标准贸易便利化规则的贸易监管制度，创新具有国际竞争力的口岸监管服务模式，营造更高水平贸易投资便利化环境，形成一批可复制、可推广的试点经验，进一步提升东部地区对外开放水平，培育外贸竞争新优势。二是积极开展与“一带一路”沿线国家的贸易和经济合作，将中心城市建设、产业分工合作、贸易投资便利化作为重点任务，从基础设施互联互通、发展战略统筹、合作机制构建等方面完善战略支持体系，建立多样多元多层次的国际贸易和经济合作网络，将东部地区建设成为我国推动“一带一路”建设的战略支撑区域。三是依托沿海经济带、珠江—西江经济带、长江经济带等，以完善立体交通基础设施网络为基础，以北京、上海、广州、深圳、天津、杭州、南京等城市为龙头，遵循产业梯度转移的规律，深化流域和交通轴带沿线城市合作，形成统筹东中西部协调南北方的全方位开放新格局。

（四）率先形成密切的区域联系

随着我国市场经济体系的不断完善，经济要素流动更加自由，基础设施网络更加完备，经济区、城市群、都市圈之间，城乡之间的交流联系将更加密切，资源的跨区域配置能力也将逐步提升。东部地区市场化程度较高，沿海三大城市群基本迈入高质量一体化发展阶段。一是加快推进市场化改革，消除市场分割，促进要素自由流动，依据市场规则、市场价格、市场竞争实现资源的高效配置，推动区域一体化发展，构建统一的区域市场。二是将城市群发展成为要素自由流动、功能分工明确以及市场、交通、治理等全方位一体化的命运共同体，京津冀、长三角、粤港澳大湾区等地区在推动区域一体化发展中要率先取得突破，在较短时间内探索形成一批可复制、可推广的经验与模式。三是充分利用地区间的互补性实现统筹产业布局，推动跨省（市）的区域合作，强化经济发达地区和欠发达地区的联系，引导核心城市那些不具优势的产业向外围地区转移。四是促进城乡之间的联系交流，建立健全城乡融合发展的体制机制，缩小城乡发展差距和居民生活水平差距，在东部地区率先全面放宽城市落户条件，打破阻碍劳动力流动的不合理壁垒，进而促进城乡要素自由流动、平等交换和公共资源合理配置，加快形成功能互促、城乡互补、全面融合、共同繁荣的新型城乡关系。

（五）率先实现东部地区内部协调发展

当前，东部地区内部仍存在不协调、不平衡的问题，主要表现为省域间及城市群内外发展差距较大，也存在环境污染问题严峻、要素资源承载力透支等情况。一是要率先实现各区域发展规模的协调。经济发展相对落后的地区应加快转变经济发展方式，提高城市发展水平，缩小与发达省（市）的差距。如河北可积极发展低碳产业、特色产业，促进高技术、高附加值产业的发展，并依托现有产业基础，选择一些具有优势和发展潜力的地区设立新区，改善投资环境，吸引产业聚集。二是要率先实现经济布局的优化。优化东部地区空间结构，实现人口数量、经济活动和用地相互匹配，城市规模同资源环境承载能力相互匹配。三是率先实现经济发展与环境保护的协调。综合考虑生态容量和资源承载力的双重约束，以优化绿色全要素生产率为导向驱动产业调整升级[1]，建立健全环境污染的联防联控机制。四是率先实现区域关系的协调。在构建全国统一大市场的背景下，各地区应由竞争关系转向区域合作，正确处理政府与市场的关系，建立健全区域合作机制、区域互助机制、区际利益补偿机制，加强跨区域基础设施的互联互通，形成优势互补、协调联动的区域发展新格局。

二、促进东部地区率先发展和引领中西部发展的对策

东部地区应加快经济结构、产业结构转型升级的步伐，建立资源节约、环境友好、可持续发展的绿色经济体系，加快经济转型、社会转型、生态转型、政府转型。在此基础上，引领和带动中西部地区的发展。

（一）加快培育世界级先进产业集群

发展现代产业是打造新的战略支点的核心和关键。“十四五”规划纲要提出，加快培育世界级先进制造业集群，引领新兴产业和现代服务业发展，提升要素产出效率，率先实现产业升级。东部地区应加快建设面向全球的产业创新基地，加快重点领域关键技术破题。一是培育形成一批有竞争力和带动力的本土跨国企业，深度融入全球生产网络，力求破解核心零部件、高端研发和市场营销等环节受制于人的难题，不断向产业链高端攀升；二是推动东部发达地区成为全球产业资本、高端人才、先进技术等创新资源的集聚地，成为全球创新网络的重要节点，形成全球生产网络中重要的高端制造生产基地、产业创新基地和技术转化高地；三是加快发展5G、大数据、新能源等高技术产业和战略性新兴产业，采取多样化的投融资方式，增加资金、人才和技术等相关要素的投入，营造支持创新、鼓励创新的区域创新生态，不断提高高端产业的比重。

（二）增强城市群、都市圈国际竞争力

应优化提升东部地区城市群、都市圈整体功能，增强核心城市竞争力，加强城

① 孙久文、胡俊彦：《迈向现代化的中国区域协调发展战略探索》，《改革》2022年第9期。

市群内部合作，推动城市群一体化发展。

第一，以城市群为经济发展的主要引擎和重要支柱，可对不同发展阶段的城市群分类施策，如京津冀、长三角、粤港澳大湾区这三大城市群发育比较成熟，经济人口规模庞大，对外开放水平高，应加快推动城市群一体化发展，打造具有全球竞争力的城市群；山东半岛城市群、海峡西岸城市群发展较为成熟，在国内已具备一定影响力，应加强城市间协作，提升城市群经济发展质量，以城市群为核心构建经济区。

第二，以都市圈同城化促进大、中、小城市和小城镇协调发展。东部地区已形成多个不同规模等级的都市圈，这些都市圈多数在城市群之内，在城市群之外的都市圈往往也是一定区域范围的经济高地。应规划建设以都市为核心，大、中、小城市协同发展的现代化都市圈，加快推进都市圈同城化。首先要建设轨道上的都市圈，通过加强轨道交通建设，构建跨行政区交通体系，提高城市之间交通的联动性、运输的效率；其次要促进核心城市产业结构升级，构建以现代服务业为主导的产业结构，促进都市圈产业分工协作；最后要完善都市圈的合作机制，确保各行政主体之间能够相互配合，建立从上到下的治理体系，推进都市圈深度合作，提高都市圈整体的竞争优势。

第三，以区域性中心城市辐射带动城市群之外区域的发展。东部地区分布了较多成熟型都市圈和城市群，应重点提升北京、上海、广州、深圳的全球影响力和开放水平，培育具有一定国际影响力的本土品牌和高端产业；在未被都市圈和城市群覆盖的空间及边缘地带，大力支持区域性中心城市的发展，增强对区域的辐射带动能力，从产业结构、交通设施、生态环境、信息网络等多角度出发，加强区域性中心城市的基础设施建设，依托经开区、高新区、工业园区等载体打造现代化产业平台，实现商贸、居住与城市的有机结合。

（三）健全完善体制机制

东部地区率先发展要全面实施创新驱动发展战略，以科技创新为主导，加快打造制度创新、管理创新、业态创新相互协同的经济发展新动能，全面形成创新发展动力。一是要提升东部地区自主创新能力，包括原始创新能力、集成创新能力和引进消化吸收再创新能力，加快破解核心技术，在新能源、新材料、人工智能、生物医药等关键领域实现重大突破，加速东部地区产业转型升级，推动经济增长方式向集约型转变。二是构建具有产业特色、科技特点和市场优势的创新生态，完善知识产权保护制度，大力营造开放亲才的创新环境，打破高校、科研机构与企业之间人才流动的障碍，建立灵活的招才引智机制和政策措施，鼓励市场主体优势互补、合作创新，形成有利于吸纳优质创新要素、提高创新资源配置效率的制度体系。三是深化科技体制改革，健全和完善以政府为引导、以企业为主体的多渠道科技投融资体制，积极推进产学研全面长期合作，探索嵌入全球研发网络体系的新方式，提高跨企业、跨部门、跨地区的创新合作水平。

（四）推进陆海统筹发展

东部地区应以建设海洋强国为契机，以山东、浙江、福建、广东4个国家海洋经济试点省为重点，统筹利用陆海资源，在经济、交通、环境等方面对海洋和内陆地区进行全面、系统、协调的发展规划和布局，实现海陆融合、互补发展，提高经济发展和生态环境的综合效益。

一是保护和开发并举发展海洋经济。发挥东部地区海洋资源丰富的优势，加大海洋经济发展力度，将海洋资源有效开发利用和陆地科技创新支撑、产业结构布局调整和生态环境建设有机结合起来，重点发展海洋装备、海洋生物、海洋医药等海洋制造业，加快发展海洋运输物流业、海洋文化旅游业、涉海金融（商务）服务等产业，大力发展集航运金融、口岸通关、代理结算等功能于一体的航运服务体系，补足海洋产业、海洋经济发展短板①。

二是加快沿海及海岛交通基础设施建设。以深圳港、宁波—舟山港、上海洋山港、青岛港、天津港等沿海重大港口为重点，完善陆海两大扇面基础设施建设，提升港口服务功能。重点发展海铁联运、海空联运等综合交通运输体系，加快建设港口、码头等基础设施，打通陆海贸易通道，加强内陆与沿海的物流和信息服务，提高交通运输效率与质量。

三是推进沿海城市开展海洋综合科技创新改革，提高科技成果转化和应用效率，培育和引进高层次人才，构建创新创业生态链，推进数字化、智能化和绿色化

① 肖金成、黄征学：《促进东部地区率先转型发展的基本思路》，《全球化》2015年第8期。

产业发展，提高资源利用效率，推进绿色生态文明建设和可持续发展。

四是加强生态保护与治理。结合《全国主体功能区规划》和《国家重点生态功能区保护规划纲要》，划分东部地区重要生态保护类型和重要生态功能区。以广东珠海横琴新区等12个国家级海洋生态文明建设示范区为重点，加大环境治理力度，加强污染物入海排放管控，探索多样化的生态补偿模式，改善海洋环境质量，维护海洋生态平衡与生态安全。

（五）以城市群为依托辐射带动更大范围的经济区

经济区是指具有地缘关系且存在一定经济联系的地区，由中心城市与周边的城市和农村构成，中心城市辐射带动周边地区，周边地区支撑中心城市的发展。不论是都市圈还是城市群，都是经济区在不同发展阶段上的空间组织形式，是在市场机制作用下，通过打破行政分割、建立区域经济联系而实现的。以城市群为依托推动形成主要经济区，不仅顺应了我国经济社会发展在空间上先集聚成点、后扩散于带、再辐射为面的客观趋势，而且有利于改变我国人口与产业不匹配、大都市过大、小城镇过弱、中等城市发育不良的区域空间结构不合理状况，提高资源配置效率和经济自组织能力，促进要素跨区域流动，避免区域差距过大。东部地区应以城市群为依托，促进城市群辐射带动周边非城市群地区。通过政策与规划，突破行政分割，消除市场壁垒，加强区域合作，促进更大区域的协同发展。

依托京津冀、山东半岛城市群，辐射山西、内蒙古中部地区，形成泛渤海经济区，具体范围包括北京、天津、河北、山东、山西以及内蒙古中部（呼和浩特、包头、鄂尔多斯、乌兰察布、巴彦淖尔）等地级市。泛渤海经济区突破了传统的四大板块界限，有助于促进东中西部协调发展，但该区域经济发展差异明显，地区内部关联性和整体性较差，主要表现为东部沿海地区的城市发展优于中西部城市，特别是北京、天津两市对资源要素的集聚效应显著。未来要进一步完善区域合作机制，加强跨区域基础设施的互联互通，加强生态环境的联防联控，突出首都圈的龙头带动作用，增强河北沿海、山东半岛城市群、山西内蒙古能源基地等的支撑功能，建设成为北方地区对外开放的门户、辐射带动“三北”地区的枢纽，全力打造经济增长和转型升级的新引擎。

依托长三角城市群辐射苏北、浙南、安徽形成泛长三角经济区，范围包括上海市、江苏省、浙江省、安徽省。当前，泛长三角经济区整体发展水平较高，区域一体化水平已取得一些成效，但苏北、皖北地区经济实力相对较弱，要通过加强合作、强化对接、做大中心等举措，推动大、中、小城市与小城镇形成分工协作和功能互补的有机整体，提高区域一体化水平。

依托粤港澳大湾区城市群辐射广西、海南和湖南南部地区，形成泛珠三角经济区，范围包括香港特别行政区、澳门特别行政区、广东省、海南省、广西壮族自治区和湖南省的邵阳、郴州、永州、怀化4市。粤港澳大湾区地理位置优越、交通发达、产业链条完整、创新要素丰富，具有多元经济体系下独特的对外开放条件和区域竞争优势。要通过体制机制创新，推动内地与港澳在科技研发、金融服务、专业咨询及成果转化等领域深化合作，提升港澳在国家经济发展和对外开放中的作用。

依托海峡西岸城市群与台北都市圈，辐射粤东北、赣东南和台湾南部地区，形成海峡经济区，范围包括福建省、浙南、粤东、赣东南和台湾地区。海峡经济区基于两岸经济一体化的历史基础和现实发展，已形成一定规模的贸易投资往来和产业分工格局，要充分挖掘沿海港口的外向带动与对台合作优势，强化福州、厦门、泉州的辐射带动功能，依托台商投资区、海峡两岸（福建）农业合作试验区、两岸直航试点口岸等闽台合作载体平台，不断拓展闽台在经济、文化、科技、教育等领域的合作，同时，加快闽东北与长三角、闽西南与珠三角的对接，通过延伸南北两翼，使海峡西岸经济区与两个三角洲优势互补、联动发展。

（六）通过对口支援引领支持西部地区的发展

实现共同富裕是社会主义的根本目的。东西部协作和对口支援是推动区域协调发展、共同发展的重要举措。改革开放初期，党中央统筹“两个大局”，建立了内地省（市）对口支援边疆地区和少数民族地区的政治制度，在财政体制、人才交流、技术转移等领域出台了具体的对口支援措施。1996年，中央扶贫开发工作会议决定在全国开展东西部扶贫协作，确定东部地区9个省（市）和4个计划单列市①

① 东部地区9个省（市）分别为北京、上海、天津、辽宁、山东、江苏、浙江、福建、广东；4个计划单列市分别为深圳、宁波、青岛、大连。

对口帮扶西部10个省（区）。2016年，中共中央办公厅、国务院办公厅印发《关于进一步加强东西部扶贫协作工作的指导意见》，北京、天津、上海、广东等东部9省13市分别与中西部14省（区、市）20市（州）建立结对关系并签订协作协议，同时针对新疆、西藏以及川、滇、甘、青4省涉藏州（县），各省（市）还分别承担相应的援疆、援藏任务。习近平总书记曾多次指出，东西部扶贫协作和对口支援是推动区域协调发展、协同发展、共同发展的大战略，是加强区域合作、优化产业布局、拓展对内对外开放新空间的大布局，是实现先富帮后富、最终实现共同富裕目标的大举措。东西部协作要适应形势任务变化，转变协作思维，更加注重区域发展战略对接，促进区域间相互融通，努力形成区域协调发展、协同发展、共同发展的良好局面。

第一，完善顶层设计，强化中央政府、地方政府的责任，完善考核评估体系，可以从促进东西部城乡融合发展、产业转移承接、公共服务供给、生态环境保护等方面设定考核指标，激励东西部地区间政府高质量协作。引领和带动中西部，促进区域协调发展，改革创新体制机制，构建适应于现代化发展要求的区域协调新机制，在区域利益补偿、基本公共服务供给、区域合作等领域形成更加有效的发展机制。

第二，积极融入新发展格局，以国内大循环为主体，把发展的立足点更多着眼于扩大内需，促进东西部地区资源、技术、人才等要素自由流动，挖掘国内市场需求潜力，进而推动东部和西部市场大融合。

第三，推动土地、劳动、资本等要素市场改革，各级政府应充分发挥信息优势，为两地项目投资、产业发展、企业对接搭建服务平台，消除要素在东西部地区间、城乡间、产业间再配置的制度障碍。

第四，重视技术创新，发挥数据要素在东西部协作中的作用，盘活西部地区优势资源，加强东西部地区的优势互补，共同建设跨区域基础设施，加大对互联网、人工智能、大数据等新型基础设施的投资力度，畅通两地信息、数据要素的流动通道。

第五，优先推进公共服务均等化，将社会保障作为政策发力点，通过远程教育、数字医疗等新兴技术手段，以及人才互派等交流学习手段，不断推进区域公共服务均等化，缩小东西部地区及城乡间公共服务差距。

第六，完善融资和财税政策，对参与东西部对口支援的企业给予融资、信贷支持，明晰税收优惠政策，制定专项优惠补贴，对财政资金、企业资产进行严格管理。同时，不断完善制度建设，持续优化营商环境，鼓励全社会积极主动参与，倡导企业树立共同富裕投资观。

PART 05

第五章

推进西部大开发形成新格局

本章梳理总结了西部大开发战略提出的历史背景、演进过程、实施重点和支持政策，总结分析了西部大开发在经济实力增强、居民生活改善、开放水平提升、基础设施建设和生态环境保护等方面取得的主要成效，以及在东西发展差距、项目投资漏出、产业支撑能力和民间资本投入等方面存在的问题。在此基础上，分析了新时代推进西部大开发形成新格局的战略使命，即补齐西部地区依然存在的发展短板，进一步扩展国家发展的战略回旋空间，更好地统筹国内国际两个大局；剖析了新时代推进西部大开发形成新格局的要义，即构筑生态安全屏障的大保护、打造西部内陆开放高地的大开放、构建现代产业体系的高质量发展；从加大宏观政策支持力度、创新东西协作对口帮扶机制、强化区域间战略协同与板块互动、增强都市圈与城市群引擎作用等方面，提出了新时代推进西部大开发形成新格局的对策建议。

推进西部大开发是党中央、国务院总揽全局、面向新世纪作出的重大决策，是推动区域协调发展的重要战略举措。西部大开发战略的提出有着深刻的历史背景，经历了改革开放不断深化和体制机制持续创新的演进过程，在经济发展、民生改善、生态保护、基础设施建设等方面取得了显著成效。顺应中国特色社会主义进入新时代、区域协调发展进入新阶段的要求，加快形成以大保护、大开放、高质量发展为战略重点的西部大开发新格局，对于促进区域协调发展和推进中国式现代化进程，具有重要的现实意义和深远的历史意义。

第一节

西部大开发战略的提出与演进

西部地区幅员辽阔、资源丰富，但很多地方由于自然环境恶劣、基础设施落后和人才资源匮乏，严重制约了经济社会发展，尤其是在改革开放后东部沿海地区实施对外开放战略的20年中，东西部差距不断扩大，区域发展不平衡问题日益突出，严重影响了中国的现代化进程和经济社会的可持续发展。为改变西部地区落后状况，促进区域协调发展，党的十五届四中全会正式提出实施西部大开发战略，并在实施过程中不断完善政策、创新体制、优化机制和深化重点领域改革。

一、西部地区概况

西部大开发涉及的西部地区包括西南5省（市）（重庆市、四川省、贵州省、云南省、西藏自治区）、西北5省（区）（陕西省、甘肃省、宁夏回族自治区、青海省、新疆维吾尔自治区）和内蒙古自治区、广西壮族自治区，以及湖南省湘西土家族苗族自治州、湖北省恩施土家族苗族自治州、吉林省延边朝鲜族自治州和海南省的8个黎族自治县。辖区面积约685万平方千米，约占全国总面积的71.4%。1999年年末，西部地区总人口约3.65亿，约占全国总人口的29%。

西部地区是我国的资源富集区，矿产、土地、水、旅游等资源十分丰富，开发潜力很大。在全国已探明储量的156种矿产中，西部地区有138种，其中天然气和煤炭储量占全国的比重分别高达87.6%和39.4%，已形成塔里木、黄河中游、柴达木、东天山北祁连、西南三江（金沙江、澜沧江、怒江）、秦岭中西段、攀西黔中、四川盆地、红水河右江、西藏“一江两河”（雅鲁藏布江、拉萨河、年楚河）十大矿产资源集中区。水、耕地后备资源总量大，未利用土地占全国的80%，其中有5.9亿亩适宜开发为农用地，适宜开发为耕地的面积为1亿亩，占全国耕地后备资源的57%，草地面积占全国的62%。能源蕴藏总量占全国的82.5%，其中西南地区占全国的70%。旅游资源丰富，有喜马拉雅山、高原圣湖、羌塘野生动物园、大漠戈壁、黄土高原、广阔牧场、祁连冰川、九曲黄河、喀斯特地貌、长江三峡等自然景观，以及秦始皇兵马俑、敦煌莫高窟、黄帝陵、万里长城遗址、古丝绸之路、元谋人遗址、三星堆遗址、古文明城市遗址、布达拉宫和昭君墓等人文景观。

西部地区与蒙古、俄罗斯、塔吉克斯坦、哈萨克斯坦、吉尔吉斯斯坦、巴基斯坦、阿富汗、不丹、尼泊尔、印度、缅甸、老挝、越南13个国家接壤，陆地边境线长达1.8万余千米，约占全国陆地边境线的 91%；与东南亚多个国家隔海相望，有大陆海岸线1595千米，约占全国海岸线的 1/11。

二、西部与东部及全国的发展差距

西部大开发战略提出的背景之一是改革开放后20年间形成的日益扩大的东西部差距，两者之间存在的发展差距是全方位的，尤其表现在经济发展与居民生活水平、基础设施建设、科技教育发展等方面。

在经济发展和居民生活水平方面，1979—1999年的20年间，西部地区经济总量由789亿元增加到4968亿元，增加了5.3倍，而同期东部地区经济总量由1886亿元增加到16866亿元，增加了7.9倍，东西部之间的经济规模差距由2.39倍扩大到3.39倍[①]；占全国GDP的比重，西部地区由1979年的19.40%下降为1999年的17.51%，而东部地区则由45.94%上升为54.11%；西部地区年均增长速度为9.64%，而东部地区则为11.57%，西部地区年均经济增长速度比东部地区慢2.11个百分点；东部地区人均地区生产总值从518元增长到3685元，西部地区人均地区生产总值从283元增长到1416元，东部与西部之比从1.83：1扩大到2.60：1；东部地区三次产业结构由25：56：19变为12：48：40，西部地区由38：42：20变为23：39：38，西部地区第一产业比重过高，产业结构演变没有经过充分的工业化阶段（表5-1）。西部地区一些老工业基地和资源型城市产业竞争力弱，产业结构单一，接续产业缺失，经济增长乏力，职工下岗就业压力大，社会稳定问题突出，严重制约了区域经济社会的可持续发展。西部地区经济对外开放程度严重落后于东部地区。2000年，西部地区外贸依存度仅为10.06%，而全国平均为47.61%，东部地区为74.48%，西部地区最高的宁夏回族自治区为16.58%，仅仅相当于广东省的1/10。1999年，东部地区城镇居民人均可支配收入为7523元，西部地区为5284元；东部地区农村居民家庭人均纯收入为2995元，西部地区为1634元[②]。到1999年，按人均625元的贫困标准统计，在全国3400万没有脱贫的农村贫困人口中60%左右分布在西部地区，全国592个贫困县中西部地区就有307个[③]。

① 1979年、1999年地区生产总值是以1978年为基期，按照可比价格计算的。

② 是以1995年为基期，按照可比价格计算的。

③ 曾培炎：《西部大开发决策回顾》，中央党史出版社、新华出版社，2010。

表5-1　1979年、1999年西部地区与东部地区的经济差距

区域		地区生产总值/亿元		人口/万人		地区生产总值年均增速/%	人均地区生产总值/元	
		1979年	1999年	1979年	1999年		1979年	1999年
西部地区	云南	71	491	3135.0	4018.4	9.64	283	1416
	贵州	52	286	2731.0	3582.1			
	四川	203	1217	7120.5	8358.6			
	西藏	8	48	182.9	247.7			
	重庆	75	475	2650.2	3072.3			
	陕西	87	572	2807.0	3519.2			
	甘肃	66	389	1894.0	2507.5			
	宁夏	14	79	364.0	543.3			
	青海	14	66	372.0	473.2			
	新疆	51	367	1256.0	1763.4			
	内蒙古	64	443	1852.0	2329.5			
	广西	84	535	3470.0	4657.6			
	合计	789	4968	27834.6	35072.1			
东部地区	辽宁	240	1321	3442.6	4103.2	11.57	518	3685
	河北	194	1481	5105.0	6602.2			
	北京	119	792	897.0	1106.2			
	天津	91	541	739.4	916.2			
	山东	240	2286	7232.0	8921.7			
	江苏	279	2943	5893.0	7009.1			
	上海	293	1859	1132.1	1313.1			
	浙江	141	1702	3792.3	4467.5			
	福建	70	895	2487.9	3283.6			
	广东	202	2892	5140.5	7298.9			
	海南	17	154	540.3	743.2			
	合计	1886	16866	36402.2	45764.9			

资料来源：根据《新中国六十年统计资料汇编》（2010）数据整理计算（按1978年可比价格计算）。

在基础设施建设方面，1979—1999年的20年间，西部地区公路密度（每平方千米的公路里程数）由0.051千米/千米^{2}增加到0.078千米/千米^2，而同期全国的公路密度由0.091千米/千米^{2}增加到0.141千米/千米^2，两者的差距由0.040千米/千米^{2}扩大到0.063千米/千米^2；西部地区铁路密度由0.0026千米/千米^{2}增加到0.0039千米/千米^2，而同期全国的铁路密度由0.0032千米/千米^{2}增加到0.0070千米/千米^2，两者的差距由0.0006千米/千米^{2}扩大到0.0031千米/千米^2。此外，不仅西部地区的公路和铁路密度与全国平

均水平有一定差距，而且西部地区12个省（区、市）内部也存在较为明显的空间分布不均衡问题。1979—1999年，西部地区的广西、云南、贵州、四川、重庆、陕西、宁夏（区、市）的公路密度高于全国平均水平，但内蒙古、新疆、甘肃、青海、西藏等省（区、市）的公路密度低于全国平均水平的状况没有得到改变。1979年，西部地区的广西、重庆、云南、贵州、四川、陕西、宁夏、甘肃等省（区、市）的铁路密度高于全国平均水平，西藏、青海、新疆低于全国平均水平；到1999年，西部地区只有重庆、贵州、陕西、广西、宁夏等省（区、市）的铁路密度高于全国平均水平，其余省（区）均低于全国平均水平（表5-2）。

表5-2　1979年、1999年西部地区与全国公路、铁路密度差距

单位：千米/千米^2

省（区、市）	1979年		1999年	
	公路密度	铁路密度	公路密度	铁路密度
云南	0.112	0.0044	0.260	0.0051
贵州	0.149	0.0080	0.193	0.0080
四川	0.172	0.0059	0.185	0.0059
西藏	0.013	0.0000	0.018	0.0000
重庆	0.195	0.0067	0.341	0.0072
陕西	0.164	0.0097	0.210	0.0123
甘肃	0.074	0.0042	0.080	0.0043
宁夏	0.132	0.0084	0.193	0.0152
青海	0.021	0.0008	0.025	0.0015
新疆	0.014	0.0006	0.020	0.0018
内蒙古	0.020	0.0032	0.054	0.0062
广西	0.130	0.0072	0.218	0.0132
西部平均	0.051	0.0026	0.078	0.0039
全国平均	0.091	0.0032	0.141	0.0070
两者差距	0.040	0.0006	0.0063	0.0031

资料来源：根据《新中国六十年统计资料汇编》（2010）数据整理计算。

在科技教育方面，随着改革开放前沿阵地东部地区的经济尤其是外向型经济的快速发展，东西部科技教育水平之间的差距逐步拉大，西部地区的科教水平整体上落后于全国。1990年西部12省（区、市）技术成交额、专利申请授权量占全国的比重分别为11.23%和13.46%，到2000年时，上述两个比重分别下降为9.31%和

10.71%，10年间分别下降了1.92个百分点和2.75个百分点。1979年西部地区的陕西省每万人口在校大学生数高于同期的全国平均水平，西部地区12个省（区、市）每万人口在校大学生数与同期全国平均水平相差0.6～4.6人。但到1999年，陕西省也开始低于全国平均水平，西部12个省（区、市）每万人口在校大学生数同全国平均水平的差距扩大到9.0～44.2人（表5-3）。

表5-3　1979年、1999年西部地区与全国教育发展差距

单位：人

省（区、市）	1979年		1999年	
	每万人在校大学生数	与全国差距	每万人在校大学生数	与全国差距
云南	5.9	-4.6	17.6	-41.8
贵州	6.5	-4.0	15.2	-44.2
四川	6.2	-4.3	21.6	-37.8
西藏	8.0	-2.5	16.0	-43.4
重庆	8.3	-2.2	33.1	-26.3
陕西	14.4	3.9	50.4	-9.0
甘肃	8.1	-2.4	24.6	-34.8
宁夏	—	—	24.0	35.4
青海	9.9	-0.6	18.3	-41.1
新疆	9.1	-1.4	31.0	-28.4
内蒙古	9.0	-1.5	21.0	-38.4
广西	6.1	-4.4	19.2	-40.2
全国平均	10.5	—	59.4	—

资料来源：根据《新中国六十年统计资料汇编》（2010）数据整理计算。
注：宁夏回族自治区1979年的数据缺失。

三、西部地区日益恶化的生态环境

长期以来，人口规模的急剧增加、大规模的荒地开垦和粗放型经济发展方式，使得西部地区生态环境恶化问题相当严重，对地区经济社会可持续发展构成了严重威胁。根据国家环境保护总局、中国科学院、西部地区12个省（区、市）有关部门自2000年开始开展的西部地区生态环境调查，西部地区生态环境恶化主要表现为以下方面：

一是水土流失问题突出。截至1999年，西部地区（不包括西藏自治区）水土

流失面积达10436.9万公顷，占全国水土流失面积的62.5%。部分省（区）水土流失面积甚至超过了其土地面积的一半。西部地区25度以上的坡耕地面积占全国的70%以上。因上游水土流失而进入长江、黄河的泥沙量超过20亿吨，导致长江、黄河中下游江河湖泊淤积严重，水患频发。二是土地沙化、盐渍化和石漠化问题严重。截至1999年，陕西、甘肃、宁夏、青海、新疆、西藏、内蒙古7省（区）沙化土地总面积为16255.6万公顷，占全国沙化土地总面积的90%以上；尽管西部地区盐渍化土地总面积比1986年下降了13.1%，但局部地区土地盐渍化问题依然很严重；四川、重庆、云南、贵州、广西5省（区、市）石漠化土地总面积达729.5万公顷，占5省（区、市）土地总面积的5.3%，虽然石漠化土地面积相对较小，但分布集中、危害严重，成为西南地区最为突出的生态环境问题之一。三是林地、草地破坏严重。1986—1999年，西部地区新增耕地面积的69.5%来自草地开垦，22.4%来自林地和果园开垦。截至1999年，西部地区（不含贵州省和西藏自治区）累计有181万公顷土地因矿产资源开发而遭到破坏，其中林地、草地和耕地破坏分别占16.3%、8.6%和8.0%[①]。此外，西部地区不少城市的大气污染、水污染和垃圾污染问题相当突出。根据世界卫生组织1998年度的环境检测评价，贵阳、兰州、重庆3市被列入世界十大污染城市[②]。

四、西部大开发战略的提出与演进

早在20世纪50年代，毛泽东主席在《论十大关系》的讲话中就强调要处理好沿海工业和内地工业之间的关系。1988年，邓小平同志提出了“两个大局”的战略构想：沿海地区要加快对外开放，较快地先发展起来，这是一个事关大局的问题；发展到一定的时候，沿海地区要拿出更多的力量帮助内地发展，这也是一个大局。1992年，邓小平在南方谈话中提出在20世纪末达到小康水平时，要突出地提出和解决这个问题。1999年，我国提前实现人民生活总体上达到小康水平的第二步战略目标。但这时的小康生活还是低水平、不全面、不均衡的，尤其是在东西部

① 《西部大开发的背景》，https://www.guayunfan.com/lilun/61457.html。

② 曾培炎：《西部大开发决策回顾》，中央党史出版社、新华出版社，2010。

地区发展差距不断扩大、区域发展不平衡问题日益突出、西部地区生态环境持续恶化的背景下，西部地区成为我国全面建成小康社会和实现第三步战略目标的“瓶颈”和短板。20世纪90年代后期，国内有效需求不足问题逐渐凸显，而 1997年亚洲金融危机爆发后，外部需求明显萎缩。这种内外需求不足双重影响的叠加效应，对我国经济发展构成了严峻挑战①。在此情形下，处于后发阶段的西部地区蕴藏的巨大投资机会、资源优势、市场潜力和发展空间，为将扩大内需与实施西部大开发战略结合起来提供了发展机遇。与此同时，世纪之交，我国综合国力显著增强，支持西部地区加快发展的条件基本具备，时机已经成熟。

（一）西部大开发1.0时代：全面启动实施阶段

该阶段西部大开发的意义更多集中在“国内”，集中在“扶贫”，集中在“短板不能太短”。战略实施的重点是强化国家财政金融政策对西部地区的支持力度，开展东部省（市）对西部地区的对口帮扶和扶贫协作，尽快改变西部地区落后的基础设施建设和产业发展状况。

1999年9月，党的十五届四中全会通过的《中共中央关于国有企业改革和发展若干重大问题的决定》明确提出，国家要实施西部大开发战略，要通过优先安排基础设施建设、增加财政转移支付等措施，支持中西部地区和少数民族地区加快发展。1999年11月，中共中央、国务院召开经济工作会议，部署2000年工作时把实施西部大开发战略作为一个重要的方面。2000年1月16日，国务院成立由朱镕基任组长、温家宝任副组长的西部地区开发领导小组，召开会议研究加快西部地区发展的基本思路和战略任务，提出实施西部大开发战略的初步设想，部署实施西部大开发的重点工作。同年10月，党的十五届五中全会通过《中共中央关于制定国民经济和社会发展第十个五年计划的建议》，把实施西部大开发、促进地区协调发展作为一项战略任务，提出：“实施西部大开发战略，加快中西部地区发展，关系经济发展、民族团结、社会稳定，关系地区协调发展和最终实现共同富裕，是实现第三步战略目标的重大举措。”同年的10月26日，国务院发出《国务院关于实施西部大开发若干政策措施的通知》，明确提出：力争用5到10年时间，使西部地区基础设

① 曾培炎：《西部大开发决策回顾》，中央党史出版社、新华出版社，2010。

施和生态环境建设取得突破性进展，西部开发有一个良好开局。到21世纪中叶，要将西部地区建成一个经济繁荣、社会进步、生活安定、民族团结、山川秀美的新西部。西部大开发战略由此全面启动。

2001年3月，第九届全国人民代表大会第四次会议通过的《中华人民共和国国民经济和社会发展第十个五年计划纲要》对实施西部大开发战略再次进行了具体部署。西部地区特指陕西、甘肃、宁夏、青海、新疆、四川、重庆、云南、贵州、西藏、广西、内蒙古12个省（区、市）。实施西部大开发，就是要依托亚欧大陆桥、长江水道、西南出海通道等交通干线，发挥中心城市作用，以线串点，以点带面，逐步形成我国西部有特色的陇海–兰新线、长江上游、南（宁）贵（阳）、包（头）昆（明）等跨行政区域的经济带，带动其他地区发展，有步骤、有重点地推进西部大开发。

2001年8月28日，国务院西部地区开发领导小组办公室根据国务院发布的《国务院关于实施西部大开发若干政策措施的通知》，会同有关部门研究制定的《关于西部大开发若干政策措施的实施意见》指出：湖南省湘西土家族苗族自治州、湖北省恩施土家族苗族自治州、吉林省延边朝鲜族自治州，在实际工作中比照西部大开发有关政策措施予以照顾；加大建设资金投入和财政转移支付力度，优先安排建设项目，加大金融信贷支持，实行税收、土地使用、矿产资源等优惠政策，扩大外商投资领域等。

2002年2月25日，经国务院同意，国家计委、国务院西部地区开发领导小组办公室联合印发的《“十五”西部开发总体规划》提出了“十五”西部开发的主要任务、西部开发的重点区域、西部开发的政策措施。

2004年3月11日，《国务院关于进一步推进西部大开发的若干意见》指出：扎实推进生态建设和环境保护，实现生态改善和农民增收；继续加快基础设施重点工程建设，为西部地区加快发展打好基础；进一步加强农业和农村基础设施建设，加快改善农民生产生活条件；大力调整产业结构，积极发展有特色的优势产业；积极推进重点地带开发，加快培育区域经济增长极；大力加强科技教育卫生文化等社会事业，促进经济和社会协调发展；深化经济体制改革，为西部地区发展创造良好环境；拓宽资金渠道，为西部大开发提供资金保障；加强西部地区人才队伍建设，为西部大开发提供有力的人才保障；加快法治建设步伐，加强对西部开发工作的组织领导。

2006年12月8日，国务院常务会议审议并原则通过《西部大开发“十一五”规划》。目标是经济又好又快发展，人民生活水平持续稳定提高，基础设施和生态环境建设取得新突破，重点区域和重点产业的发展达到新水平，基本公共服务均等化取得新成效，构建社会主义和谐社会迈出扎实步伐。

2009年10月10日，《国务院办公厅关于应对国际金融危机保持西部地区经济平稳较快发展的意见》指出：为扩大国内需求，挖掘发展潜力、拓展回旋空间，促进全国区域协调发展，西部地区要抓住国家扩大内需的机遇，更加注重推进结构调整，更加注重保障和改善民生，更加注重深化改革开放，化解国际金融危机影响，继续保持经济平稳较快发展。

（二）西部大开发2.0时代：深入实施阶段

该阶段实质上是1.0时代的加强版，是在西部大开发战略实施10年后取得一定成效的基础上，以强化体制机制改革和对内对外开放为着力点，增强西部地区的内生发展动力和可持续发展能力。

2010年6月29日，《中共中央　国务院关于深入实施西部大开发战略的若干意见》发布，标志着西部大开发进入第二个阶段。该意见在对西部大开发战略实施10年来取得的主要成就、重大意义进行总结和阐述的基础上，指出今后10年是深入推进西部大开发承前启后的关键时期，将重点放在加快基础设施建设、加强生态建设和环境保护、夯实农业基础、发展特色优势产业、强化科技创新、大力发展社会事业等方面。

2012年2月20日，国务院正式批复同意国家发展和改革委员会组织编制的《西部大开发“十二五”规划》。《西部大开发“十二五”规划》根据全国主体功能区规划要求，对“十二五”时期西部地区空间开发格局进行了统筹规划，明确提出了加快构建以交通、水利为重点的适度超前、功能配套、安全高效的现代化基础设施体系，加快建立生态补偿机制，深入实施以市场为导向的优势资源转化战略，加大农业农村建设投入力度，加强城镇化与城乡统筹，大力提高科技创新能力，加快推进以保障和改善民生为重点的社会事业建设等重点任务。

2017年2月14日，国务院正式批复同意国家发展和改革委员会组织编制的《西部大开发“十三五”规划》。《西部大开发“十三五”规划》在延续“十二五”西部地区空间开发格局的基础上，进一步强化主体功能，规范开发秩序，合理控制开发强度，突出发展轴带和通道，构建功能边界清晰、空间利用高效、类型区划规范的集约优化的空间开发的格局，明确提出了筑牢国家生态安全屏障、增加公共服务供给、打赢脱贫攻坚战、促进创新驱动发展、坚持开放引领发展、完善基础设施网络、培育现代产业体系、大力发展特色优势农业、推进新型城镇化等重点任务。

（三）西部大开发3.0时代：形成新格局阶段

该阶段，西部大开发具有“扩展国家发展的战略回旋空间”“统筹国内国际两个大局”的时代特征，更为强调“国际形势”的变化和“东西双向开放协同并进”，任务集中在将西部地区打造成“新的增长高地、开放高地”。

2020年5月17日，《中共中央　国务院关于新时代推进西部大开发形成新格局的指导意见》发布，标志着西部大开发战略迈入第三个阶段。该意见指出：西部地区发展不平衡不充分问题依然突出，巩固脱贫攻坚任务依然艰巨，与东部地区发展差距依然较大，维护民族团结、社会稳定、国家安全任务依然繁重，仍然是全面建成小康社会、实现社会主义现代化的短板和薄弱环节；要“形成大保护、大开放、高质量发展的新格局”；同时，该意见从财政政策、金融政策、产业政策、用地政策等方面部署了一系列支持措施。

2021年6月21日，国务院西部地区开发领导小组讨论通过了《西部大开发“十四五”实施方案》。该方案坚持以习近平新时代中国特色社会主义思想为指导，全面落实《中共中央　国务院关于新时代推进西部大开发形成新格局的指导意见》和《中华人民共和国国民经济和社会发展第十四个五年规划和2035年远景目标纲要》，围绕形成大保护、大开放、高质量发展的西部大开发新格局，明确了“十四五”发展思路与发展目标，提出了有重点、有针对性的任务措施，成为“十四五”期间指导西部大开发的纲领性文件。

第二节

西部大开发的重点领域与支持政策

自西部大开发战略实施以来，中央和地方各级政府不断适应改革开放的新形势和区域协调发展的新要求，运用新思路、新办法、新机制，有重点、有步骤地推进西部大开发，把基础设施建设作为西部地区开发的基础，把加强生态环境保护和建设作为开发的根本性措施，把抓好产业结构调整作为开发的关键，把发展科技教育和培养人才作为开发的保障，把改革开放作为开发的动力，把繁荣经济、提高人民生活水平作为开发的基本出发点和归结点。在推进实施西部大开发战略重点的过程中，国家坚持重点工程项目带动和综合优惠政策支持的基本思路。

一、西部大开发的重点领域

西部大开发是一项国家层面的系统工程，涉及生态环境、经济发展、社会进步和居民生活等方方面面。国家给予资金支持的西部大开发众多重点工程项目主要集中在基础设施建设、生态保护和环境建设、产业结构优化和特色产业发展、科教发展和人才培养等重点领域。

强化基础设施建设。基础设施建设状况是决定一个地区经济社会发展最为重要的因素之一。针对西部地区落后的基础设施条件，西部大开发战略提出和实施后，国家将西部地区基础设施建设放在优先地位。以公路建设为重点，全面加强铁路、机场建设；扩大西部与东部、西南与西北的运输通道，实现通江达海，形成全国的综合运输体系，促进西部地区与周边国家的联系和交流。加强电网、通信和广播电视等基础设施建设，特别是要搞好水利基础设施建设。

加强生态保护和环境建设。生态保护和环境建设功在当代、利在千秋。生态环境状况决定了地区经济社会发展的可持续性。针对西部地区日益恶化的生态环境，国家在实施西部大开发的过程中，特别注重西部地区的生态保护和环境建设。生态保护和环境建设主要是加大天然林保护工程的实施力度；实行“退耕还林（草）、封山绿化、以粮代赈、个体承包”的政策，对25度以上的坡耕地有计划、有步骤地退耕还林还草；加快长江、黄河上中游风沙区、草原区等重点地区生态环境综合治理工程、防沙治沙工程、“三北”防护林工程、水土流失治理等工程和自然保护区的建设。

产业结构优化和特色产业发展。产业发展是西部大开发的重中之重，是促进西部地区经济社会发展的动力源泉。西部地区之所以落后，从根本上说，是因为产业发展不充分、产业竞争力不强。在西部大开发战略实施过程中，西部地区产业发展的主攻方向是以市场为导向的特色经济和优势产业发展。具体来说，即根据西部地区不同的地理环境、气候条件和物种特点，着力发展适应市场需要的特色农牧业；促进优势矿产资源的合理开发、综合利用，加快资源优势向经济优势转化；积极运用高新技术改造传统产业，在条件较好的中心城市积极发展电子信息、生物工程、新能源、新材料等高新技术产业；充分利用西部地区丰富的人文景观资源，大力发展具有鲜明区域特色的文化旅游产业。

加强科技教育和人才培养。科技是第一生产力，人才是第一资源，创新是第一动力，教育是国之大计、党之大计。要从根本上改变西部地区经济社会发展的落后面貌，必须实施科教、人才、创新“三位一体”互促战略。在西部大开发过程中，西部地区注重引进国内外先进技术，用先进技术改造传统产业，促进产业升级换代，提高产业竞争实力。加大对少数民族地区和贫困地区发展教育的扶持力度，大力发展九年义务教育和各种形式的职业教育，提高高等学校办学水平和科研竞争力。在充分挖掘现有人才潜力的基础上，积极从国外和东部地区引进人才，培养适应西部地区开发需要的各类人才，加强对少数民族地区人才的培养。

二、重点工程项目带动

不同于国家给予优惠政策、区域自行组织实施的一般区域发展战略，西部大开发在很大程度上是通过国家给予巨大资金支持的重点工程项目带动实施的。2000—2018年，西部大开发累计新开工重点工程345项，投资总规模为7.328万亿元，主要包括公路、铁路、航空等交通基础设施，城乡居民饮水、城市供水、水利枢纽等水利基础设施，西气东输、西电东送、水电站、电网等能源基础设施，流域综合治理、退耕还林还草等生态项目建设，化工、钢铁等传统产业改造及西部特色产业发展等产业项目，以及文教卫等社会事业项目。这些重点工程项目的开工建设，极大地改变了西部地区基础设施建设的落后状况，带动了西部地区相关配套产业的发展，促进了西部地区人员就业和地方财政收入的增加。表5-4列举了2000—2018年新开工西部大开发重点工程的项目个数、总投资和项目名称。

表5-4　2000—2018年西部大开发重点工程项目

年份	工程项目个数、总投资、项目名称
2000	共10个项目，总投资1000亿元：西安—南京（西安至合肥段）铁路；重庆—怀化铁路、西部公路建设；西部地区机场建设；重庆市高架轻轨交通；柴达木盆地涩北—西宁—兰州天然气输气管道；四川紫坪铺水利枢纽；宁夏沙坡头水利枢纽；中西部退耕还林（草）及种苗工程；青海钾肥工程；西部高校基础设施建设
2001	共12个项目，总投资2000亿元：青藏铁路；广西百色和内蒙古尼尔基水利枢纽；西电东送工程；青海公伯峡水电站；兰渝输油管线工程；公路建设；退耕还林；农业和特色经济；西部教育；高技术产业化；西部血站建设；城市基础设施
2002	共14个项目，总投资3300亿元：西气东输；延安至黄陵和西昌至攀枝花高速公路；兰武铁路复线；西部机场；塔里木河综合治理；黑河综合治理；小湾水电站；西电东送北通道；涩北气田开发；三峡库区水污染治理；通地（州）县沥青道路；乡镇通电；行政村通广播电视；退耕还林
2003	共14个项目，总投资1300亿元：甘肃九甸峡水利枢纽及引洮供水一期工程；四川大渡河瀑布沟水电站；万宜铁路和遂渝铁路；陕西户县（现西安市鄠邑区）至勉县高速公路和内蒙古包头至磴口公路；忠县至武汉天然气输气管道；神华煤直接液化工程；西藏和新疆城市基础设施；中西部农村中心学校计算机网络信息站及远程教育；县际公路；退耕还林；退牧还草；农村饮水；农村能源；生态移民和易地扶贫
2004	共10个项目，总投资800亿元：西部干线公路；洛湛铁路南段和大理至丽江铁路；西部支线机场建设工程；陕京二线输气管道工程；贵州盘南电厂西电东送工程；西部重点煤矿工程；西部地区农村基础设施建设；西部特色产业发展项目；西部地区“两基”攻坚；西部地区农村卫生设施

（续表）

年份	工程项目个数、总投资、项目名称
2005	共10个项目，总投资1360亿元：郑州至西安客运专线；襄渝铁路（安康至重庆段）和达成铁路改扩建；宝鸡至天水和雅安至泸沽高速公路；西部地区干支线机场；嘉陵江航运开发草街航电枢纽工程；内蒙古伊敏电厂二期工程；西部地区重点煤矿工程；新疆独山子石化改扩建工程；农村饮水安全工程；农村教育卫生事业发展
2006	共12个项目，总投资1654亿元：太原至中卫铁路；公路建设；支线机场建设；重点煤矿工程；水电站建设；云南青山嘴水库；退耕还林配套基本口粮田；四川80万吨乙烯；新疆罗布泊120万吨钾肥；内蒙古40万吨氧化铝；高技术产业项目；教育卫生等社会事业项目
2007	共10个项目，总投资1516亿元：大理—瑞丽、奎屯—北屯铁路；包头—西安、西宁—格尔木铁路扩能改造；天水—定西、都匀—新寨公路建设；重庆蓬威石化60万吨PTA项目；广西、四川千万吨级炼油项目；内蒙古黄玉川煤矿和酸刺沟煤矿千万吨级重点煤矿工程；昆明机场迁建工程；西部支线机场建设；大岗山和积石峡水电站建设；西部地区教育、卫生等社会事业项目
2008	共10个项目，总投资4361亿元：贵阳至广州、兰州至重庆、喀什至和田铁路；四川万源至达州、贵州水口至都匀等高速公路建设工程；通乡油路改造工程；成都、重庆、西安机场扩建工程；西部支线机场建设；云南阿海、四川长河坝水电站建设；内蒙古布尔台、陕西凉水井煤矿工程；西气东输二线工程；兰州—郑州—长沙成品油管道工程；西部地区社会事业建设项目
2009	共18个项目，总投资4689亿元：成都至兰州铁路；重庆至贵阳铁路；昆明至南宁铁路；广通至大理铁路；丽江至香格里拉铁路；西安至宝鸡客运专线；兰州至乌鲁木齐铁路增建第二线；西安至安康铁路增建第二线；广元至南充高速公路；厦门至成都高速公路石坝至纳溪段；陕西安康至汉中高速公路；四川大渡河泸定、云南澜沧江功果桥水电站；广西鱼梁、老口航运枢纽；四川嘉陵江亭子口水利枢纽；成都双流机场改扩建；西安咸阳机场改扩建；西部支线机场；无电地区电力建设
2010	共23个项目，总投资6822亿元：沪昆客运专线长沙至昆明段；成贵铁路乐山至贵阳段；西成客运专线西安至江油段；宝兰客运专线；成渝客运专线；大理至丽江公路；新疆库车至阿克苏公路；甘肃雷家角至西峰公路；贵阳机场改扩建；西部支线机场建设；防城港核电一期工程；四川大渡河猴子岩和雅砻江桐子林水电站；西部光伏电站建设；西部风电基地建设；西部农网改造升级工程；内蒙古胜利东二号露天煤矿一期工程；新疆大井矿区南露天煤矿一期工程；青藏直流联网工程；新疆电网与西北电网联网工程；贵州黔中水利枢纽一期工程；西藏旁多水利工程；内蒙古海勃湾水利枢纽；新疆生产建设兵团肯斯瓦特水利枢纽等

（续表）

年份	工程项目个数、总投资、项目名称
2011	共22个项目，总投资2079亿元：贵州毕节至都格高速公路；云南龙陵至瑞丽高速公路；内蒙古韩家营至呼和浩特高速公路；宁夏东山坡至毛家沟高速公路；陕西汉中至略阳高速公路；甘肃徽县至天水高速公路；新疆克拉玛依至塔城高速公路；广西南宁轨道交通1号线一期工程；拉萨贡嘎机场改造工程；西部支线机场建设；青海柴达木盆地百万千瓦太阳能示范基地；内蒙古高头窑煤矿；重庆500千伏输变电工程建设；溪洛渡右岸电站送电广东输电工程；云南普洱至广东江门输电工程；西藏藏中电网建设工程；庆阳石化成品油外输管道；云南小中甸水利枢纽工程；四川自贡小井沟水利工程；宁夏沙坡头水利枢纽改造工程；攀钢钒钛资源综合利用及产业结构调整；新疆八一钢铁有限公司南疆钢铁项目
2012	共22个项目，总投资5778亿元：重庆至万州铁路；敦煌至格尔木铁路；张家口至呼和浩特铁路；宁西铁路西安至合肥段增建二线；云南麻柳湾至昭通公路；陕西黄陵至铜川公路；青海茶卡至格尔木公路改扩建；阿克苏至喀什公路；乌兰浩特至扎兰屯公路；国道318线川藏公路（西藏段）整治改建；南宁吴圩机场新航站区及配套设施建设；西部支线机场建设；哈密至郑州高压直流工程；溪洛渡左岸至浙西高压直流工程；农网改造升级；无电地区电力建设；西气东输三线；中卫—贵阳输气管线；甘肃酒泉千万千瓦级风电基地二期风电项目；金沙江中游观音岩、鲁地拉、龙开口水电站；四川都江堰灌区毗河供水一期工程；广西防城港钢铁基地
2013	共20个项目，总投资3265亿元：国道317线四川马尔康至俄尔雅塘段改建、国道317线类乌齐至丁青段公路整治改建工程；云南嵩明至昆明公路；新疆乌鲁木齐绕城公路东段；重庆江北机场东航站区建设工程；宁夏银川机场三期扩建工程；西部支线机场建设；贵阳城市轨道交通1号线；南宁城市轨道交通2号线；四川南江红鱼洞水库及灌区工程；中国石油云南1000万吨/年炼油项目；甘肃民勤红沙岗风电基地；陕西榆横矿区小纪汗煤矿和彬长矿区高家堡煤矿；神华宁煤煤炭间接液化示范项目；鄂尔多斯盆地东缘保德区块北区煤层气开发项目；西藏藏木、旁多水电站送出工程；哈密风电基地二期工程；新疆750千伏输变电工程；青海盐湖公司年产100万吨氯化钾项目；酒泉钢铁（集团）有限责任公司循环经济和结构调整项目；京东方重庆8.5代新型半导体显示器件项目
2014	共33个项目，总投资8353亿元：川藏铁路拉萨至林芝段、成都至雅安段；格尔木至库尔勒铁路；成昆铁路峨眉至米易段扩能工程；蒙西至华中地区铁路煤运通道；兰州至合作铁路；红柳河至淖毛湖铁路；渝怀铁路涪陵至梅江段增建二线工程；黔江至张家界至常德铁路；内蒙古临河至白疙瘩公路；广西河池至百色公路；云南蒙自至砚山公路；四川雅安至康定公路；甘肃明水至新疆哈密公路；西部支线机场建设；西江航运干线贵港航运枢纽二线船闸工程；广西大藤峡水利枢纽工程；新疆阿尔塔什水利枢纽工程；尼尔基水利枢纽下游内蒙古灌区；绰勒水利枢纽下游内蒙古灌区；西藏拉洛水利枢纽及配套灌区工程；陕西引汉济渭工程；贵州夹岩水利枢纽及黔西北供水工程；云南澜沧江黄登、乌弄龙水电站；四川雅砻江两河口水电站；哈密风电基地二期项目；龙羊峡水光互补基地二期项目；宁东至浙江特高压直流工程；蒙古锡林郭勒盟至山东特高压交流工程；云南金沙江中游电站送电广西直流输电工程；伊犁—库车、三塘湖—哈密750千伏输变电工程；“宽带乡村”试点工程；重点流域水污染防治工程；新一轮退耕还林还草工程

（续表）

年份	工程项目个数、总投资、项目名称
2015	共30个项目，总投资7686亿元：郑州至万州铁路；玉溪至磨憨铁路；大理至临沧铁路；弥勒至蒙自铁路；渝怀铁路梅江至怀化段新增二线；阿勒泰至富蕴至准东铁路；内蒙古大板至经棚公路；石嘴山至中宁公路改扩建工程；青海扎麻隆至倒淌河公路改扩建工程；国道317线丁青至斜拉山公路整治改建工程；贵州六盘水至威宁路；云南小勐养至磨憨公路改扩建工程；新疆吐鲁番至小草湖公路；桂林机场航站楼及站坪配楼设施扩建工程；西部支线机场建设；重庆观景口水利枢纽；广西落久水利枢纽；新疆大石门水库工程；甘肃引洮供水二期工程；金沙江乌东德水电站；大渡河双江口水电站；新疆百里风区风电基地；四川凉山州风电基地；新疆准东煤电基地准东至华东特高压直流输电工程配套煤电项目；宁夏宁东煤电基地宁东至浙江特高压直流输电配套煤电项目；锡林郭勒盟煤电基地锡林郭勒盟至山东特高压交流输电工程配套煤电项目；蒙西—天津南特高压交流输变电工程；榆横—潍坊特高压交流输变电工程；酒泉—湖南特高压直流输变电工程；内蒙古锡林郭勒盟—江苏泰州特高压直流输变电工程
2016	共30个项目，总投资7438亿元：重庆城口至开县（现开州区）公路；四川九寨沟至绵阳、仁寿至屏山新市公路；云南昌宁至保山、景洪至打洛公路；陕西宝鸡至平坎、平利至镇坪、绥德至延川公路；京藏高速石嘴山至中宁段改扩建工程；包头至茂名高速公路、包头至东胜段改扩建工程；新疆G7乌鲁木齐至大黄山；G30乌鲁木齐至奎屯改扩建工程；广西南宁经钦州至防城港高速公路改扩建工程；贵阳至南宁铁路；重庆枢纽东环线；川南城际铁路内江至自贡至泸州段；广西西津枢纽二线船闸工程；成都新机场工程；贵阳机场三期扩建工程；西部支线机场建设；四川李家岩水库；贵州黄家湾水利枢纽；云南柴石滩水库灌区；广西左江治旱驮英水库及灌区；西部农村电网改造升级工程；四川、西藏叶巴滩水电站；青海玛尔挡水电站；四川硬梁包、金沙水电站；新疆准东新能源基地；内蒙古包头、乌海采煤沉陷区光伏领跑技术基地；陕京四线、西三线中卫—靖边支干线；准东—华东（皖南）特高压直流工程；甘肃电投常乐电厂；兰石集团老工业基地改造提升项目
2017	共17个项目，总投资4941亿元：宁夏中卫至甘肃兰州铁路；贵州都匀至安顺公路；甘肃平凉至天水公路；G341线胶南至海晏公路加定（青甘界）至海晏（西海）段；黔渝高速公路扩能项目；陕西合阳至铜川公路；西部支线机场建设；广西钦州港东航道扩建10万吨级双向航道一期工程；云南滇中引水工程；内蒙古引绰济辽工程；四川白鹤滩水电站；西部农村电网改造升级工程；西藏藏中与昌都电网联网工程；渝鄂背靠背工程；西藏川藏铁路拉萨至林芝段供电工程；南疆天然气利民工程；西部地区重点流域水资源综合治理项目

（续表）

年份	工程项目个数、总投资、项目名称
2018	共28个项目，总投资4825亿元：四川脚木足河巴拉水电站；四川金沙江银江水电站；乌东德电站送电广东特高压多端直流示范工程；青海—河南特高压直流工程；蒙西—晋中特高压交流工程；西部农网改造升级工程；青海湟水流域规模化林场试点；拉萨贡嘎机场航站区改扩建工程；喀什、阿克苏支线机场改扩建工程；陕西东庄水利枢纽；凉山州大桥水库灌区二期工程；云南麻栗坝灌区工程；渝湘高铁重庆主城至黔江段；新疆和田至若羌铁路；贵州盘县（现盘州市）至兴义铁路；云南弥勒至蒙自铁路；包银铁路银川至惠农段；云南瑞丽至孟连高速公路；云南施甸至勐简高速公路；广西田林至西林高速公路；广西浦北至北流高速公路；陕西延长至黄龙高速公路；陕西旬邑至凤翔高速公路；甘肃武都至九寨沟高速公路；蓉尊高速仁怀至遵义段；国道310线青海尖扎至共和段；国道349线西藏边坝至嘉黎至墨竹工卡段；成都五环快速路

资料来源：中国政府网（http://www.gov.cn/）。

三、优惠政策支持

西部大开发重点工程项目的资金来源于政府财政，项目建设能够尽快改变西部地区落后的基础设施建设状况，最大限度发挥西部地区的资源优势，为社会资本参与西部大开发创造条件，发挥引领带动作用。社会资本和民营经济是西部大开发的重要参与主体，鉴于西部地区较差的投资环境和营商环境，为吸引更多的社会资本参与西部大开发，在《国务院关于实施西部大开发若干政策措施的通知》《关于西部大开发若干政策措施的实施意见》和《关于深入实施西部大开发战略有关税收政策问题的通知》等文件中出台了一揽子优惠政策。这一揽子政策主要包括增加资金投入、实施税收、土地和矿产资源优惠、扩大对内对外开放、吸引人才和发展教育科技等方面。

加大金融信贷支持。银行根据商业信贷的自主原则，加大对西部地区基础产业建设的信贷投入，重点支持铁路、主干线公路、电力、石油、天然气等大中型能源项目建设。加快国债配套贷款项目的评估审贷，根据建设进度保证贷款及早到位。对投资大、建设期长的基础设施项目，根据项目建设周期和还贷能力，适当延长贷款期限。国家开发银行新增贷款逐年提高用于西部地区的比重。扩大以基础设施项目收费权或收益权为质押发放贷款的范围。增加对西部地区农业、生态环境保护建设、优势产业、小城镇建设、企业技术改造、高新技术企业和中小企业发展的信贷支持。在西部地区积极发放助学贷款及学生公寓贷款。农村电网改造贷款和优势产业贷款中金额较大的重点项目，由中国农业银行总行专项安排和各商业银行总行直贷解决。有步骤地引入股份制银行到西部设立分支机构。

实行税收优惠政策。对设在西部地区国家鼓励类产业的内资企业和外商投资企业，在一定期限内，减按15%的税率征收企业所得税。民族自治地方的企业经省级人民政府批准，可以定期减征或免征企业所得税。对在西部地区新办交通、电力、水利、邮政、广播电视等企业，企业所得税实行2年免征、3年减半征收。对为保护生态环境，退耕还生态林、草产出的农业特产品收入，在10年内免征农业特产税。对西部地区公路国道、省道建设用地比照铁路、民航用地免征耕地占用税，其他公路建设用地是否免征耕地占用税，由省（区、市）人民政府决定。对西部地区内资鼓励类产业、外商投资鼓励类产业及优势产业的项目在投资总额内进口自用先进技术设备，除国家规定不予免税的商品外，免征关税和进口环节增值税。

实行土地和矿产资源优惠政策。对西部地区荒山、荒地造林种草及坡耕地退耕还林还草，实行谁退耕、谁造林种草，谁经营、谁拥有土地使用权和林草所有权的政策。各种经济组织和个人可以依法申请使用国有荒山荒地，进行恢复林草植被等生态环境保护建设，在建设投资和绿化工作到位的条件下，可以以出让方式取得国有土地使用权，减免出让金，实行土地使用权50年不变，期满后可申请续期，可以继承和有偿转让。国家建设需要收回国有土地使用权的，依法给予补偿。对于享受国家粮食补贴的退耕地种植的生态林不能砍伐。对基本农田实行严格保护，实现耕地占补平衡。进一步完善建设用地审批制度，简化程序，及时提供并保障建设用地。现有城镇建设用地的有偿使用收益主要用于城镇基础设施建设。加大对西部地区矿产资源调查评价、勘查、开发、保护与合理利用的政策支持力度。制定促进探矿权、采矿权依法出让和转让的政策办法，培育矿业权市场。

进一步扩大外商投资领域。鼓励外商投资于西部地区的农业、水利、生态、交通、能源、市政、环保、矿产、旅游等基础设施建设和资源开发，以及建立技术研究开发中心。扩大西部地区服务贸易领域对外开放，将外商对银行、商业零售企业、外贸企业投资的试点扩大到直辖市、省会和自治区首府城市，允许西部地区外资银行逐步经营人民币业务，允许外商在西部地区依照有关规定投资电信、保险、旅游业，兴办中外合资会计师事务所、律师事务所、工程设计公司、铁路和公路货运企业、市政公用企业和其他已承诺开放领域的企业。一些领域的对外开放，允许在西部地区先行试点。

进一步拓宽利用外资渠道。在西部地区进行以BOT、TOT方式利用外资的试点。允许外商投资项目开展包括人民币在内的项目融资。支持符合条件的西部地区外商投资企业在境内外股票市场上市。支持西部地区属于国家鼓励和允许类产业的企业通过转让经营权、出让股权、兼并重组等方式吸引外商投资。积极探索以中外合资产业基金、风险投资基金方式引入外资。鼓励在华外商合资企业到西部地区再投资，其再投资项目外资比例超过25%的，享受外商投资企业待遇。对外商投资西部地区基础设施和优势产业项目，适当放宽外商投资的股比限制，适当放宽国内银行提供固定资产投资人民币贷款的比例。允许西部地区的某些项目适当提高总投资中国外优惠贷款的比例。对西部地区优势产业及出口创汇项目引进国外先进技术和设备，国家在国外商业贷款指标安排上给予支持。积极争取多边、双边赠款优先安排西部地区项目。

大力发展对外经济贸易。进一步扩大西部地区生产企业对外贸易经营自主权，鼓励发展优势产品出口、对外工程承包和劳务合作、到境外特别是周边国家投资办厂，放宽人员出入境限制。对西部地区经济发展急需的技术设备，在进口管理上给予适当照顾。对从西部地区重要旅游城市入境的海外旅游者，根据条件实行落地签证和其他便利入境签证政策。实行更加优惠的边境贸易政策，在出口退税、进出口商品经营范围、进出口商品配额、许可证管理、人员往来等方面放宽限制，推动我国西部地区同毗邻国家地区相互开放市场，促进与周边国家区域经济技术合作健康发展。

推进地区协作与对口支援。在防止重复建设和禁止转移落后技术与导致环境污染的前提下，在投资、财政、税收、信贷、经贸、工商、劳动、统计等方面积极采取有力措施，支持东部及中部地区企业到西部地区以投资设厂、参股入股、收购兼并、技术转让等多种方式进行合作。在中央和地方政府的指导下，动员社会各方面力量加强东西对口支援，进一步加大对西部贫困地区、少数民族地区的支援力度，继续推进“兴边富民”行动。围绕西部开发的重点区域，开展多种形式的区域经济合作。

▶▶▶

| 第三节 |

西部大开发的主要成效和存在问题

西部大开发战略实施20多年来，西部地区经济社会得到长足发展，综合实力稳步提升。西部各省（区、市）在经济总量、产业结构、对外开放、民生社会、基础设施、生态环境等方面均取得了显著的成效。与此同时，由于历史文化、自然条件和政策体制等多方面原因，西部地区的经济社会发展相比东部地区仍存在一定差距，西部地区的发展任重道远。

一、西部大开发取得的主要成效

从对西部大开发战略实施前西部地区情况进行的纵向比较和地区之间发展变化的横向比较两个维度来看，西部大开发战略实施20多年来，西部地区在经济社会、生态环境等方面的变化是比较显著的。

（一）综合经济实力显著增强

西部大开发战略实施20多年来，西部地区综合经济实力明显增强，地区生产总值总量及其占全国的比重均呈现上升趋势。其中，西部地区生产总值从2000年的16655亿元增加到2021年的239710亿元，增长了13倍多（图5-1），占全国的比重从16.9%提高到20.9%。在经济增长速度方面，西部地区经济增长速度快于全国平均水平。“十五”“十一五”“十二五”和“十三五”期间，西部地区生产总值年均增长分别为11.3%、13.6%、14.8%和8.0%，与同期全国平均增长相比，分别高出1.8个百分点、2.4个百分点、7.0个百分点和0.9个百分点。人均地区生产总值从2000年的4848元增加到2019年的53742元，增长了近10倍，与全国人均生产总值之比从61.4%提高到76.7%，相对差距明显缩小。

随着经济的快速增长和经济实力的不断增强，依托自身资源优势，西部地区不断调整优化产业结构，三次产业增加值的构成由2000年的21.44∶38.97∶39.59调整为2020年的11.88∶36.83∶51.29。大力发展能源及化学工业、优势矿产资源开采及加工业、高技术产业、装备制造业、特色农牧产品加工业、旅游业等特色优势产业，积极推进大数据、健康养生、旅游文创等新产业新业态发展，推动互联网、大数据、人工智能和实体经济深度融合发展，初步构建出资源优势突出、产业链条完整、自主创新能力较强、生态承载合理的现代产业体系。不断促进能源资源产业转型升级。截至2020年年底，西部地区风电、光伏发电装机总容量超过2亿千瓦，约占全国风电、光伏发电装机总容量的38.2%；水电装机容量约2.4亿千瓦，约占全国水电装机总容量的65%；30万千瓦及以上具备条件的煤电机组已基本实现超低排放。

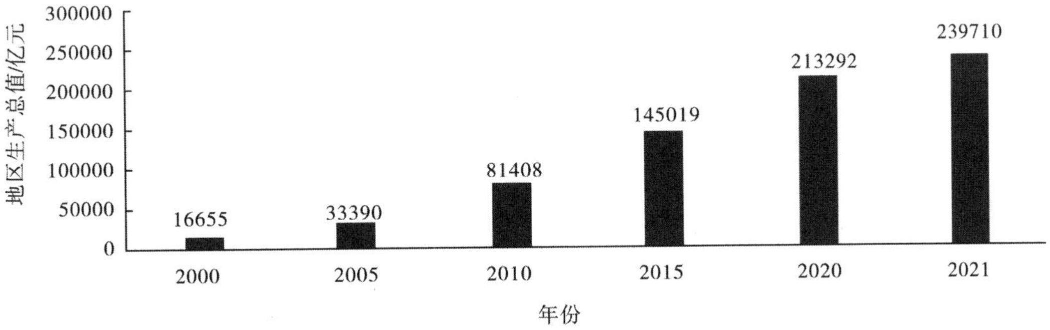

图5-1　2000—2021年西部地区生产总值增长情况

资料来源：根据西部地区各省（区、市）相关年份统计年鉴计算。

（二）居民生活水平明显提高

自2000年以来，西部地区城镇居民和农村居民人均可支配收入均不断增加，分别从2000年的5573元和1633元增加到2020年的37548元和14111元，20年间分别净增31975元和12478元，其中，农村居民人均可支配收入东部地区与西部地区之比由2.20缩小为1.51。2021年，西部地区居民人均可支配收入超过2.9万元，较10年前翻了一番。东部、东北、中部与西部地区居民人均可支配收入比分别从2012年的1.72、1.30和1.10下降至2021年的1.63、1.11和1.07。

20年间，西部地区的社会消费品零售总额持续增加，从2000年的5997.2亿元增加到2020年的82055.1亿元，增长了12.68倍，年均增长13.97%，占全国的比重从2000年的17.6%上升到2020年的20.9%，上升了3.3个百分点。党的十八大以来，西部各省（区、市）城乡居民人均消费支出增长迅速，居民生活水平显著提高（图5-2、图5-3）。从与东部地区相比来看，西部地区人均社会消费品零售总额增速快于东部地区，东部产业持续向西部转移，西部地区就业机会和吸引力不断增加。自西部大开发战略尤其是脱贫攻坚工程实施以来，西部地区因地制宜深入推进产业扶贫、就业扶贫、生态扶贫、教育扶贫、旅游扶贫，如期完成了脱贫攻坚任务，2012年以来，西部地区5086万贫困人口全面脱贫，568个贫困县全部摘帽，圆满交出脱贫攻坚“西部答卷”。城镇化水平持续提升，2020年年底西部地区常住人口城镇化率超过57%，较2015年提高8.7个百分点。国家对西部地区教育事业的支持不断加大，“两基”攻坚计划如期完成，“两基”人口覆盖率达到100%。西部地区农村义务教育学校校舍安全保障长效机制中央财政分担比例由50%提高至80%。农村三级卫生机构建设稳步推进，新型农村合作医疗制度参合率明显提高，覆盖城乡的社会保障体系初步建立，社会保障覆盖面不断扩大。

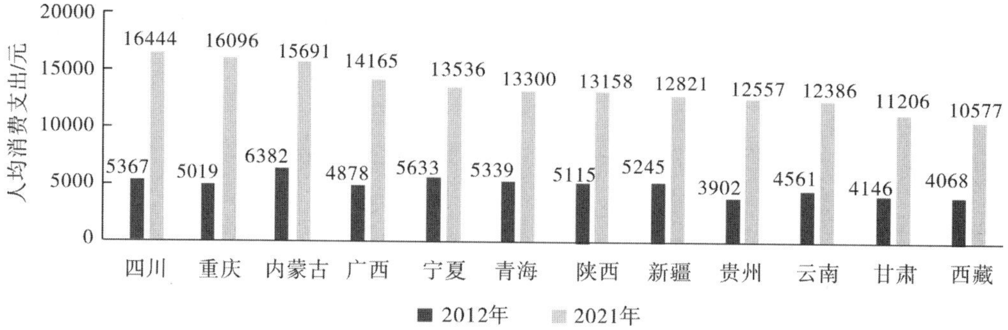

图5-2　2012年、2021年西部各省（区、市）农村居民人均消费支出

资料来源：根据西部地区各省（区、市）2012年、2021年经济社会发展统计公报相关数据计算得出。

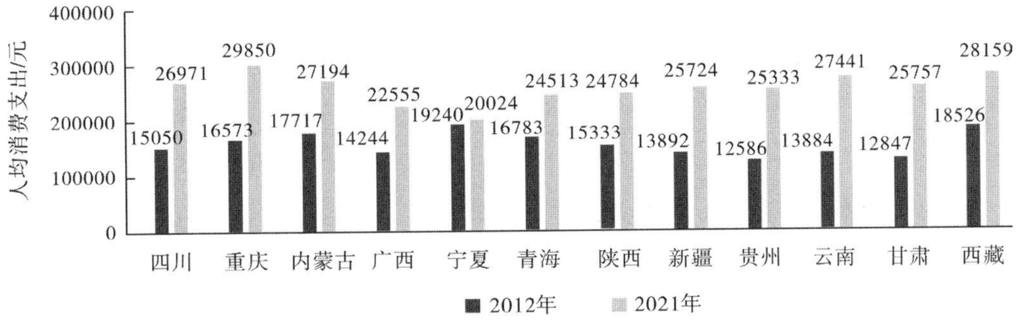

图5-3　2012年、2021年西部各省（区、市）城镇居民人均消费支出

资料来源：根据西部地区各省（区、市）2012年、2021年经济社会发展统计公报相关数据计算得出。

（三）对外开放水平不断提高

自西部大开发战略实施以来，尤其是随着共建“一带一路”倡议的深入实施，西部地区把握新机遇，积极参与、深度融入“一带一路”建设，正在从开放的“末梢”走向“前沿”。2021年进出口总额达到5508.15亿美元，是1999年的39倍，占全国进出口总额的比重从1999年的3.50%上升到2021年的9.18%（图5-4）。西部地区的外贸依存度由2000年的8.23%上升到2019年的13.16%，上升了4.93个百分点。2020年，西部地区中欧班列开行7313列，占全国总数的59%。从2000年到2019年，西部地区的实际利用外商直接投资额从20.78亿美元增加到242.67亿美元，占全国的比重由5.1%上升到17.57%。近年来，随着西部陆海新通道的加快建设，中

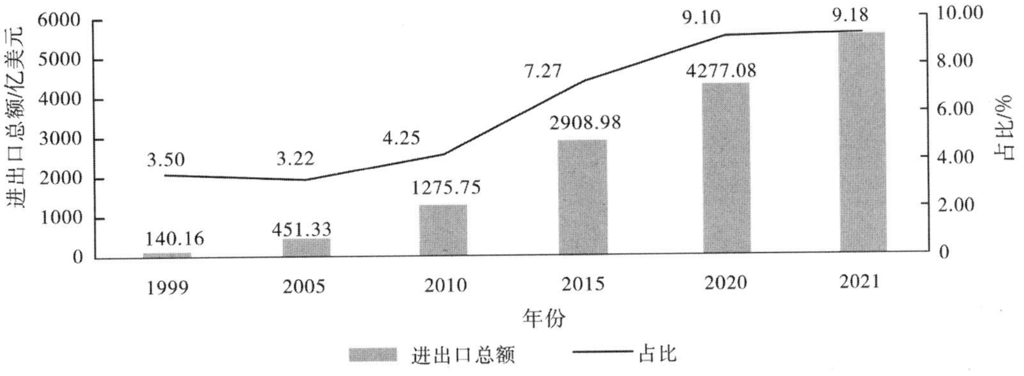

图5-4　西部地区进出口总额变化情况

资料来源：根据西部地区各省（区、市）相关年份经济社会发展统计公报计算得出。

老铁路、中俄天然气管道东线等跨境重大项目建设的稳步推进，以及经济开发区、自由贸易试验区、综合保税区、中外合作产业园区、跨境经济合作区等开放平台作用的逐步显现，西部地区正加快形成陆海内外联动、东西双向互济的开放格局。

（四）基础设施状况大为改观

基础设施建设是西部大开发的重要任务。西部大开发战略重点关注西部地区的交通、能源、水利、通信等领域。西部大开发战略实施后到2020年，西部地区基本建设投资总规模约3万亿元，其中，中央政府累计向西部地区投入基础设施建设资金2万多亿元。

20年来，通过不断修建民航机场、强化铁路建设、完善公路网络、加快水运发展、加强水利建设、畅通能源通道以及完善信息设施，西部地区的铁路路网密度、干线等级和公路网络联通、通达水平得到明显提高，航道和港口得到改造，能源布局得到持续优化，信息化水平得到大幅提升。在交通基础设施发展上，西部地区公路里程、高速公路里程和铁路营业里程分别从2000年的43.4万千米、0.25万千米和2万千米，增加到2020年的220.23万千米、6.62万千米和5.9万千米，占全国的比重分别从2000年的32.97%、22.19%和32.02%，上升到2020年的42.4%、41.4%和46.1%（图5-5），增长幅度明显高于东部、中部地区。截至2020年年底，西部地区有贵州、重庆、宁夏、陕西、广西、云南、四川7省（区、市）高速公路密度超过了全国平均水平；西部地区共建成民用机场124个，占全国的51.5%；西气东输、西电东送等重大能源工程相继竣工，西部地区电力外送能力超过2.6亿千瓦。2021年，西部地区在建高速公路、国省干线公路规模超过东中部总和，贵州、宁夏、陕西3个省（区）已经实现县县通高速。截至2022年11月底，西部12省（区、市）铁路营业里程达6.2万千米，其中高铁1.1万千米，分别占全国里程的40.5%、26%，铁路营业里程较2012年年底增加2.5万千米左右。

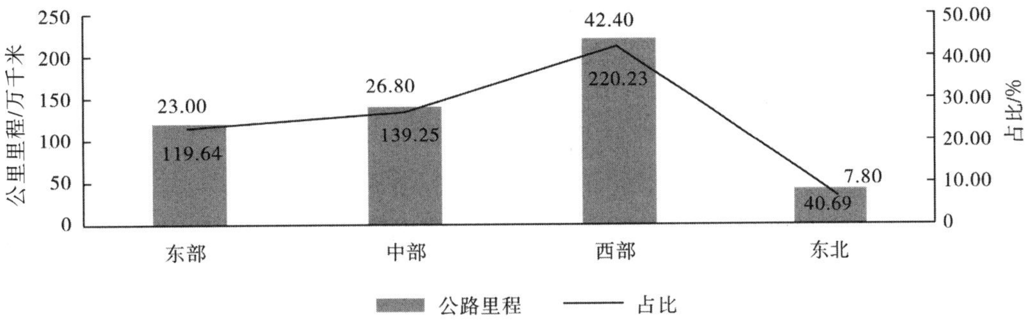

图5-5　2020年东部、中部、西部和东北地区公路里程及占比

资料来源：根据各省（区、市）2021年统计年鉴计算得出。

（五）生态环境保护成效显著

自西部大开发战略实施以来，西部地区通过实施退耕还林还草、退牧还草、天然林保护、石漠化综合治理、水土保持、湿地保护与恢复以及自然保护区生态保护与建设等一系列重点生态工程，开展重点区域综合治理，推进绿色发展等措施，在生态保护与建设、环境保护、节能减排以及防灾减灾等方面取得了显著成效，对我国生态文明建设与国家生态安全屏障的构筑发挥了巨大作用。

在生态保护和治理方面，截至2019年年底，西部地区的森林总面积达13805.42万公顷，森林覆盖率达到20%，其中，西北6省的森林覆盖率由2004年的8.7%上升至2019年的12.2%，提高了3.5个百分点；截至2020年年底，西部地区累计实施退耕还林还草达1.37亿亩，治理严重退化草原1.9亿亩。在环境保护方面，通过实施流域和区域水污染防治、饮用水水源地保护、土壤治理与修复、农村环境综合整治等环保工程，青海三江源“中华水塔”得到有效保护，三江源草地整体退化趋势得到遏制，长江干流首次全线达到Ⅱ类水质，黄河干流水质为优，西部地区水环境质量显著改善。通过发展绿色产业、清洁能源和建立健全工业污染防控体系，西部地区能源、水、土地、矿产等资源的利用效率不断提高。其中，“十二五”期间，西部地区的化学需氧量排放和二氧化硫排放分别从3131.77万吨和3026.89万吨减少到2803.5万吨和2549.11万吨，降幅均达到10%以上；“十三五”期间，西部地区的氨氮排放量、化学需氧量排放量和二氧化硫排放量分别下降了39.05%、50.92%和46.4%。在重点生态区的综合治理方面，西部各省（区、市）通过草原恢复、防风固沙、防治水土流失、恢复林草植被、提高水源涵养能力、保护生物多样性等一系列生态保护措施，稳步实现了以黑河流域、内蒙古草原、疏勒河流域及天山北麓等为主的西北草原荒漠化防治，以陕西北部及中部、宁夏南部、甘肃东中部及青海东部为主的黄土高原综合治理，以青海三江源、西藏东北部、祁连山及四川西部等为主的三江水源涵养区综合治理，以四川南部、贵州、重庆东部、云南东中部等为主的西南石漠化防治区综合治理，以武陵山、秦巴山、四川西南部、云南西北部等为主的森林生态功能区综合治理。

二、西部大开发存在的不足

西部大开发战略实施20多年来，西部地区在综合经济实力、居民生活水平、对外开放、基础设施状况和生态环境保护等方面取得了非凡成就。但是，由于西部地区范围广、基础薄弱以及区域经济发展格局的不断改变和国家发展战略的重大调整，从西部地区与东部地区比较和西部地区发展潜力与发展战略定位的角度看，西部大开发尚存在一些今后需进一步解决的问题。

（一）东西部地区经济差距依然较大

虽然西部地区与东部地区之间的发展差距有所缩小，但是与东部地区相比，西部地区的经济发展水平仍存在不小差距。2022年，华东地区、华南地区人均地区生产总值分别达到108866元、86568元，而西南地区、西北地区仅分别为66919元、68002元；东部地区生产总值总量为62.2万亿元，占全国GDP的51%，西部地区生产总值总量为25.7亿元，占全国GDP的21%；在居民人均可支配收入方面，东部地区的上海、北京、浙江、江苏、天津、广东分别达到了79610元、77415元、60302元、49862元、48976元、47065元，而西部地区的新疆、青海、云南、西藏、贵州、甘肃分别为27063元、27000元、26937元、26675元、25508元、23273元，东西部地区之间的经济差距和居民收入差异依然非常明显。

（二）西部地区重点项目投资存在漏出效应

自2000年开始，中央财政开始对西部地区进行以宁西铁路、渝怀铁路、西部公路建设、西部机场建设、青藏铁路、西气东输、西电东送等重大项目工程为标志的投资建设。但是，这些大项目中有相当一部分与当地经济发展的联系不够紧密，对西部地区经济的带动作用和乘数效应难以得到充分发挥。如“西气东输、西电东送”工程项目本身是为了解决东部地区尤其是沿海地区的能源短缺和环境保护问题，对西部地区民生经济发展的促进作用并不明显。再如铁路、公路等交通基础设施建设项目和重化工项目的中标单位大多为沿海地区的企业，工程所需的设备和零部件也大多来自沿海地区的企业，甚至工程所需的农民工也有相当一部分来自西部地区之外，由此形成的“投资漏斗”导致国家在西部地区的投资产生的乘数效应很大一部分分布在西部地区之外，对西部地区经济发展的带动作用和溢出效应自然大打折扣。

（三）西部地区经济发展缺乏系统的产业支撑

自西部大开发战略实施以来，西部地区的产业发展实力得到了一定增强。但是从总体上看，西部地区经济发展依然缺乏系统性、主导性、内生性的产业支撑。究其原因，一个重要方面是在实施西部大开发战略的过程中，西部各地均把开发投资的重点放在了基础设施建设和生态环境保护等领域，加工制造业发展单纯依靠东部地区的产业转移，没能够很好地结合自身的资源禀赋发展西部特色产业，致使西部地区产业发展的内生性、长远性、可持续性不足，工业化进程推进较慢。同时，在产业转移中，东部地区在西部布局的产业也多以资源开发为主，对生态环境的影响较大，对西部地区剩余劳动力的吸收带动作用难以充分发挥，严重影响了西部地区的城镇化进程。

（四）西部地区民间资本投入比例不协调

从目前看，西部大开发战略实施以来，西部地区的投资以政府推动为主，国内民间资本和外商投资并没有相应地大规模跟进。众所周知，民间资本相对于政府投入具有更大的灵活性、持久性和广泛性，民间资本的投入对于盘活地区经济发挥着举足轻重的作用。这种状况也从一个侧面反映了西部地区在投资环境改善方面存在一定问题。尽管经过20多年的开发建设，西部地区的基础设施和生态环境状况得到了稳步提升，但由于西部地区改革开放滞后，投资环境尤其是观念、体制、人才等投资软环境建设依旧非常薄弱，远不能适应和支撑西部地区经济社会发展的需要。

▶▶▶

| 第四节 |

推进西部大开发形成新格局

2020年5月，《中共中央　国务院关于新时代推进西部大开发形成新格局的指导意见》明确了未来形成西部大开发新格局的定位。《中共中央关于制定国民经济和社会发展第十四个五年规划和二〇三五年远景目标的建议》要求推动西部大开发形成新格局。新格局的基本定位是在明确新时代推进西部大开发战略使命的基础上，积极推动西部地区大保护、大开放、高质量发展，力争到2035年西部地区基本实现社会主义现代化。

一、新时代推进西部大开发的战略使命

当今世界正经历百年未有之大变局，我国发展的内部条件和外部环境正在发生深刻而复杂的变化。西方国家对我国进行的围堵打压给我国造成的总体国家安全、能源安全问题日益突出；高附加值电子产业和互联网、服务贸易等非实体经济的蓬勃发展给历经500年萎缩的陆权和陆上贸易通道带来了反转的战略契机。在我国进入第四次产业革命，人均GDP突破1万美元的新发展阶段，在推进“一带一路”战略构想和构建人类命运共同体的背景下，新时代西部大开发肩负着不同于以往的战略使命。

（一）补齐西部地区依然存在的发展短板

前文已述及，从整体上看，西部地区与东部地区在经济实力、居民收入水平，

以及教育、医疗、养老等社会领域依然存在较大的差距。从西部地区内部来看，区域之间发展不平衡不充分的问题也较为突出。西部地区既有成渝城市群、关中平原城市群等经济发展比较好、产业聚集能力比较强、居民生活水准比较高的地区，也存在干旱少雨、农业生产条件差的甘肃东部地区、河西走廊、宁夏南部地区、贵州喀斯特地貌地区、四川西部少数民族居住区、云南沿边地区及新疆维吾尔自治区和西藏自治区等经济发展相对落后的地区。尽管西部地区如期完成了脱贫攻坚任务，同全国一道全面建成了小康社会，但对于脱贫后的深度贫困地区而言，巩固拓展脱贫攻坚成果的任务依然相当艰巨。因此，尽管举全国之力实施了20多年的大开发战略并取得了显著成效，但西部地区依然是我国实现社会主义现代化进程中的短板和薄弱环节。

顺应中国特色社会主义进入新时代、区域协调发展进入新阶段的新要求，2020年5月17日，《中共中央　国务院关于新时代推进西部大开发形成新格局的指导意见》指出："强化举措抓重点、补短板、强弱项，……确保到2020年西部地区生态环境、营商环境、开放环境、创新环境明显改善，与全国一道全面建成小康社会；到2035年，西部地区基本实现社会主义现代化，基本公共服务、基础设施通达程度、人民生活水平与东部地区大体相当，努力实现不同类型地区互补发展、东西双向开放协同并进、民族边疆地区繁荣安全稳固、人与自然和谐共生。" 由此可见，在新时代全面建设社会主义现代化国家新征程中，西部大开发肩负着进一步缩小东西部地区差距、补齐西部地区发展短板、实现包括西部地区在内的全体人民共同富裕的历史使命。

（二）进一步扩展国家发展的战略回旋空间

党的十八大以来，在以习近平同志为核心的党中央坚强领导下，西部地区经济社会发展取得重大历史性成就，为决胜全面建成小康社会奠定了比较坚实的基础，也扩展了国家发展的战略回旋空间。我国是一个陆海兼备、人口和经济高度集中于大陆边缘地带的超大规模国家，为应对美国对我国在第一岛链、第二岛链进行的封锁和遏制，以及在我国南海海域的挑衅升级，实现总体国家安全和区域协调发展，党的十八大以来，我国坚持陆海统筹，倡导"一带一路"建设，实施区域协调发展战略，以我国大陆边缘地带为依托，“东出西进、南下北上”，加强与亚欧大陆心脏地带、边缘地带和海上地带的交流和发展，促进亚欧共同繁荣、共建人类命运共同体。

西部地区地处亚欧大陆心脏地带、边缘地带、海上地带的中国接合部，是我国西向深入亚欧大陆心脏地带的前沿地域，是我国与亚欧国家共同建设的中蒙俄、新亚欧大陆桥、中国—中亚—西亚、中国—中南半岛、中巴和孟中印缅国际经济走廊起讫基地和中介通道。因此，在全面建设现代化国家新征程中，西部大开发应以进一步扩展国家发展的战略回旋空间，促进亚欧大陆共同繁荣为重要战略使命，抓住“一带一路”建设的历史机遇，因势利导地打造中国西向融通亚欧的陆上桥头堡[①]。

（三）更好地统筹国内国际两个大局

强化举措推进西部大开发形成新格局，是党中央、国务院从全局出发，顺应中国特色社会主义进入新时代、区域协调发展进入新阶段的新要求，统筹国内国际两个大局作出的重大决策部署。统筹国内国际两个大局是在党的十九届五中全会上提出的谋划各项工作的基本出发点。当前国际格局和国际体系正在发生深刻调整，全球治理体系正在发生深刻变革，国际力量对比正在发生近代以来最具革命性的变化。世界经济重心正在加快“自西向东”位移；新一轮科技革命和产业变革正在重塑世界；新兴市场国家和发展中国家国际影响力不断增强，国际力量对比更趋均衡；全球治理的话语权越来越向发展中国家倾斜，全球治理体系越来越向着更加公正合理的方向发展；世界文明多样性更加彰显，世界各国开放包容、多元互鉴成为主基调。

统筹国内国际两个大局，实现中华民族伟大复兴，利用好世界百年未有之大变局给我国带来的战略机遇，以及更好地应对百年未有之大变局带来的挑战，需要确保推进中国式现代化进程中中国融通亚欧的能源安全和中国、亚洲生态安全。拥有特殊区位条件和能源资源禀赋的西部地区在支撑中国和亚欧能源—经济—环境系统绿色低碳可持续发展转型、确保中国和亚洲生态安全方面处于无可替代的地位[②]。

① 杨开忠：《全面建设现代化国家的西部大开发战略》，《中国经济学人》2021年第3期。
② 同上。

西部地区不仅是我国潜力巨大的主要能源供给基地，以及太阳能、水能、风能等清洁能源发展的战略基地和桥头堡，而且是沟通亚欧中部能源生产区和亚洲能源消费区日益突出的主要国际能源通道，对建设我国、亚欧甚至全球能源互联网，推动能源—经济—环境系统绿色低碳转型，打造中国融通亚欧的安全、高效、清洁国际能源互联网枢纽具有引领作用。同时，我国西部地区坐拥地球“第三极”，在亚欧大陆生态文明建设中具有独特地位，不仅集聚了由“青藏高原生态屏障”“黄土高原—川滇生态屏障”和“北方防沙带”构成的“两屏一带”，负有支撑中国和亚欧能源—经济—环境系统绿色低碳可持续发展转型的使命，而且是亚洲最重要的“江河源”、世界生物多样性富集区，是我国开展国际河流水外交的桥头堡。因此，抓住“一带一路”建设的历史机遇，筑牢能源国际通道和生态屏障，确保中国能源、生态安全，进一步统筹国内国际两个大局，是西部大开发形成新格局的重要历史使命①。

二、新时代推进西部大开发形成新格局的要义

《中共中央　国务院关于新时代推进西部大开发形成新格局的指导意见》指出：“强化举措抓重点、补短板、强弱项，形成大保护、大开放、高质量发展的新格局，推动经济发展质量变革、效率变革、动力变革，促进西部地区经济发展与人口、资源、环境相协调，实现更高质量、更有效率、更加公平、更可持续发展……”由此可见，大保护、大开发和高质量发展成为新时代推进西部大开发形成新格局的内涵要义。

（一）大保护：构筑基于流域的生态安全屏障

西部地区是我国乃至亚洲地区重要的生态安全屏障，拥有大面积的草原、森林等重要生态资源，也是长江、黄河、澜沧江等大江大河的发源地。西部地区生态环境问题关系到全面建设社会主义现代化和推进中国式现代化的生态安全。新时代深入推进西部大开发，要把生态环境保护摆到突出位置，贯彻“绿水青山就是金山银

① 杨开忠：《全面建设现代化国家的西部大开发战略》，《中国经济学人》2021年第3期。

山”理念和“大保护”观念，坚持生态优先、绿色发展，在保护中开发、在开发中保护，加大生态保护和环境治理力度，筑牢国家生态安全屏障。

贯彻落实“大保护”观念，需要根据国土空间规划，实施青藏高原生态屏障区、北方防沙带等重要生态系统保护和修复工程。推进青海三江源生态保护和建设、祁连山生态保护的综合治理、岩溶地区的石漠化综合治理；加强汾渭平原、成渝地区等区域大气污染联防联控联治，加强黄河干流及主要支流水环境综合治理，推进滇池、洱海等重点湖库污染防治。在推进西部地区生态环境“大保护”中，要在借鉴长江经济带、黄河流域生态保护和高质量发展、珠江—西江经济带以及澜沧江—湄公河国际次区域合作经验的基础上，结合西部地区作为全国乃至亚洲“江河源”“生态源”的现实，构筑基于流域的生态保护体系和生态安全屏障。

第一，以构建良性水循环为中心着力推进流域生态一体化保护。树立自然—人类“水循环”和“共生”理念，以构筑流域良性水循环为中心，改变传统的人为过度干预、过度开发生态资源的掠夺式开发方式，树立基于生态修复、尊重生态系统规律的“自然—政府—市场—社群”四主体治理模式，深入推动流域生态要素和生态产品统一市场改革，建立健全主体功能区和“三区三线”制度以及社会参与机制，认识、尊重、顺应水循环规律，倡导和实施基于自然的解决方案，发挥自然力量在流域生态一体化治理中的基础作用，实现流域生态全社会、全要素、全过程、全地域一体化保护[①]。具体来说，对平原地区的河道采取自然生态型治理模式，在河道的岸顶、坡面以及水边种植植被，通过植物的根系来巩固岸坡；对城市内的河道采取景观生态型治理模式；对山区河道采取工程生态型治理模式，通过工程措施来保护山区河道的结构安全性和结构稳定性，通过生态措施维护山区河道的生态环境。

第二，着力转变流域核心-边缘结构模式。针对以往作为流域核心区的东部地区的繁荣是以流域边缘区生态破坏、生活贫困等为代价且不可持续的状况，在新时代推进西部大开发和生态环境“大保护”的过程中，要进一步建立健全流域生态补偿机制，更好地统筹上下游、干支流、左右岸，建立更加有效的核心-边缘区协调

① 杨开忠：《全面建设现代化国家的西部大开发战略》，《中国经济学人》2021年第3期。

发展机制，推动流域核心–边缘结构由传统不可持续模式向可持续模式转变[①]。事实上，构筑基于流域的生态保护体系和生态安全屏障需要从根本上解决流域边缘区居民的生计问题，在生态脆弱区或生态保护区减少人类活动和人为的破坏。比较可行的途径就是人口的内聚和外迁。内聚就是选择交通便利、有较大发展空间、国家重点支持、产业聚集规模较大的城市，吸引耕地少的居民到城市务工、经商，在帮助他们摆脱贫困的同时，减少对生态环境的破坏；外迁就是创造条件支持并鼓励生态脆弱区的居民举家迁移到发达地区就业和居住，进入都市圈、城市群[②]。

（二）大开放：打造西部内陆对外开放高地

随着“一带一路”建设的深入推进，全国以往开放格局中形成的“雁型模式”正在发生巨变，西部地区开始从对外开放的“末梢”走向对外开放的“前沿”。比如，中欧班列使我国的新疆、四川、重庆、郑州、西安等都成为对外商贸开放的前沿；在西安打造中欧班列的集结中心，形成承东启西、承接南北、贯通欧亚的重要商贸物流大通道和大网络。新时期推进西部地区大开放就是要通过在西部地区构建“一带一路”内外联通的战略走廊，加大沿边地区开放，打造内陆开放高地，推动我国形成东西双向、海陆并进的多层次多渠道开放新格局。

推进西部大开发，打造西部对外开放高地，需要在建设国际大通道和国际经济走廊的基础上，构建内陆多层次开放平台，发展高水平开放型经济。2015年，我国确定与“一带一路”国家共建新亚欧大陆桥、中蒙俄、中国—中亚—西亚、中国—中南半岛、中巴和孟中印缅6条陆上国际经济走廊。2019年8月2日，国家发展和改革委员会印发《西部陆海新通道总体规划》，从主通道、重要枢纽、核心覆盖区、辐射延展带4个维度，对西部陆海新通道建设进行了空间布局。在这一背景下，西部地区各城市要适时而变，积极发展多式联运，不断构建现代化物流枢纽，优化国际运输体系，打造更加通畅便捷的国际物流大通道；加强国际交流合作，强化通关一体化发展，探索推进与国内沿海RCEP（《区域全面经济伙伴关系协定》）贸易重点口岸的“组合港”通关模式，促进与非毗邻国家（地区）的口岸国

① 杨开忠：《全面建设现代化国家的西部大开发战略》，《中国经济学人》2021年第3期。

② 肖金成：《推进西部大开发形成新格局的三大关键问题》，《区域经济评论》2020年第5期。

际合作；积极探索在RCEP等机制下的鲜活农产品即验即放、检验结果互认等通关便利化举措，推动“单一窗口”功能向跨境贸易全链条延伸，提升RCEP跨境贸易便利化水平；与“一带一路”国家合作，在交通基础设施建设、新能源、现代服务业、物流业、特色产业、沿线文化旅游等方面加强交流合作，加快西部地区的工业化和城镇化进程，给西部注入发展活力，为打造西部地区对外开放新平台提供强有力的产业支撑。

此外，在打造西部地区对外开放新平台过程中，要在原有经济联系的基础上，加强国际次区域合作，如西南地区与东南亚国家、南亚国家的相邻地区开展经济合作，西北地区与中亚国家、俄罗斯、蒙古国相邻地区开展经济合作。

同时，抓住我国自由贸易港谋篇布局的战略机会，发挥沟通亚欧大陆与太平洋、大西洋、印度洋沿海经济带的内陆桥梁和枢纽位置潜力和优势，重点依托成都、重庆、西安等城市及其国际空港、国际铁路港，以四川、重庆、陕西等内陆自由贸易试验区为基础，规划建设西部地区内陆自由贸易港，加快政府职能转变，加快推进投资贸易自由化、便利化。

（三）高质量发展：构建创新驱动型现代产业发展体系

目前，西部绝大多数地区正处于工业化时代的中后期，工业化仍是西部地区各省（区、市）的重要任务。西部大开发战略实施20多年来，西部地区产业发展主要依靠土地、劳动力、资源优势承接东部沿海地区的产业转移，尽管扩大了产能和产业规模，增强了地区经济综合实力，但由于在技术、体制等方面创新不足，没有形成有利于西部地区自身发展的内生动力。因此，新时代推进西部地区高质量发展，需要在继续承接东部地区产业转移的基础上，积极培育和引进创新型市场主体，运用新技术、新模式、新业态，探索承接人才、资本和技术等先进要素的新路径，与东部沿海地区共建跨区域产业体系，构建跨区域信息共享与传播网络，打造西部地区创新驱动型现代产业体系。

新时代推进西部地区高质量发展，首先，要结合西部多数地区地广人稀的特点，采取大分散、小集中的空间开发模式，实施集中发展、集约发展和集群发展，重点支持区域性中心城市的发展，规划建设产业发展平台，加大投入，促进要素集聚，带动周边地区城市和农村的发展；走集中而非分散的城市化之路，促进人口和产业链向省会、首府城市集聚，并在新疆等有条件的省（区、市）培育发展区域中心城市①。在建设成渝地区双城经济圈，关中平原、北部湾、天山北坡城市群的同时，针对呼包鄂榆、兰州—西宁、宁夏沿黄布局过度分散的问题，重构其空间结构，使之转变为紧凑型都市圈。

其次，要充分利用国家支持数字经济发展的历史机遇，大力发展数字经济，加快推进以5G、物联网、大数据、人工智能等新技术、新应用为代表的新型基础设施建设，实现地理集聚与虚拟集聚的融合，拓展产业发展空间。同时，促进钢铁、化工等传统产业与现代信息技术的深度融合，积极推动高端装备制造业、新一代信息技术、新材料、生物技术产业、新能源产业等战略性新兴产业与“智能+”产业新业态的发展，培育经济发展的新动能，助力西部地区传统产业实现转型升级，形成西部地区经济与产业发展的“造血”机制。

再次，着力支持西部地区优先布局国家级创新基础设施，积极营造西部地区产业创新生态系统，提升西部地区创新能力，最大限度地提高西部地区把资源转化为市场价值的创意、速度、柔性水平，并在西部地区规划建设国家清洁能源、清洁生产和循环经济基地②。

最后，进一步加大对西部地区高等院校和科研院所的支持力度，鼓励支持东部发达地区的双一流高校对西部地区展开对口支援或在西部创办分校，促进西部地区人才的培育，实施更加积极的创新人才引进政策，从国内外引进一批高技术人才，全面提升西部地区的创新发展能力；建立健全以需求为导向的产学研一体化创新体制，提升企业科技创新的主体地位，促进西部地区由要素驱动向创新驱动转换。

① 肖金成：《推进西部大开发形成新格局的三大关键问题》，《区域经济评论》2020年第5期。

② 杨开忠：《全面建设现代化国家的西部大开发战略》，《中国经济学人》2021年第3期。

三、推进西部大开发形成新格局的对策建议

坚持内外互动、创新驱动、重点突破，在强化宏观政策支持、创新东西帮扶模式、推进区域战略协同和培植内部发展引擎等方面采取措施，推进新时代西部大开发形成新格局。

（一）加大宏观政策支持力度，夯实西部地区经济发展要素保障

在财税支持方面，继续在一般性转移支付和各领域专项转移支付分配中对西部地区实行差别化补助，加大倾斜支持力度；继续加大中央财政对重点生态功能区转移支付力度，完善资金测算分配办法；加大地方政府债券对基础设施建设的支持力度，将中央财政一般性转移支付收入纳入地方政府财政承受能力计算范畴；对设在西部地区的鼓励类产业企业所得税优惠等政策到期后继续执行；赋予西部地区具备条件且有需求的海关特殊监管区域内企业增值税一般纳税人资格；对西部地区鼓励类产业项目在投资总额内进口的自用设备，在政策规定范围内免征关税。

在金融支持方面，引导金融机构加大对西部地区小微企业融资支持力度；引导和鼓励银行业金融机构合理调配信贷资源，加大对西部贫困地区扶贫产业支持力度；增加绿色金融供给，推动西部地区经济绿色转型升级；依法合规建立西部地区基础设施领域融资风险分担机制。

在产业政策方面，实行负面清单与鼓励类产业目录相结合的产业政策，提高政策精准性和精细度；在执行全国统一的市场准入负面清单基础上，对西部地区鼓励类产业目录进行动态调整，与分类考核政策相适应；适时修订中西部地区外商投资优势产业目录并进行动态调整；凡有条件在西部地区就地加工转化的能源、资源开发利用项目，支持在当地优先布局建设并优先审批核准；鼓励新设在西部地区的中央企业及其分支机构在当地注册；适当降低社会保险费率，确保总体上不增加企业负担。

在用地政策方面，继续实施差别化用地政策，新增建设用地指标进一步向西部地区倾斜，合理增加荒山、沙地、戈壁等未利用土地开发建设指标；加强对基础设施领域补短板项目的用地保障；支持西部地区开放平台建设，对国家级新区、开发

区利用外资项目以及重点开发开放试验区、边境经济合作区、跨境经济合作区产业发展所需建设用地，在计划指标安排上予以倾斜支持；推进耕地指标和城乡建设用地指标在国家统筹管理下实现跨省域调剂。

在人才政策方面，注重选拔符合西部地区需要的专业化人才，建立健全有利于吸引、激励和留住人才的体制机制；落实完善工资待遇倾斜政策，结合事业单位改革，鼓励引导机关事业单位人员特别是基层公务员、教师、医护人员、科技人员等扎根西部；鼓励符合条件的企业实施股权激励、分红等中长期激励；允许国有企事业单位专业技术和管理人才按有关规定在西部地区兼职并取得合法报酬；允许退休公职人员按有关规定在西部地区创业。

（二）创新东西协作对口帮扶机制，增强西部地区内生发展动力

新时代推进西部大开发形成新格局应创新东西协作对口帮扶机制，重点在产业、人才和科技、教育等方面强化东西协作和帮扶，增强西部地区内生发展动力，形成西部地区经济社会发展的长效机制。

第一，要深化东西资源互通，强化产业协作。立足东部产业比较优势，充分挖掘西部潜力优势，实现资源互补、产业协作和新地区协调发展，也就是要将西部地区不可移动的土地、矿产、能源、旅游、人文等优势与东部沿海发达地区可移动的资金、技术、管理、人才等市场化运作优势进行有机结合，跨区域共建产业园区，探索新型“飞地经济”发展模式。将东西部产业协作和市场对接作为重点，把短效项目和长效项目结合起来，建立长效可持续的产业协作机制；变一味承接东部地区产业转移为实施东部产业链向西部的垂直转移，同时，充分利用东部地区的资本、技术优势，着力培育西部地区特色优势产业，提升产品的品质和价值，并加大宣传和推广力度，以解决西部地区产业发展的内生动力和自身“造血”能力不足的问题，推动形成西部地区依靠自身产业实现经济持续增长的长效机制。在实施西部地区乡村振兴方面，要着力推进西部地区城乡产业尤其是一二三产业融合发展，进一步壮大帮扶结对地区乡村旅游、特色农牧业、农副产品加工等产业发展实力，完善“龙头企业+基地+合作社+农户”等利益联结机制；引导东部地区商贸流通企业、大型农贸市场、农业产业化龙头企业与西部地区特色产业、优质产品精准对接，促

使西部地区更多优质农特产品供应东部地区及国际市场。

第二，要强化人员互动，夯实就业保障。进一步优化东西部劳务协作对接机制，加大劳务输出力度；进一步放宽符合条件的东部地区生源报考结对地区“三支一扶”相应岗位，缓解西部地区基层普遍存在的人才短缺问题。进一步完善西部地区在东部地区务工人员交通、生活、子女教育补贴和优先落户政策；延续扶贫车间、手工作坊、社区工厂等政策，支持结对地区在帮扶项目建设和管护中吸纳脱贫人口和困难群众。

第三，深化科教互联，弥补科教短板。坚持志智双扶，保持干部人才选派力度，实现技术互学、协调发展；深化科技互联，加强东西部科技创新合作，以科技创新为东西部高质量发展双向赋能，实现科技共享、协调发展；通过落实培训补贴政策，鼓励在东部地区务工的西部地区劳动力参加职业技能培训；探索在主导产业特色突出、基础条件较好的乡村振兴重点帮扶地区建设公共实训基地，组织乡村振兴带头人培训，提高创业成功率[①]；探索东西部地区职业院校联学共建模式，为产业合作提供高质量的人才资源和熟练技术工人，促进培训就业一体化，推动西部地区职业教育培训行业实现规模化和优质化。

（三）依托国家区域重大战略，强化区域间战略协同和板块互动

新时代推进西部大开发形成新格局，需要结合国家正在实施的区域重大发展战略，在强化区域间战略协同、板块互动的同时，促进西部地区内部的互动合作，形成区域间和区域内协调发展新机制。

一方面，要着眼国内大循环，把握长三角一体化发展、京津冀协同发展、粤港澳大湾区建设等国内区域发展重大战略机遇，支持西部地区依托陆桥综合运输通道和发达的航空运输网络，推动与东部地区的经济合作与产业衔接；推动东西部自由贸易试验区交流合作，加强协同开放；支持西部地区与东中部地区跨区域共建产业园区，鼓励探索“飞地经济”等模式。

另一方面，改善西北地区与西南地区互联互通条件，强化西部地区内部产业

① 张庆恩：《在高质量推进东西部协作和对口支援中促进共同富裕》，https://m.thepaper.cn/baijiahao_15189801。

协作和经济联系。加快推进西部陆海新通道西线（成都—泸州、宜宾—百色—北部湾出海口）、中线（重庆—贵阳—南宁—北部湾出海口）和东线（重庆—怀化—柳州—北部湾出海口）的建设和完善，加强西北中心城市与成都、重庆及长江黄金水道的交通衔接，将西部陆海新通道打造成为强化西北、西南互联互通和西部地区对外开放的主通道。充分发挥重庆位于“一带一路”和长江经济带交会点的区位优势，着力打造国际性综合交通枢纽，建设通道物流和运营组织中心；发挥成都国家重要商贸物流中心作用，增强对通道发展的引领带动作用；鼓励广西积极参与粤港澳大湾区建设和海南全面深化改革开放，将北部湾建设成国际门户港，发挥海南洋浦的区域国际集装箱枢纽港作用，提升通道出海口功能。积极推动关中平原城市群和成渝城市群协同发展，通过建立产业发展对接机制，探索产业研发协同创新机制，统筹发展产业园区，加强装备制造业（汽车、飞机）、信息产业、能源化工、生物制药等传统优势产业的联合发展、协同创新和转型升级；加强大数据产业、智能制造、新能源与新材料等战略性新兴产业与高新技术产业的协同创新，积极培育航空航天、核技术、信息安全、北斗导航等军民融合产业，培育西部地区新的经济增长极。以文旅产业为突破口，建立文旅产业发展大联盟，推动天山北坡、北部湾、兰西城市群和呼包、银川、昆明、贵阳都市圈，建立陕甘宁、川陕、左右江等革命老区和川渝、渝黔、川滇黔等跨区协同发展机制，促进西部地区一体化发展。

（四）强化都市圈、城市群引擎作用，推动形成城乡协调发展新格局

西部地区地域广阔，除成渝地区、关中平原地区和省会、首府城市相对特殊外，其他广大地区人口稀疏、人口聚落规模小，空间格局不经济的问题突出。因此，相对于东部地区和中部地区而言，西部地区通过促进经济集聚，形成紧凑型经济地理格局，强化都市圈、城市群引擎作用，推动形成城乡协调发展新格局更为必要和迫切。强化西部地区都市圈、城市群建设，需要重点从以下几个方面入手。

第一，优化西部地区城市布局，深化细化实施策略。从目前发展状况看，西部地区城市群发展呈现出极为不均衡的特征，除成渝城市群、关中平原城市群等少数城市群外，其他城市群如天山北坡、兰西等城市群发展滞后，对区域经济的辐射带动作用不强。因此，新时代推进西部大开发形成新格局要继续提升成渝城市群、关

中平原城市群、呼包鄂榆城市群的能级，强化其引领、辐射和带动功能，更要注重后发区域的腹地支撑能力建设，特别要加大北部湾、天山北坡、兰西等城市群的建设力度，在基础设施、产业转移和产业链构筑等方面给予必要的优先安排。

第二，明确圈内、群内各城市功能定位，促进都市圈、城市群一体化发展。遵循中心城市向高端产业方向迈进、中小城市发展先进制造业的原则，形成都市圈、城市群内部分工合理、层次分明、布局紧密的产业发展格局；加快体制融合与资源整合，积极下放省级经济社会管理权限，赋予都市圈、城市群完整的经济社会管理权限；创新都市圈、城市群交通发展模式，统一规划打造“通道+枢纽+环线”的立体化交通体系，着力打造圈内交通网络一体化；借助互联网等新兴技术，全力推动都市圈内医疗报销经办、养老保险转移接续、积分落户等公共服务一体化和均等化[①]。

第三，推动城乡深度融合、等值化发展，形成城乡区域协调发展新格局。以都市圈、城市群建设带动乡村振兴，推动城乡之间产业发展要素与发展动能的双向流动与导入，加快城乡要素配置合理化；进一步完善乡村基础设施和人居环境，逐步实现城乡生活品质等值化；进一步降低农业转移人口市民化门槛，加快推进进城务工人员市民化进程，促进城乡之间良性互动和融合发展[②]。

---

① 岳文泽、张衔春、李林林、鲁亚楠：《以都市圈建设为引擎，推动区域共同富裕》，https://m.gmw.cn/baijia/2022-02/22/35534729.html。

② 徐琴：《以现代化城市群为引领，推进城乡区域协调发展》，https://baijiahao.baidu.com/s?id=1710188846442342197&wfr=spider&for=pc。

PART 06

第六章

推动东北全面振兴取得新突破

本章从东北地区的概况出发，介绍东北地区的划分范围、历史演进、新中国成立后东北地区对全国的贡献，同时指出东北目前发展过程中存在的问题。通过对“东北现象”的深入剖析，总结“东北现象”的具体特征以及形成原因，从而引出东北振兴战略实施的重要意义。进一步从“东北振兴”和“东北全面振兴”两个阶段，梳理东北振兴战略的历史演进和政策重点，从经济发展、对外和对内合作、体制机制改革等方面来看，东北振兴取得了一定的成效。未来，东北全面振兴的突破口应该从促进核心城市产业结构高度化、规划建设现代化都市圈、在沿边地区培育新的经济增长极、加强东北亚国际区域合作和国际次区域合作等方面着手。

习近平总书记指出："东北地区是我国重要的工业和农业基地，维护国家国防安全、粮食安全、生态安全、能源安全、产业安全的战略地位十分重要，关乎国家发展大局。"[①] 实施东北振兴战略，对实现区域协调发展以及巩固我国周边和东北亚地区的安全稳定具有重大意义。学者们针对东北振兴发展何种产业、如何推进国有企业改革、如何打造营商环境等问题展开了深入研究，但从区域协调发展和空间结构调整的角度谈东北振兴的研究目前还比较少，而合理的空间布局有利于产业的集聚和经济的发展。因此，本章从区域协调发展和空间布局优化的角度分析东北地区空间结构，并提出优化空间布局的建议。

第一节

东北地区概况

东北经济在我国的经济格局中占有突出地位。新中国成立之初及计划经济时期，东北经济处于全国领先水平，改革开放后东北经济则出现了增长相对滞后、在全国的经济地位相对下降的现象。东北经济发展的这种变化，引起学术界和政府的高度重视。正确解析东北经济的快速滑坡，有必要重新梳理和审视东北经济在新中国成立75年以来的国民经济发展中的历史地位、发展历程和发展路径，这不仅是大力发展和振兴东北经济的现实需要，更是不断完善中国特色社会主义的理论诉求。

① 《解放思想锐意进取深化改革破解矛盾　以新气象新担当新作为推进东北振兴》，《人民日报》2018年9月29日第1版。

一、东北地区的范围

东北地区的范围包括黑龙江省、吉林省、辽宁省，内蒙古自治区东部的赤峰市、通辽市、兴安盟、呼伦贝尔市、锡林郭勒盟，土地面积为147.33万平方千米，占全国土地面积的15.35%。第七次全国人口普查数据显示，东北地区常住人口为11134.15万，占全国总人口的7.89%；地区生产总值为56932.79亿元，占全国的5.6%；人均地区生产总值为51133.48元，是全国平均水平的71.02%。可以看出，东北地区以约15%的土地面积，承载了近8%的人口，创造了5.6%的地区生产总值，经济发展水平相对较低。

二、东北地区历史演进

东北经济在启动初期曾经历了艰苦的原始积累阶段，1861年营口开港后，外国资本主义势力开始向东北渗透，东北粮食和大豆运往世界各地，开始进入世界贸易体系，奠定了东北地区在农业社会的商品粮基地地位。中日甲午战争后，外国资本竞相进入东北，设厂开矿，近代科学技术、生产设备和经营手段也迅速传入东北，对东北传统手工业产生了巨大的冲击。东北传统手工业为适应新历史潮流，逐渐采用新工艺和新设备，开始了近代化历程。1911年成立的本溪湖商办煤铁有限公司，标志着东北工业化开始发端。1918年，“鞍山制铁所”正式成立。1921年，奉系军阀张作霖下令设立修械及制造枪弹工厂，称为奉天军械厂。1923年该厂设电弧炉一座，这是中国最早的炼钢电炉之一。至此，东北地区开启了工业时代。1932—1945年，14年的伪满洲国时期，东北经济发展很快。1933—1936年，日本对伪满洲国第一期建设投资超过11亿日元；1937—1941年再投资50亿日元进行第二期建设，即伪满洲国产业开发第一个五年计划；1941—1945年，伪满洲国产业开发第二个五年计划如期进行，重点发展钢铁、煤炭、农产品等产业以支撑太平洋战争。1943—1945年，伪满洲国经济居亚洲第一，超越日本本土。农业和工业的兴起为东北经济发展打下了基础。

东北三省与内蒙古东部的联系由来已久。1949年4月，东北人民政府公布的新行政区划为6个省，即辽东、辽西、黑龙江、松江、吉林、热河。新中国成立后，东北地区经历了几次较大的行政区划调整。1955年热河省被撤销，所辖地区被划给辽宁、内蒙古、河北3省（区）。1969年，内蒙古自治区被拆分，蒙东部分地区划入东北三省，这一局面一直维持到1978年，原隶属内蒙古的地区又划回内蒙古。2007年，国务院批复的《东北地区振兴规划》，将蒙东地区纳入东北振兴实施范围。可以说，内蒙古东部与东北三省的联系源远流长。这不仅有上述所说的历史原因，内蒙古东部与东北三省在地缘关系、经济结构和资源要素上都有着极强的关联性，这也是将蒙东地区划入东北三省的主要原因。在地理环境上，蒙东地区是温带季风气候和大陆性气候的分界点，大兴安岭横贯其间，茂林广布，气候湿冷，河流纵横交错，与东北地区的水系连接在一起；而位于非季风区的蒙西地区降水较少，呈现出与东部迥异的环境特征。在文化上，蒙东地区的饮食、民居和民俗等方面与东北三省相近，讲的也是东北话，饮食多以高粱、玉米为主食，肉类也多以猪肉为主。经济上，由于呼和浩特距离蒙东地区太远，对蒙东地区难以发挥自身的辐射力，而蒙东地区与毗邻的东北三省自古以来山水相连、陆路相通，这种不可分割的内在联系和彼此的依赖性，使区域合作具有良好的基础。“七五”时期以前，蒙东地区长期被原国家计委作为东北经济区的一部分来规划建设；3省1区（黑龙江、吉林、辽宁和内蒙古）还曾在原国家计委的主持下就生产力布局、产业对接、分工协作等方面进行过多年的合作。在产业结构上，东北三省已形成以冶金、机械、化工等制造业和采矿、林业为支柱产业的工业体系和重要的商品粮基地，而内蒙古东部地区也在能源、畜牧业、商品粮和林业中具有举足轻重的地位。在东北三省石油、煤炭、有色金属等资源的存储量已明显下降的情况下，蒙东地区以能源与有色金属等支援东北三省；而东北三省以资金、设备、科技、教育等，加强与蒙东地区的合作，使蒙东地区的发展和东北三省深度融合。

三、新中国成立后东北地区对全国的贡献

20世纪初期，东北地区建立了居世界前列的交通运输网。民国成立后，大量的资本开始流入东北，投资于煤炭、钢铁、石油等行业，使得东北地区的重工业在

短期内发展起来。新中国成立之前，内地因连年战争一片荒凉，东北地区受到的破坏最小，当时东北占据着全国98%的重工业，产值更是亚洲第一。新中国成立后，东北地区利用自己的工业基础和资源优势，支援全国的经济建设，在人力、物力、财力等方面为全国的发展提供了巨大的支持，创造的价值也是巨大的。东北地区对全国的贡献主要有以下四个方面。

（一）对GDP的贡献

如表6-1所示，从1953年到1978年，东北三省的地区生产总值一路高歌猛进，经济增长速度始终处于全国前列。特别是1958年“二五”计划开始时，辽宁的地区生产总值一度成为全国的第一名。即使到1978年，辽宁的地区生产总值仍然高于广东，辽宁是249.20亿元，广东是183.10亿元。同期，黑龙江的经济发展也很快，并且较长时期占据全国的前十名。1978年，东北三省的地区生产总值占全国的13.2%。高速增长的经济为全国的经济增长既作出了贡献，又作出了表率。

表6-1 1953—1978年部分年份东北三省GDP及其排名情况

	1953年		1958年		1966年		1971年		1978年	
	GDP/亿元	排名	GDP/亿元	排名	GDP/亿元	排名	GDP/亿元	排名	GDP/亿元	排名
辽宁	52.85	2	105.64	1	122.61	2	148.60	2	249.20	3
黑龙江	32.00	8	61.60	9	92.10	6	115.60	6	174.81	8
吉林	18.97	18	31.18	19	46.67	19	60.90	17	81.98	18
全国	824.40	—	1312.30	—	1888.70	—	2456.90	—	3678.70	—

数据来源：《中国统计年鉴》《黑龙江统计年鉴》《吉林统计年鉴》《辽宁统计年鉴》。

（二）工农业对全国的贡献

东北地区是我国粮食安全的“压舱石”。东北地区粮食总产量占全国秋粮的比重约为27.5%，仅次于长江中下游地区，是我国秋粮的“主阵地”。近年来，东北三省粮食产量占全国的1/5以上，商品粮量约占1/4，粮食调出量约占1/3。2021年，东北三省粮食总产量达2889亿斤，占全国的21.2%，合计增产达153亿斤，对全国粮食增产的贡献率为57.2%。

大国重器的生产基地。工业始终是东北最大的优势，特别是重工业，直到现在，东北仍然是全国最重要的生产基地。1952年，东北三省的煤产量占全国的39%，其中辽宁占19%，吉林占7%，黑龙江占13%；水泥产量占全国的52%，其中辽宁占43%，黑龙江占9%；发电量占全国的48%，其中辽宁占26%，吉林占17%，黑龙江占5%；钢产量占全国的81%，占有绝对优势，主要产自辽宁；化肥产量占全国的80%，主要也产自辽宁。由于东北雄厚的基础，“一五”和“二五”期间，国家的重点工业建设项目，包括苏联援建的项目，很大一部分放在了东北。“一五”期间，近千个工业项目以及苏联援建的156个项目，有1/3放在了东北。从投资额来看，东北占44.3%，接近一半。以鞍钢为核心的钢铁基地建设、以大庆为核心的石油基地建设、以一汽为核心的汽车工业中心建设、以吉化为核心的石化基地建设、以沈阳机床厂为核心的机械制造基地建设等，解决了我国经济实现现代化的“瓶颈”性问题，由此，我国的工业化进程和工业全产业链的发展才得以实现，从而使东北形成了以重工业为主要特征的产业特色，成为国家战略产业基地。

（三）对资源供给的贡献

东北三省矿产资源分布广，种类繁多，现已探明储量的矿种有84种，其中有近60种为大中型矿床，石油、铁、金、镍、锰、钼、菱镁、金刚石、石墨等累计探明储量占全国首位，铜、镁、铅、锡、石膏、大理石等居全国前五。蒙东地区可采石油储量预测超过10亿吨，煤炭探明储量为1000亿吨，还有丰富的铁、铜、锡、铅锌等金属矿藏。

东北的木材资源丰富。东北三省的林地面积达5.5亿亩，森林蓄积量达33.4亿立方米，分别占全国的23%和26.7%，是我国面积最大、资源分布最集中的重点林区。东北大小兴安岭丰富的森林资源保证了全国的木材供应。

（四）人才的贡献

改革开放前，东北以外工业建设所需要的大部分人才和技术工人是东北向全国企业和建设基地输送的。据统计，东北向外输送的各类人才超过137万人，比如富拉尔基热电厂建成以后，先后为全国20多个高温高压电厂培训运行和管理人才，为国家输送了大批高温高压电厂的技术干部以及管理干部。

吉林化学工业公司是我国最早的化学基地。20世纪50年代到20世纪80年代年代，吉林化学工业公司为同类企业、大专院校以及一些国家培养输送的人才有5.6万人。长春一汽抽出4000多人支援湖北二汽建设，其中大学本科、专科毕业的干部有900多人，还有老技术工人3000多人。长春一汽在全国汽车工业建设过程中，累计向全国输送了1.8万名干部和技术骨干。

四、东北地区发展现状

从近代到改革开放初期，东北地区的经济总量一直领先全国。无论是农业还是工业，都充当着为全国“输血”的重要角色，为新中国工业体系的建设和粮食保障作出了巨大贡献。改革开放中期以后，由于国家区域发展战略的调整，加上结构性、体制性改革的滞后，东北地区在社会主义市场经济的大潮中逐渐落后了。自2014年起，东北地区经济出现断崖式下滑，辽宁、吉林、黑龙江3省地区生产总值增长率位列全国倒数，2020年流出573.42万人口。

（一）经济发展疲态化

东北地区有着优越的自然条件，土壤肥沃，对东北地区的农业发展起到极大的促进作用，因而东北地区也理所当然地成为我国重要的粮仓。如表6–2所示，1952年，东北地区的生产总值占全国生产总值的12.93%；1979年，这一比例上升至13.49%；2020年，东北地区的生产总值为56620.98亿元，仅占全国生产总值的5.57%，经济发展日渐疲态化。

表6–2　1952—2020年部分年份东北地区GDP数据

单位：亿元

	GDP			
	1952年	1979年	1999年	2020年
黑龙江	26.00	187.20	2897.40	13698.50
吉林	16.55	91.12	1672.96	12311.32

（续表）

	GDP			
	1952年	1979年	1999年	2020年
辽宁	41.38	245.00	4171.70	25011.40
蒙东地区	6.58	29.75	550.74	5599.76
合计	90.51	553.07	9292.80	56620.98
全国	700.00	4100.00	90600.00	1015986.00
占比	12.93%	13.49%	10.26%	5.57%

数据来源：《中国统计年鉴》《黑龙江统计年鉴》《吉林统计年鉴》《辽宁统计年鉴》《内蒙古统计年鉴》。

（二）人口吸纳能力不强

人口是影响区域经济发展的重要因素，影响着劳动力的分配、市场的规模及经济发展活力。人口的空间分布是指人口分布在时间和空间上的集散程度。第七次全国人口普查数据显示，东北地区城镇常住人口为7351.27万，城镇化水平为66.71%，高于全国平均水平，是全国城镇化进程最快、水平最高的地区之一。然而，人口与经济活动集聚对经济产出的规模效应并不明显。近年来，东北地区经济增长内生动力不足。第一，人口流失严重。如表6-3所示，1952年，东北地区常住人口为4499.71万，到1979年，增长至9585.89万，20余年人口增长超5000万。1999年以后，东北地区常住人口数量开始下降，第七次全国人口普查数据显示，2020年，东北地区常住人口为11079.71万，占全国总人口的7.85%，比第六次全国人口普查的12218.41万人减少了1138.7万人。2020年，常住人口为11079.71万，户籍人口为11653.13万，共流出573.42万人。第二，人口分布相对分散，人口密度普遍不高。东北地区除沈阳市人口密度超过500人/千米^2，其他市的人口密度都不足200人/千米^2，说明人口分布较为分散，难以形成集聚效应。

表6-3　1952—2020年部分年份东北地区常住人口数据

单位：万人

	常住人口			
	1952年	1979年	1999年	2020年
黑龙江	1112	3130	3792	3171
吉林	1064.6	2184.6	2616.1	2577.1

（续表）

	常住人口			
	1952年	1979年	1999年	2020年
辽宁	1932	3394	4103.2	4165.9
蒙东地区	391.11	877.29	1278.61	1165.71
合计	4499.71	9585.89	11789.91	11079.71
全国	57482	97542	125786	141178
占比	7.83%	9.83%	9.37%	7.85%

数据来源：《中国统计年鉴》《黑龙江统计年鉴》《吉林统计年鉴》《辽宁统计年鉴》《内蒙古统计年鉴》。

（三）未充分融入国内统一大市场

东南沿海地区港口众多，交通便利，具有天然的区位优势。改革开放以来，国际交往日渐密切，东南沿海地区优势更加凸显，成为我国对外开放门户与重要交通枢纽；同时，随着市场化程度不断加深，人口和经济重心呈现出不断南移的态势。从地理位置上看，东北正在逐渐远离国内经济中心，在国内统一大市场中的地位逐渐降低；同时，在生产、投资和进出口贸易等方面的市场份额最低且呈持续下降态势，说明没有充分融入国内统一大市场，与外部经济联系不紧密，地区分割程度较高，与长三角、珠三角等地相比处于明显的竞争劣势。从近几年对外贸易数据来看，东北与韩国、日本、俄罗斯等国的进出口贸易额占全国的比重均有所下降，表明其并没有充分利用好地理优势，同其他国家的合作交流仍需要进一步深化。

（四）城市辐射带动能力不强

2008年，国家确定了12个资源枯竭型城市转型试点，随后在2009年和2011年又分别确定了32个和25个资源枯竭型城市。东北三省及蒙东五盟市在三批资源枯竭型城市中分别有6个、11个和4个（表6–4），分别占其中的1/2、1/3、1/6，约占总数的1/3。这些城市过去以重工业为主导产业，随着经济的转型发展，短时间内无法适应产业转型升级的需要，不得不面临产业衰退和人口流出的危机，有些城市如阜新、白山、辽源、七台河等，过去依靠煤炭、石油、金属等矿产资源的开采而获得发展，随着资源逐渐枯竭，经济发展陷入停滞。此外，都市圈核心城市、区域性中心城市辐射带动能力不强，一些城市规模偏小；很多城市产业优势不够明显，特别是在产业转型过程中没有抓住机遇，体制机制僵化、思想观念守旧、思维方式固化、营商环境差，难以为引入新企业提供良好服务。

表6-4　东北地区资源枯竭型城市

所在地区	第一批	第二批		第三批
辽宁省	盘锦市	抚顺市	南票区	—
	阜新市	北票市	弓长岭区	—
	—	—	杨家杖子	—
吉林省	辽源市	九台市（现长春市九台区）	敦化市	汪清县
	白山市	舒兰市	—	二道江区
黑龙江省	伊春市	五大连池市		鹤岗市
	大兴安岭地区	七台河市		双鸭山市
内蒙古自治区	—	阿尔山市		—

资料来源：《中国统计年鉴》《黑龙江统计年鉴》《吉林统计年鉴》《辽宁统计年鉴》《内蒙古统计年鉴》。

（五）与东部地区发展差距较大

改革开放之初，东部率先发展战略使东部地区一马当先，持续保持领先地位。1978年，东部、中部、西部、东北三省的地区生产总值分别为1514亿元、750亿元、726亿元和486亿元，东部地区生产总值是东北三省的3.12倍。2020年，东部、中部、西部、东北三省的地区生产总值分别为52.58万亿元、22.23万亿元、21.33万亿元、5.11万亿元，东部地区生产总值是东北三省的10.29倍。从与东部沿海地区人均地区生产总值比较来看，2003—2020年，东北地区相对人均地区生产总值由0.53下降至0.5，同期中部地区和西部地区则分别由0.38、0.36增加至0.6和0.55。从进出口总额排名来看，2003年辽宁、吉林和黑龙江在全国31个省（区、市）中分别位列第9、第11和第14，至2020年则分别位列第11、第24和第21；从进出口总额占全国的比重来看，2003—2020年东北地区占比由4.5%下降至2.9%，降幅较大，而同期的中部地区和西部地区则分别由3%和3.3%攀升至8.3%和9.2%，增幅显著。总体来看，与中西部地区相比，东北地区对外开放水平下降显著，并被中西部地区大幅超越。

第二节

“东北现象”及形成原因

改革开放以来，以东北地区经济整体下滑为特征的“东北现象”多次被提及，“东北现象”大致可分为三个阶段：第一个阶段是20世纪90年代，在我国经济市场化改革的浪潮中，东北经济的转型举步维艰，经济严重下滑。第二个阶段是2001年我国加入世界贸易组织，导致东北地区农产品大范围积压，农民利益受损，农业减产严重，“中国粮仓”的地位受到重创。第三个阶段是2014年以后，东北地区经济增速出现断崖式下滑，再一次引发社会关注。

一、“东北现象”的基本特征

20世纪八九十年代，东北地区工业发展严重衰退的现象受到关注。1991年新华社发表的《“东北现象”引起各方关注》的通讯指出：“经济发展曾经居全国前列的东北三省近年来工业生产步履维艰，去年黑龙江、辽宁和吉林工业增长率分别居全国倒数第二、第四和第五位，经济效益也处于落后地位。这一异常情况正在引起各方关注，称之为‘东北现象’。”这是“东北现象”概念首次由权威媒体正式提出。虽然“东北现象”一词已出现多年，但不同发展阶段有不同的内涵和概括。具体而言，有以下特征。

（一）产业结构失衡

新中国成立之初，东北地区作为我国重工业基地，形成了以重工业为主的产业结构。随着我国经济的转型升级，东北地区产能过剩、难以适应新时代发展要求等问题日渐显现，经济发展缓慢，生产效率低下，产业结构亟须调整。经过多年发展，东北地区产业结构终于由“二三一”模式转变为“三二一”，从表面上看，这是东北地区服务业持续发展，产业结构不断优化的结果，实际上是第二产业发展放缓，比重下降。第三产业的发展主要是当地居民消费和社会事业相关的生活性服务产业，而生产性服务业、高新技术产业等发展较为缓慢，存在明显短板。

东北地区作为我国重要“粮仓”，对于维持国家粮食安全、保障民生具有重要意义。东北地区的农业产量较高、产品丰富，但目前依然停留在传统的生产流程之中，产业链条短，产品加工工艺简单，产品附加值低，经济效益差。而随着互联网技术的发展，相关技术已经渗透到生产生活的方方面面，仅依靠农产品的初级生产和加工已经满足不了市场需求，必须结合信息技术，延长农产品产业链条，提升农产品附加值。

（二）人口流失严重

第七次全国人口普查数据显示，东北地区常住人口为11079.71万，比2010年减少了1000多万人，人口呈现负增长，人口问题也成为制约东北经济发展的重要因素。除了人口的减少外，还体现在人才吸引力不大。现代化发展必须依托高素质人才，东北地区的人口流失问题不仅体现在人口的流出上，高素质人才也更倾向于流向发达地区。调查显示，拥有本科及以上的高学历人口普遍愿意在非东北地区工作，且自然学科专业的学生流失程度要高于人文社会学科专业的学生。人才流失使东北地区创新动力不足，人才匮乏、分布不合理，高新科技产业发展缺乏人才的有力支撑，对于东北地区经济发展和转型升级都有非常不利的影响，东北地区与其他地区经济发展差距逐步扩大。

东北地区的人口流失问题，比之河南、贵州、安徽、广西、四川等人口流出大省，生育率低是更为严重的问题。受生育观念、生育行为等因素的影响，东北地区的人口自然增长率长期低于全国平均水平。东北地区已经进入了“低生育率陷阱”，生育率长期低于国家平均水平，而低生育率是老工业区存在的普遍问题。

（三）体制机制僵化

东北地区存在体制机制僵化、市场化程度不够的问题，反映在以下几个方面。

1. 国企改革进程较慢

计划经济的巨大惯性仍束缚人们的思维方式，“大锅饭”和“铁交椅”等传统思想依然存在。与此同时，国有企业背负的社会包袱使得国有企业转型困难，如企业普遍开办学校和医疗机构，负担下岗职工生活等费用，甚至部分企业还需负担厂区附近居民的供水、供电、供气等。在东北地区发展初期，企业承担社会责任和城市职能是不得已而为之。一方面，在经济发展较为落后阶段，城市发展质量低，所能提供的公共服务和社会保障覆盖面小、层次低且不够健全；而企业自身发展良好，同时享有优惠政策，有余力补足这部分职能。另一方面，在东北工业发展初期，油田、矿藏远离城市，需要建设配套的生产基地和后勤保障体系，并逐渐发展为城市。无论是哪种路径，最终都会让企业附带各式各样的社会职能，最终形成所谓的“企业办社会”。根据国资委调研估算，黑龙江省仅龙煤集团一家承办的学习和医疗机构、退休人员管理、消防市政以及员工住宅的供水、供电、供气、物业等项目的支出一年约3亿元。这既给企业增加了负担，又不利于城市职能的完善，最终陷入“企业经营状况恶化—政府补贴企业—挤占城市建设资金—城市难以承接企业职能—企业负担加重，经营状况恶化”的恶性循环之中。事实上，剥离企业的社会职能在20世纪90年代的产业政策中已经有所体现，但各个企业承担的社会职能、程度不同，与企业割离后的预算费用难以确定；与其他地区相比，东北地区的城市和地方政府提供社会服务的能力仍然不足，承接具有一定难度；长时间的“企业办社会”导致企业和职工都把企业的社会职能作为职工福利。最终，国企的优质资产被剥离成为单独的经济单元，但原有的社会职能依然保留在企业内部。换句话说，企业社会职能剥离进展缓慢，无论是在东北经济的高速增长期还是下行期，企业的社会负担都没有明显减轻。

2. 市场经济活力不足

政府干预市场经济力量过大，造成市场经济活力不足。与其他新兴工业区相比，东北地区最突出的特点之一就是规模庞大的国有经济和相对弱小的民营经济。以2015年不同性质企业的就业人口比重为例，辽宁省、吉林省和黑龙江省国有企业就业人口占总就业人口的比例分别为23.4%、21.4%和39%，而江苏省、浙江省和广东省的该项数值分别仅为8.3%、8.5%和8.6%。民营企业的就业人口占总就业人口的比重，辽宁省、吉林省和黑龙江省分别为48.3%、56.6%和36.95%，江苏省、浙江省和广东省分别为56%、58%和56.7%。综合来看，东北地区民营经济总量小、产业层次偏低、整体竞争力弱；在微观企业层面缺少龙头企业，且企业规模普遍偏小。需要指出的是，东北地区民营经济的发展模式不同于新兴工业区。在部分沿海地区，民营经济可以作为工业产业和带动经济发展的主体，但东北地区有着独特的区情，其国有企业特别是重点行业的国企垄断、央企垄断情况在短时间内难以改善，某些领域也难以在短时间内完全放开，因此，东北地区民营经济的发展仍需注重与现有主导产业的关联，联通产业上下环节，构建完整的产业体系。

二、“东北现象”形成的原因

“东北现象”三个阶段一脉相承，溯其根源，必须回到东北经济发展的历史脉络上来。这里既有东北地区赖以生存的经济基础原因，也包括长期以来体制僵化等上层建筑因素。

（一）东北地区的经济基础重工业化

受国家经济政策影响，东北地区成为我国最早的重工业基地，其经济发展一直领先于国内其他地区。“一五”时期重工业基地开始投入建设，到“三五”时期又建立起一大批大型石油化工基地，随着大庆油田的发现和开采，石油工业的地位不断提高，东北地区重工业的地位不断强化，形成了以冶金、采掘、石油加工、机械制造等为主体的重工业体系。这一时期的主要任务是为国家生产经济建设提供所需的资源、技术和产品等生产资料，以保证全国经济的有效运转。

可以看出，新中国成立初期，东北地区所承担的角色是为国家产业体系与经济循环打造根基，其发展依靠的是在计划经济体制下工业产品规模化生产的模式，缺乏高附加值产业体系，同时缺少对核心技术、研发能力的掌握，为后续东北地区的经济衰落埋下伏笔。尽管在新中国成立初期东北地区经历了一段时间的经济繁荣，经济增长很快，城镇化水平提高很快，但从本质上来说，其发展模式难以支撑东北地区的可持续发展，从而逐渐在时代的洪流中被淹没。

（二）渐进式改革对东北的冲击

改革开放后，国家作出了“东部地区率先发展”等重大战略调整，东南沿海地区率先成为国家投资的重点区域，引入市场经济体制。面对市场化，东北老工业基地遇到了前所未有的困难：一是计划经济体制遗留问题明显，以重工业为主的产业结构难以适应市场经济体制下的经济运行模式；二是国家工业化向轻工业倾斜，东北地区现行的工业部门结构“积重难返”，逐渐落后于以轻工业为主的东南沿海地区。在此期间，东北地区生产总值增长持续低于全国平均水平。

从东北地区早期的经济发展可以看出，装备制造业是老工业基地的“王牌”，是国家工业的命脉，在产业体系中占据了至关重要的地位。这是因为新中国成立初期百废待兴，东北地区的装备制造业符合国家发展需求，因而取得了快速发展，且一直到改革开放前，装备制造业始终占据东北地区工业部门产值的首位。改革开放之后，东南沿海地区率先从国外进口工业生产所需的原材料、机器设备以及产业技术，直接导致具有国际竞争力的产业与产品全面涌入我国，这对东北老工业基地造成了巨大冲击，东北地区的重工业逐渐陷入困境，生产效率低下，产业技术落后，产品质量无法与国外同类产品相抗衡。经济的转型发展使企业大力引进工业生产设备与技术，但在东北装备工业基础上进行技术改造仍远远落后，造成了在产业体系中占据重要地位的东北装备制造业被国外相关产业直接替代，东北老工业基地的产品无法进入经济发达地区的市场。

国家推动东部地区率先发展，东南沿海地区由于优越的地理位置、便利的陆海交通、易于接纳先进技术的产业基础，经济发展越来越快。而东北地区工业企业大多数具有国有性质，通过指令性资源配置手段保证重工业生产的高效率，从而建立了一套封闭式的工业体系，能够完成原材料及设备的独立生产和运营。但由于东北地区的经济运作模式无法适应改革开放之后的市场化，因此，这一时期的渐进式改革实际上是对东北老工业基地的“牺牲”与“抛弃”。改革开放政策与市场化模式在东北地区推进的滞后，必然造成东北老工业基地在国家整体的产业体系中失去自身优势，经济效益也在长期的发展中逐步衰落。

（三）国际国内市场的冲击

宏观经济环境也是导致东北衰落的重要原因。“东北现象”始于20世纪90年代。在市场化改革、经济转轨的过程中，东北老工业基地经济陷入困境，大批国有企业处于停产、半停产状态，经济亏损额居高不下，众多职工下岗失业。东北地区传统的工业部门产值逐年缩减，原有的主导产业及优势产品在全国的地位也呈现下降的态势。从经济运行机制上看，这是计划经济与市场经济转轨的必然表现，计划经济撤出滞后，市场化改革成效不明显，传统经济体制运行受阻，造成经济停滞不前。对东北地区来说，长期的计划经济残留对当地的企业影响过大，经济转轨过程困难重重。计划经济残留的影响一直延续至今，国企产能落后、改革艰难的历史遗留问题已经陷入恶性循环，严重拖累了东北地区的经济发展。

2001年我国加入WTO之后，东北地区的农产品和农业经济受到了来自国内外的双重压力，经济发展又一次面临考验，称为“新东北现象”。与国际市场上的同行相比，东北地区的农产品在质量和价格上都不具备竞争力。在市场机制的作用下，国外农产品大量涌入我国市场，对国内的农产品市场造成了巨大冲击。对东北地区尤其是吉林、黑龙江这样的农业大省来说，以往的农业与农产品优势遭受严峻挑战，机械化程度低、规模化未成气候、经营模式粗放、产品质次价高等问题逐一显现，如此形势下的东北农业经济全面下滑是不可避免的。

“东北现象”引起了社会各界的广泛关注，振兴东北老工业基地战略提上日程。东北地区一度进入高速发展的“十年振兴”阶段，经济走势有所回升，地区生产总值增长率均保持在10%以上，高于全国平均水平。然而，自2014年起东北经济再次出现下行态势，经济增长率明显下降。从自身问题来看，有东北产业定位的固化，有国家政策执行的滞后；从世界范围内的经济运行来看，这一次大规模的东北经济下行，实际上是第二次产业革命将至终结的一次清算。迄今为止，人类经济活动仍然以第二次产业革命时期形成的产业体系为主，第三次产业革命及IT（信息技术）革命带来的只是这个体系局部枝干的发达和革命性进步。新中国成立初期，在计划经济体制下国有资本大量涌入东北地区，带来经济的跟随性增长。受益于密集型投资和煤炭、石油等资源禀赋，东北地区迅速建立起装备制造、石油化工、电力设备制造等产业，形成了较为完整的产业体系，这一产业体系始终处于第二次产业革命的框架之内。随着自然资源的枯竭和不可再生，新材料、新能源的开发迫在眉睫，以此为基础的新一轮产业革命悄然来临。新技术、新动力的产生必然带来旧有产业的淘汰与更新换代。在产业技术即将到达周期终结的同时，世界市场的需求结构也在发生深刻变化。东北地区的产出结构始终以重工业产品为主，适应了新中国成立初期世界市场和我国经济发展的双重需要，但已经与当前阶段以高新技术为核心的产品市场需求严重不符。

三、实施东北振兴战略的重要意义

东北和蒙东地区是我国经济社会发展进程中极为重要的区域，就其历史贡献和现实的战略重要性而言，可以用“推动我国工业化发展的‘柱石’、保障国家粮食安全的‘基石’、维护国家生态安全的‘屏障’和巩固国家国土安全的‘保障’”来定义其地位和作用。在目前大力实施“一带一路”、京津冀协同发展、长江经济带发展三大战略背景下，中共中央、国务院发布的《中共中央 国务院关于全面振兴东北地区等老工业基地的若干意见》明确提出“要像抓‘三大战略’一样，持续用力，抓好新一轮东北地区等老工业基地振兴战略的实施”，这也充分表明了东北振兴在新时期全国区域协调发展中的战略地位。

（一）东北振兴关乎国家发展大局

东北地区的战略地位十分重要，关乎国家发展大局。在新时代的历史方位中，东北振兴，是全面振兴、全方位振兴，关涉国家的“五大安全”[①]，要从统筹推进

① “五大安全”是指国防安全、粮食安全、生态安全、能源安全、产业安全。

“五位一体”①总体布局、协调推进“四个全面”②战略布局的角度去把握。这个定位对于东北地区是时代要求，更具使命意味。

在战略定位上，应“跳出东北看东北”，在更大的格局中审视东北、定位东北。东北地区要在融入共建“一带一路”格局中成为主力和先锋，要在东北亚地缘战略的视野下发挥经济稳定、军事平衡、文化交流的支撑作用，更要在全国“一盘棋”的背景下，实现与京津冀、长江经济带、粤港澳大湾区的对接和合作，成为具有优势和特色的区域。这都要求东北地区放眼世界、胸怀大局、科学统筹、精准施策，乘势而上、借力起飞。

（二）东北全面振兴是我国保障粮食安全、筑牢北方生态屏障的需要

习近平总书记在考察黑龙江农垦建三江管理局时强调：“中国人的饭碗任何时候都要牢牢端在自己的手上。”③改革开放以来，承包制调动了农民的积极性，我国粮食产量连年增加。2022年，我国粮食总产量为13730.6亿斤，水稻、小麦、玉米三大主粮基本上能够满足国内需求。但同时，我国粮食进口量也在不断上升。海关总署的统计数据显示，2022年我国粮食进口量为14687.2万吨，是2002年（253万吨）的58.05倍。粮食进口量占我国粮食总产量的21.04%，我国粮食（尤其是非主粮）对外依存度较高。在我国粮食进口的品种上，大豆的进口量最大、对外依存度最高。2022年，我国大豆进口量为9108.1万吨，约占我国大豆消费总量的77.65%。

粮食安全既涉及总量安全，也关系质量安全。食品安全和农业面源污染已成为我国经济社会发展必须解决的难题。“东北地处世界三大黑土带之一，是维护国家粮食安全的‘压舱石’。”④东北地区耕地约为2793.8万公顷（41907万亩），占全国耕地总量的20.6%。在地形条件上，东北平原地势平坦，耕地集中连片。从土壤条件上分析，东北以黑土和黑钙土为主，土地肥沃。在气候条件上，东北大部分

---

① “五位一体”是指统筹推进“经济建设、政治建设、文化建设、社会建设、生态文明建设”五个方面。

② “四个全面”是指全面建设社会主义现代化国家、全面深化改革、全面依法治国、全面从严治党。

③ 《解放思想锐意进取深化改革破解矛盾 以新气象新担当新作为推进东北振兴》，《人民日报》2018年9月29日第1版。

④ 张晓松、杜尚泽：《奋力书写东北振兴的时代新篇》，《人民日报》2018年9月30日第1版。

属于温带地区，水热条件适合农业生产。实现东北全面振兴，有利于推动东北农业现代化与农业绿色发展，从而为保障国家粮食安全作出贡献。

东北地区的大小兴安岭、长白山、草原草甸是我国北方重要的生态功能区和生态屏障区。推动东北全面振兴，能够促进我国东北经济发展中资源“获取、利用、废弃”直线型整合模式的改变，推进东北地区的生态文明建设，也是筑牢我国北方生态屏障的需要。

（三）东北全面振兴是我国复兴老工业基地深入探索与经验积累的需要

东北老工业基地存在的问题，既具有普遍性，又具有特殊性。回顾发达国家的发展历程，老工业基地问题是所有国家从工业化中后期迈入后工业化时期无法回避的共同难题。一个区域的经济发展，其产业结构常具有惯性，其投资路径易被锁定，而科技进步、产品迭代、消费升级、资源类产品价格上升等诸多因素都可能制约某一类或几类产业的发展，致使原有产业丧失市场竞争力，甚至被淘汰，这就产生了老工业基地问题，也被称为“萧条病”。比较典型的有欧洲“煤钢联盟”的主要组成地区、德国的鲁尔地区和法国的阿尔萨斯–洛林地区、美国的“铁锈地带”，以及英国的曼彻斯特等城市工业区。

东北地区作为我国的老工业基地，近年来经济下行压力不断增大，不仅引发了社会各界的持续关注，也引发了如何借鉴国外“铁锈带复兴”的成败经验来振兴东北的讨论。东北地区的转型升级绝没有那么轻松和简单。东北三省人口过亿，面积两倍于法国，工业底子不差，有完备的产业链条，但在东北地区发展过程中，重工业比重过高，庞大的资产沉淀注定经济转型是痛苦而艰难的。2018年9月，习近平总书记在东北三省考察并主持召开深入推进东北振兴座谈会时明确指出，东北在体制机制、经济结构、对外开放、思想观念方面存在“四大短板”。而我国与西方国家的社会制度不同，经济发展所面临的时代背景和外部环境迥异，我国老工业基地产业结构调整的资源、环境、人口、资本约束也不同，因此，我国老工业基地的萧条缘由和复兴探索有其特殊性。推进东北振兴是立足于我国国情，为我国复兴老工业基地进行深入探索与经验积累的需要，有利于打造我国老工业基地的转型示范，为全国其他老工业基地提供东北方案。

▶▶▶

| 第三节 |

东北振兴战略的提出与政策演进

东北地区是我国城镇化及工业化起步最早的地区之一，是新中国重工业诞生的摇篮。党和国家在东北等老工业地区集中投资建设了具有相当规模的以能源、原材料、装备制造为主的战略产业和骨干企业，为我国形成独立、完整的工业体系和国民经济体系作出重大贡献。由于种种原因，随着改革开放的不断深入，老工业基地的体制性、结构性矛盾日益显现，进一步发展面临着许多困难和问题。

一、东北振兴1.0时代：全面启动阶段

2003年10月，中共中央、国务院正式印发《中共中央　国务院关于实施东北地区等老工业基地振兴战略的若干意见》，制定了振兴战略的各项方针政策，吹响了振兴东北老工业基地的号角。

（一）政策背景

新中国成立初期，我国的经济基础十分薄弱，生产力分布不合理，工业集中于东部沿海地区，为了改善生产力分布不合理的现状，促进我国区域经济协调发展，缩小各区域之间的差距，尽快建立和恢复我国的工业体系和国民经济体系，国家首先以东北地区为经济建设的重点。其中，在第一个五年计划时期，国家将全国基本建设投资的1/4用于扩建和新建东北地区的重工业，另外苏联援建的重点建设工程项目也有近半数布局在东北三省。国家的重点建设和苏联援建奠定了东北老工业基

地的地位，成为我国特别重要的工业基地，为我国的工业体系和国民经济体系的建立和恢复作出了重大贡献。随着全国改革开放的推进，我国积极调整了区域发展战略，强调效率目标。东部沿海地区以其区位优势和较好的经济基础，成为新一轮国家投资建设的重点，而东北地区的投资建设则逐渐减少。具备区位优势和较好经济发展条件的东部沿海地区在国家优惠政策进一步倾斜的条件下，经济高速增长，尤其民营企业和轻工业快速发展，而东北地区的国有企业却面临经营困难，东北地区体制性、机制性和结构性矛盾日益严重，进一步发展面临一系列困难和问题：市场化发展水平和程度较低，经济发展动力不足；国有经济所占比例过高，民营经济发展滞后；经济结构调整缓慢，第三产业发展不充分；资源型城市产业转型困难，接续产业亟待发展。我国在2001年加入WTO，东北地区农业发展又受到较大的冲击，东北地区经济增速开始放缓，在全国经济总量中的占比逐渐下降。

自我国实施以非均衡发展论为指导的区域发展战略以来，全国经济取得了快速发展，经济实力得到了进一步提升，然而区域差距日益扩大，不仅东北地区经济发展与东部地区差距日渐扩大，中西部地区经济发展与东部地区的差距也越来越大。为了解决各区域之间发展不平衡问题，缩小区域差距，促进区域协调发展，针对我国四大区域的经济发展现状和要素禀赋条件，国家实施了区域协调发展战略，包括西部大开发战略、中部崛起战略、东北振兴战略。其中，东北振兴战略的实施就是为了解决东北地区经济发展过程中存在的问题，促进东北地区的可持续发展，缩小东北地区与东部地区之间的差距。

（二）政策演进

党的十六大报告中提出："支持东北地区等老工业基地加快调整和改造。"2003年，温家宝两次赴东北地区，实地考察了部分国有大企业，多次召开座谈会讨论振兴东北老工业基地大计，强调要把老工业基地调整、改造和振兴摆到更加突出的位置，走出加快振兴新路子。同年10月，中共中央、国务院正式印发《中共中央　国务院关于实施东北地区等老工业基地振兴战略的若干意见》，制定了振兴战略的各项方针政策，拉开了振兴东北地区等老工业基地的序幕。

2007年8月，国务院振兴东北办《东北地区振兴规划》提出，我国将经过

10～15年的努力，实现东北地区的全面振兴。

2009年9月，国务院印发《国务院关于进一步实施东北地区等老工业基地振兴战略的若干意见》，对进一步促进东北地区等老工业基地振兴，应对国际金融危机、促进全国经济平稳较快发展具有重要意义。

2012年1月，国务院振兴东北地区等老工业基地领导小组会议讨论通过《东北振兴“十二五”规划》。

（三）政策重点

加快体制机制创新。推动国有资本向关系国民经济命脉的重要行业、关键领域和优势产业集中，积极推行投资主体多元化，大力发展混合所有制经济和非公有制经济。继续深化国有企业改革，按照建立现代企业制度的要求，完善法人治理结构，深化劳动用工、人事和收入分配制度改革，建立重大决策责任制度和风险内控机制，强化财务、质量、采购和营销管理。营造非公有制经济发展的良好环境，积极扶持中小企业发展，鼓励同大企业建立密切协作关系，鼓励民间资本参与老工业基地国有、集体企业改制，盘活国有资产，借助老工业基地的产业基础和优势，培育一批经济实力强、技术水平高、地区经济特色突出的大型民营企业。

全面推进工业结构优化升级。按照以信息化带动工业化，以工业化促进信息化，培育支柱产业和优势产业，在搞好企业改革和改组的基础上，加快重点行业、重点骨干企业的技术改造。东北地区要充分挖掘和发挥现有工业基础优势，提高企业自主创新能力和技术装备水平，促进产业结构优化升级，形成具有较强竞争力的现代产业基地。

积极发展第三产业。大力发展第三产业是老工业基地结构调整的重要内容，也是在调整中增加劳动力就业的主要途径。以剥离企业办社会职能为契机，大力推进服务业的社会化、市场化和产业化。

推进资源型城市经济转型。对资源仍较丰富的，要加强资源的综合利用和精深加工，拉长发展链条；对资源近期可能走向枯竭的，要抓紧研究接续产业发展问题；对资源已经枯竭和接近枯竭的，要加快发展接续产业。

二、东北振兴2.0时代：新一轮东北振兴

（一）政策背景

因为老工业基地存在的结构性问题以及体制性问题还没有得到解决，东北地区生产总值在全国的比重中呈现下降的趋势，2002年是11.1%，2003年下降到9.6%，而在2004年已经下降到9.3%。由于东北地区的经济结构不合理，经济体制也存在很多弊端，经济增长的方式比较粗放，有一部分国有企业还在背负沉重的历史包袱，企业机制不够灵活。在农业劳动生产率逐渐提高令农村剩余劳动力增多的同时，近500万困难群体从东北三省的军工、森工、农垦等行业中被分离出来，尤其是重组的老企业和资源枯竭的工矿区有大量富余的人员，这让社会保障以及就业再就业面临诸多压力，这些困难群体的安置和解决工作一直都进展缓慢，此外，银行的呆坏账问题更严重，面临着较大的隐患和金融风险。2003年，中共中央、国务院正式印发的11号文件明确了国家支持东北振兴的政策，但诸如对企业的历史欠税进行豁免、对厂办大集体问题予以妥善解决等没有落实，银行呆坏账的问题并没有得到有效解决。2005年，经济运行出现一些新的难以解决的问题，我国调整的边贸政策也让我国对俄贸易的进出口额增幅有所下降，再加上市场需求的影响，让东北三省的交通运输业蒙受巨额损失。这些问题以及困难都是现实存在的，各级政府展开了深入的调研，寻找解决问题的有效措施。

（二）政策演进

习近平总书记2015年“两会”期间在参加吉林代表团审议时强调，东北等老工业基地振兴发展，不能再唱“工业一柱擎天、结构单一”的“二人转”，要做好“加减乘除”，现在加法多，其他少，亟待补课。2015年7月，习近平总书记在吉林长春召开部分省区党委主要负责同志座谈会时强调，无论从东北地区来看，还是从全国发展来看，实现东北老工业基地振兴都具有重要意义。振兴东北老工业基地已到了滚石上山、爬坡过坎的关键阶段，国家要加大支持力度，东北地区要增强内

生发展活力和动力，精准发力，扎实工作，加快老工业基地振兴发展①。

2016年4月，中共中央、国务院《中共中央　国务院关于全面振兴东北地区等老工业基地的若干意见》对外发布，拉开新一轮东北振兴战略的大幕。这是继2003年中共中央、国务院《中共中央　国务院关于实施东北地区等老工业基地振兴战略的若干意见》出台实施后，党中央、国务院在新的历史条件和时代背景下对东北地区等老工业基地振兴战略的丰富、深化和发展，是新一轮东北振兴战略的顶层设计。该文件围绕“四个着力”的重点任务，明确了未来10年老工业基地振兴的总体目标、战略定位、主要任务和配套措施，对东北地区明确了“五基地、一支撑带”的发展定位（成为全国重要的经济支撑带，具有国际竞争力的先进装备制造业基地和重大技术装备战略基地，国家新型原材料基地、现代农业生产基地和重要技术创新与研发基地）。

2016年5月，习近平总书记在黑龙江考察调研时强调，振兴东北地区等老工业基地是国家的一个重大战略。老工业基地要抢抓机遇、奋发有为，贯彻新发展理念，深化改革开放，优化发展环境，激发创新活力，扬长避短、扬长克短、扬长补短，闯出一条新形势下老工业基地振兴发展新路②。

2016年11月，国务院发布的《关于深入推进实施新一轮东北振兴战略加快推动东北地区经济企稳向好若干重要举措的意见》，是中共中央、国务院关于新一轮东北振兴的决策部署的细化、实化和具体化，是中央支持东北振兴政策举措的具体化。

2016年12月，国家发展和改革委员会发布《东北振兴“十三五”规划》。该规划提出到2020年，东北地区体制机制改革创新和经济发展方式转变取得重大进展，发展的平衡性、协调性、可持续性明显提高，与全国同步实现全面建成小康社会宏伟目标。

2021年9月，《国务院关于东北全面振兴“十四五”实施方案的批复》发布，按

---

① 《加大支持力度增强内生动力　加快东北老工业基地振兴发展》，《人民日报》2015年7月20日第1版。

② 《深化改革开放优化发展环境　闯出老工业基地振兴发展新路》，《人民日报》2016年5月26日第1版。

照国家“十四五”规划纲要有关部署，推动“十四五”时期东北振兴取得新突破。

2023年10月27日，中共中央政治局召开会议，审议《关于进一步推动新时代东北全面振兴取得新突破若干政策措施的意见》，指出新时代新征程推动东北全面振兴，面临新的重大机遇，制定出台一揽子支持政策，对于进一步坚定信心，充分发挥东北比较优势，推动东北走出一条高质量发展、可持续振兴的新路，具有重要意义。

（三）政策重点

培育形成城市群。沈阳、大连、长春、哈尔滨等是东北地区的主要城市。《中共中央　国务院关于全面振兴东北地区等老工业基地的若干意见》（以下简称《意见》）提出，以哈（尔滨）长（春）沈（阳）大（连）为主轴，做好空间规划顶层设计，培育形成东北地区城市群，促进大中小城市和小城镇协调发展；支持沈阳、大连、长春、哈尔滨等地打造国内领先的新兴产业集群。同时，对相关城市在城市建设、创新发展等方面给予支持。支持沈阳市开展全面创新改革试验，加快完善创新政策和人才政策，打破制约科技与经济结合的体制机制障碍；在沈阳—大连等创新资源集聚地区布局国家自主创新示范区；高水平推进中德（沈阳）高端装备制造产业园建设；积极推进建设大连金普新区、哈尔滨新区、长春新区，努力打造转变政府职能和创新管理体制的先行区。贯彻落实中央决策部署，需要这4个城市肩负起更加重大的职能和责任，进一步加大行政管理体制改革力度，优化发展环境，增强对人才、科技、资金等优质资源的吸纳能力；完善现代化功能性基础设施，提升城市治理水平，最大限度发挥这些城市在航运、物流、贸易、金融、信息、文化、旅游等方面的功能，进一步增强它们在东北亚地区的竞争力和辐射能力。

破除东北振兴的体制机制障碍。彻底融化计划经济的坚冰，形成同国际国内市场对接、充满活力的体制机制，这是东北振兴的治本之策。发挥政府在东北振兴中的重要作用，营造一个良好的市场环境。《意见》提出，进一步理顺政府和市场关系，着力解决政府直接配置资源、管得过多过细以及职能错位、越位、缺位、不到位等问题。东北振兴，离不开国有经济和国有企业发展，也离不开民营经济和民营企业的发展。深化国有企业改革，完善国有企业治理模式和经营机制，真正确立企业市场主体地位，解决好历史遗留问题，切实增强企业内在活力、市场竞争力和发展引领力，使其成为东北老工业基地振兴的重要支撑力量。加快转变发展理念，建立健全体制机制，支持民营经济做大做强，使民营企业成为推动发展、增强活力的重要力量。进一步放宽民间资本进入的行业和领域，促进民营经济公开公平公正参与市场竞争，支持民营企业通过多种形式参与国有企业改制重组。

优化经济结构。经济结构优化升级，并与需求结构相适应，这是供给侧结构性改革的应有之义。实现东北振兴，若不顾实际来实施大规模的需求刺激，不仅效果大打折扣，还会造成经济结构扭曲、产能过剩加剧、企业负债率高企等问题。因此，经济结构优化要多策并举，“加减乘除”一起做。改造提升传统产业，做大做强装备制造业，扩大各类基础设施建设，培育战略性新兴产业，大力发展服务业，激发市场主体的活力和创造力。只有产业发展了，经济繁荣了，城乡才有活力，人气才能聚起来，资源优势才会变成经济优势。《意见》提出，支持设立老工业基地产业转型升级示范区和示范园区，促进产业向高端化、集聚化、智能化升级，形成一批可复制和可推广的经验。要以示范区为依托，支持基础条件好、工作力度大、改革创新举措实、示范带动作用明显的地方先行先试、率先改革、率先探索，推动产业集聚化、企业园区化，循序渐进地带动全面突破，并对其他地区起到示范、借鉴作用。

三、东北振兴战略的主要成效

为了振兴东北经济，中央出台了一系列振兴东北老工业基地的政策措施。2003年东北振兴战略正式拉开序幕，东北经历经济发展黄金10年；2014—2019年，通过改善东北营商环境，培育经济发展内生动力；2020年至今，随着我国经济发展转型升级，东北振兴战略的内涵更加丰富，更加重视经济、社会、文化、生态的高质量发展，以实现东北可持续发展为主要目标。经过20年的发展，东北振兴成效显著，但也存在成效不稳固、不平衡、不全面、不协调等问题。

（一）经济总量与增速提升

如表6-5所示，1990年，东北地区生产总值为2346.3亿元，占全国的12.57%。2002年，东北地区生产总值为12192.93亿元，占全国的比重下降为10.08%。2013年，东北地区生产总值增至60658.6亿元，占全国的比重为10.32%。东北地区经历经济发展黄金10年，但2016年第二轮东北振兴战略实施时，东北地区生产总值下滑至59481.28亿元，占全国的7.97%。2021年，东北地区生产总值占比进一步下滑至5.43%。地区生产总值增速方面，1990—2002年，东北三省地区生产总值增速多数年份低于全国平均水平，首轮东北振兴期，年均增速达12.6%，多数年份高于全国平均水平。从2013年开始，东北经济增速出现大幅下降，三省增速均位于全国后10位。2014年，东北经济进一步下滑，辽宁、吉林、黑龙江3省地区生产总值增速分别仅为5.8%、6.5%和5.6%。2015年，辽宁省地区生产总值增速为3%，居全国末位。

人均地区生产总值方面，1990年东北地区约为1923元，高于全国平均水平，与苏浙粤3省的差距也不大（分别为1416.5元、904.69元、1559.03元），2002年约为9374.3元，低于全国平均水平（9450元），同一时期，苏浙粤3省的人均地区生产总值分别为14369元、16918元、15478元，与东北地区的差距逐渐拉大。2013年，东北地区人均地区生产总值为49845元，高于全国平均水平18.94%。2016年，东北地区人均地区生产总值为51483.85元，低于全国平均水平（53783元）。2021年，东北地区人均地区生产总值为56597.45元，远低于全国80976元的平均水平。

表6-5　东北地区GDP情况

	年份	辽宁	吉林	黑龙江	蒙东地区	全国
GDP/亿元，占全国比重/%	1990	1062.70	425.28	715.20	143.12	18668.00
		5.69	2.28	3.83	0.77	
	2002	5458.20	2348.50	3637.20	749.03	121002.00
		4.51	1.94	3.01	0.62	
	2013	27077.70	12981.50	14382.90	6216.50	588018.80
		4.60	2.21	2.45	1.06	
	2016	22246.90	14776.80	15386.09	7071.49	746395.10
		2.98	1.98	2.06	0.95	
	2021	27584.10	13235.50	14879.20	6357.80	1143669.70
		2.41	1.16	1.30	0.56	

（续表）

	年份	辽宁	吉林	黑龙江	蒙东地区	全国
人均GDP/元	1990	2698.00	1746.00	2028.00	1219.00	1654.00
	2002	13000.00	8714.00	9541.00	6242.18	9450.00
	2013	61686.00	47191.00	37509.00	52994.00	41908.00
	2016	50791.00	53868.00	40432.00	60844.40	53783.00
	2021	65026.00	55450.00	47266.00	58647.80	80976.00

数据来源：《中国统计年鉴》《黑龙江统计年鉴》《吉林统计年鉴》《辽宁统计年鉴》《内蒙古统计年鉴》。

（二）产业结构转型升级

1990—2002年，东北地区产业结构变化的显著特征是第三产业比重大幅提升，第一产业比重大幅下降，第二产业比重基本不变。首轮振兴期，东北地区第三产业增加值占比只有黑龙江省有所提升，由2002年的36.3%提升到2013年的41.4%，辽宁省、吉林省以及蒙东地区反倒有所下降。第二产业占比，也只有黑龙江省有所下降，由2002年的50.7%下降到2013年的41.1%，辽宁省、吉林省和蒙东地区反倒有较大幅度上升（表6–6）。

相比而言，首轮振兴期，苏浙粤3省第三产业占比上升约7%，第一产业、第二产业都有所下降。特别是从第二产业占比变化来看，辽宁省是先下降后上升，吉林省是不断上升，黑龙江省是长期不变后下降。相比而言，同期苏浙粤第二产业占比变化都呈现先上升后下降的态势，符合工业化演进一般规律。特别是广东省，产业结构已从“二三一”格局转变为“三二一”格局。2016年新一轮东北振兴战略实施后，东北三省的产业结构占比并没有发生太大变化，2021年第二产业与第三产业增加值占比与2016年基本无异，而蒙东地区第二产业占比由48.53%下降至35.01%，第三产业占比由36.71%上升至43.08%。

表6–6　东北地区产业结构占比（%）

年份	产业类别	辽宁	吉林	黑龙江	蒙东地区
1990	第一产业	15.90	29.40	22.40	47.77
	第二产业	50.90	42.80	50.70	30.15
	第三产业	33.20	27.80	26.90	22.08

（续表）

年份	产业类别	辽宁	吉林	黑龙江	蒙东地区
2002	第一产业	10.80	19.90	13.00	28.99
	第二产业	47.80	43.50	50.70	32.10
	第三产业	41.40	36.70	36.30	38.91
2013	第一产业	8.60	11.60	17.50	15.98
	第二产业	52.70	52.80	41.10	53.27
	第三产业	38.70	35.50	41.40	30.74
2016	第一产业	9.80	10.10	17.40	14.77
	第二产业	38.70	47.40	28.60	48.53
	第三产业	51.50	42.50	54.00	36.71
2021	第一产业	8.90	11.70	23.30	21.91
	第二产业	39.40	36.00	26.70	35.01
	第三产业	51.60	52.20	50.00	43.08

数据来源：《中国统计年鉴》《黑龙江统计年鉴》《吉林统计年鉴》《辽宁统计年鉴》《内蒙古统计年鉴》。

东北三省产业结构演进之所以出现上述现象，与第二产业中的行业结构有关。从各省营业收入前3名的行业看，辽宁省、黑龙江省第二产业营业收入比重较高的行业主要包括石油、天然气、煤炭、电力、黑色金属冶炼等原材料开采及初级产品加工业。2008年的刺激政策使得这些行业产能迅速扩大，挤出效应及原初产业联系效应较低的特征，使得第三产业发展受限。但原初产业受经济收缩影响最大，煤炭、电力行业首当其冲，所以煤炭、石油资源大省黑龙江第三产业比重提升，很大程度上只是第二产业比重降低所导致，并非第三产业发展表现优异。但总体而言，东北三省第一产业农业发展较快，农副食品加工业进入营收前3名的行业。相比而言，同期苏浙粤3省营业收入较前的行业则主要分布在计算机、通信、电子、电气机械、化工、纺织等技术、知识密集型产业及消费品工业。在外需疲软、制造业增速放缓的情况下，原初产业受影响最大，产能过剩问题尤其突出，成为“新东北现象”重要成因。

（三）开放合作逐步深化

目前，大连金普、长春、哈尔滨国家级新区加快建设，中德（沈阳）高端装备制造产业园、中韩（长春）国际合作示范区、中日（大连）地方发展合作示范区先后批复设立，沈抚改革创新示范区主要经济指标基本实现“三年再造”，成为新的区域增长点。辽宁自由贸易试验区123项试点任务全面实施，黑龙江自由贸易试验区2020年新设立企业6000余家。大连英特尔、一汽大众奥迪Q工厂等一批重大外资项目建成投产。黑河公路大桥、同江铁路大桥相继通车，内贸外运航线开通运营，通道服务水平持续提升。

（四）体制机制改革进一步深化

以优化营商环境为突破口，东北地区持续深化改革。辽宁省建立项目管家制度，为一些重大项目和重点企业配备项目管家，有效提升服务水平。吉林省企业开办时间由11天压缩至3天，全力打造“办事不求人”吉林名片。黑龙江省实施“承诺即开工”改革，开展企业投资项目审批改革，落户企业9天即可拿到施工许可。营商环境逐渐转好，为民营企业开拓了广大的发展空间，一批大型企业起死回生，一批重大项目落户东北。2022年，总投资超120亿元的联顺绿色生物医药项目在黑龙江建成投产；总投资超300亿元的奥迪一汽新能源汽车项目在长春开工；华晨宝马宣布斥资约100亿元在沈阳建设全新动力电池项目。与过去相比，东北地区营商环境不断改善，一些企业家表示，“投资不过山海关”已是过去时。

国有企业改革进一步深化。受长期计划经济体制影响，东北地区国有企业弊端凸显，主要表现在：一是国有独资、一股独大现象突出，公司治理结构不健全；二是公司治理制度不健全，企业权力制衡机制没有充分形成，内部人控制问题比较严重；三是预算软约束，过度投资、盲目投资问题严重，贪大图快现象突出，债务高企、高杠杆严重；四是资产质量不高，效益低下；五是产能过剩严重。东北振兴战略实施后，部分国企改革成效显著，例如，一重集团营业收入从2016年的32亿元增长到2020年的390亿元，经营效益实现扭亏为盈。国有企业“三供一业”分离移交[①]、厂办大集体改革任务基本完成，国有林场、林区改革全面完成。

（五）蒙东地区与东北三省的合作交流日趋紧密

为了加强东北四省区合作，建立了东北四省区合作行政首长联席会议制度，自治区政府与东北三省政府先后签署了《东北三省与蒙东地区战略合作协议》《推

---

① “三供一业”分离移交是指国企（含企业和科研院所）将家属区水、电、暖和物业管理职能从国企剥离，转由社会专业单位实施管理的一项管理工作。

进东北地区战略性新兴产业合作协议》《携手打造大东北无障碍旅游区行动计划》等合作协议，为蒙东地区与东北三省全面合作明确了方向。在四省区的积极配合下，在多个领域取得了积极的成果。煤、气、化产业联动，东北三省的企业积极在蒙东地区发展煤化工，蒙东地区为东北三省配置相应煤炭资源，统筹推进蒙东地区能源输送管道建设，协同推进煤、气、化重点合作成果。交通方面，加快建设东北三省连接蒙东地区的高速公路网络和铁路通道。通辽—双辽高速公路内蒙古段、长深高速公路金宝屯（蒙吉界）—查日苏（蒙辽界）段已于2011年建成通车，丹锡高速公路朝阳—赤峰内蒙古段、扎赉特旗—齐齐哈尔、赤峰—凌源一级公路内蒙古段于2012年建成通车；相继开通了呼和浩特—赤峰—大连、呼和浩特—通辽—沈阳等9条区内连接东北三省的航线。生态环境保护合作，东北三省与蒙东地区共同推进科尔沁沙地、呼伦贝尔沙地治理，加快实施大小兴安岭林区生态保护与经济转型规划，共同构建东北地区生态屏障。重点产业对接合作，东北三省大力推动重点产业、龙头企业与蒙东地区对接协作，蒙东地区积极主动承接东北三省非资源型产业转移。加强农畜产品加工等方面合作，加快绿色食品产业发展，提升区域农牧业整体竞争力。物流与沿边开放合作，东北三省支持和促进蒙东地区内陆港建设和物流业发展，加强蒙东地区与长吉图地区、辽宁沿海经济带合作，打造“绥—满经济带”。

▶▶▶

| 第四节 |

推进东北全面振兴的突破口

发展是党执政兴国的第一要务，没有坚实的物质技术基础就不可能全面建成社会主义现代化强国，因此我们必须完整、准确、全面贯彻新发展理念，坚持社会主义市场经济改革方向，坚持高水平对外开放，加快构建以国内大循环为主体，国内国际双循环相互促进的新发展格局。在这样大的历史进程中，促进区域协调发展，特别是推动东北全面振兴取得新突破具有特殊重要的意义。在20年中，东北地区经济运行逐步企稳，取得了重要进展和积极成效，但也必须清醒地认识到，东北地区还有体制机制、产业结构、经济结构等多方面的问题，因此必须坚持深化改革开放创新，在新台阶上推动东北振兴取得更大进展。

一、推进东北全面振兴的基本思路

加快东北地区的发展，实现东北全面振兴，应当发挥城市群的引领带动作用，提升区域性中心城市的支撑作用，培育新的经济增长极，从优化空间布局上着手。

（一）发挥城市群的辐射带动作用

以城市群、都市圈为依托构建大中小城市协调发展格局。作为城镇化发展的主体形态，城市群是一个具有合理结构的有机体，具有单个城市所无法比拟的规模经济和集聚经济优势，是区域一体化发展的理所当然的“核心区”，因而在经济区建设中具有举足轻重的地位。东北地区中，大连、沈阳、长春、哈尔滨4个城市的人口都超过300万，形成了4个都市圈，每个都市的辐射半径均在100千米以上，都市圈之间耦合在一起，形成了两大城市群：辽中南城市群和哈长城市群。辽中南城市群包括沈阳、大连、抚顺、本溪、辽阳、鞍山、营口、盘锦、铁岭、丹东10个规模较大的城市；哈长城市群包括哈尔滨、齐齐哈尔、大庆、绥化、长春、吉林、四平、辽源、松原9个规模较大的城市。促进东北地区的发展，必须依托辽中南城市群、哈长城市群构筑经济一体化的新平台。要把城市群的发展与东北地区建设紧密联系起来，促进这一区域经济实力的提高，并通过城市群的结构优化，提升区域核心竞争力。东北地区未来发展在很大程度上将取决于城市群的空间聚合、核心城市的引领、城市群内部的分工合作与对外的辐射带动。

（二）构建沿边经济带

东北地区沿边境从南到北依次有丹东、通化、白山、延边朝鲜族自治州、牡丹江、鸡西、双鸭山、佳木斯、鹤岗、伊春、黑河、大兴安岭地区、呼伦贝尔、兴安盟共11个地级市、1个自治州、1个地区、1个盟。2020年，其土地面积为67.89万平方千米，占东北地区土地面积的46.08%；根据第七次全国人口普查数据，常住人口为2058.32万，占东北地区常住人口的18.49%；区域生产总值为8368.97亿元，占东北地区生产总值的14.7%。应以地级行政区政府所在地城市为节点规划建设沿边经济带，不仅可以促进边疆地区经济发展，而且有助于加强民族团结、兴边富民、保障边疆稳定；同时，对于加强东北亚国际区域合作，加快融入国内国际大市场具有重要意义。建议由国家发展和改革委员会牵头，辽宁、吉林、黑龙江、内蒙古参与，编制东北沿边经济带发展规划，报国务院审批后实施。

（三）推动城市群之外区域性中心城市发展壮大

东北地区面积大，人口多，约有70%的土地位于城市群之外。仅靠少数城市难以带动东北地区的发展，城市群也难以覆盖所有的地方，客观上需要更多的城市带动区域经济发展。城市群之外的地级市的中心城区、自治州和盟政府所在地都有条件发展成为区域性中心城市。除两大城市群内19个规模较大的城市外，东北地区还有21个地级行政区，包含16个市、3个盟、1个自治州、1个地区。一般来说，这些城市都是区域的政治、经济、文化、科技、信息中心，经济综合实力较强，城市规模较大，其中锦州、赤峰、延吉、鸡西、鹤岗、佳木斯、牡丹江、阜新、朝阳、葫芦岛、通辽等的城区常住人口均超过50万。加快区域性中心城市的发展壮大，使小城市发展为中等城市，中等城市发展为大城市，成为城市群之外辐射带动东北发展的动力源。

经济要素聚集能够增强城市的综合功能，当其规模扩大、实力增强时，城乡分工就不断深化，就能辐射带动周边地区发展，从而达到反哺的效果。要增强中心城市对经济要素的吸引力，首先要完善城市基础设施建设；其次要提升服务功能，涵盖教育、医疗、文化、娱乐、商贸、居住等多项人文、生活需求方面，为居民提供更高品质的生活质量；最后要完善生产性服务功能，改善营商环境，构建高水平产业平台，为区域经济发展提供产业支撑。

（四）培育新的经济增长极

培育经济增长极是指通过特殊政策和资金支持从根本上改善某一个面积较小地区的营商环境，促使经济要素向这个地区快速集聚，使其经济得到快速增长，很快发展成为区域经济的“领头羊”。改革开放40多年的实践证明，培育经济增长极是推动区域经济发展的有效举措，如深圳特区、浦东新区等，多数比较成功。东北地区范围大，不可能同时把每个地区都发展起来，也不是所有地区都适合开发。东北地区目前已有3个国家级新区：金普新区、长春新区、哈尔滨新区。建设新区，是要打造所在省市新的经济增长极，通过新体制、新政策、新模式，使其迅速发展起来，带动周边区域发展；同时，大都市人口、交通等压力较大，“大城市病”较为严重，通过新区的建设能够疏解都市的压力，引导产业转移。通过国家及辽宁、吉林和黑龙江三省提供的特殊政策和资金的大力支持和集中投入，推动这些新的经济增长极快速崛起，迅速发展壮大。

除了举全省之力集中发展国家级新区之外，各市（州、盟）应把地级市的经济技术开发区、高新技术开发区，各县（旗）应把工业园区作为经济增长极来培育，面积不一定很大，关键是加大投入，创新体制，改善服务，吸引产业，增加就业，支撑区域性中心城市和县城的发展。

二、推进新时代东北全面振兴的对策

加快东北地区的发展，可从优化核心城市产业结构和空间布局着手，规划建设现代化都市圈，培育新的经济增长极，还要发挥区域比较优势，加强东北亚国际区域合作和国际次区域合作。

（一）促进核心城市产业结构高度化

沈阳、大连是辽中南城市群的核心城市，城市规模比较大，其中，沈阳的城市常住人口超过700万，大连的城市常住人口超过500万，但鞍山的城市常住人口仅145万，抚顺的城市常住人口为120多万。哈尔滨、长春是哈长城市群的核心城市，其中，哈尔滨的城市常住人口为500多万，长春的城市常住人口为300多万，但吉林的城市常住人口仅为130万，大庆的城市常住人口为128万，齐齐哈尔的城市常住人口为121万，其他城市的常住人口均不到100万。因此，城市群的核心城市不一定要追求城市规模的扩张，而应致力于产业结构的高度化，即着力发展现代服务业，着力发展高新技术产业，着力发展技术含量高的竞争力强的产业，而把一般劳动力密集型产业转移至周边城市。

（二）规划建设现代化都市圈

哈尔滨、长春、沈阳、大连4个城市应与周边地区合作，规划建设现代化都市圈，也就是要发挥都市的引领、辐射、带动作用。加强都市圈内基础设施建设，首先要突破交通方面的限制，以“同城化”为目标，提高城市之间交通的联动性、交通运输的效率以及舒适度，打通“断头路”“瓶颈路”等，建设轨道上的都市圈。促进核心城市产业链条向周边城市和城镇延伸，促进大中小城市协调发展。建设城乡融合发展的都市圈，促进城乡融合和乡村振兴，建立城市带动农村、工业反哺农业的管道与纽带。建立多层次协商机制，确保各行政主体之间能够相互配合；落实责任主体，建立都市圈规划与建设的协调机制，推进都市圈深度合作。

（三）在沿边地区培育新的经济增长极

应在沿边地区规划建设新的区域经济增长极，如辽宁丹东的东港、吉林延边朝鲜族自治州的珲春和黑龙江佳木斯市黑瞎子岛附近的乌苏，国家和省要鼎力支持，使这些城市迅速发展起来，成为促进东北沿边地区经济社会繁荣发展、保障国土安全和边疆稳定的战略支点。

东港市是辽宁省的县级市，位于鸭绿江入海口，既属于沿边地区，也属于沿海地区，隔鸭绿江与朝鲜相望，战略地位非常重要，区位交通优势明显，鹤大高速贯穿全境，有中国海岸线最北端的天然不冻良港——丹东港。

珲春市是吉林省的县级市，位于图们江下游，有珲乌高速，吉林至珲春高速铁路客运专线设有珲春站，建有延边大学珲春校区，距图们江入海口仅15千米，地处中俄朝三国交界，与俄罗斯、朝鲜山水相连，与韩国、日本隔海相望，既是我国直接进入日本海的唯一通道，也是我国从水路到韩国东海岸、日本西海岸，以及北美、北欧的最近点。珲春市与俄罗斯太平洋沿岸港口城市、滨海边疆区首府符拉迪沃斯托克（海参崴）距离较近。符拉迪沃斯托克是俄罗斯远东地区第二大城市，人口规模约60.5万。

黑瞎子岛隶属黑龙江省抚远市，通有建黑高速，西距抚远东极机场20千米，位于我国最东端，是我国疆域经度的东极，与俄罗斯哈巴罗夫斯克边疆区首府哈巴罗夫斯克（伯力）隔江相望。哈巴罗夫斯克是俄罗斯第四大城市、俄罗斯远东地区第一大城市，人口规模60多万。应依托黑瞎子岛西侧的乌苏镇规划建设一座新的城市，名称可谓之“乌苏里市”或“乌苏里江市”，通过基础设施建设和政策支持，发展产业，聚集人口，将来有希望发展成为人口不少于百万的城市，超过俄罗斯哈巴罗夫斯克。

内蒙古满洲里市西临蒙古国，北接俄罗斯，地处亚欧第一大陆桥的交通要冲，是我国环渤海港口通往俄罗斯等独联体国家和欧洲最便捷、最经济、最重要的陆海联运大通道，承担着中俄贸易60%以上的陆路运输任务，是我国最大的陆路口岸。

上述4个城市和城镇地理位置非常重要，具有很大的发展潜力，关键是国家和省市要重视，把其作为兴边富边固边的战略举措，作为东北地区的新的经济增长极，作为东北亚国际区域合作的先行区来建设，规划要先行，体制要创新，建设要加快。

（四）加强东北亚国际区域合作和国际次区域合作

东北亚国际区域合作包括6个国家：中国、俄罗斯、日本、韩国、朝鲜和蒙古国。面对复杂多变的国际政治经济形势，东北地区要加强同东北亚各国的经贸合作。国家之间的合作推进起来难度较大，可以从推进东北亚次区域合作着手，即一个国家的地区和相邻国家的相邻地区进行合作，例如和俄罗斯的远东地区展开合作，和朝鲜靠近东北的地区展开合作，当然也可以和日韩进行合作。黑龙江、吉林沿边地区可以和俄罗斯展开合作，吉林、辽宁和朝鲜展开合作，范围可大可小，层次可高可低。东北亚国际次区域合作是相对于东北亚国际区域合作而言的，大范围合作比较困难，小范围合作就比较容易。推动东北亚国际次区域合作，首先要从国家层面和其他相邻国家建立合作机制或者合作架构，达成合作协议，经过外交部批准后实施。其次要推进边疆地区与相邻国家的相邻地区展开合作，从经贸合作入手，推进现有自由贸易试验区提质升级，创造条件建立跨境经济合作区。

07 PART

第七章

促进中部地区加快崛起

中部地区拥有丰富的资源和优越的区位优势，是连接东部与西部、南方与北方的重要通道。促进中部地区崛起是国家为加快中部地区发展、优化国民经济结构、保持经济持续健康发展、实现区域协调发展的重大区域战略，也是构建全国统一大市场、推动形成东中西部良性互动协调发展的客观需要。中部地区崛起作为我国区域发展的大战略，对于实现全面建设社会主义现代化国家的目标至关重要。深入贯彻党的二十大精神，推进中部地区加快崛起，需要立足新发展阶段、贯彻新发展理念，结合中部地区各省的经济资源和比较优势，围绕发挥优势推动区域内部的分工与合作，进行统筹规划、协调推进，抓好关键环节和重点工作，推进中部地区加快崛起。中部地区崛起将加速中部地区城市群和都市圈的形成与发展，实现人口优化配置，缩小与东部地区的差距。展望未来，中部地区崛起将为我国带来更加繁荣和发展的前景。

促进中部地区崛起，是党中央、国务院继实施东部地区率先发展、西部大开发、东北地区老工业基地振兴战略后提出的一项重大战略，也是新时期全面推进中国式现代化的重大举措。中部地区作为我国的经济腹地，具有巨大的发展潜力和优势。为顺应中国特色社会主义进入新时代的要求，以及区域协调发展进入新阶段的需要，促进中部地区加快崛起，充分释放出发展潜力，对于促进区域协调发展和推进中国式现代化进程具有重要的意义。

第一节

中部地区崛起战略的演进

中部地区崛起战略作为我国区域协调发展战略的重要组成部分，旨在推动中部地区经济社会全面发展。这一战略的实施进一步释放了中部地区的发展潜力，同时促进了区域协调发展。中部地区崛起战略对于中部地区的发展意义重大，同时为全国经济的可持续发展提供了有力支撑。

一、中部地区基本情况

中部地区位于24°38′N～40°44′N、108°47′E～119°37′E，作为我国重要的内陆腹地，是连接东部与西部、衔接南方与北方的重要区域，包括山西、河南、湖北、湖南、江西、安徽6个省份，跨越黄河流域、长江中下游、江淮地区，总面积为102.84万平方千米，占全国土地面积的10.71%，区位优势十分突出。中部地区长期以来一直担负着我国的粮食、能源、原材料等生产供给重任，同时是我国人力资源输出的重要区域，为我国经济社会发展作出了巨大贡献，对于全国发展格局也具有重要影响。2021年年末，中部地区总人口为36445万，占全国总人口的25.80%；地区生产总值为250132.5亿元，占全国GDP的21.87%；人均地区生产总值为68633元，仅为全国人均生产总值的84.77%（表7–1）。

表7–1　2021年中部地区主要指标

省份	面积/万km²	常住人口/万人	GDP/亿元	人均GDP/元
山西	15.67	3480	22590.2	64914
安徽	14.01	6113	42959.2	70275
江西	16.69	4517	29619.7	65574
河南	16.70	9883	58887.4	59585
湖北	18.59	5830	50012.9	85785
湖南	21.18	6622	46063.1	69561
中部6省	102.84	36445	250132.5	68633
全国	960.00	141260	1143669.7	80962
中部占全国比重	10.71%	25.80%	21.87%	84.77%

资料来源：根据《中国统计年鉴2022》整理，人均GDP根据GDP和常住人口计算得出。

（一）区位优越，交通便利

中部地区位于国家的中心地带，具有得天独厚的区位优势。中部地区拥有发达的交通网络，人们能够方便快捷地到达各个城市和地区，这不仅对于区域经济的发展起到了至关重要的作用，也为人们的日常生活提供了便利。中部地区地理位置的优越性使得其交通枢纽的建设和发展成为可能。中部地区与周边地区相对接壤，连接了东部沿海地区和西部内陆地区，使中部地区成为跨地区和跨省份交通的必经之地。中部地区交通的便利性使中部地区的资源、产品和人才流动更加畅通无阻，极大地促进了区域经济的发展。

山西地处黄河流域中部，东有巍巍太行山作为天然屏障，与河北为邻；西部、南部以黄河为堑，与陕西、河南相望；北跨绵绵长城，与内蒙古毗连，区位优势明显。山西拥有华北地区最大的交通枢纽——太原南站，是大型铁路干线的交会点。山西雄忻高铁建成后，太原将接入国家高铁主动脉，变成高铁新枢纽。山西的交通基础设施十分完善，省内各个城市之间也有较为方便的公路和铁路相连，出行更加便捷。

安徽居中靠东，沿江通海，是长三角经济区的重要组成部分，处于全国经济发展的战略要冲和国内几大经济板块的对接地带，经济、文化同长三角经济区其他地区有着历史和天然的联系，特别是绵延八百里的皖江城市带，内拥长江黄金水道，外承沿海地区经济辐射，具有得天独厚的发展条件。经过多年大规模建设，立体的交通网络日趋完善，全省铁路密度和高等级公路密度居中部地区前列，承东启西、连南贯北的区位优势更加凸显。

江西地处我国东南偏中部长江中下游南岸，东邻浙江、福建，南连广东，西靠湖南，北毗湖北、安徽而共接长江。江西为长江三角洲、珠江三角洲和闽南三角地区的腹地，与上海、广州、厦门、南京、武汉、长沙、合肥等各重镇、港口的直线距离大多在600千米～700千米。境内高速公路里程突破6234千米，出省主要通道全部高速化。京九线、浙赣线纵横贯穿全境，航空和水运便捷。

河南位于我国中东部、黄河中下游，东接安徽、山东，北接河北、山西，西连陕西，南临湖北，呈望北向南、承东启西之势。河南交通区位优势明显，是全国承东启西、连南贯北的重要交通枢纽，国家综合主体交通网主骨架“6轴、7廊、8通道”[①]中，有“1轴、1廊、1通道”[②]经过河南。郑州国际航空货运枢纽发展迅速，客、货吞吐量分别升至全国第11位、第6位，保持中部地区“双第一”；国际铁路枢纽地位持续巩固，“米字形”高速铁路网基本形成，普铁、高铁形成“双十字”交会，郑州东站是全国最大的高铁站之一，郑州北站作业量居亚洲编组站前列。高速公路“双千工程”加快建设，普通干线公路、农村公路、内河航道升级改造持续推进，路网通达能力和技术等级明显提升。

湖北东邻安徽，南接江西、湖南，西连重庆，西北与陕西接壤，北与河南毗邻。湖北高铁交通是我国真正进入高铁时代的第一条线路，武广高铁是时速超过

① 6条主轴指京津冀—长三角主轴、京津冀—粤港澳大湾区主轴、京津冀—成渝地区双城经济圈主轴、长三角—粤港澳大湾区主轴、长三角—成渝地区双城经济圈主轴、粤港澳大湾区—成渝地区双城经济圈主轴；7条走廊指京哈、京藏、大陆桥、西部陆海、沪昆、成渝昆、广昆等多方式、多通道、便捷化的交通走廊；8条通道指绥满、京延、沿边、福银、二湛、川藏、湘桂、厦蓉等交通通道。

② 1轴指京津冀—粤港澳大湾区主轴，1廊指大陆桥走廊，1通道指二湛通道。

350千米的较早出现的真正意义上的高铁站。在湖北省内，襄阳至武汉之间是全国率先开通动车的省内交通线路。此外，湖北还有多条高铁线路正在规划或建设中，如沪渝蓉沿江高铁湖北段、郑万高铁湖北段、荆荆高铁、黄黄高铁、西十高铁湖北段、京九高铁（阜冈九高铁）湖北段等。除了高铁交通，湖北的水运交通也非常发达。湖北通航河流达229条，航道总里程为8988.19千米，通航里程为8433.4千米，高等级航道达1738.4千米，其中最著名的河流是长江，湖北境内的长江段是最长的，达到了1061千米。湖北省具有水路、铁路、公路等多方面的交通便利条件。湖北位于长江经济带的中间，可以充分利用其水路交通优势，加强与周边地区的经济联系。

湖南东以幕阜、武功诸山与江西交界，南与广东、广西为邻，西以云贵高原东缘与贵州、重庆毗邻，北以滨湖平原与湖北接壤，处于东部沿海地区和中西部地区的过渡带、长江经济带和沿海经济带的接合部，具有承东启西、连南贯北的枢纽地位。湖南交通便利，水陆空综合交通体系立体衔接、纵横交错、通江达海。

（二）资源丰富，生态良好

中部地区资源丰富，生态良好。这片土地拥有广袤的沃野，肥沃的土壤孕育出一片片绿洲，对全国的粮食产量贡献巨大。同时，中部地区还储藏着丰富的矿产资源，如煤炭、铁矿等，为国家经济增长提供了坚实的支撑。在生态方面，中部地区拥有得天独厚的自然条件。它不仅地貌多样，山川壮丽，还拥有丰富的湖泊和水资源，如洞庭湖、鄱阳湖等，为生物多样性的保护和生态系统的平衡提供了宝贵的生态环境。同时，中部地区还有大面积的森林覆盖，这些茂密的森林不仅能够吸收二氧化碳，释放氧气，还可以保护水源，维护气候稳定，为人们提供清新的空气和美丽的风景。

山西分布有丰富的矿产资源，是资源开发利用大省，在全国矿业经济中占有重要的地位。已发现的矿种达120种，其中有探明资源储量的矿产63种。与全国同类矿产相比，资源储量居全国第1位的矿产有煤层气、铝土矿、耐火黏土、镁矿、冶金用白云岩5种。保有资源储量居全国前10位的主要矿产为煤、煤层气、铝土矿、铁矿、金红石等32种。其中，煤炭保有资源储量为2709.01亿吨，占全国保有资源储量的17.3%，居全国第3位；煤层气剩余经济可采储量为2304.09亿立方米，全国首屈一指，具有良好的发展前景；铝土矿资源保有储量为15.27亿吨（矿石量），居全国第1位，占全国保有资源储量的32.44%；铁矿类型多，资源储量丰富，分布广泛，保有资源储量为39.37亿吨，居全国第8位；铜矿集中分布于山西中条山区，保有资源储量为229.94万吨（金属量）；金红石保有资源储量为426.38万吨，居全国第2位。煤、铝土矿等沉积矿产分布广泛，铁矿、铜矿等重要矿产分布相对集中，但是重要金属矿产贫矿多、富矿少，共伴生矿多、单一矿少。

安徽矿产资源蕴藏量丰富，是全国矿种较全、含量较高的省份。目前已发现的矿种为128种，探明资源储量的矿种110种（不含石油、铀、煤层气），其中能源矿种2种，金属矿种25种，非金属矿种81种，水气矿种2种。2021年新增查明资源储量的大中型矿产地5处。安徽气候温暖，雨量充沛，土地肥沃，适宜多种动植物生长，生物资源繁多，生态环境良好。世界特有的野生动物扬子鳄和白鳍豚就产在安徽的长江流域。全省已建成国家级自然保护区8个，省级自然保护区32个。

江西97.7%的面积属于长江流域，水资源比较丰富，河网密布，河流总长约18400千米，有全国最大的淡水湖——鄱阳湖。已发现野生高等植物5117种，野生脊椎动物845种。全省现有世界遗产地5处，世界文化与自然双遗产地1处，世界地质公园3处，国际重要湿地1处，国家地质公园5处，国家级风景名胜区15处，林业自然保护区186个（国家级15个），森林公园180个（国家级46个），湿地公园84处（国家级28处）。江西矿产资源丰富，已查明有资源储量的矿产有9大类139种，在全国居前10位的有81种，有色金属、稀土和贵金属矿产优势明显，是亚洲超大型的铜工业基地之一，有“世界钨都”“稀土王国”“中国铜都”“有色金属之乡”的美誉。

河南大部分地处暖温带，南部跨亚热带，属北亚热带向暖温带过渡的大陆性季风气候，同时具有自东向西由平原向丘陵山地气候过渡的特征，具有四季分明、雨热同期、复杂多样和气候灾害频繁的特点。河南是我国唯一地跨长江、淮河、黄河、海河四大流域的省份，省内河流大多发源于西部、西北部和东南部山区，流域面积100平方千米及以上的河流560条，流域面积1000平方千米及以上的河流64条，流域面积10000平方千米及以上的河流11条。河南动植物资源丰富，现有省级以上森林公园129个，其中国家级森林公园33个；全省已知陆生脊椎野生动物520种，国家重点保护野生动物156种。河南是全国重要的矿产资源大省和矿业大省，矿业产值连续多年位于全国前5位。全省已发现的矿种有144种，已查明资源储量的矿种有110种，已开发利用的矿种有93种。优势矿产可归纳为钼、金、铝、银“四大金属矿产”以及天然碱、盐矿、耐火黏土、萤石、珍珠岩、水泥灰岩、石墨“七大非金属矿产”。在已查明资源储量的矿产资源中，保有资源储量居首位的有9种，居前3位的有35种，居前5位的有46种，居前10位的有72种。灵宝、栾川、桐柏、叶县分别被命名为“中国金城”“中国钼都”“中国天然碱之都”和“中国岩盐之都”。

湖南是著名的“有色金属之乡”和“非金属矿之乡”。2022年，全省已发现矿种147种，探明资源储量矿种113种。其中，能源矿产7种，金属矿产39种，非金属矿产65种，水气矿产2种。财政出资实施地质勘查项目（含续作项目）5个（只含省级财政投资项目），新发现大中型矿产地11处。湖南省河流众多，河网密布，水系发达，5千米以上的河流有5341条。全省水系以洞庭湖为中心，湘、资、沅、澧四水为骨架，主要属长江流域洞庭湖水系，约占全省总面积的96.7%，其余属珠江流域和长江流域的赣江水系及直入长江的小水系。多年的平均年降水量为1450毫米，多年平均水资源总量为1689亿立方米，其中地表水资源量为1682亿立方米，地下水资源量为391.5亿立方米（地下水非重复量为7亿立方米）。水资源总量为全国第6位，人均占有量为2500立方米，略高于全国水平，具有一定的水资源优势。但由于时空分布不均，“水多、水少、水脏”的三个问题，仍然是全省经济和社会发展的制约因素之一。湖南属亚热带常绿阔叶林区，主要自然生态系统类型为森林生态系统和湿地生态系统。森林生态系统拥有5个森林类型、12个植被型组、23个植被型亚组、63个群组、143个群系。湿地生态系统分为江河、湖泊、沼泽湿地。经科学测算，全省森林生态系统和湿地生态系统生态服务功能价值为1.22万亿元，其中森林生态系统为1.01万亿元，湿地生态系统为0.21万亿元。湖南省的森林生态系统和湿地生态系统，在全球范围内具有很高的代表性和典型性，拥有2个具有国际意义的生态区，即武陵雪峰山脉和南岭罗霄山脉亚热带常绿阔叶林生态区，跨20°N～30°N典型亚热带5个纬度，被誉为全球同纬度地带最有价值的生态区，植被丰茂，四季常青。

湖北已发现150种矿产（不含亚矿种，下同），其中已查明资源量矿产102种，分别占全国已发现173个矿种和已查明163个矿种的86.7%和62.57%。在已查明资源储量的非油气类矿产中，钛矿（金红石）、磷矿、溴矿、碘矿、白云岩（建筑用白云岩）、石榴子石、白垩、建筑用辉绿岩、累托石黏土9种矿产保有资源量居全国之首，铌矿、硒矿、盐矿等30种矿产资源量居全国的第2～5位，熔剂用石灰岩、重晶石等37种矿产保有资源量居全国的第6～10位。总体来看，全省铁、铜矿资源较为丰富，磷矿、岩盐、石膏、水泥用石灰岩、饰面用石材优势明显；高磷赤铁矿、钒矿、钛矿（金红石）、累托石黏土为潜在优势矿产；硅质原料、饰面用石材等前景较好；绿松石、百鹤玉、菊花石等颇具地方特色。全省共发现非油气类固体矿产上表矿区2103处，其中，大型矿区196处，中型矿区369处，小型矿区及小矿1538处，以小型矿区及小矿规模为主。主要矿产资源集中度较高，铁、铜、岩金、银、石墨、磷、硫、芒硝、石膏、水泥用石灰岩、岩盐、天然卤水等主要矿产80%以上资源储量分布在大中型矿区（矿床）。

（三）历史悠久，文化底蕴深厚

中部地区历史悠久、文化底蕴深厚，承载着丰富多样的历史传承和文化瑰宝。从古至今，中部地区一直是中华文明的重要发祥地之一，不仅拥有众多历史古迹和文化遗址，还孕育了许多杰出的文化名人和传统艺术形式。

山西是中华文明发祥地之一，是我国旅游资源最为富集的省份。“华夏古文明，山西好风光”是对山西旅游的高度概括。山西现存有国家级重点文物保护单位452处，占全国的23.3%，位居第1，其中，大同云冈石窟、平遥古城、五台山为世界文化遗产。全国保存完好的宋、金以前的地面古建筑物70%以上在山西境内，享有“中国古代建筑艺术博物馆”的美誉。四大佛教圣地之一的五台山，寺庙群集千年之萃。建于北魏的恒山悬空寺悬于悬崖峭壁之上，以惊险奇特著称。太原的晋祠是形式多样的古建筑荟萃的游览胜地。平遥古城是全国现存的三座古城之一，被列入世界文化遗产名录。芮城永乐宫是典型的元代道观建筑群，宫内壁画是我国绘画艺术的珍品。运城关帝庙是全国规模最大的武庙。云冈石窟是全国三大佛教石窟之一，气势雄伟。

安徽现有国家级历史文化名城7个，分别是安庆市、亳州市、歙县、寿县、绩溪县、黟县、桐城市。这些历史文化名城都是安徽的重要城市，拥有丰富的历史文化遗产和深厚的文化底蕴。安庆市有望江楼、迎江寺、大观楼、古城墙、桐城派文化园等；亳州市有华佗庙、曹操点将台、花戏楼、南京巷等；歙县有徽州古城、许国石坊、斗山街、黄宾虹故居等；寿县是楚文化的发祥地之一，也是中国第一座真正意义上的古城，寿县有安丰塘、淮南王墓、楚王台、古城墙等；绩溪县是中国古代文化的重要发源地之一，也是中国徽派建筑的发祥地之一，有龙川胡氏宗祠、郑氏宗祠、周氏故居、三雕博物馆等。

江西名人辈出、文化璀璨。在中华文明的历史长河中，江西人才辈出，陶渊明、欧阳修、曾巩、王安石、朱熹、文天祥、宋应星、汤显祖、詹天佑等文学家、政治家、科学家若群星灿烂，光耀史册。江西红色文化闻名中外。井冈山是中国革命的摇篮，南昌是中国人民解放军的诞生地，瑞金是苏维埃中央政府成立的地方，安源是中国工人运动的策源地。第二次国内革命战争时期，江西籍有名有姓的革命烈士就有25万多人，占全国的1/6，为中国革命胜利作出了重大贡献。

河南是中华民族和华夏文明的重要发祥地。中华文明的起源、文字的发明、城市的形成和统一国家的建立，都与河南有着密不可分的关系。在5000年中华文明史中，河南作为国家的政治、经济、文化中心长达3000多年，先后有20多个朝代在此建都、200多个皇帝在此执政。中国八大古都河南就有4个，即九朝古都洛阳、七朝古都开封、殷商古都安阳、商都郑州。文物古迹众多，有记载着祖先在中原大地繁衍生息的裴李岗文化遗址、仰韶文化遗址、龙山文化遗址；有“人祖”伏羲太昊陵、黄帝故里和轩辕丘；有最古老的天文台周公测景台；有历史上最早的关隘函谷关、最早的佛教寺院白马寺；有“天下第一名刹”嵩山少林寺和闻名中外的大相国寺；等等。洛阳、开封、商丘、安阳、南阳、郑州、浚县、濮阳是全国历史文化名城。“万姓同根，万宗同源。”河南是中华姓氏的重要发源地，当今的300个大姓中根在河南的有171个，依人口数量多少而排列的100个大姓中有78个姓氏的源头或部分源头在河南，有“陈林半天下，黄郑排满街”之称的海外四大姓氏均起源于河南。

湖南具有人文与历史厚重之美。有岳麓书院、韶山、凤凰古城、洪江古商城等底蕴深厚的人文景观。留下了屈原、贾谊、朱熹等历代文人墨客的经世之作，走出了曾国藩、左宗棠、黄兴等众多中国近代史上叱咤风云的人物。湖南还是新中国的开创者毛泽东、刘少奇、任弼时等一批领袖人物的故乡。

湖北是中国古代文明的重要发祥地之一，拥有悠久的历史资源和文化传统。自古以来，这里就是文化、艺术、哲学、政治等各个领域的重镇，对中国历史和文化的发展产生了深远的影响。湖北的文化遗产非常丰富，包括著名的黄鹤楼、武当山、明显陵、荆州古城等历史文化遗址，还有许多著名的文化景点和博物馆，如武汉博物馆、湖北省博物馆、荆州市博物馆等。这些文化遗产，反映了湖北历史和文化的多样性和独特性，也展示了湖北在中国历史和文化中的重要地位和作用。此外，湖北也是中国革命的重要发源地之一，具有光荣的革命传统和红色旅游资源。

二、中部地区崛起战略提出的背景

改革开放初期，我国选择了优先发展东部地区的区域发展战略，东部地区经济快速发展，与其他地区的发展差距逐渐拉大。20世纪末，提出了区域经济协调发展，为此，国家先后实施西部大开发战略、振兴东北老工业基地战略和促进中部地区崛起战略。中部地区崛起战略的实施标志着中部地区经济发展进入了新的历史阶段。

（一）区域发展差距的演变

改革开放以来，东部地区、中部地区、西部地区和东北地区四大区域的经济增长差异显著，导致四大区域的发展格局出现明显变化。从地区生产总值占全国的比重来看，1978—2005年，东部地区一直是经济增长速度最快的地区，地区生产总值占全国的比重持续增加，由43.5%提高到55.5%；东北地区、中部地区和西部地区生产总值占全国的比重持续下降，其中，东北地区所占比重由14.0%下降到8.6%，中部地区所占比重由21.6%下降到18.8%，西部地区所占比重由21.0%下降到17.1%，分别下降了5.4个百分点、2.8个百分点、3.9个百分点，东北地区下降幅度最大（图7–1）。

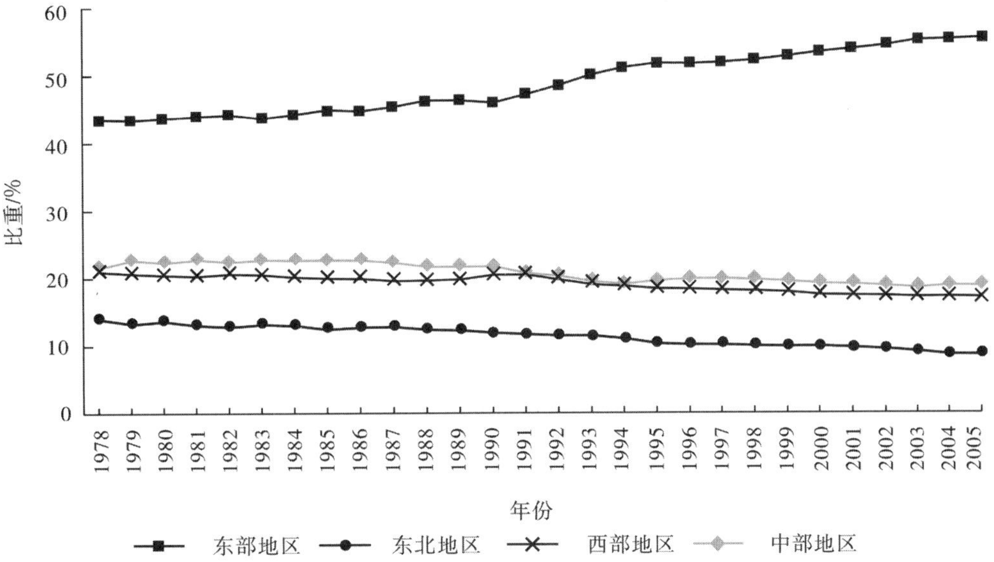

图7-1　1978—2005年四大区域地区生产总值占全国的比重

数据来源：根据《新中国六十年统计资料汇编》整理计算。

从人均地区生产总值来看，四大区域均呈现不断上升的趋势，东北地区1978年的人均地区生产总值为560元，是四大区域中人均地区生产总值最高的地区，是全国人均地区生产总值的154.7%，到2000年已下降至118.4%；东部地区1978年的人均地区生产总值为465元，是全国均值的128.5%，到2000年则上升到153.1%，并成为全国人均地区生产总值最高的地区；中部地区1978年的人均地区生产总值为276元，是全国均值的76.3%，2000年下降到67.8%；与中部地区相比，西部地区的人均地区生产总值占全国人均地区生产总值的比重下降幅度较大，由1978年的72.6%下降到2000年的61.4%。由此可以判断，1978—2000年，四大区域经济变动的基本特征是，东部地区的发展速度加快，西部地区、东北地区、中部地区的发展速度不断减慢。2000—2005年，东部地区和西部地区人均地区生产总值占全国均值的比重都有所上升，其中，东部地区由2000年的153.1%提高到2005年的156.6%；西部地区也由2000年的61.4%上升到2005年的61.9%；中部地区和东北地区则有所下降，中部地区由2000年的67.8%下降到2005年的66.3%，东北地区由2000年的118.4%下降到2005年的104.6%（图7-2、图7-3）。

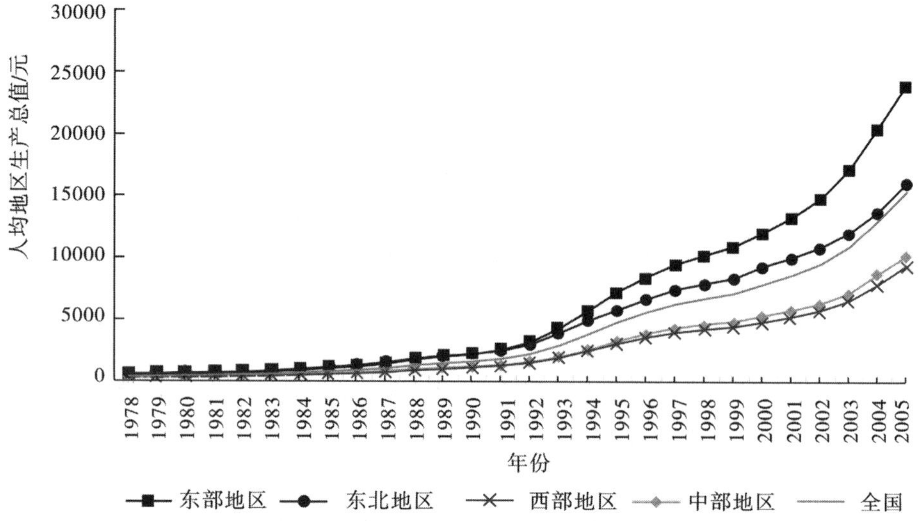

图7-2　1978—2005年四大区域及全国人均地区生产总值

数据来源：根据《新中国六十年统计资料汇编》整理计算。

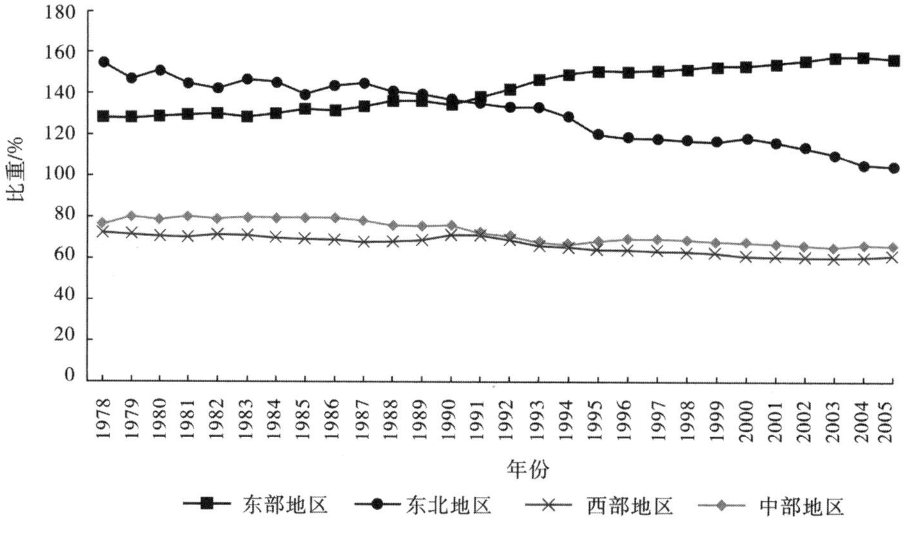

图7-3　1978—2005年四大区域人均地区生产总值占全国均值的比重

数据来源：根据《新中国六十年统计资料汇编》整理计算。

改革开放以来，先后实施了东部率先发展、西部大开发以及东北振兴战略，在国家的政策支持和市场力量的推动下，这三个区域的经济社会发展明显加快，从而使得中部地区由于发展相对缓慢而呈现出“塌陷”之势。2003年，东部地区10省（市）地区生产总值增长速度均超过10%；而中部地区安徽、湖北和湖南地区生产总值增长速度相对较低，不足10%；西部地区12个省（区、市）中仅云南地区生产总值增长速度不足10%；东北三省地区生产总值增长速度均超过10%（图7-4）。这种情况被一些学者称为“中部塌陷”①，而且这种势头有不断加剧的可能。在此背景下，2004年中央政府从统筹国家区域协调发展的高度，提出实施促进中部地区崛起战略来加快中部地区的经济社会发展。

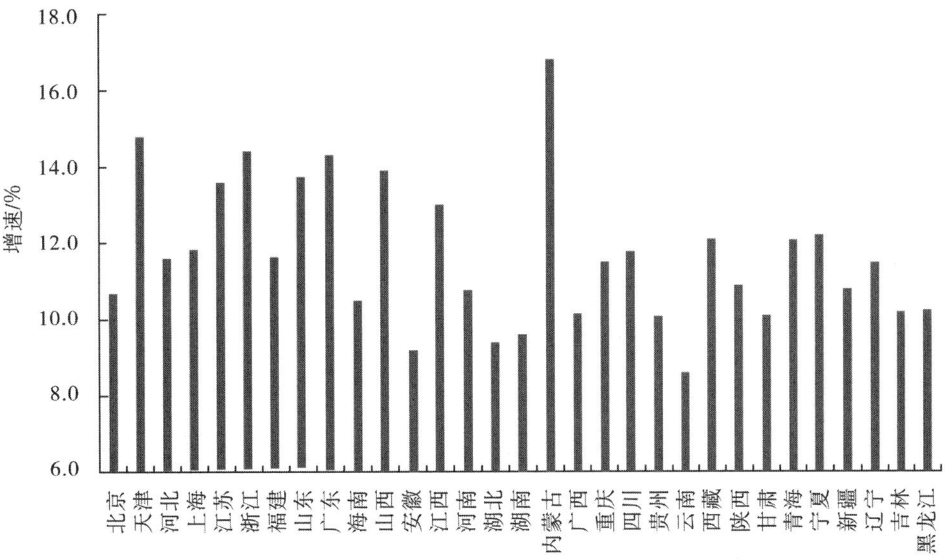

图7-4　2003年大陆31个省（区、市）地区生产总值增长速度

数据来源：根据《中国统计年鉴2004》整理。

（二）中部地区崛起战略的提出

党的十五大报告指出，要从多方面努力，逐步缩小地区发展差距。1999年6月，江泽民在陕西考察时提出：“必须不失时机地加快中西部地区的发展，特别是

① 周绍森、王志国、胡德龙：《“中部塌陷”与中部崛起》，《南昌大学学报（人文社会科学版）》2003年第6期。

抓紧研究西部地区大开发。”1999年9月，江泽民在中央民族工作会议上进一步指出：“加快中西部地区的发展特别是实施西部大开发战略，条件已基本具备。实施西部大开发是我国下个世纪发展的一项重大战略任务。”据此，中共中央《关于制定国民经济和社会发展第十个五年计划的建议》提出，实施西部大开发，促进地区协调发展。第九届全国人民代表大会第四次会议通过的《中华人民共和国国民经济和社会发展第十个五年计划纲要》明确提出“实施西部大开发战略，加快中西部地区发展，合理调整地区经济布局，促进地区经济协调发展”，并按照西部、中部、东部的先后次序，对各地区的发展进行总体安排。这标志着中央的区域经济发展战略，由支持东部地区转变为支持经济欠发达的中西部地区，尤其是西部地区。

进入21世纪后，我国政府进一步完善区域经济发展战略，为新世纪确立的全面建设小康社会提供支持。在加快实施西部大开发的同时，先后提出振兴东北老工业基地和促进中部地区崛起等战略。2002年11月，党的十六大提出了“加强东、中、西部经济交流和合作，实现优势互补和共同发展”。2003年10月，党的十六届三中全会提出“鼓励东部地区率先发展，积极推进西部大开发，促进中部地区崛起，振兴东北地区等老工业基地”，“形成东中西部相互促进、优势互补、共同发展的新格局”。2004年3月，时任国务院总理温家宝在第十届全国人民代表大会第二次会议的政府工作报告中首次明确提出了促进中部地区崛起，报告指出“促进区域协调发展，是我国现代化建设中的一个重大战略问题。要坚持推进西部大开发，振兴东北地区等老工业基地，促进中部地区崛起，鼓励东部地区加快发展，形成东中西部互动、优势互补、相互促进、共同发展的新格局”。2004年12月，中央经济工作会议再次提到促进中部地区崛起。2005年3月，时任国务院总理温家宝在国家政府工作报告中再次提出“抓紧研究制定促进中部地区崛起的规划和措施”。2005年10月11日，党的十六届五中全会通过的《中共中央关于制定“十一五”规划的建议》明确将促进中部地区崛起纳入国家区域发展战略。中部地区崛起是中共中央、国务院继西部大开发、振兴东北等老工业基地之后，又一项统筹区域经济发展，进行宏观调控的重大战略。自第十届全国人民代表大会第二次会议提出中部地区崛起战略以来，中央作出了一系列制度安排，对中部地区经济快速发展起到十分重要的作用。2006年4月，《中共中央　国务院关于促进中部地区崛起的若干意见》印发，这是国家对实施中部地区崛起战略发布的第一份重要文件，标志着中部地区崛起战略正式进入实施阶段。

三、中部地区崛起战略对促进区域协调发展的重大意义

（一）以中国式现代化全面推进中华民族伟大复兴的必然要求

党的二十大报告明确指出："从现在起，中国共产党的中心任务就是团结带领全国各族人民全面建成社会主义现代化强国、实现第二个百年奋斗目标，以中国式现代化全面推进中华民族伟大复兴。"中国式现代化的基本特征和本质要求之一便是全体人民共同富裕。实现全体人民共同富裕是中国特色社会主义的本质要求，也是一个长期的历史过程。邓小平同志多次强调共同富裕，指出"社会主义最大的优越性就是共同富裕，这是体现社会主义本质的一个东西"。江泽民同志强调："实现共同富裕是社会主义的根本原则和本质特征，绝不能动摇。"胡锦涛同志强调："使全体人民共享改革发展成果，使全体人民朝着共同富裕的方向稳步前进。"① 习近平总书记指出："我们追求的发展是造福人民的发展，我们追求的富裕是全体人民共同富裕。"②进入新时代，以习近平同志为核心的党中央带领全体人民朝着共同富裕的目标不断迈进。进入新发展阶段，完整、准确、全面贯彻新发展理念，必须更加注重共同富裕问题。我国人口规模巨大，经济发展不平衡现象特别突出，绝大多数贫困人口又集中分布在中西部地区，这种贫困悬殊的状况长时间持续下去，就会不可避免地引发许多社会问题。2021年年末，中部地区常住人口为36445万，占全国的25.80%，而地区生产总值为250132.5亿元，占全国的21.87%，人均地区生产总值为68633元，仅为全国的84.77%。如果中部地区的经济发展水平不能大幅提高，占全国1/4多的人口就难以富裕起来，全国就不可能实现共同富裕。因此，中部地区崛起是以中国式现代化全面推进中华民族伟大复兴的必然要求。

① 习近平：《习近平谈治国理政（第二卷）》，外文出版社，2017。

② 《中共中央召开党外人士座谈会》，《人民日报》2015年10月31日第1版。

（二）确保国家经济安全的需要

中部地区是全国重要的粮食生产基地、能源原材料基地，具有得天独厚的优势。中部地区一直是全国的“粮仓”，从近些年中部地区对国家粮食生产的贡献看，该地区粮食产量一直占全国粮食总产量的30%以上，2021年，中部地区谷物产量占全国的30.5%，油料产量占全国的43.9%。目前，全国有9个粮食调出省，中部地区就占了5个省。不论是从当前看还是从长远看，中部地区都是全国粮食生产的重要基地，承担着保障国家粮食安全的重任[①]。此外，煤炭作为我国的主要能源，2021年中部地区原煤产量占全国的34.4%，由此可见，煤炭资源型城市作为我国资源能源供应的主体和基础工业的主要集聚区，在保障国家能源安全和社会主义现代化建设方面作出了重大贡献。我国工业化、城镇化正在深入推进，经济结构不尽合理，我国的经济发展和民生改善任务还很艰巨，以煤炭为主的能源消耗格局仍未发生根本性转变，能耗总量仍将刚性增长。因此，加快中部地区的发展，不仅是广大中部地区群众的迫切愿望，也是加快改变该区生产条件、建设现代农业、发展新能源的现实需求。

（三）扩大内需战略的迫切需要

从1998年开始，我国实行积极的财政政策和扩大内需的方针。从当前实施的情况来看，情况并不十分理想，有效需求不足的问题仍然比较严重。2021年，中部地区常住人口为3.6亿，是一个巨大的潜在消费品市场。然而中部地区居民消费需求不足，根源是城乡居民收入水平低，制约了购买力。2021年，全国居民人均可支配收入为35128.1元，中部地区人均可支配收入为29650.0元，仅为全国平均水平的84.4%。只有通过加快中部地区经济发展步伐，提高中部地区居民的收入水平，才能有效刺激广大中低收入居民的消费需求，从而扩大中部地区内需，有助于扩大东部地区制成品输出，并进一步促进中国经济增长。

---

① 陈元主编《促进中部地区崛起的思路与对策研究》，中国财政经济出版社，2007。

（四）保持我国经济健康持续发展的需要

区域经济协调发展是保持国民经济持续、快速、健康发展的必然要求。在新一轮全球性产业转移中，我国西部绝大部分地区远离市场中心，地广人稀，自然条件较差，基础设施也不完善，除北部湾地区、成渝地区和关中平原地区外，暂时还难以成为大范围承接劳动密集型产业的战略基地。而东部沿海地区经过改革开放以来的快速发展，居民收入水平大幅提高，劳动力价格明显上升，资源和环境压力也越来越大。为了在国际竞争中保持吸引力和竞争力，东部沿海地区从20世纪90年代后期以来就开始转向知识密集型和技术密集型产业，同时劳动密集型产业和资源密集型产业向外转移。对于中部地区来说，其经济发展水平和产业梯次低于东部但相对高于西部，比西部绝大部分地区更靠近世界和我国市场中心，人口和城镇较为稠密，各种资源较为丰富，生态环境较为优越，基础设施较为完善，而且与东部沿海地区相比，劳动力和各类资源价格较为便宜，中部地区近水楼台，占尽发展的天时地利。因此，在新一轮全球性产业转移过程中，中部地区是我国承接劳动密集型产业和资源密集型产业转移的最主要、最重要的地区[①]。加快中部地区崛起，进一步完善基础设施条件，有利于承接新一轮全球性产业转移，对于保持我国经济健康持续发展和提升我国国际竞争力具有重大意义。

（五）促进区域协调发展的需要

中部地区崛起战略是我国区域协调发展战略的重要组成部分，在经济、政治和社会发展等方面都具有十分重要的意义。党的二十大报告在部署“促进区域协调发展”时提出：“深入实施区域协调发展战略、区域重大战略、主体功能区战略、新型城镇化战略，优化重大生产力布局，构建优势互补、高质量发展的区域经济布局和国土空间体系。”实施区域协调发展战略，是关乎我国经济发展全局的重要战略举措，是贯彻新发展理念、建设现代化经济体系的重要组成部分。中部地区发展滞后，不仅与实现共同富裕的发展目标不符，而且对整个国民经济的发展产生了不良影响，导致我国经济发展的不平衡性更加严重，从一定程度上削弱了我国经济的

① 陈元主编《促进中部地区崛起的思路与对策研究》，中国财政经济出版社，2007。

大国优势和市场规模效应，从而削弱了我国的国家综合竞争能力和国家综合竞争优势。所以，促进中部地区崛起不仅有利于提高中部地区人民生活水平，而且有利于充分发挥中部地区承东启西、连南贯北的重要作用，从而有利于形成我国区域协调发展的新格局，尽快形成我国区域经济协调发展的良性机制，使中部地区在全国发展的大局中发挥更大作用[①]。

① 陈元主编《促进中部地区崛起的思路与对策研究》，中国财政经济出版社，2007。

第二节

促进中部地区崛起的重大举措

自中共中央提出促进中部地区崛起战略以来，中部地区经济发展受到广泛关注。但在政策层面始终难以落到实地，还存在如国家支持政策导向不明确、众多区域性规划和意见导致政策的泛化、“两个比照”缺乏可操作性、中部地区崛起缺乏法律地位和长效机制等一系列政策难题。

一、国务院关于中部地区崛起的指导意见与规划

2006年4月15日，《中共中央　国务院关于促进中部地区崛起的若干意见》发布。该意见提出把中部地区建设成为全国重要的粮食生产基地、能源原材料基地、现代装备制造及高技术产业基地和综合交通运输枢纽（“三基地一枢纽”），使中部地区在发挥承东启西和产业发展优势中崛起。2006年5月19日，国务院办公厅又发布了《关于落实中共中央 国务院关于促进中部地区崛起若干意见有关政策措施的通知》，提出了56条具体落实意见，为中部地区出台了一系列配套措施和扶持政策。2007年1月，国务院办公厅又出台了《国务院办公厅关于中部六省比照实施振兴东北地区等老工业基地和西部大开发有关政策范围的通知》，明确中部六省中26个城市对照实施振兴东北地区等老工业基地的相关政策、243个县（市、区）比照实施西部大开发有关政策。2007年12月，国家发展和改革委员会发文批准武汉城市圈和长株潭城市群为全国资源节约型和环境友好型社会建设综合配套改革试验区，随后国务院于2008年先后批复了两地的综合配套改革试验总体方案。

2008年1月11日，国务院发布《国务院关于同意建立促进中部地区崛起工作部际联席会议制度的批复》，明确联席会议制度的主要职能是贯彻落实中共中央、国务院关于促进中部地区崛起的重大部署；研究促进中部地区崛起的有关重大问题，向国务院提出建议；协调促进中部地区崛起的重大政策，推动部门间沟通与交流；完成国务院交办的其他事项。

2009年9月，国务院通过了《促进中部地区崛起规划》，提出了四带六圈（群、带）的战略布局，即加快构建沿长江经济带、沿陇海经济带、沿京广经济带和沿京九经济带，大力发展武汉城市圈、中原城市群、长株潭城市群、皖江城市带、环鄱阳湖城市群和太原城市圈。2009年12月，国务院正式批复了《鄱阳湖生态经济区规划》。2010年1月，国务院正式批复了《皖江城市带承接产业转移示范区规划》。

2010年8月，国务院发布了《国务院关于中西部地区承接产业转移的指导意见》，提出依托中西部地区产业基础和劳动力、资源等优势，因地制宜承接发展优势特色产业，促进承接产业集中布局，改善承接产业转移环境，加强资源节约和环境保护。2010年12月，国务院批准设立山西省为国家资源型经济转型综合配套改革试验区。2011年9月，国务院发布了《国务院关于支持河南省加快建设中原经济区的指导意见》。

2012年8月，国务院发布了《国务院关于大力实施促进中部地区崛起战略的若干意见》，提出稳步提升“三基地、一枢纽”地位，增强发展的整体实力和竞争力；推动重点地区加快发展，不断拓展经济发展空间；大力发展社会事业，切实保障和改善民生；加强资源节约和环境保护，坚定不移走可持续发展道路；大力推进改革创新，增强发展的活力和动力；全方位扩大开放，加快形成互利共赢开放新格局。

2015年4月，国务院批复《长江中游城市群发展规划》，长江中游城市群是以武汉城市圈、环长株潭城市群、环鄱阳湖城市群为主体形成的城市群，国土面积约31.7万平方千米，是长江经济带三大跨区域城市群之一，也是实施促进中部地区崛起战略、全方位深化改革开放和推进新型城镇化的重点区域。

2016年之前，中部地区的定位一直都是“三基地、一枢纽”①。这一战略定位，既促进了中部地区优势的发挥，又巩固了中部地区重要粮食生产基地、全国能源原材料供应重点地区的地位。2016年12月7日，国务院常务会议审议通过了《促进中部地区崛起规划（2016—2025年）》，将其定位变更为“一心四区”②，这不仅继承了上一阶段的战略定位，同时体现出新时代中部地区面临的新机遇与新挑战，即在上一阶段产业与能源基地、交通枢纽建设的基础上，继续发挥优势，加快新型城镇化建设，以生态文明建设为顶层设计，形成全方位对外开放的新发展格局。

2016年12月，国务院批复了国家发展和改革委员会报送的《关于报送促进中部地区崛起“十三五”规划（修改稿）的请示》，原则同意《促进中部地区崛起“十三五”规划》。该规划提出，以提高发展质量和效益为中心，以供给侧结构性改革为主线，以全面深化改革为动力，坚持创新驱动发展，加快推动新旧动能转换，加快推进产业结构优化升级，加快打造城乡和区域一体化发展新格局，加快构筑现代基础设施网络，加快培育绿色发展方式，加快提升人民生活水平，推动中部地区综合实力和竞争力再上新台阶，开创全面崛起新局面。

2021年7月，《中共中央 国务院关于新时代推动中部地区高质量发展的意见》发布，明确指出要充分发挥中部地区资源要素、市场潜力等比较优势，推动中部地区加快高质量崛起，在全面建设社会主义现代化国家新征程中作出更大贡献。顺应新时代新要求，为推动中部地区高质量发展勾勒蓝图。由此可见，实现中部地区高质量发展既是全面推动形成东中西部良性互动协调发展的客观需要，也是整体推进和实施中国高质量发展的必然要求（表7-2）。

---

① 全国重要粮食生产基地、能源原材料基地、现代装备制造及高技术产业基地和综合交通运输枢纽。

② 全国重要先进制造业中心、全国新型城镇化重点区、全国现代农业发展核心区、全国生态文明建设示范区、全方位开放重要支撑区。

表7-2 国务院关于促进中部地区崛起的指导意见与规划

时间	促进中部地区崛起的指导意见与规划	主要内容
2006年4月15日	《中共中央　国务院关于促进中部地区崛起的若干意见》	提出把中部地区建设成为全国重要粮食生产基地、能源原材料基地、现代装备制造及高技术产业基地和综合交通运输枢纽（“三基地一枢纽”）
2006年5月19日	《国务院办公厅关于落实中共中央 国务院关于促进中部地区崛起若干意见有关政策措施的通知》	建设全国重要粮食生产基地，推进社会主义新农村建设；加强能源原材料基地和现代装备制造及高技术产业基地建设；发展商贸流通旅游业；增强中心城市辐射功能，促进城市群和县域发展
2007年1月1日	《国务院办公厅关于中部六省比照实施振兴东北地区等老工业基地和西部大开发有关政策范围的通知》	中部六省中26个城市比照实施振兴东北地区等老工业基地有关政策，243个县（市、区）比照实施西部大开发有关政策
2008年1月11日	国务院《关于同意建立促进中部地区崛起工作部际联席会议制度的批复》	贯彻落实中共中央、国务院关于促进中部地区崛起的重大部署，协调促进中部地区崛起的重大政策，推动部门间沟通与交流
2009年9月	《促进中部地区崛起规划》	加快构建沿长江经济带、沿陇海经济带、沿京广经济带和沿京九经济带，大力发展武汉城市圈、中原城市群、长株潭城市群、皖江城市带、环鄱阳湖城市群和太原城市圈
2010年8月	《国务院关于中西部地区承接产业转移的指导意见》	因地制宜承接发展优势特色产业，促进承接产业集中布局，改善承接产业转移环境，加强资源节约和环境保护
2012年8月	《国务院关于大力实施促进中部地区崛起战略的若干意见》	稳步提升“三基地、一枢纽”地位，增强发展的整体实力和竞争力；推动重点地区加快发展，不断拓展经济发展空间；大力发展社会事业，切实保障和改善民生；加强资源节约和环境保护，坚定不移走可持续发展道路；大力推进改革创新，增强发展的活力和动力；全方位扩大开放，加快形成互利共赢开放新格局
2015年4月	《长江中游城市群发展规划》	长江中游城市群是长江经济带三大跨区域城市群之一，也是实施促进中部地区崛起战略、全方位深化改革开放和推进新型城镇化的重点区域

（续表）

时间	促进中部地区崛起的指导意见与规划	主要内容
2016年12月7日	国务院《促进中部地区崛起规划（2016—2025年）》	全国重要先进制造业中心、全国新型城镇化重点区、全国现代农业发展核心区、全国生态文明建设示范区、全方位开放重要支撑区
2021年7月	《中共中央　国务院关于新时代推动中部地区高质量发展的意见》	充分发挥中部地区资源要素、市场潜力等比较优势，推动中部地区加快高质量崛起，在全面建设社会主义现代化国家新征程中作出更大贡献。顺应新时代新要求，为推动中部地区高质量发展勾勒蓝图

资料来源：根据国家各部委网站资料整理。

二、促进中部地区崛起的政策措施

为配合促进中部地区崛起战略的实施，国家有关部门先后制定实施了一系列政策。工信部发布的《促进中部地区原材料工业结构调整和优化升级方案》中，保障措施共八条，涉及财税政策的措施包括充分利用财税、投资、信贷、法规等手段，统筹做好各项政策措施衔接落实，充分利用国家技术改造专项资金，加大地方配套资金投入，优先支持符合结构调整方向和重点的企业通过银行贷款、资本市场、引入战略投资者等方式筹集资金，扩大社会投资渠道等，但不够具体，只是大致规定了支持的原则和政策取向，因而各项政策大多仍是实施中部地区崛起战略之前的政策。

根据《国务院关于促进中部地区崛起“十三五”规划的批复》，2016年12月20日，国家发展和改革委员会正式印发了《促进中部地区崛起“十三五”规划》，指出中部地区是我国新一轮工业化、城镇化、信息化和农业现代化的重点区域，是扩大内需、提升开放水平最具潜力的区域，也是支撑我国经济保持中高速增长的重要区域，在全国区域发展格局中占有举足轻重的战略地位（表7–3）。

表7-3　国家层面颁布的促进中部地区崛起的相关政策文件

时间	促进中部地区崛起的相关政策文件	主要内容
2005年12月28日	《商务部办公厅关于扩大开放、提高吸收外资水平、促进中部崛起的指导意见》	积极合理有效利用外资，促进中部地区全面提高开放水平
2006年5月19日	《国务院办公厅关于落实中共中央 国务院关于促进中部地区崛起若干意见有关政策措施的通知》	建设全国重要粮食生产基地，推进社会主义新农村建设；加强能源原材料基地和现代装备制造及高技术产业基地建设；发展商贸流通旅游业；增强中心城市辐射功能，促进城市群和县域发展
2006年10月26日	《国家人口计生委关于切实加强中部地区人口和计划生育工作促进中部崛起的意见》	稳定低生育水平，统筹解决人口问题，为中部崛起创造良好的人口环境
2006年12月22日	《国家知识产权局关于加强知识产权工作促进中部地区崛起的决定》	提高自主知识产权水平，开展区域知识产权合作
2007年1月1日	《国务院办公厅关于中部六省比照实施振兴东北地区等老工业基地和西部大开发有关政策范围的通知》	中部六省中26个城市比照实施振兴东北地区等老工业基地有关政策，243个县（市、区）比照实施西部大开发有关政策
2008年1月11日	《国务院关于同意建立促进中部地区崛起工作部际联席会议制度的批复》	贯彻落实中共中央、国务院关于促进中部地区崛起的重大部署，协调促进中部地区崛起的重大政策，推动部门间沟通与交流
2009年12月11日	《促进中部地区原材料工业结构调整和优化升级方案》	促进中部地区原材料工业结构调整和优化升级
2010年8月12日	《促进中部地区崛起规划实施意见》	指导地方搞好有关专项规划编制、政策实施、项目安排、体制机制创新等方面的工作
2010年5月9日	《关于促进中部地区城市群发展的指导意见》	把城市群建成支撑中部地区崛起的核心经济增长极和促进东中西部良性互动、带动全国又好又快发展的重要区域
2016年12月	《促进中部地区崛起“十三五”规划》	中部地区在全国区域发展格局中占有举足轻重的战略地位，明确提出支持武汉、郑州建设国家中心城市

资料来源：根据国家各部委网站资料整理。

三、地方层面促进中部地区崛起的政策措施

为了深入推进中部地区崛起战略落地，中部各省从自身实际出发，相继制定了各自的促进崛起规划，如2011年7月，河南省政府发布了《河南省促进中部地区崛起规划实施方案》。各地充分体现了“增强中心城市辐射功能，促进城市群和县域发展”的精神，积极发挥城市圈（群、带）在促进中部地区崛起中的作用。在中部6省“十二五”规划中，安徽提出加快合肥经济圈建设；山西提出加快发展太原都市圈；河南提出加快中原城市群发展；湖北全面实施“两圈一带”（武汉城市圈、鄂西生态文化旅游圈和湖北长江经济带）战略；湖南提出加速构建以长株潭为核心，环长株潭城市群为重点，市州中心城市为骨干，县城和中心镇为节点，大中小城市和小城镇协调发展的新型城镇体系；江西提出构建以昌九工业走廊和环鄱阳湖城市群为架构的城镇体系。为贯彻国家《促进中部地区崛起“十三五”规划》，2017年9月，湖北省政府印发了《湖北省促进中部地区崛起“十三五”规划实施方案》。此外，在中部6省“十四五”规划中，各省均提出了在促进中部地区崛起中的发展目标。

▶▶▶

第三节

中部地区崛起战略的成效与问题

中部地区崛起战略实施以来，在中央一系列政策的支持下，中部地区经济、社会、资源环境等各方面都发生了比较大的变化。2021年，《中共中央 国务院关于新时代推动中部地区高质量发展的意见》发布，“中部地区崛起”再次成为焦点，发挥中部地区的综合优势，加快中部地区发展步伐，实现中部地区高质量发展，对于形成我国区域协调发展的新格局具有重要意义[①]。准确把握中部地区崛起战略成效与存在的问题，才能针对目前中部地区崛起战略提出可行的相关措施和政策建议。

一、中部地区崛起战略的成效

（一）经济发展水平逐步提高，与东部地区的经济差距不断缩小

中部地区崛起战略的重要目的在于促进中部地区繁荣，解决区域发展不平衡问题，缩小区域经济差距。中部地区崛起战略实施以来，中部地区凭借区位、政策、资源等优势，经济社会稳定发展，与东部地区的经济差距不断缩小。从地区生产总值来看，2013—2021年，中部地区生产总值占全国的比重由20.2%提高到22.0%，提高了1.8个百分点；而东部地区生产总值占全国的比重由51.2%提高到52.1%，提高了0.9个百分点（图7-5）。从人均地区生产总值来看，2013—2021年，中部地区人均地区生产总值由35280元增长到68633元，与东部地区的绝对差距由26910元

① 陈元主编《促进中部地区崛起的思路与对策研究》，中国财政经济出版社，2007。

缓慢扩大到35987元，与东部地区的相对差距由1.76缩小到1.52（图7-6）。总体而言，中部地区的经济发展水平逐步提高，与东部地区的经济差距不断缩小。

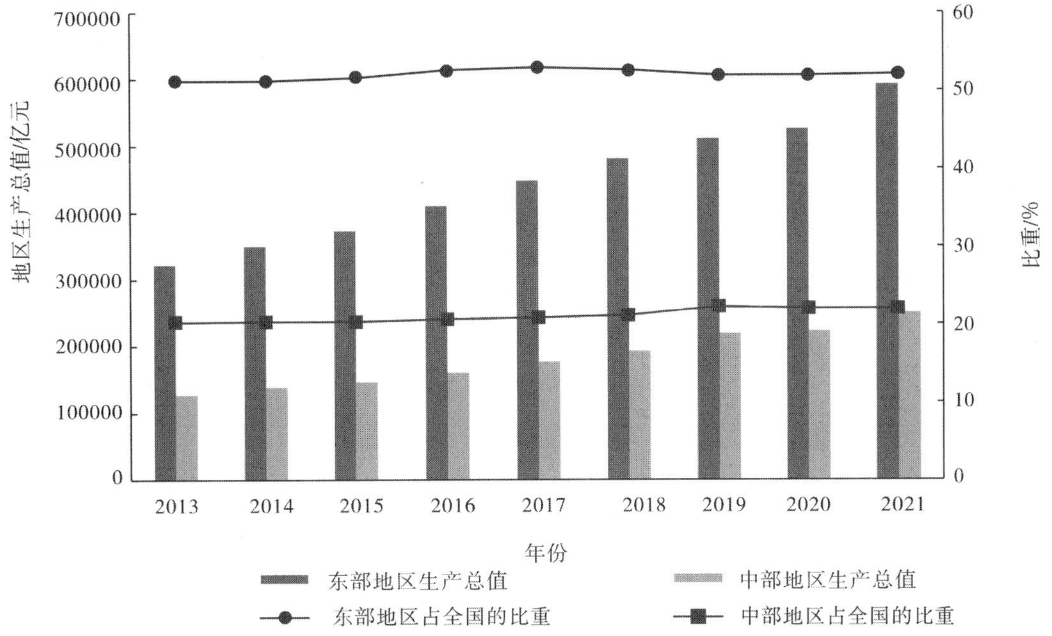

图7-5　2013—2021年中部地区与东部地区生产总值及占全国的比重

数据来源：根据相关年份《中国统计年鉴》整理计算。

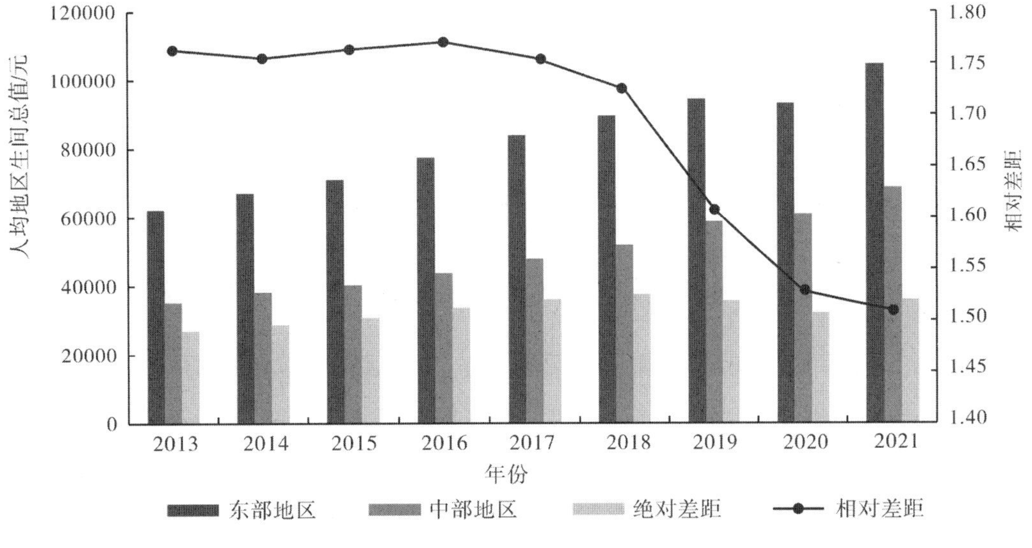

图7-6　2013—2021年中部地区与东部地区人均地区生产总值

数据来源：根据相关年份《中国统计年鉴》整理计算。

（二）产业结构不断优化，现代产业体系逐步形成

产业结构调整是加快区域经济发展速度的核心驱动力，也是理解区域经济增长方式的重要基础，既体现了过往区域经济发展路径发生的变化，又为未来区域经济进一步发展奠定了基础[①]。长期以来，中部地区产业结构偏重，第二产业占比高于全国平均水平。在中部地区崛起战略的实施过程中，第一产业所占比重总体呈现下降趋势，第二产业所占比重呈现先上升后下降趋势，第三产业所占比重呈现波动上升趋势，产业结构逐步优化，带动了中部地区产业快速发展，提高了地区间的资源配置效率。2006年，中部地区三次产业结构为15.3：48.5：36.2，产业结构以第二产业为主，占比相对较高；2021年，中部地区三次产业结构调整为8.6：41.4：50.0，中部地区产业结构实现了从“二三一”向“三二一”的转变（图7-7）。中部地区制造业发展势头良好，成为我国重要的现代制造业基地之一。制造业呈现化学工业、食品工业、机械制造等多点支撑的格局，拥有相对雄厚的制造基础、基本完备的产业体系和相对齐全的行业门类，产业规模优势与体系优势明显。同时，先进制造业从东部地区向中部地区持续转移，促进了中部地区产业结构进一步优化，推动了中部地区产业高质量发展。在产业转移的过程中，区域集中现象较为突出，中部地区核心城市成为承接东部地区产业转移的集中地。近年来，传统制造业如化纤、纺织、钢铁、多元化工等逐渐向中部6省更有效率和成本优势的地区集聚[②]。在高质量发展的背景下，以半导体、通信设备、电子元件等为代表的新兴制造业不同程度地从北京、上海、广州等一线城市向中部地区的核心城市转移。此外，逐步完善的交通网络也将有力支撑中部地区高质量发展。

（三）城镇化水平快速提高，城乡居民收入相对差距逐步缩小

城镇化是推动区域现代化建设的重要力量，城镇化的本质是农村人口转移到城市、从农民变成市民。2006—2021年，中部地区年末常住人口占全国的比重呈现下降趋势，由29.5%下降到25.8%，但依然拥有全国超1/4的人口，中部地区作为人

---

① 孙久文、程芸倩：《中部地区高质量发展的成效、特征及对策建议》，《治理现代化研究》2022年第2期。

② 同上。

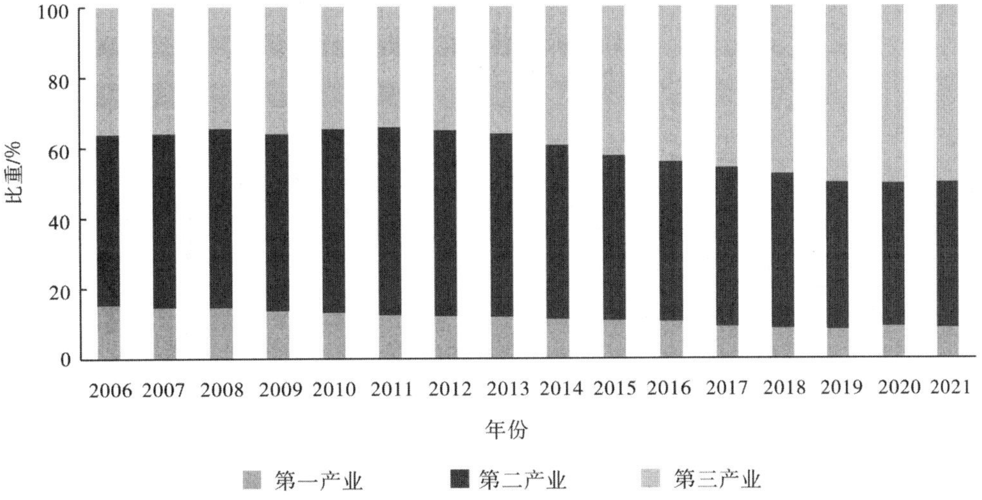

图7-7　2006—2021年中部地区产业结构变化

数据来源：根据相关年份《中国统计年鉴》整理计算。

口较为集中的区域，是新发展阶段扩大内需的关键发力点。2006年，全国城镇化率为43.9%，而中部地区城镇化率仅为37.6%，低于全国6.3个百分点。2012年，随着大力实施中部地区崛起战略，在国家规划层面提出实施中心城市带动战略，培育壮大武汉城市圈、中原城市群、长株潭城市群等，发挥城市群的辐射带动作用，中部地区城镇化进程快速推进①。2021年，中部地区城镇化率提高至60.0%，与2006年相比提高了22.4个百分点，低于全国4.7个百分点。此外，从城乡居民人均可支配收入差距来看，2006—2021年，中部地区的城镇居民人均可支配收入和农村居民人均可支配收入均稳步提升，城乡居民收入差距进入了绝对差距不断扩大、相对差距不断缩小阶段，城乡居民收入绝对差距由6619元扩大到22849元，相对差距由3.0：1（农村居民人均可支配收入=1）下降到2.3：1（图7-8）。

① 孙久文、程芸倩：《中部地区高质量发展的成效、特征及对策建议》，《治理现代化研究》2022年第2期。

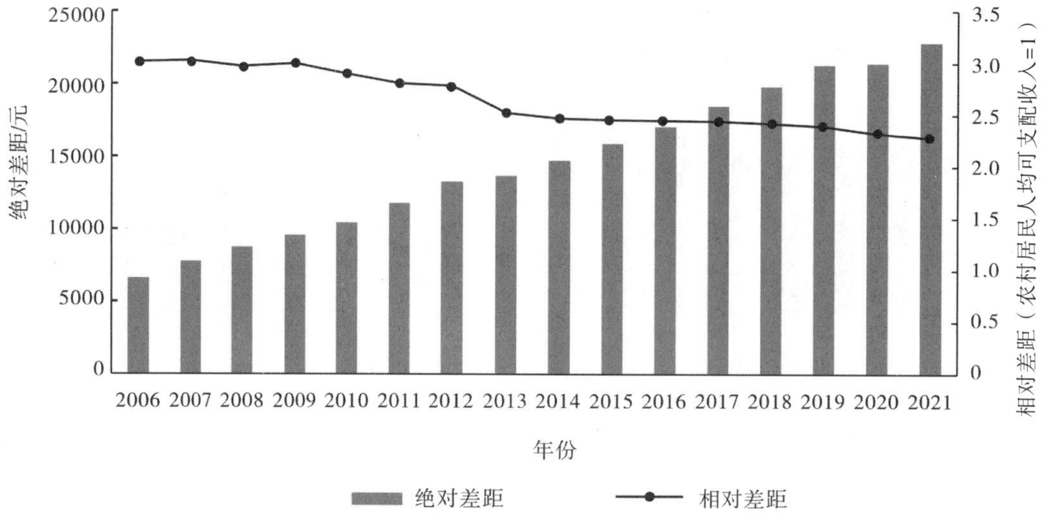

图7-8　2006—2021年中部地区城乡居民人均可支配收入差距变化趋势

数据来源：根据相关年份《中国统计年鉴》整理计算。

（四）区位交通优势凸显，不断构建内陆开放新格局

随着中部地区崛起战略的实施，中部地区交通基础设施更加完善，交通运输能力不断增强。武汉“九省通衢”，是长江经济带和京广京哈南北大通道的交会点，发展潜力巨大；郑州也是四通八达的交通枢纽，“米字形”交通体系，使郑州市的经济规模迅速扩大。湖北、湖南、河南3省位于京广交通线上，安徽已被纳入长江三角洲地区，江西向东对接长三角、向南融入粤港澳大湾区，山西与京津冀联系密切。此外，郑州、武汉、合肥、长沙、南昌相继开通欧洲货运专列，打通了中部地区直通欧洲的陆上货运通道，从2013年郑州开行首列中欧班列至2023年1月底，中欧班列（中豫号）已累计开行超7000列；截至2021年11月，中欧班列（武汉）累计开行2095列。运输货物包括汽车零配件、精细化工材料、电子产品、服装、日用品等，货物市场涵盖德国、法国、英国、波兰、捷克、斯洛伐克等欧洲国家，促进了中部地区同欧洲国家的经贸合作。综合交通运输体系的建设充分发挥出中部地区的区位优势，市场辐射力进一步增强，人流、物流、资金流、信息流快速流通和汇集，市场逐渐延伸至国内外多个地区，为中部地区的经济发展提供广阔的市

场[①]。2006—2021年，中部地区货物进出口总额占全国的比重由3.1%上升到8.6%。其中，进口额占全国的比重由2.7%上升到6.8%，出口额占全国的比重上升幅度最大，由3.4%上升到10.1%。根据《2020年中国城市外贸竞争力报告》，2019年，中部地区入围百强榜单的城市数量创下27座的新高，但大量城市位于榜单后半段；2020年，中部地区上榜城市缩减至22座，基本收缩至2017年以前的水平，但留存下来的大多是稳居榜单前中段，包括安徽6座、江西5座、湖南4座、湖北3座、河南3座、山西1座，且有10座城市位列前50名[②]。

（五）生态环境质量改善，工业资源环境承载力波动上升

良好的生态环境才能更好地助力经济发展。在《全国资源型城市可持续发展规划（2013—2020年）》中，中部6省资源型城市占6省城市总数的比例接近1/2，使中部地区经济增长与生态环境水平高度相关，所在地区的生态环境质量直接关系到中部地区经济能否实现可持续、高质量发展，人与自然的关系是否和谐共生[③]。2012年，在规划层面推进资源节约型和环境友好型社会建设试点，开始探索经济与生态环境协调发展的新模式。2016年，在《促进中部地区崛起规划（2016—2025年）》中，进一步提出了将中部地区打造成全国生态文明建设示范区的发展目标。2021年10月，中共中央、国务院印发《黄河流域生态保护和高质量发展规划纲要》，提出协同推进大治理，着力加强生态保护治理，促进全流域高质量发展。中部地区加强了沿黄地区的生态建设和环境保护，生态环境得到日益改善[④]。根据毛小明和胡伟辉的研究[⑤]，2010—2019年，中部地区各省工业资源环境承载力

---

① 杨开忠、李国平等：《面向现代化的中国区域科学》，经济管理出版社，2021。

② 2020年全国外贸竞争力百强城市中，中部地区有湖北武汉（20）、黄石（47）、仙桃（97），河南郑州（22）、濮阳（75）、济源（78），安徽合肥（30）、马鞍山（33）、芜湖（41）、安庆（59）、铜陵（60）、蚌埠（95），湖南长沙（37）、岳阳（36）、湘潭（54）、衡阳（71），江西南昌（39）、九江（49）、鹰潭（61）、吉安（63）、新余（93），山西太原（74）。

③ 金凤君：《黄河流域生态保护与高质量发展的协调推进策略》，《改革》2019年第11期。

④ 孙久文、程芸倩：《中部地区高质量发展的成效、特征及对策建议》，《治理现代化研究》2022年第2期。

⑤ 毛小明、胡伟辉：《产业承接视角下中部地区工业资源环境承载力研究》，《区域经济评论》2021年第5期。

整体呈波动上升趋势，但变化幅度差异较大，提升幅度最显著的省份是安徽，幅度为489.19%，其余省份增幅分别为河南239.34%、湖南210.35%、江西 174.08%、湖北134.15%、山西39.35%（图7-9）。

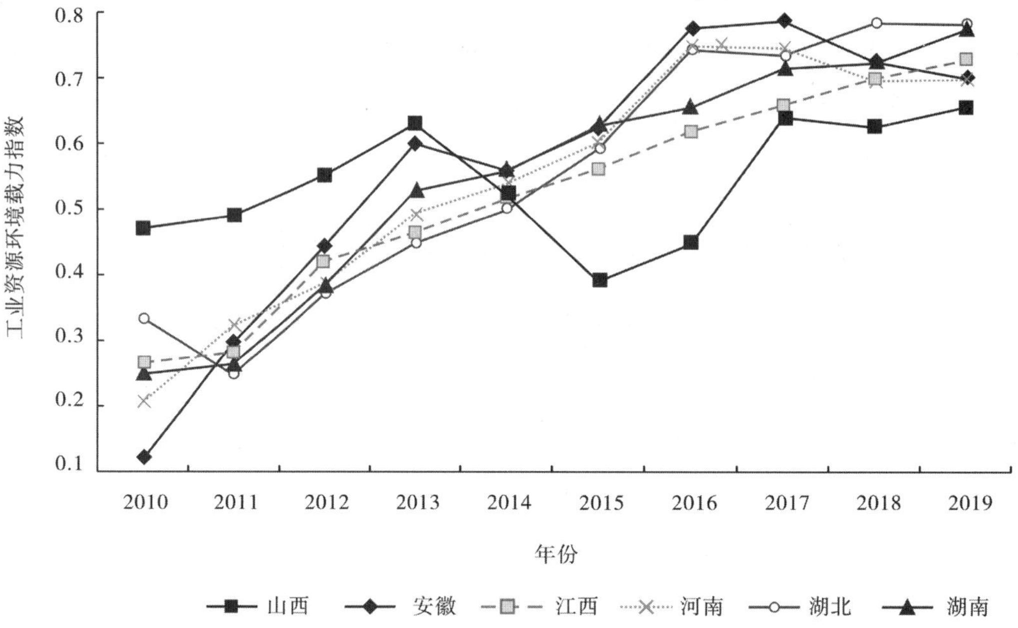

图7-9　2010—2019年中部6省工业资源环境承载力

数据来源：毛小明、胡伟辉：《产业承接视角下中部地区工业资源环境承载力研究》，《区域经济评论》2021年第5期。

二、中部地区崛起战略实施过程中存在的问题

中部地区崛起战略实施以来，中部地区经济发展水平逐步提高，产业结构不断优化，城镇化水平快速提高，区位交通优势凸显，生态环境质量改善。然而，由于多方面的原因，中部地区在取得上述成就的同时，仍然存在中心城市引领作用不足、营商环境整体水平不高、区域创新能力不强、区域协同水平较低、经济发展水平差距较大等问题。

（一）中心城市引领作用不足，都市圈、城市群竞争力不强

都市圈的整体竞争力是其吸引生产要素的重要方面，自中部地区崛起战略实

施以来，中部6省相继形成了各自的都市圈，即湖北的武汉都市圈、湖南的长株潭都市圈、河南的郑州都市圈、江西的南昌都市圈、安徽的合肥都市圈、山西的太原都市圈。根据表7-4，从中部6省中心城市城区常住人口规模来看，2020年，武汉城区常住人口为995.30万、郑州城区常住人口为534.48万、长沙城区常住人口为554.64万，均为特大城市；太原城区常住人口为404.97万、合肥城区常住人口为377.76万、南昌城区常住人口为334.75万，为Ⅰ型大城市[①]。从经济势能指数看，2020年，武汉的经济势能指数在我国当时29个都市圈中排名第6位，量级为Ⅰ级；长沙排名第10位，量级为Ⅱ级；郑州排名第18位、南昌排名第20位，量级均为Ⅲ级；合肥第24位、太原居末位，量级均为Ⅳ级。从都市圈发展阶段来看，武汉都市圈、长株潭都市圈、郑州都市圈均处于成长期，尽管都市圈内部通道已基本连接成网，但缺乏带动能力较强的副中心城市，也并未形成网络状的都市连绵带；合肥都市圈和南昌都市圈均处于发育期，“中心—外围”特征明显，呈单核心空间结构；太原都市圈处于萌芽期，说明太原在人口规模、经济规模方面均远远低于我国其他都市圈的核心城市，对周边地区的辐射带动作用有限，都市圈呈现出“核心—放射状”的空间结构，中小城市主要布局在线状轴线上，外围城市数量较少[②]。

总体而言，中部地区的中心城市引领作用不足，且发展差距较大，都市圈合作互助机制尚不健全，城市间协同治理能力较弱，区域间行政壁垒、市场分割等现象仍然存在，都市圈内不同区域之间互动发展的格局还没有形成。

---

① 数据来源于国务院第七次全国人口普查领导小组办公室编制的《2020中国人口普查分县资料》。

② 黄艳、安树伟：《中国都市圈：识别、特征与发展态势》，《中国投资（中英文）》2022年第Z2期。

表7-4　2020年中部地区中心城市基本情况

城市	城区常住人口/万人	经济势能量级	所属都市圈类型
武汉	995.30	Ⅰ	成长期
郑州	534.48	Ⅲ	成长期
长沙	554.64	Ⅱ	成长期
合肥	377.76	Ⅳ	发育期
南昌	334.75	Ⅲ	发育期
太原	404.97	Ⅳ	萌芽期

数据来源：城区常住人口数据来源于国务院第七次全国人口普查领导小组办公室编制的《2020中国人口普查分县资料》；经济势能量级、都市圈类型为2020年数据，数据参考黄艳、安树伟：《中国都市圈：识别、特征与发展态势》，《中国投资（中英文）》2022年第Z2期。

城市群是在都市圈的基础上形成的。对于非网络型的中部地区的城市群而言，其发展水平很大程度上依赖于都市圈的核心城市的发展水平，城市群的竞争力归根结底是核心城市的竞争。而中部地区各个城市群核心城市的综合竞争力较弱，导致核心城市首位度作用不明显，对区域发展的牵引带动作用相对较差。无论以绝对数据还是以相对数据来分析，中部地区各城市群核心城市的经济实力都较为薄弱。中部地区的城市群在经济规模、经济发展质量、辐射能力、吸纳能力等方面都存在明显的差距。同时，由于行政干预因素的作用，中部地区的城市群被非基本地域单元分割而不能成为一个连续的地域单元。行政因素干预作用下形成的城市群，其管理范围和经济联系影响范围不一致，使得部分城市不能完全融入城市群的整体发展中而降低城市群的城市化水平，削弱城市群整体竞争力①。

（二）营商环境局部良好，整体水平不高

在中部地区崛起战略和一系列国家倾斜政策的扶持下，尤其是2015年我国各级政府持续推动“放管服”改革以来，中部地区的营商环境水平不断提高，但是相对于国内其他地区尤其是东部地区，中部地区的营商环境和市场主体活跃度依然处于较低水平。营商环境的优劣直接影响到该区域对资金、劳动、技术、人才等生产要素的吸引力，良好的营商环境对于地方经济的发展具有极其重要的作用。而中部地区在营商环境方面与其他地区尤其是东部地区相比，仍然存在不小的差距，导致

① 杨开忠、李国平等：《面向现代化的中国区域科学》，经济管理出版社，2021。

其在发展过程中资金、人才等要素资源外流现象比较突出，这也是中部地区崛起过程中不能回避又必须解决的重要问题[①]。城市是企业生产经营的主要活动场所，其营商环境的优劣直接影响市场主体的活力和企业家投资区位的选择。2020年，中部6省的省会城市营商环境在各自省内排名均是第1位；位列全国除直辖市外27个省会城市的前10名的有武汉、郑州、长沙和合肥，这4个省会城市营商环境相对较好；太原营商环境相对较差，位列全国除直辖市外27个省会城市的第20名，位于全部参评城市（289个）的第47名；此外，中部6省各城市的营商环境排名差距较大（表7-5）[②]。总体而言，中部地区因市场化水平较低、法治环境较差、产业配套能力较弱、生产成本以及交易费用较高等诸多因素，营商环境整体水平不高。

表7-5　2020年中部地区省会城市营商环境水平

城市	营商环境指数	省内排名	省会排名	全国排名
武汉	36.411	1	5	11
郑州	30.170	1	7	15
长沙	28.074	1	8	17
合肥	24.544	1	10	21
南昌	19.447	1	15	38
太原	17.329	1	20	47

资料来源：李志军主编《2020中国城市营商环境评价》，中国发展出版社，2021。

（三）教育发展差距较大，区域创新能力不强

教育水平是一个地区发展的重要支撑，优质的教育水平能够培养高素质、高层次的人才，提高创新能力。中部地区有6所985大学（同时也是211大学），包括湖南的国防科技大学、中南大学、湖南大学共3所，湖北的武汉大学、华中科技大学共2所，安徽的中国科学技术大学1所，而江西、河南和山西没有985院校。除此之外，中部地区还有11所211大学，包括湖北的华中师范大学、中南财经政法大学、武汉理工大学、中国地质大学（武汉）、华中农业大学共5所，湖南的湖南师范大学1所，安徽的合肥工业大学、安徽大学2所，江西的南昌大学1所，河南的郑州大学1所，山西的太原理工大学1所。由此表明，湖北和湖南的优质教育资源相对较

① 杨开忠、李国平等：《面向现代化的中国区域科学》，经济管理出版社，2021。

② 李志军主编《2020中国城市营商环境评价》，中国发展出版社，2021。

多，而江西、河南和山西都是仅有1所211院校，中部地区教育发展差距较大，且高水平大学资源不足。

区域创新发展是创新型国家和科技强国建设的重要支撑，党的十八大以来，各地区深入贯彻落实创新驱动发展战略，创新能力显著提高。根据中国科学技术发展战略研究院发布的《中国区域科技创新评价报告2022》，2012—2022年，全国综合科技创新水平指数由60.28分提高到75.52分；中部6省综合科技创新水平指数均有不同程度的提升，但是仍低于全国平均水平；从排名来看，除山西外，其余5省份的排名均有不同程度的提升，江西提升幅度最大，由第25名提升至第16名，而山西则从第19名下降至第22名，说明中部地区整体科技创新能力较弱，从要素驱动迈向创新驱动的动能尚需提高（表7-6）。此外，根据《中国区域科技创新评价报告2022》，中部6省制造业创新能力亟待增强。

表7-6　2012年、2022年中部地区综合科技创新水平指数及排名

地区	2012年		2022年	
	指数	排名	指数	排名
湖北	55.58	9	72.15	8
安徽	45.85	17	70.44	10
湖南	45.87	16	67.23	13
江西	39.14	25	63.36	16
河南	41.18	22	62.31	17
山西	42.87	19	55.15	22

资料来源：根据中国科学技术发展战略研究院2022年12月7日发布的《中国区域科技创新评价报告2022》整理。

注：排名是在全国31个省（区、市）中的排名。

（四）产业层次相对较低，区域协同水平较低

中部地区是我国重要的商品粮基地，也是重要的能源与原材料基地。在多种因素作用下，中部地区的产业层次比较低，对外竞争力较弱，难以带动区域经济的快速发展。中部地区大多数城市第二产业以传统的基础制造业为主，企业进行技术改造与创新的能力不强，产品的附加值低，所获得的利润远低于高新技术产业。由于区位及自然禀赋等条件相似，中部地区省与省之间、城市与城市之间的竞争大于合

作。趋同的产业结构又导致区域的产品集中度低，生产的集约化程度难以提高，经济效益和竞争力弱化[①]。中部地区崛起战略提出以来，由于行政区划、地方利益、政绩考核等多方面因素的影响，中部地区各省对外接纳程度始终不够，现实是省际的竞争行为往往多于合作行为，区域之间难以实现协调发展。中部地区缺乏统一的区域市场，各省只注重自身的局部利益，地方保护主义现象依旧十分突出，行政区划壁垒突出，人才、信息、资金、技术等要素资源流动不畅，使得商品与生产要素难以在区域之间自由流动与优化组合，区域规模经济难以实现。中部地区各省之间缺乏有效的联动机制，部门化、地域化的行政管理体制使得各地区立足于当地的发展，缺乏全局观念，倾向于能促使本地利益最大化的发展规划，不能形成一个有效的联动机制和区域协调机构[②]。

（五）区域内部差异较大，经济发展水平差距不断扩大

由于自然条件、资源状况和文化背景等方面的差异，中部地区不同省份在发展过程中不能进行有效整合，使得中部地区的区域空间差异呈现南北地区差异，在空间上大体可分为长江流域南片和黄淮流域北片。湖南、湖北、江西和安徽部分区域属于长江流域南片，南片各省的自然条件、历史文化背景都比较相似，除了南部和西部山区同属亚热带丘陵山区之外，人口稠密的平原区域，湖北江汉平原、湖南洞庭湖平原、江西鄱阳湖平原、安徽长江沿岸平原和皖中平原都属于长江中下游平原；南片地区自然、文化等方面均具有明显的南方特征，各地之间经济联系较为密切，也具有一定的历史渊源。河南、山西和安徽部分区域属于黄淮流域北片，主要位于淮河以北区域且自然条件具有较为明显的北方特征；北片地区自然条件较为复杂，山西位于黄土高原地区，豫西则属于秦岭山脉东段的伏牛山区，豫东、皖北同处黄淮平原，南部淮河流域处于暖温带向亚热带过渡地区；山西由于太行山的阻隔，与中部其他省份联系相对较少，而和河北、北京等地来往较密，但随着晋煤外运通道的建设，晋南地区与河南的联系已大为加强[③]。此外，自然条件、资源状况

---

① 杨开忠、李国平等：《面向现代化的中国区域科学》，经济管理出版社，2021。

② 同上。

③ 同上。

和文化背景等方面的差异，也带来了经济发展水平方面的差异。2006—2021年，中部地区各省人均地区生产总值均呈现快速增长的趋势，但6省之间的人均地区生产总值的差距不断扩大（图7-10）。综上，中部地区内部发展差异明显，尤其是南北自然、经济、文化等方面的差异，而这些差异可能对区域政策的效果产生影响。

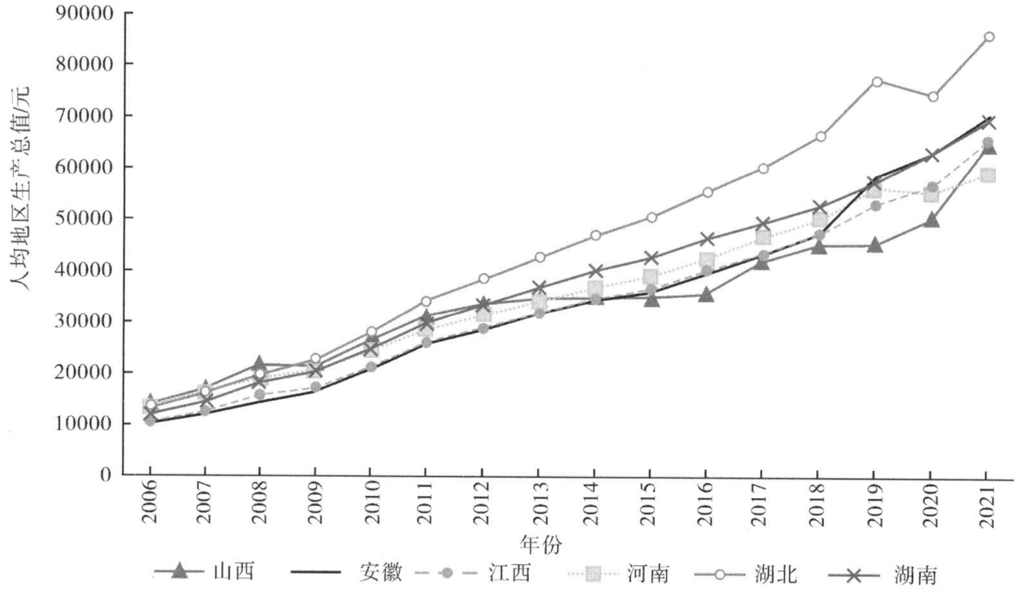

图7-10　2006—2021年中部6省人均地区生产总值

数据来源：根据相关年份《中国统计年鉴》整理。

第四节

加快中部地区崛起的思路、对策与展望

自中部地区崛起战略实施以来，中部6省的经济社会发展取得显著成效，但中部地区发展不平衡不充分问题依然突出，仍然制约着中部地区的高质量发展。在新时期，面对与提出中部地区崛起战略时不同的环境和问题，促进中部地区崛起的任务必然要作出一定的调整。进一步实施中部地区崛起战略，应以加快建设区域性中心城市和都市圈、城市群，推进孵化国家先进制造业基地与强化邻近区域辐射带动作用等方面为抓手，积极构建区域协调发展长效机制。

一、加快中部地区崛起的思路

促进中部地区崛起是中央加快中部地区发展、优化国民经济结构、保持经济持续健康发展、实现区域协调发展的重大区域战略，也是构建全国统一大市场、推动形成东中西部良性互动协调发展的客观需要。党的二十大报告提出了“深入实施区域协调发展战略”的新要求，明确提出“促进中部地区加快崛起”。中部地区崛起作为我国区域发展的重大战略，对于实现全面建设社会主义现代化国家的目标至关重要。深入贯彻党的二十大精神，推进中部地区加快崛起，需要立足新发展阶段、贯彻新发展理念，结合中部地区各省的经济资源和比较优势，围绕发挥优势推动区域内部的分工与合作，进行统筹规划、协调推进，抓好关键环节和重点工作。

（一）集聚集约，走内涵式城镇化发展道路

在高质量发展背景下，中部地区要通过技术创新、改善经营管理等各种手段，对城镇各种资源、要素进行优化组合和高效利用，力求以最小成本取得最大效益；要科学合理地确定各类城市建设密度，采取紧凑、集中、有序、高效的城市建设模式，充分挖掘城市土地潜力，节约土地资源，促进城市从外延式扩展向内涵式集约发展转变，形成紧凑、高效的城市用地格局。因此，要坚持工业化和城镇化相协调，科学规范工业园区建设，增强集聚和辐射功能，逐步实现城乡经济、社会、文化、生态的全面、协调和可持续发展。提升城市功能，强化产业支撑，实现产城融合发展。优化城市空间结构，统筹安排建设时序和战略重点，促进紧凑集约发展。

（二）坚持绿色发展，建设生态文明

坚持绿色发展，为可持续发展奠定坚实基础。在绿色发展战略的推动下，中部地区要积极探索绿色产业发展路径，逐步转变经济发展方式，实现经济与环境的和谐共生。注重生态保护，加强环境监测和治理，努力降低污染物排放。针对大气、水体和土地等环境问题，加大环境治理力度，严格执行排污标准，对污染源进行整治，改善环境质量。同时，积极推进生态修复工作，加强植被恢复和水域治理，使生态系统逐步恢复与得以重建。积极发展绿色产业，提升经济发展质量和效益，实现经济转型升级。充分利用本地资源优势，大力发展清洁能源、循环经济、节能环保等绿色产业。充分发挥企业技术创新能力，培育和壮大绿色产业集群，推动产业升级和结构调整，为经济注入新的动力。

（三）优化空间格局，加快区域发展

随着城镇化进程的加速，优化空间格局已成为重要的发展路径，培育和发展都市圈、城市群以及区域性中心城市已成为优化空间格局的重要举措。这些城市集聚了大量的人口、资源和经济活动，能够有效地促进区域经济发展。培育和发展都市圈可以实现资源的集约化利用，都市圈以大城市为核心，周边地区则成为其发展的辐射区域，通过打破行政区划的限制，都市圈可以整合周边城市的资源，形成规模

经济效应，提高资源的利用效率。城市群的发展是现代经济发展的重要趋势，随着城市群的形成，不同城市之间的资源得以整合和共享，城市群内部的城市可以根据各自的比较优势进行资源配置，实现资源的高效利用和优化配置，从而推动区域经济的快速发展。城市群的形成能够促进产业协同和转型升级。城市群内部的城市往往具有不同的产业特点和经济基础，通过产业协同和合作，能够形成产业链的完整性，提高产业的附加值和竞争力。中部地区城市群和都市圈之外的区域与城市群和都市圈的经济发展差距较大，使得城市群和都市圈的辐射带动作用难以充分发挥，也难以形成有效的产业分工与协作。由此，在中部地区都市圈和城市群之外的区域，培育发展区域性中心城市尤为重要。

（四）强化产业支撑，加强次区域合作

在当前激烈的经济竞争中，强化产业支撑和加强次区域合作成为推动地方经济发展的重要策略。一方面可以促进各地区经济的互补和协同发展，另一方面也可以提升地方产业的竞争力和创新能力。首先，强化产业支撑可以有效地引导地方产业结构调整和优化。通过创新产业发展模式，加大科技创新投入，培育壮大具有竞争力的优势产业，可以提高地方产业的核心竞争力，从而推动地方经济的高质量发展。同时，强化产业支撑还可以促进各区域间的产业协同发展，使产业链、供应链、价值链紧密结合，进一步提升整个区域的竞争力。其次，加强次区域合作可以实现资源共享和优势互补。通过建立次区域协作机制，各地区可以充分利用自身的资源优势，实现资源的跨区域流动和共享，从而实现资源的最优配置。此外，还可以通过开展合作研发、技术交流、人才培养等活动，加强各地区间的交流和合作，提升整个区域的创新能力和竞争力。

（五）创新驱动发展，促进经济持续健康发展

创新是推动一个地区经济和社会发展的关键因素之一，对于中部地区来说也是如此。为了实现经济持续稳定增长，中部地区应坚持创新驱动发展。首先，应加大科技创新力度。科技创新是推动经济发展的核心驱动力，应加大研发投入，加强科技人才培养，建立健全以市场为导向的科技创新体系。通过科技创新，可以提高核

心竞争力，推动传统产业向高端智能化方向转型升级。其次，应加强产业创新。产业创新是实现经济转型升级的重要途径，应积极发展战略性新兴产业，加大对先进制造业的支持力度。通过培育壮大优势产业，可以提升整体竞争力，实现经济的可持续发展。只有不断推动创新，才能实现中部地区的快速发展和经济实力的提升。

二、加快中部地区崛起的对策

（一）以城市群、都市圈和区域性中心城市为主体，构建区域协调发展新格局

一是推动城市群高质量发展。一般而言，国土空间开发格局优化按照“中心城市—都市圈—城市群”方向演进，中心城市的培育与发展壮大是都市圈、城市群发展的前提。逐渐演化发展的多支点空间布局模式不断重塑我国经济地理，平衡与协调我国区域经济发展格局，拓展我国经济发展的空间腹地，为我国宏观经济增长探索新的空间动力[①]。在未来中部地区的发展过程中，要以城市群为抓手，充分发挥市场规模优势，推动城市群高质量发展。城市群有巨大的发展优势，可以突破单个城市的市场限制，形成规模巨大的区域市场，有利于城市群内部的产业扩大规模，获得规模收益；各类产业可以共用先进的基础设施，共享发达的公共服务，低成本享受科技和文化创新成果，从而节约企业生产成本和交易成本，获取聚集经济效益；基于发达的专业化分工体系，每个城市都可以发挥各自的比较优势，发展各具特色的优势产业，从而引导资源要素向最具优势的产业配置，这对提升城市群内部每一个城市的竞争能力，甚至整个城市群的竞争能力都有极大的帮助。中部地区崛起战略能否取得成功，关键在于城市群能否实现高质量发展[②]。目前中部地区城市群数量较少、发育也不成熟，根据“十四五”规划纲要，全国19个城市群中，中部地区有3个，但只有中原城市群发育程度相对较高、带动作用较强；长江中游城

① 孙久文、程芸倩：《中部地区高质量发展的成效、特征及对策建议》，《治理现代化研究》2022年第2期。

② 杨开忠、李国平等：《面向现代化的中国区域科学》，经济管理出版社，2021。

市群3个核心城市武汉、长沙、南昌距离较远，且城市间经济联系不密切[1]；山西中部城市群包括太原、晋中、忻州、吕梁、阳泉5市，其范围和太原都市圈基本相同，是都市圈而非城市群。与珠三角城市群、长三角城市群相比，中部地区的城市群还处于初级发展阶段，经济和人口的集聚度还不够，产业的先进性和引领性还不足，科技自主创新能力还不强，一体化发展的体制机制还不健全。未来，中部地区应该以经济发达地区的城市群为目标，分析自身发展的短板和不足，结合自身的优势，实现高质量发展。

二是培育发展现代化都市圈。我国城镇化处在都市圈建设的快速推进期，都市圈作为区域一体化发展有机联系的整体，对于解决目前我国面临的区域不平衡、城乡不协调、城市不协同等问题具有重要意义。2014年发布的《国家新型城镇化规划（2014—2020 年）》明确提出："特大城市要适当疏散经济功能和其他功能，推进劳动密集型加工业向外转移，加强与周边城镇基础设施连接和公共服务共享，推进中心城区功能向1小时交通圈地区扩散，培育形成通勤高效、一体发展的都市圈。"2019年发布的《国家发展改革委关于培育发展现代化都市圈的指导意见》，更加突出了都市圈在城市群中的地位。根据黄艳和安树伟的研究[2]，除港澳台地区之外，2020年我国已经初步形成了29个都市圈，中部地区6个都市圈包括处于成长期的武汉都市圈、长株潭都市圈、郑州都市圈，处于发育期或萌芽期的合肥都市圈、南昌都市圈、太原都市圈。总体上看，中部地区的都市圈发展的空间还很大，各地要尊重客观规律、立足新发展阶段，以促进核心城市与周边城市（镇）同城化发展为方向，以创新体制机制为抓手，科学有序推动都市圈建设。

三是加快建设区域性中心城市。区域性中心城市是指在都市圈和城市群之外，人口规模较大、经济实力较强、城市功能较完善、腹地范围较广，具有较好的承载力，可以集聚较多的产业与人口，能够在国家和区域经济、社会、文化、科技发展

① 中部地区的长江中游城市群3个核心城市武汉、长沙、南昌距离较远，且彼此之间缺乏密切的经济联系，学术界关于长江中游城市群是否属于城市群有不同看法。

② 黄艳、安树伟：《中国都市圈：识别、特征与发展态势》，《中国投资（中英文）》2022年第Z2期。

中发挥重要作用的城市[①]。中部地区城市群和都市圈之外的区域与城市群和都市圈的经济发展差距较大，使得城市群和都市圈的辐射带动作用难以充分发挥，也难以形成有效的产业分工与协作。由此，在中部地区都市圈和城市群之外的区域，区域性中心城市发挥着创造就业机会、促进人口集聚、提供公共服务的功能，是支撑中部地区发展的重要增长极。促进中部地区高质量发展，迫切需要培育区域性中心城市，通过强有力的政策扶持，将区位条件好、经济实力强、人口规模大、腹地范围广、功能较完善的城市建设成为区域性中心城市，从而更高效地集聚经济和人口，辐射带动周边地区发展。

（二）坚持创新发展，构建以先进制造业为支撑的现代产业体系

一是加快建设国家先进制造业基地。推动制造业高质量发展，主动融入新一轮科技和产业革命，加快数字化、网络化、智能化技术在各领域的应用，推动制造业发展质量变革、效率变革、动力变革。充分发挥中部地区在区位、区域联动、人口等方面的优势，促进制造业效率提升和技术进步，加快制造业向数字化、智能化、绿色化方向转型升级。推动制造业高质量发展，加快建设国家先进制造业基地。加强制造业相关领域的技术创新，尤其是促进工业互联网领域的技术创新，推动中国工业互联网研究院中部地区分院、国家工业互联网大数据中心中部地区分中心等战略性项目在区域内投入应用。紧抓数字经济的发展机遇，以数字技术为依托，加快建设制造业开放创新合作平台，促进区域内科技创新和技术合作。引导区域内制造产业链、创新链、价值链在不同主体间有效对接，带动区域内制造业质量的整体提升。围绕制造业集群打造制造业高效服务体系，建设区域整体服务体系，搭建集研发设计、知识产权、商贸物流于一体的综合服务平台，形成产业共生、资源共享的良性发展格局。特大城市、超大城市应把科技服务作为未来的重要产业和发展方向，而中等城市着力发展制造业。

二是积极承接产业转移。中部地区地处我国内陆腹地，承东启西、连南贯北，是我国重要的粮食生产基地、能源原材料基地、现代装备制造及高技术产业基地和

① 邬晓霞、安树伟：《中西部区域性中心城市的识别与发展方向》，《改革》2022年第10期。

综合交通运输枢纽，在产业梯度转移中承担着重要的桥梁作用，在全国产业布局中具有重要的战略地位。产业结构优化升级应该成为中部地区经济发展的主要动力，在中部地区崛起战略实施过程中，承接国际、国内产业转移也是中部地区实现产业结构升级的重要路径。得益于国家良好的政策支撑，以皖江城市带承接产业转移示范区、晋陕豫黄河金三角承接产业转移示范区为代表的国家级承接产业转移示范区相继建立，湖南湘江新区、江西赣江新区相继获批，为承接产业转移提供有力的税收、土地政策支持。在一系列优惠政策和体制创新作用下，大量东部沿海地区企业向中部地区转移，促进中部地区的技术进步，有效改善了中部地区的营商环境，增加的就业岗位吸纳了中部地区的部分劳动力，承接东部地区产业转移成效明显[①]。积极推进承接产业转移示范性基地建设，以国家级及省级开发区为载体，不断增强承接产业转移的能力，积极承接新兴产业布局和转移，加强同东部沿海和国际上相关地区的对接，吸引承接一批先进制造业企业，在承接产业转移的过程中形成自身的产业链条，尽快形成中部地区顺利承接产业转移的示范性基地[②]。

三是培育优势产业集群。党的二十大报告指出：“坚持创新在我国现代化建设全局中的核心地位”，“坚持面向世界科技前沿、面向经济主战场、面向国家重大需求、面向人民生命健康，加快实现高水平科技自立自强”。这一重要论述为我国区域发展指明了方向，即要以创新驱动引领区域经济发展。中部地区着力提高关键领域自主创新能力，创新支持政策，推动科技成果转化和产业化，加快研发具有自主知识产权的核心技术，更多鼓励原创技术创新，加强知识产权保护。中原城市群与以武汉为核心的长江中游城市群交通区位优势明显，综合交通枢纽与市场中心相叠加，所产生的带动作用极为强大。立足于中原城市群与长江中游城市群强大的经济实力和综合服务功能，充分发挥城市群的区位、资源、产业等优势，加快产业结构升级，培育优势产业集群，构筑促进中部地区崛起的战略支撑平台。加快交通通信等基础设施的建设以及旧设备的更新升级，建设现代流通体系及市场体系，提

① 孙久文、程芸倩：《中部地区高质量发展的成效、特征及对策建议》，《治理现代化研究》2022年第2期。

② 吉新峰：《中国区域协调发展战略效应评价——基于区域差距的分析》，博士学位论文，西北大学，2011。

升城市群的集散能力，发展金融、信息、物流等现代服务业，力求成为区域综合服务的重要输出地。结合城市群原有的科技优势，延揽各类人才，增强城市群创新功能，推进区域技术创新体系建设，为中部地区高新技术产业发展及中部地区崛起提供强大的技术支持与智力保障。

（三）优化营商环境，激发市场主体活力

一是加强市场监管，营造透明的市场环境。加强事前事中事后全链条监管，加大反垄断和反不正当竞争执法司法力度，为各类所有制企业发展营造公平透明的市场环境。推行“双随机、一公开”[①]监管，组织对各地区落实行政执法公示制度、执法全过程记录制度、重大执法决定法制审核制度的有关情况开展抽查。进一步制定并出台规范行政裁量权基准制度的指导意见，将更多事项纳入联合抽查范围，指导地方将“双随机、一公开”监管与企业信用风险分类管理等结合起来，减少对守法诚信企业的检查次数。持续推进“互联网 + 监管”，加强部分重点监管领域数据汇集，完善“互联网 + 监管”系统风险预警模型，形成风险预警线索推送、处置和反馈机制，提升监管智能化水平。加快完善各领域监管标准体系，实施标准“领跑者”制度，鼓励行业制定更高水平自律标准，根据不同行业特点，合理分配监管力量，推动产品竞争力提高和产业转型升级。规范地方城市管理部门执法行为，制定并公布城管执法标准和要求，加大对随意执法等行为的查处力度，降低对市场主体正常生产经营活动的影响[②]。

二是提升司法效率，优化法治环境。发挥法治引领和保障作用，坚持依法行政、依法办事，政府部门要主动与立法及司法机关沟通协调，及时推动相关法律法规调整和授权工作。2019 年10月，国务院公布了我国优化营商环境领域的第一部综合性行政法规——《优化营商环境条例》，为各地区优化营商环境实践提供指导方向与制度保障。中部地区各省份要严格落实《优化营商环境条例》，立足审判执行职能，秉持“司法为民、公正司法”宗旨，不断强化服务意识，全力提升立案、

① “双随机、一公开”，即在监管过程中随机抽取检查对象，随机选派执法检查人员，抽查情况及查处结果及时向社会公开。

② 李志军主编《2020中国城市营商环境评价》，中国发展出版社，2021。

审理、执行、破产办理效率，快速有效化解矛盾纠纷，尽量减少诉讼对企业正常生产经营造成的不利影响。充分利用互联网、大数据等技术，构建以法院公开网、移动微法院等为载体的网上立案通道，真正做到“让数据多跑路、让群众少跑路”，实现“立案一次不用跑”的目标[①]。依法维护好市场主体合法权益，为中部地区营商环境建设提供有力的法治保障。

三是深化“放管服”改革，打造高效务实的政务环境。聚焦服务企业全生命周期，按照国际化、法治化、市场化要求，主动对接与国际高标准投资和贸易规则体系相适应的政策法律体系，以数字政府建设为牵引，协同深化“放管服效”[②]改革，全面推行政务服务“一网通办”[③]，推进“一次办好”[④]改革，做到企业开办全程网上办理，进一步降低制度性交易成本，激发市场主体发展活力。提高数字政府建设水平，深入开展“互联网 + 政务服务”，提升公共服务、社会治理等数字化水平，推进与企业发展、群众生活密切相关的高频事项“跨省通办”，实现更多事项异地办理。优化政务服务环境，深化“一枚印章管审批”改革，拓展以“承诺制 + 标准地”为核心的极简审批，全面推广“政府统一服务”“模拟审批”“信易批”等服务模式，推动企业设立、不动产登记、医保、社保等服务事项“同城通办”，推行“一业一证”“证照联办”“一证多址”，打通商事登记“准入即准营”“最后一公里”，提高企业全生命周期服务品质。构建公平开放的市场环境，推进政府、市场信息公开；加快社会信用体系建设，建立健全信用承诺制度，着力提升数字化营商环境水平，激发市场主体发展活力。

（四）深化区域合作，扩大高水平开放

一是重视跨行政区合作，加强邻近区域辐射带动作用。由于中部地区地缘辽阔、情况复杂，维护中部6省的整体利益难度较大。当前我国区域间的联系越发紧

---

① 李志军主编《2020中国城市营商环境评价》，中国发展出版社，2021。

② “放管服效”即简政放权、放管结合、优化服务、提高效能。

③ “一网通办”是指依托一体化在线政务服务平台，通过规范网上办事标准、优化网上办事流程、搭建统一的互联网政务服务总门户、整合政务服务数据资源、完善配套制度等措施，推行政务服务事项网上办理，推动企业群众办事线上只登录一次即可全网通办。

④ “一次办好”是指一次就把事情办好。

密，行政区域的分割可能会导致不同省份之间的恶劣竞争，只有加快营造公平竞争的市场环境、打破制度性障碍，才能构建统一开放的市场，促进劳动力、土地、资金、技术、信息等要素在区域间自由流动，助力中部地区各省份高质量发展。因此，中部6省要根据自身的发展思路，寻求全方位、多层次的区域经济联系与合作，甚至是一体化发展，这是区域经济理论在实践中的具体体现。例如，山西与京津冀城市群加强区域合作；河南和山西深度参与黄河流域生态保护和高质量发展战略实施；安徽全域融入长三角一体化发展；湖南和江西成为对接粤港澳大湾区经贸合作的重要地区；湖北、湖南、江西加强生态保护、推动绿色发展，在长江经济带建设中发挥更大作用。在经济发展过程中，中部六省应充分发挥区位优势、交通优势等，和其他紧邻区域的重大战略加强跨区域合作，借助紧邻区域的辐射带动作用，深化要素市场改革，促进本地经济高质量发展①。

二是融入以国内大循环为主体、国内国际双循环相互促进的新发展格局。“十四五”期间，要立足中部地区崛起战略把握好扩大内需的战略基准点，融入更大范围、更深层次的发展格局。一方面，利用独特的区位优势，打通国内大循环的中心节点。生产层面，要推动区域产业链、供应链和创新链合理布局与持续优化，提升现代化水平，促进产业在国内有序转移，以先进制造业、消费类产业和现代农业盘活全局经济；分配层面，要不断优化营商环境，承接东部沿海地区的产业转移，增加就业岗位，增加城乡居民收入；流通层面，要充分发挥区域交通网络的功能，加强基础设施系统化和智能化建设，联通不同尺度的空间战略；消费层面，中部地区消费潜力巨大，着力提升中部地区城镇化水平，扩大国内消费市场，增强消费的基础性作用。另一方面，主动参与国际大循环，国内国际双循环并进，提高国内国外市场对接水平，加大开放力度，构筑全方位、宽领域、多层次的开放型经济体系②。

三是重视次区域合作，大力培育市场主体。中部地区要重视次区域合作，增强区域合作的潜力和效益。为了实现经济发展的目标，中部地区需要积极加强与周边

① 孙久文、程芸倩：《中部地区高质量发展的成效、特征及对策建议》，《治理现代化研究》2022年第2期。

② 同上。

区域的合作关系。通过建立稳定的合作机制，中部地区可以开展经贸交流、资源共享、人才引进等方面的合作项目，以促进区域经济的全面发展。在次区域合作中，应该重点关注市场主体的培育和发展。市场主体是推动经济增长和创新的动力源泉。中部地区应该鼓励和支持本地企业，助力其发展、壮大，并吸引外部企业和投资者参与地区经济建设。通过培育市场主体，中部地区可以加快产业结构的优化升级，提升整体经济实力。

（五）加强资源节约和生态环境保护，提高可持续发展能力

一是统筹经济活动布局，促进人与自然和谐共生。中部地区人口众多，人均资源占有量不足，且分布不均，不适宜对整个空间进行大规模、高强度开发。要全面落实主体功能区规划，根据资源环境承载能力、现有开发密度和发展潜力，统筹考虑未来人口分布、经济布局、资源利用和城镇格局，促进人口、经济与资源环境协调发展。

二是大力推进减污降碳，增强可持续发展能力。党的二十大报告指出："我们要推进美丽中国建设，坚持山水林田湖草沙一体化保护和系统治理，统筹产业结构调整、污染治理、生态保护、应对气候变化，协同推进降碳、减污、扩绿、增长，推进生态优先、节约集约、绿色低碳发展。"中部地区应加快形成绿色生产生活方式。加大园区循环化改造力度，推进资源循环利用基地建设，支持新建一批循环经济示范城市、示范园区。支持开展低碳城市试点，积极推进近零碳排放示范工程，鼓励绿色消费和绿色出行，促进产业绿色转型发展，提升生态碳汇能力，大力推进减污降碳，增强可持续发展能力。

三是加大环境保护力度，加强生态环境修复。牢固树立绿水青山就是金山银山的理念，统筹推进山水林田湖草沙系统治理。将生态保护红线、环境质量底线、资源利用上线的硬约束落实到环境管控单元，建立全覆盖的生态环境分区管控体系。坚持以水而定、量水而行，把水资源作为最大刚性约束，严格取用水管理。继续深化做实河长制湖长制。强化长江岸线分区管理与用途管制，保护自然岸线和水域生态环境，加强鄱阳湖、洞庭湖等湖泊保护和治理，实施好长江十年禁渔，保护长江珍稀濒危水生生物。加强黄河流域水土保持和生态修复，实施河道和滩区综合提升

治理工程。加快解决中小河流、病险水库、重要蓄滞洪区和山洪灾害等防汛薄弱环节，增强城乡防洪能力。以河道生态整治和河道外两岸造林绿化为重点，建设淮河、汉江、湘江、赣江、汾河等河流生态廊道。构建以国家公园为主体的自然保护地体系，科学推进长江中下游、华北平原国土绿化行动，积极开展国家森林城市建设，推行林长制，大力推进森林质量精准提升工程，加强生物多样性系统保护，加大地下水超采治理力度。

四是加强生态环境共保联治。深入打好污染防治攻坚战，强化全民共治、源头防治，落实生态保护补偿和生态环境损害赔偿制度，共同解决区域环境突出问题。以城市群、都市圈为重点，协同开展大气污染联防联控，推进重点行业大气污染深度治理。强化移动源污染防治，全面治理面源扬尘污染。以长江、黄河等流域为重点，推动建立横向生态保护补偿机制，逐步完善流域生态保护补偿等标准体系，建立跨界断面水质目标责任体系，推动恢复水域生态环境。加快推进城镇污水收集处理设施建设和改造，推广污水资源化利用。推进土壤污染综合防治先行区建设。实施粮食主产区永久基本农田面源污染专项治理工程，加强畜禽养殖污染综合治理和资源化利用。加快实施矿山修复重点工程、尾矿库污染治理工程，推动矿业绿色发展。严格防控港口船舶污染。加强白色污染治理。强化噪声源头防控和监督管理，提高声环境功能区达标率。强化环境建设和治理，推动资源节约集约利用，建设绿色发展的美丽中部。

三、中部地区崛起的未来展望

中部地区崛起是我国国家战略的重要组成部分，也是实现全面建设社会主义现代化国家目标的关键一环。中部地区崛起有助于推动全国区域协调发展，促进全球产业向中部地区转移。中部地区崛起将加速中部地区城市群和都市圈的形成与发展，实现人口优化配置，缩小与东部地区的差距。展望未来，中部地区崛起将为我国带来更加繁荣的发展前景。

（一）区域经济协调发展

中部地区崛起将有助于促进全国区域协调发展。中部地区作为我国经济转型升级的主战场之一，有其独特的区位优势和人文优势。首先，中部地区地处全国的中心位置，具有便利的交通网络和交通枢纽，这为中部地区与其他地区的经济交流提供了良好的基础。其次，中部地区拥有丰富的人力资源和技术储备，人口红利的释放和科技创新的推动为中部地区的产业发展提供了重要支撑。在新发展格局下，中部地区通过实现资源优化配置和互联互通，不断形成各具特色的产业集群。例如，湖北坚持以制造业和服务业为主导，聚焦新能源、新材料、新能源汽车发展，形成了以武汉为核心的高技术产业集群；河南推动农业供给侧结构性改革，发展粮食加工、肉类加工等特色农业产业，形成了以郑州为核心的农产品加工集群。这些产业集群的发展不仅推动了中部地区经济的增长，也为其他地区提供了优质的产品和服务。与此同时，中部地区的崛起也实现了与东部、西部地区的优势互补和联动协同。中部地区的发展带动了东部地区的产业升级和技术创新，同时为西部地区提供了市场和技术支持。中部地区的制造业优势与东部地区的科技创新优势相结合，推动产业链的延伸和升级；中部地区与西部地区的战略合作，促进资源共享与互利发展。这种优势互补与联动协同的发展模式，有助于实现全国经济的整体提升和协调发展。

（二）全球产业向中部地区转移

随着全球经济的发展和转型，各国开展产业重组和转移已成为全球经济发展的重要趋势。中部地区在资源、人口、市场等方面具备得天独厚的优势，因此将成为未来吸引更多外资和投资企业的热门目的地，进而推动全球产业向中部地区转移。中部地区人口众多，为企业提供了广阔的劳动力市场。中部地区人口规模大、劳动力素质较高，为企业提供了更多的选择和机会。中部地区庞大的市场需求也是吸引外资和投资企业的重要因素。随着中部地区居民生活水平的提高和消费观念的转变，该地区市场需求持续增长，为东部地区企业带来了巨大商机。中部地区作为人口密集区域，消费潜力巨大，不仅可以满足国内市场的需求，还可以作为全球市场的生产和销售基地。通过吸引更多外资和投资企业来推动全球产业向中部地区转移，中部地区的产业经济水平和国际竞争力将进一步提升。一方面，外资和投资企业的进入将带来先进的技术和管理经验，提高中部地区产业的技术水平和创新能力。另一方面，外资和投资企业的进入还将促使中部地区企业加快转型升级，提高产业的附加值和竞争力，从而在全球市场中占有更大的份额。由此，随着全球经济的发展和转型，中部地区将充分发挥其资源、人口和市场的优势，吸引更多的外资和投资企业，推动全球产业向中部地区转移，不仅将进一步提升中部地区的产业经济水平和国际竞争力，还将为全球经济的发展注入新的活力。

（三）城市群和都市圈成为主要空间载体

中部地区的崛起将加速中部地区城市群和都市圈的形成和发展，这些地区不仅拥有先进的基础设施和丰富的资源，而且具备良好的交通网络和便捷的交通体系。随着中部地区逐渐成为新一轮发展的核心区域，其区位和人力资源优势将得以充分发挥，从而加快形成城市群和都市圈的集聚效应，进一步推动整体区域经济的繁荣。中部地区的城市群和都市圈将通过建立互补发展的合作机制，加强城市之间的合作交流，共同推动产业链的完善和优化。同时，城市群和都市圈也将通过加大科技创新力度，推动科技成果的转移和交流，进一步促进城市群和都市圈的协同发展，还将有助于提高中部地区的城市群和都市圈在全国范围内的影响力和竞争力，进一步提升中部地区在国家经济发展中的地位。随着经济的快速发展和城镇化进程的加快，人们对于生活质量和生活服务的需求也在不断提升。城市群和都市圈将通过加强城市间的协同发展，提供更多高质量的生活服务和优质的公共设施，为人民创造更加舒适和便利的生活环境。中部地区城市群将通过强化城市间的合作交流和资源共享，进一步推动城市群的协同发展，为人民提供更加繁荣、宜居的生活环境和发展平台。中部地区城市群将在未来的发展中展现出更加强大的活力和竞争力，为国家经济社会发展作出更大的贡献。

（四）人口优化配置与经济高质量发展

中部地区的崛起将吸引更多的人才和企业前来投资和创业，人口流动将更加活跃，有助于促进全国的人口优化配置。此外，中部地区的崛起也将缓解东部地区人口压力并有助于西部地区的发展，促进经济高质量发展。

中部地区的崛起将带来更多的机会和发展潜力。首先，中部地区的投资和创业环境将得到显著提升，吸引更多的人才和企业前来投资和创业。这将促使人口流动更加活跃，不仅有利于中部地区的经济发展，也给其他地区带来积极的影响。人口流动的活跃将使中部地区成为一个充满机遇的地方，人才和企业将不再集中于东部地区，而是分散到全国各地，实现人口优化配置。其次，中部地区的崛起将缓解东部地区人口压力并有助于西部地区的发展。目前，东部地区的压力较大，资源和经济发展相对集中，导致一些城市过于拥挤，环境恶化等问题逐渐凸显。而西部地区由于历史和地理等原因，发展相对滞后，欠发达地区较多。中部地区的崛起将使其更好发挥连接东西部的桥梁作用，通过优质的投资环境和人才引进带动周边地区的发展，并减轻东部地区的发展压力，促进区域均衡发展。最重要的是，中部地区的崛起将推动全国经济高质量发展。中部地区的崛起不仅能够扩大国内市场，提升消费能力，还能够吸引更多的外资和技术人才，促进技术创新和产业升级。这将带动全国经济的高质量发展，提高技术水平和产业竞争力，使我国能在全球经济格局中发挥更加重要的作用。

08
PART

第八章

支持老少边欠地区加快发展

老少边欠地区[1]是我国区域发展不平衡不充分体现得最为明显的地区，也是满足人民群众对美好生活的向往、实现共同富裕的重点攻坚地区。立足新发展阶段，推进中国式现代化，老少边欠地区是实现共同富裕的重点区、促进区域协调发展的攻坚区、维护总体国家安全的战略区和实现高质量发展的短板区。党的十八大以来，在国家加大投入和政策支持下，老少边欠地区经济社会实现较快发展，发展瓶颈得到缓解，区域居民收入水平大幅提高。但老少边欠地区发展依然滞后，是制约我国区域协调发展的关键所在。新阶段新征程加快推动老少边欠地区高质量发展，要瞄准老少边欠地区的困难底色，围绕实现基本公共服务均等化、基础设施通达程度比较均衡、人民基本生活保障水平大体相当的目标，坚持目标导向和问题导向相结合，找准老少边欠地区发展的思路和重点，进一步加大转移支付和政策支持力度。

① 本章研究对象“老少边欠地区”中的“边”是指以抵边地级行政区为基本单元的边疆地区。

党的二十大报告明确强调，要“巩固拓展脱贫攻坚成果，增强脱贫地区和脱贫群众内生发展动力”，“支持革命老区、民族地区加快发展，加强边疆地区建设，推进兴边富民、稳边固边”。我国国土面积广阔，区域异质性很高，约有70%的土地是山地、高原、荒漠、沙地或丘陵，自然条件比较严酷，经济社会发展相对滞后。老少边欠地区基本上位于上述区域，集中分布在我国中西部和东北地区，是我国区域发展不平衡不充分体现得最为明显的地区，也是满足人民群众对美好生活的向往、实现共同富裕的重点攻坚地区。改革开放初期，东部沿海地区率先发展，区域发展差距逐步拉大。国家1999年实施西部大开发战略、2003年实施东北地区等老工业基地振兴战略、2006年实施促进中部地区崛起战略，分别支持西部地区、东北地区和中部地区加快发展。2008—2016年，中西部地区连续9年经济增速超过东部地区。但是目前，我国区域发展差距依然较大，主要是老少边欠地区发展滞后，这是制约我国区域协调发展的关键所在。

第一节

老少边欠地区概述

老少边欠地区涵盖土地面积广阔，在空间上交织重叠，面临的问题虽各有不同，但都具有困难的底色和滞后的特点，是全面建设社会主义现代化国家新征程中最为突出的短板和薄弱环节，在保障国家生态安全、粮食安全、边疆安全、能源安全等方面发挥着特殊支撑作用。立足新发展阶段，促进老少边欠地区加快发展，要着眼于社会主义现代化建设全局，完整、准确、全面贯彻新发展理念，瞄准老少边欠地区的重点区域和关键领域，统筹共性任务与个性化发展任务，整合相关政策和资金，不断提高扶持政策的精准性和有效性，破解老少边欠地区发展的关键瓶颈制约和主要短板，统筹谋划和重点推进老少边欠地区高质量发展。

一、老少边欠地区的基本情况

老少边欠地区是指革命老区、少数民族地区、边疆地区（沿边地区）和以脱贫地区为重点的欠发达地区，这些区域有重复交叉之处。

（一）革命老区

革命老区是指土地革命战争时期和抗日战争时期，在中国共产党领导下创建的革命根据地。它们分布在除新疆、青海、西藏、港澳台以外的28个省（区、市）的1300多个县（市、区）。2012年4月，国务院批复同意《陕甘宁革命老区振兴规划》。2012年6月，国务院印发《国务院关于支持赣南等原中央苏区振兴发展的若干意见》。2015年2月，国务院批复同意《左右江革命老区振兴规划（2015—2025年）》。2015年6月，国务院批复同意《大别山革命老区振兴发展规划》。2016年7月，国务院批复同意《川陕革命老区振兴发展规划》。2021年1月，国务院印发的《国务院关于新时代支持革命老区振兴发展的意见》将革命老区范围扩大到沂蒙、湘鄂渝黔、太行、海陆丰、琼崖、浙西南、湘赣边等区域。目前，革命老区包括赣闽粤、陕甘宁、大别山、左右江、川陕、湘赣边、湘鄂渝黔、海陆丰、琼崖、沂蒙、太行、浙西南12个重点区域。

（二）少数民族地区

我国是一个统一的多民族国家。少数民族地区是指少数民族自治地方，在维护民族团结中具有重要的地位和作用。2012年7月，国务院办公厅印发《少数民族事业“十二五”规划》，确定的少数民族地区包括5个自治区、30个自治州和117个自治县、3个自治旗，土地面积约612万平方千米，占全国陆地面积的63.8%。2021年，我国民族自治地方总人口为1.91亿、地区生产总值为9.85万亿元，占全国的比重分别为13.6%和8.6%。

（三）边疆地区

我国陆地边境线很长，从东北的鸭绿江入海口到广西的北仑河入海口，陆地边境线长约2.28万千米。与我国接壤的国家有14个，分别是朝鲜、俄罗斯、蒙古国、哈萨克斯坦、吉尔吉斯斯坦、塔吉克斯坦、阿富汗、巴基斯坦、印度、尼泊尔、不丹、缅甸、老挝、越南。我国边疆省（区）有9个，分别是辽宁省、吉林省、黑龙江省、内蒙古自治区、甘肃省、新疆维吾尔自治区、西藏自治区、云南省、广西壮族自治区。

边疆地区一般以县级行政区为基本单元。据统计，我国抵边县级行政区共137个，包括6个市辖区、63个县、17个自治县、15个旗、36个县级市，土地面积为194.76万平方千米，占全国陆地面积的20.4%。137个抵边县级行政区中，人口超过50万的只有3个，人口超过30万的只有14个，而人口低于5万的却有30多个，人口低于10万的有60多个。抵边县级行政区数量太多，地广人稀，城小财弱，交通条件多数比较差，很难形成规模较大的经济中心。

以抵边地级行政区为基本单元组成的区域称为边疆地区或沿边地区。我国沿边地区包括25个地级市、9个自治州、8个地区、3个盟，共45个地级行政区（表8-1）。2020年，我国沿边地区土地面积约351.02万平方千米，约占全国陆地面积的36.6%；根据第七次全国人口普查数据，常住人口约7345.62万，约占全国总人口的5.2%；地区生产总值为34089.47亿元，约占国内生产总值的3.4%；人均地区生产总值为46408元，仅为全国平均水平的65.9%；地均地区生产总值为97.11万元/平方千米，仅为全国平均水平的9.2%；对外开放度仅为19.3%，相比全国平均水平低12.3个百分点。总体来看，占国土面积三成的沿边地区，承载了半成的人口，经济产出则不足半成，明显属于欠发达地区。

表8-1　我国边疆省（区）及其沿边地区

边疆省（区）	沿边地区
辽宁省	丹东市
吉林省	通化市、白山市、延边朝鲜族自治州
黑龙江省	牡丹江市、鸡西市、双鸭山市、佳木斯市、鹤岗市、伊春市、黑河市、大兴安岭地区
内蒙古自治区	呼伦贝尔市、兴安盟、锡林郭勒盟、乌兰察布市、包头市、巴彦淖尔市、阿拉善盟
甘肃省	酒泉市
新疆维吾尔自治区	哈密市、昌吉回族自治州、阿勒泰地区、塔城地区、博尔塔拉蒙古自治州、伊犁地区、阿克苏地区、克孜勒苏柯尔克孜自治州、喀什地区、和田地区
西藏自治区	阿里地区、日喀则市、山南市、林芝市
云南省	怒江傈僳族自治州、保山市、德宏傣族景颇族自治州、临沧市、普洱市、西双版纳傣族自治州、红河哈尼族彝族自治州、文山壮族苗族自治州
广西壮族自治区	百色市、崇左市、防城港市

（四）欠发达地区

从1986年开始，中国政府以18个集中连片贫困地区和592个国家级贫困县作为对象，对贫困地区进行重点扶持。2001年，《中国农村扶贫开发纲要（2001—2010年）》将贫困人口集中的中西部少数民族地区、革命老区、边疆地区和特困地区作为扶贫开发的重点。有关部门确定了14.8万个贫困村。2011年，《中国农村扶贫开发纲要（2011—2020年）》确定的扶贫对象是在扶贫标准以下具备劳动能力的农村人口，以及11个连片特困地区和已明确实施特殊政策的西藏、四省藏区、新疆南疆四地州，共14个片区680个集中连片特殊困难县（简称“片区县”）。2013年精准扶贫战略实施以来，680个片区县和152个区外重点县，共832个贫困县成为国家农村扶贫开发的重点对象[①]，其中关键是建档立卡贫困户。随着2020年脱贫攻坚目标任务的完成，2021年9月国务院批复的《“十四五”特殊类型地区振兴发展规划》用“欠发达地区”取代“贫困地区”。

① “十四五”时期改称乡村振兴重点帮扶县。

二、老少边欠地区的重要地位

支持老少边欠地区加快发展，要瞄准到2035年与全国同步基本实现社会主义现代化的宏伟目标，立足新发展阶段，完整、准确、全面贯彻落实新发展理念，构建新发展格局，促进高质量发展，统筹发展和安全，更好融入新发展格局，因地制宜、全面提升老少边欠地区基础设施和基本公共服务水平，加快补齐短板，大幅提升居民收入水平，增强发展内生动力，增进人民团结，朝着共同富裕的方向稳步前进，进一步强化老少边欠地区在维护国家生态安全、粮食安全、边疆安全、能源安全等方面的特殊支撑功能，开创老少边欠地区高质量发展新局面，确保老少边欠地区在中国式现代化建设进程中“不掉队”“赶得上”。

（一）实现共同富裕的重点区

共同富裕是社会主义的本质要求，也是中国式现代化的重要特征。党的十九大报告提出的2035年目标和2050年目标，都鲜明地体现了改善人民生活、缩小差距、实现共同富裕的要求。老少边欠地区由于主客观因素、历史和现实等多种原因，存在不同程度的经济短板、民生短板、基础设施短板和公共服务短板，内生发展动力不足，全面建成小康社会后巩固拓展脱贫攻坚成果的任务依然较重，在共同富裕的道路上起点低、问题多、支撑弱、难度大。老少边欠地区既是当下巩固拓展脱贫攻坚成果的重点区域，也是实现共同富裕和推进社会主义现代化建设新征程中的最大区域短板，迫切需要根据新形势新要求研究谋划新举措，需要加大扶持力度，确保能够在共同富裕道路上“跟上队”。加强对已脱贫地区和已脱贫人口的后续政策扶持，巩固已脱贫人口“两不愁三保障”[①]成果，建立健全巩固拓展脱贫攻坚成果长效机制，健全防止返贫动态监测和精准帮扶机制，对易返贫致贫人口实施常态化监测，建立健全易返贫致贫人口快速发现和响应机制。加大对老少边欠地区人口的劳务技能培训力度，全力推进产业培育、就业帮扶、社区融入等易地扶贫搬迁后续扶持工作，切实做好搬迁群众户口迁移、上学就医、社会保障、心理疏导等接续服务工作，提升搬迁群众的获得感、幸福感和安全感。

---

① “两不愁三保障”是指不愁吃、不愁穿，义务教育、基本医疗、住房安全有保障。

（二）促进区域协调发展的攻坚区

党的十八大以来，推动京津冀协同发展、长江经济带发展、粤港澳大湾区建设、长三角一体化发展及黄河流域生态保护和高质量发展先后上升为国家区域重大战略，从政策、资金、项目等方面都给予了大力支持，为相关地区高质量发展提供了难得的历史机遇。然而，上述区域以外的其他区域，有些地处国家区域重大战略之间，成为国家区域政策的“漏斗区”；有些则位于偏远地区或省际交界地区，多为欠发达地区、革命老区、边疆地区、少数民族地区等。党的十九大报告指出，我国社会主要矛盾已经转化为人民日益增长的美好生活需要和不平衡不充分的发展之间的矛盾。党的二十大报告提出，深入实施区域协调发展战略、区域重大战略、主体功能区战略、新型城镇化战略，优化重大生产力布局，构建优势互补、高质量发展的区域经济布局。老少边欠地区是我国区域发展不平衡不充分的集中体现地，适应百年未有之大变局和适应高质量发展的能力弱，是迫切需要国家重点扶持的区域，有必要加大对这些地区的政策支持力度，尽可能消除区域之间的“政策悬崖”，在某些方面需要给予更大力度的政策支持。只有通过国家有针对性地重点扶持和自身努力，才能切实有效地提高老少边欠地区的发展水平，更好支撑区域协调发展战略的深入实施，促进形成更高层次的区域协调发展新格局。

（三）维护总体国家安全的战略区

从全面建设社会主义现代化国家全局来看，区域中心城市、都市圈、城市群等地区是人口和产业集聚的优势地区，主要发挥经济支撑作用，而老少边欠地区承担着维护国家生态安全、粮食安全、边疆安全、能源安全、产业安全和传承红色基因的重要任务，同样在保障总体国家安全中发挥着不可替代的特殊重要作用。要按照全面建设社会主义现代化的要求，促进老少边欠地区加快发展，统筹好兴区与富民的关系，促进居民增收，增进民生福祉，强化政府财力保障，充分发挥老少边欠地区在保障国家生态安全、粮食安全、边疆安全、能源安全、产业安全等方面的积极作用，进而增强老少边欠地区对总体国家安全的保障能力。推动革命老区保护好、传承好、弘扬好革命传统，推动红色文化发展创新，提升革命老区精神和红色文化影响力，建设全国爱国主义教育和革命传统教育基地。

（四）实现高质量发展的短板区

党的十九大报告指出，我国经济已由高速增长阶段转向高质量发展阶段。党的二十大报告指出，必须完整、准确、全面贯彻新发展理念，坚持社会主义市场经济改革方向，坚持高水平对外开放，加快构建以国内大循环为主体、国内国际双循环相互促进的新发展格局，促进高质量发展。党的二十大报告强调，高质量发展是全面建设社会主义现代化国家的首要任务。老少边欠地区经济结构严重失衡，新旧动能转换滞缓，高质量发展困难重重。随着我国进入高质量发展的新阶段，国内外的市场环境发生了很大变化，不同区域的比较优势也发生了较大变化。由于转型升级比较滞缓，老少边欠地区抵抗外部市场冲击能力弱，新经济新业态培育缓慢，经济发展后劲不足，新的经济增长点规模小、支撑能力弱，地方政府财政收支平衡压力大。迫切需要按照高质量发展的要求，通过国家精准扶持和自身努力，加快破解老少边欠地区高质量发展的关键瓶颈和主要困难，不断提升老少边欠地区的内生发展动力，促使老少边欠地区能够在高质量发展的轨道上“跟上队”。

第二节

老少边欠地区发展的现状及问题

党的十八大以来，以习近平同志为核心的党中央把脱贫攻坚作为实现第一个百年奋斗目标的重点工作，把支持老少边欠地区发展摆在治国理政的重要位置，强化顶层设计，完善政策体系，加大投入力度，推动经济社会实现较快发展，老少边欠地区的发展瓶颈得到缓解，区域居民收入水平大幅提高。

一、革命老区

党的十八大以来，国家出台了若干支持革命老区脱贫攻坚和振兴发展的规划和政策，支持革命老区振兴发展的政策体系不断健全。国家发展和改革委员会先后印发实施赣闽粤、陕甘宁、大别山、左右江、川陕5个跨省（区）重点革命老区的振兴发展规划，明确了"十三五"时期革命老区振兴发展的指导思想、战略定位、发展目标、空间布局、主要任务、支持政策及保障措施等。2016年2月，中共中央办公厅、国务院办公厅印发《关于加大脱贫攻坚力度支持革命老区开发建设的指导意见》。2020年3月，国家发展和改革委员会印发《革命老区脱贫攻坚和振兴发展2020年工作要点》，明确了一批重大政策和106项重大工程。这些重大规划和政策的实施加快了革命老区脱贫攻坚和振兴发展步伐，赣闽粤、陕甘宁、大别山、左右江、川陕等重点革命老区经济社会发展取得重大进展，生态环境持续改善，基础设施不断完善，特色产业加快发展，红色文化得到弘扬和保护。

专栏8-1　国务院批复的重点革命老区振兴发展规划概要
1.赣南等原中央苏区 赣南等原中央苏区是土地革命战争时期中国共产党创建的最大、最重要的革命根据地，是中华人民共和国的摇篮和苏区精神的主要发源地，为中国革命作出了重大贡献和巨大牺牲。规划以原中央苏区为核心，统筹考虑有紧密联系的周边县（市、区）发展，范围包括江西省赣州市、吉安市、新余市全境及抚州市、上饶市、宜春市、萍乡市、鹰潭市的部分地区，福建省龙岩市、三明市、南平市全境及漳州市、泉州市的部分地区，广东省梅州市全境及河源市、潮州市、韶关市的部分地区，规划面积为21.8万平方千米。 2.陕甘宁革命老区 陕甘宁革命老区的前身是中国共产党在土地革命战争时期创建的红色革命根据地，既是党中央和中国工农红军长征的落脚点，又是八路军奔赴抗日前线的出发点。这里曾是老一辈无产阶级革命家战斗和生活的地方，是爱国主义、革命传统和延安精神教育基地，为中华民族解放和新中国的建立作出了巨大牺牲和不可磨灭的贡献。规划范围包括陕西省延安、榆林、铜川，甘肃省庆阳、平凉，宁夏回族自治区吴忠、固原、中卫8个地级市，以及陕西省富平、旬邑、淳化、长武、彬县（现彬州市）、三原、泾阳，甘肃省会宁，宁夏回族自治区灵武9个县（市），规划面积为19.2万平方千米。 3.大别山革命老区 大别山革命老区地跨湖北、河南、安徽3省，是土地革命战争时期全国第二大革命根据地鄂豫皖革命根据地的中心区域，为中国革命作出了重要贡献。规划范围包括：安徽省六安市、安庆市全境；河南省信阳市、驻马店市全境，南阳市的桐柏县、唐河县；湖北省黄冈市、随州市全境，孝感市的孝南区、安陆市、应城市、大悟县、孝昌县、云梦县，襄阳市的枣阳市，武汉市的黄陂区、新洲区，规划面积为10.86万平方千米。 4.左右江革命老区 左右江革命老区是中国共产党在土地革命战争时期最早创建的革命根据地之一，邓小平同志在此亲自领导了著名的百色起义。规划范围包括：广西壮族自治区百色市、河池市、崇左市全境以及南宁市部分地区；贵州省黔西南布依族苗族自治州全境，黔东南苗族侗族自治州、黔南布依族苗族自治州部分地区；云南省文山壮族苗族自治州全境，规划面积为17万平方千米。 5.川陕革命老区 川陕革命老区是中国共产党领导的红四方面军在川陕边界建立的革命根据地，是土地革命战争时期第二大苏区，为中国革命胜利作出了重要贡献和巨大牺牲。规划范围包括巴中市等68个县（市、区），规划面积为15.7万平方千米。

资料来源：学习贯彻习近平新时代中国特色社会主义经济思想 做好“十四五”规划编制和发展改革工作系列丛书编写组编著《推动脱贫攻坚和特殊类型地区振兴发展》，中国计划出版社、中国市场出版社，2020。

（一）经济社会发展水平明显提升

2020年11月23日，贵州省铜仁市沿河土家族自治县脱贫摘帽，标志着全国397个国家级革命老区县已全部脱贫摘帽，革命老区生产生活条件明显改善，经济社会发展水平明显提升。2018年，赣闽粤原中央苏区地区生产总值为22262亿元，比

2012年增长70.17%；江西省赣南等原中央苏区地区生产总值为9063亿元，是2012年的1.66倍。2012—2018年，赣州市地区生产总值年均增长10.9%，2016年跻身全国城市百强。2012—2018年，广东省13个原中央苏区县（市、区）地区生产总值年均增速为7.66%。2019年，河南省、湖北省大别山革命老区县（市、区）地区生产总值分别为6039亿元、8483亿元，四川省、陕西省川陕革命老区县（市、区）地区生产总值分别为8916亿元、3678亿元。2015—2018年，广西左右江革命老区地区生产总值由2389亿元增长到3385亿元，年均增速为12.32%。

（二）重大基础设施项目建设加快推进

南昌至赣州、郑州至阜阳、银川至中卫等铁路建成通车，云桂铁路、南昆铁路南宁至百色段增建二线全线建成，郑渝高铁郑襄段、向莆铁路、赣韶铁路、赣龙铁路扩能改造工程、赣州至深圳铁路建成运营，西安至十堰高速铁路节点性工程取得新进展。广昌至吉安、绥德至延川、兴国至赣县、周口至南阳、许昌至信阳、上蔡至罗山等一批高速公路建成通车。巴中机场、井冈山机场建成通航。陕甘宁革命老区国家能源综合基地初步形成，成为“西电东送”的重要基地之一。安徽金寨抽水蓄能电站全面投产发电，陕西镇安抽水蓄能电站有序推进，江西赣州南500千伏输变电工程、赣州东（红都）至抚州500千伏输电线路工程建成，一批重点电网工程和煤矿项目核准建设。广西左右江革命老区新增内河千吨级泊位12个，驮英灌区驮英西干渠全线贯通，百色水库灌区建设加快推进。国家大力支持革命老区实施21个大型灌区续建配套与节水改造项目，支持赣江万安枢纽二线船闸、河南大别山革命老区引淮供水灌溉、四川江家口水库、鄂北水资源配置等重大水利工程建设。

（三）基本公共服务条件不断改善

国家支持包括革命老区在内的农村贫困地区扩大普惠性学前教育资源，开展义务教育薄弱环节改善与能力提升、教育现代化推进工程，支持改善乡村小规模学校和乡镇寄宿制学校办学条件。安排中央转移支付资金，支持5个重点革命老区所在省份卫生健康项目。截至2019年年底，赣州市改造校舍危房面积1207.54万平方米，建成公办幼儿园2938所；赣州市人民医院新院等一批医疗项目投入使用，每千人床位数提高到5.32张，病床数增加5.02万张；覆盖市、县、乡、村的四级公共文化设施网络基本建成，建成乡镇文化站6744个、农村文化室4.84万个。广东省梅州市义务教育阶段公办学校标准化学校覆盖率达100%。福建省龙岩市在全国首创“互联网+分级诊疗”模式，将市、县、乡三级医疗机构连接起来，逐步实现“小病不出乡、大病不出县”的分级诊疗目标。河南省信阳市县级及以下医疗机构普遍实行“先诊疗后付费”和“一站式”结算，2019年贫困人口平均报销比例达94.49%，农村贫困人口慢性病患者签约率达100%。

（四）特色产业发展取得显著成效

深入实施“藏粮于地、藏粮于技”战略，革命老区大力发展特色农业。截至2018年年底，赣闽粤原中央苏区粮食播种面积为2373.53万亩，粮食总产量为1143.21万吨。截至2018年年底，赣州市建成脐橙标准化果园91.6万亩，种植井冈蜜柚38.5万亩，新造高产油茶林面积115万亩，建成规模蔬菜基地1050个、设施大棚面积13.75万亩；省级以上农业龙头企业381个，赣县区、信丰县被认定为国家现代农业示范区。高效种养业和绿色食品业加快发展，大别山革命老区形成了夏南牛、豫南黑猪等畜产品基地，打造了信阳毛尖、正阳花生、泌阳花菇等知名品牌。中国南方稀土集团成功组建，稀土新材料及应用产业发展成效显著。“南康家具”品牌价值居全国家具行业第一，赣州成为国内三大家具基地之一。福建省龙岩市先后获评国家新型工业化产业示范基地、国家应急产业示范基地、中国专用汽车名城。陕西省延安市能源产业发展势头良好，2019年能源产业增加值占工业增加值的57.2%，对地区生产总值的贡献率达29.9%，对地方财政收入的贡献率达60.3%。2022年，延安市能源产业产值为2105亿元，能源经济“压舱石”作用充分显现。广西百色生态型铝产业示范基地建设加快推进，截至2022年年底，百色市铝产业规模达1000亿元，进入广西千亿元产业集群行列，产值占广西全区的80%以上。

专栏8-2　革命老区振兴发展——赣南实践
2012年，国务院印发《关于支持赣南等原中央苏区振兴发展的若干意见》（简称《若干意见》），从国家层面系统规划了赣南等原中央苏区振兴发展的目标任务、战略定位、主要举措和扶持政策。在国家的支持下，江西省赣州市牢记习近平总书记的殷殷嘱托，把赣南等原中央苏区振兴发展作为重大政治责任和历史机遇，全力以赴抓好政策落实，赣南革命老区发展迸发出蓬勃活力。按照“输血”和“造血”相结合、重在“造血”的基本原则，重点抓了6个方面的工作。 第一，把解决突出民生问题作为振兴发展的首要任务，加快改善群众生产生活条件。以改造农村危旧土坯房为突破口，启动“农村危旧土坯房改造三年计划”，在全市范围内实施大规模的农村危旧土坯房改造。同时，启动实施农村饮水安全、农村电网改造和农村道路新建改造工程，全面提高“两红”人员（指在乡退伍老红军和红军失散人员。其中，老红军是指参加过抗日战争或者解放战争、抗美援朝战争的，为新中国成立付出血与泪的老一辈红军战士）等特殊困难群体生活保障水平。把解决红军和革命烈士后代生活困窘问题摆在突出位置，优先解决“两红”人员及革命烈士的遗孀、低保户、“两红”人员及革命烈士的子女等特殊群体的困难。 第二，把打好精准脱贫攻坚战作为振兴发展的主题主线，探索革命老区脱贫攻坚新路。坚持以脱贫攻坚统揽经济社会发展全局，聚焦“两不愁三保障”，集中资源，尽锐出战，推动脱贫攻坚取得重大成效，赣州市贫困发生率由2011年的26.71%下降到2019年的0.37%。 第三，把培育壮大特色优势产业作为振兴发展的内生动力，着力增强自我发展能力。把振兴发展的重心逐步转到增强发展内生动力上来，大力推进产业转型升级，提升自我“造血”功能。经过努力，稀土和钨、家具产业集群主营业务收入均突破千亿元，成功组建运营中国南方稀土集团，新能源汽车及应用、电子信息、生物制药等产业加速发展壮大，工业“一矿独大”的格局得到改变，产业转型升级迈出坚实步伐。 第四，把加快基础设施建设作为振兴发展的先导工程，增强振兴发展的支撑能力。按照合理布局、适度超前的原则，制定实施八年振兴项目投资计划，加快实施一批交通、能源、水利等重大项目。经过努力，赣州市交通相对落后的状况得到很大改观，“十字形”高铁和“两纵两横”普铁网加快构建，高速公路网初步形成，能源保障能力得到加强，水利设施日益完善，振兴发展支撑能力得到明显增强。 第五，把加强生态建设和环境保护作为振兴发展的根本前提，筑牢我国南方重要的生态屏障。牢固树立绿色发展理念，正确处理经济发展与生态保护的关系，率先实施山水林田湖草生态保护修复试点工程，对赣南生态环境进行系统性修复，治理水土流失近650万亩。通过努力，赣州市受生态环境约束的状况得到明显缓解，生态环境质量稳居全国前列。 第六，把深化改革开放作为振兴发展的关键，全面激发发展活力。赣州市充分利用《若干意见》赋予的先行先试权，积极争取改革创新先行先试，致力打造成为国家部委改革创新的试验田、先行区。一批试点示范建设在全省、全国形成了可复制可推广的“赣州经验”。赣州国际陆港获批全国内陆第8个临时对外开放口岸、内陆首个国检监管试验区以及肉类、汽车整车进口口岸，成为全国功能最齐全的内陆口岸之一，开行中欧（亚）班列，开通运营赣州国际陆港至盐田港、厦门港、广州港“同港同价”双向班列。通过努力，赣州市在内陆开放新格局中形成新优势，正加速融入“一带一路”建设。

资料来源：学习贯彻习近平新时代中国特色社会主义经济思想 做好“十四五”规划编制和发展改革工作系列丛书编写组编著《推动脱贫攻坚和特殊类型地区振兴发展》，中国计划出版社、中国市场出版社，2020。

（五）红色遗址遗迹保护和红色文化传承弘扬扎实推进

红军长征湘江战役纪念设施落成开放，长征国家文化公园加快建设。

赣州市以打造红色文化传承创新区为目标，更加积极地开展革命旧居旧址保护工作，将革命遗址修缮保护与爱国主义教育基地建设、红色旅游发展等工作结合起来，不断加大对革命遗址的保护传承和开发利用力度，编制完成《赣南等原中央苏区革命遗址保护规划》，制定《赣州市革命遗址保护条例》，全市所有县（市、区）均列入全国革命文物保护利用片区分县名单。10年来，赣州市迎着振兴发展的东风，一大批革命遗址、伟人旧居、红军标语等得到有效保护、修缮开放和科学管理，全市236个革命遗址列入赣南等原中央苏区革命遗址群修缮工程，341个革命旧居旧址开辟为红色旅游景点，获得中央财政文保专项资金3.54亿元，资金投入超越了此前全市所有文保项目的总和。

湖北大别山革命老区666处革命遗址纳入全国革命文物保护利用片区分县名单，完成了李先念故居等一批重要遗址遗迹修缮。《伟大的转折》《古田军号》《绝命后卫师》《可爱的中国》《绝境铸剑》等一批革命题材影视作品问世。

山东歌舞剧院创作演出民族歌剧《沂蒙山》，被纳入2019年中国民族歌剧传承发展工程。

《毛泽东选集》《走进古田会议》《闽西红色故事100篇》等一系列红色文化书籍得到创作或再版，《吃水不忘挖井人》等作品被写入了中小学教材。

赣州市瑞金共和国摇篮旅游区、延安市宝塔区延安革命纪念地景区、百色市右江区百色起义纪念园景区、山东沂蒙山旅游区等一批红色景区获批国家5A级景区。2019年，全国红色旅游接待人数已超14亿人次，红色旅游的收入也超过了4000亿元。不少革命旧址成为百姓出游的重要选项和网红的打卡地，年轻人也逐步成为红色旅游热的生力军。大别山革命老区形成了新县鄂豫皖苏区首府革命博物馆等一批红色旅游教育示范基地。

（六）生态环境保护建设和绿色循环发展积极推进

革命老区森林覆盖率持续提升，推进革命老区退耕还林还草和石漠化综合治理，将革命老区48个县纳入石漠化综合治理重点县投资范围。2012—2018年，赣州市累计完成造林面积757.6万亩、封山育林面积402万亩。2020年，赣州市森林覆盖率达76.23%。2019年，湖北大别山革命老区林木蓄积量为8009.87万立方米，比2014年增长了27.63%。

生态保护和修复取得重大进展，支持革命老区所在省份开展长江经济带生态保护修复奖励、流域上下游横向生态保护补偿奖励和重点流域水污染防治、集中式饮用水水源地保护等工作。抚河流域生态保护及综合治理工程一期基本完工，吉安百里赣江生态保护与综合治理工程加快推进。陕甘宁革命老区黄土高原的治理取得历史性进展，水土流失明显减少，绿化水平不断提高，森林覆盖率大大提高。

绿色循环发展持续推进，赣闽粤原中央苏区2018年万元地区生产总值用水量为144.03立方米，单位地区生产总值能源消耗为0.43吨标准煤，化学需氧量（COD）排放量为42.70万吨，分别比2012年降低47.73%、43.42%、29.14%。2019年，湖北大别山革命老区县城以上城镇生活垃圾无害化日处理量达5393.14吨，处理能力比2014年提高了51.78%。

二、少数民族地区

党的十八大以来，各地区各部门认真贯彻落实党中央、国务院决策部署，支持少数民族地区全力打赢脱贫攻坚战，保障和改善民生，补齐发展短板，提升各族人民福祉，增进民族团结进步，促进各民族交往交流交融，推动少数民族地区经济发展，与全国人民一道向全面建成小康社会迈进。

（一）综合经济实力显著增强

近年来，我国少数民族地区经济快速发展，综合经济实力显著增强，自我发展能力不断提高。2001—2018年，少数民族地区生产总值从8179亿元增加到77722亿元，年均增速达11.4%，一直高于全国平均水平（图8-1）；占全国的比重从7.4%提升到8.5%，提高了1.1个百分点。

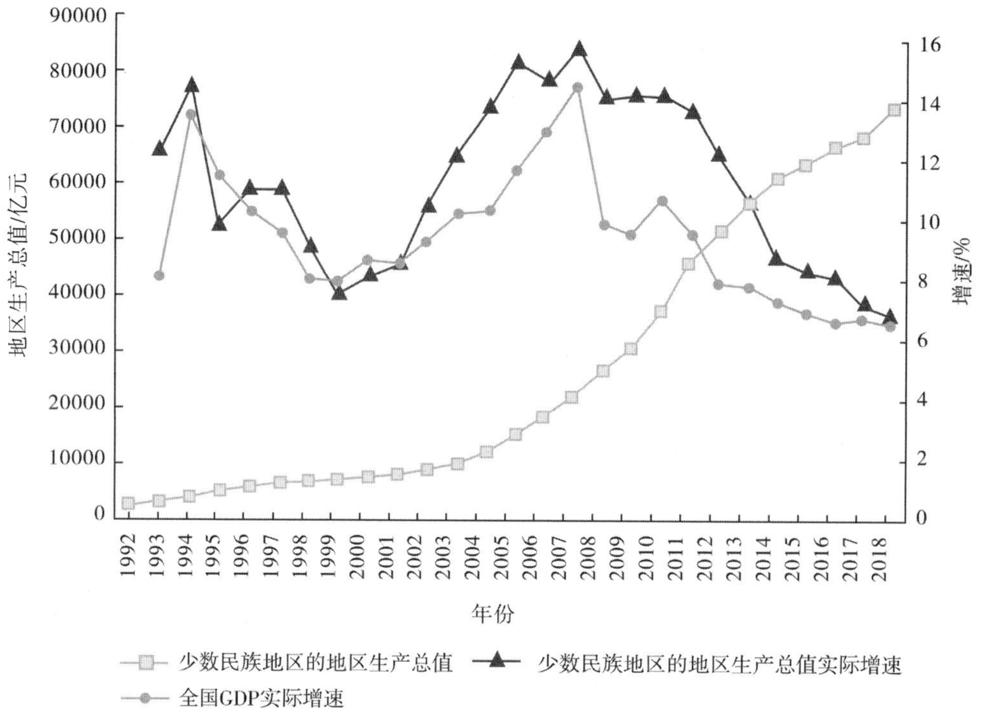

图8-1　1992—2018年少数民族地区生产总值及其增长与全国的比较

资料来源：学习贯彻习近平新时代中国特色社会主义经济思想　做好“十四五”规划编制和发展改革工作系列丛书编写组编著《推动脱贫攻坚和特殊类型地区振兴发展》，中国计划出版社、中国市场出版社，2020。

少数民族地区第一产业比重持续降低，第二产业比重先升后降，第三产业比重持续上升，产业结构不断优化。1992年以前，第一产业增加值占地区生产总值的比重最高。1993—1997年，第二产业增加值占地区生产总值的比重超过第一产业成为支柱产业。1998—2015年，第三产业增加值占地区生产总值的比重反超第一产业，位列第二，演变为“二三一”产业结构。2016年以来，第三产业比重反超第二产业，演变为“三二一”产业结构，总体上跨入服务经济新时代（图8-2）。

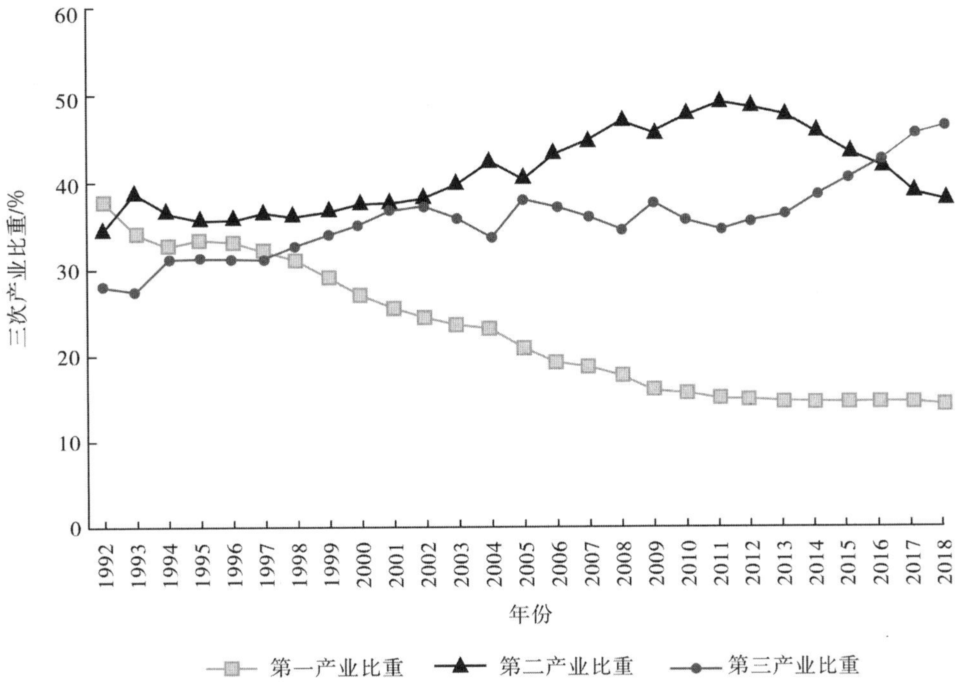

图8-2　1992—2018年少数民族地区产业结构变动情况

资料来源：学习贯彻习近平新时代中国特色社会主义经济思想 做好“十四五”规划编制和发展改革工作系列丛书编写组编著《推动脱贫攻坚和特殊类型地区振兴发展》，中国计划出版社、中国市场出版社，2020。

（二）基础设施条件明显改善

党的十八大以来，针对少数民族地区保障和改善民生，以及交通、水利、能源等重大基础设施，国家不断加大投资支持力度，少数民族地区全社会固定资产投资持续增长。2012年以来，国有经济占全社会固定资产投资的比重略有回升，当期稳定在40%左右。需要特别指出的是，民间社会资本也源源不断地进入少数民族地区参与经济社会建设，民间社会资本投资所占比重从2004年开始超过50%，当前稳定在60%左右，已经成为少数民族地区固定资产投资的主力军。

少数民族地区固定资产投资持续增长，在很大程度上改善了基础设施条件，大大便利了各族群众的出行。2012—2021年，少数民族地区铁路营业里程从2.37万千米增加到4.40万千米，增长85.65%；公路通车里程从102.00万千米增加到147.50万千米，增长44.61%。少数民族地区城市内部交通条件也得到不断改善，2012—

2018年，城市道路长度从2.66万千米增加到4.03万千米，增长51.5%，城市道路面积从5.15亿平方米增加到7.96亿平方米，增长54.6%。少数民族地区农村出行难问题逐步得到有效解决，几代人“出门水泥路，抬脚上客车”的梦想终于变成了现实。

（三）城乡居民生活水平大幅提升

党的十八大以来，国家加大了对少数民族地区脱贫攻坚的支持力度，2020年年底所有贫困县全部摘帽，城乡居民收入大幅增加，消费能力大幅增强，消费结构大幅改善。2012—2018年，少数民族地区城镇居民人均可支配收入从20022元提高到32739元，增幅达63.5%，由相当于全国平均水平的81.5%提高到83.4%；城镇居民人均消费支出从14227元提高到21353元，增幅达50.1%，城镇居民恩格尔系数（食品消费占总消费的比重）从36.5%下降到28.6%，下降了7.9个百分点。同期，农村居民人均可支配收入从5800元提高到11523元，增幅达98.7%，由相当于全国平均水平的73.3%提高到78.8%，提高了5.5个百分点；农村居民人均消费支出由4781元提高到9674元，增幅达102.3%，农村居民恩格尔系数从41.0%下降到30.7%，下降了10.3个百分点（表8-2）。

表8-2　2012年和2018年少数民族地区城乡居民人均收入和消费状况

单位：元

年份	城镇居民人均可支配收入	城镇居民人均消费支出	农村居民人均可支配收入	农村居民人均消费支出
2012	20022	14227	5800	4781
2018	32739	21353	11523	9674

数据来源：根据《中国民族统计年鉴》《中国统计年鉴》整理。
注：农村居民人均可支配收入指标中2012年数据为农村居民人均纯收入。

（四）基本公共服务补短板成效显著

党的十八大以来，我国少数民族地区基本公共服务加快补短板，医疗设施条件不断改善，教育事业持续发展。2012—2018年，少数民族地区卫生机构从46664个增加到54513个，增幅达16.8%；每千人床位数从3.74张增加到5.53张，增幅达

47.9%；每千人卫生技术人员从4.10人增加到5.95人，增幅达45.1%；高等学校从210所增加到241所，增幅达14.8%；中小学等基础教育均衡化发展水平提升，普通中学学生教师比从14.7∶1下降到13.7∶1，普通小学学生教师比基本保持在16.5∶1左右（表8–3）。

表8–3　2012—2018年少数民族地区医疗教育发展情况

年份	卫生机构/个	每千人床位数/张	每千人卫生技术人员/人	高等学校/所	普通中学学生教师比	普通小学学生教师比
2012	46664	3.74	4.10	210	14.7∶1	16.6∶1
2013	50127	4.06	4.44	212	14.6∶1	16.8∶1
2014	51892	4.40	4.77	221	13.8∶1	19.0∶1
2015	52646	4.68	5.10	228	12.3∶1	16.6∶1
2016	52578	4.88	5.37	237	13.7∶1	16.5∶1
2017	53334	5.22	5.67	236	13.5∶1	16.9∶1
2018	54513	5.53	5.95	241	13.7∶1	16.6∶1

数据来源：根据《中国民族统计年鉴》整理。

（五）文化事业蓬勃发展

党的十八大以来，我国少数民族地区文化事业蓬勃发展，不少少数民族地区以铸牢中华民族共同体意识为主线，融合民族、生态、文化等要素，将文学创作、艺术创作、体育赛事等作为重点发展的文化产业来培育，不仅取得了较好的经济效益，也充分展现了新时代各族人民的良好精神风貌。2012—2018年，少数民族地区平均每年出版文字图书2.71万种，比2000—2011年平均每年多出版1.18万种；平均每年发行报纸18.32亿份，比2000—2011年平均每年多发行2.54亿份；广播电视台由537个增加到620个，广播、电视人口综合覆盖率由96.56%提高到99.15%，提高了2.59个百分点；文化馆从789个增加到799个，增幅为1.3%；文化站从8205个增加到8691个，增幅为5.9%；图书馆事业机构从749个增加到767个，增幅为2.4%；艺术事业机构从1050个增加到1615个，增幅为53.8%。2012—2018年，文化馆、文化站、图书馆事业机构、艺术事业机构吸纳就业能力较强，共增加职工2.1万多人，增幅为32.1%（表8–4）。

表8-4 2012年和2018年少数民族地区文化艺术机构和人员情况

年份	机构数/个				职工数/人			
	文化馆	文化站	图书馆事业机构	艺术事业机构	文化馆	文化站	图书馆事业机构	艺术事业机构
2012	789	8205	749	1050	10500	15499	7761	32841
2018	799	8691	767	1615	11119	25215	8278	43375

数据来源：根据《中国民族统计年鉴》整理。

与此同时，通过建立少数民族非物质文化遗产名录和确定项目代表性传承人，一大批非物质文化遗产得到更好的传承和保护，各民族历史文化得到有效沉淀。2018年，我国少数民族地区拥有中国历史文化名城26个、中国历史文化名镇38个、中国历史文化名村52个；拥有世界自然遗产7个、世界文化遗产5个、人类口述和非物质遗产10个，分别占全国总量的58.3%、14.3%和38.5%。

（六）城市环境卫生条件普遍改善

少数民族地区的城市生活垃圾处理率由2012年的95.99%提高到2018年的99.49%，城市生活垃圾无害化处理率由2012年的84.67%提高到2018年的98.96%。其中，内蒙古、湖北、湖南、广西、云南、甘肃、宁夏等地少数民族地区的城市生活垃圾无害化处理率已达到99%以上。2012—2018年，少数民族地区的城市公厕数量从11169座增加到15343座，提高了37.4%（表8-5）。少数民族地区城市绿化也得到了较快发展，2018年人均公园绿地面积为14.15平方米，建成区绿化覆盖率为41.4%，均高于全国平均水平，城市环境更加宜居。

表8-5 2012年和2018年部分少数民族地区城市生活垃圾处理及公厕情况

省（区、市）	城市生活垃圾处理率/%		城市生活垃圾无害化处理率/%		城市公厕数/座	
	2012年	2018年	2012年	2018年	2012年	2018年
河北	—	—	—	—	—	—
内蒙古	96.13	99.79	91.22	99.79	4459	7612
辽宁	—	—	—	—	—	—
吉林	96.15	99.73	27.42	66.67	595	313
黑龙江	—	—	—	—	—	—

（续表）

省（区、市）	城市生活垃圾处理率/%		城市生活垃圾无害化处理率/%		城市公厕数/座	
	2012年	2018年	2012年	2018年	2012年	2018年
浙江	—	—	—	—	—	—
湖北	96.88	100.00	96.88	100.00	134	141
湖南	100.00	100.00	100.00	100.00	65	84
广东	—	—	—	—	—	—
广西	98.00	100.00	98.00	100.00	2159	1645
海南	—	—	—	—	—	—
重庆	—	—	—	—	—	—
四川	100.00	99.54	100.00	66.67	131	267
贵州	99.60	94.20	84.56	94.20	130	228
云南	98.63	100.00	98.63	100.00	567	1332
西藏	96.88	95.97	—	95.97	43	436
甘肃	94.75	100.00	94.75	100.00	37	89
青海	97.65	97.81	75.29	96.50	103	118
宁夏	92.49	99.30	70.64	99.30	604	786
新疆	93.98	97.85	79.16	91.45	2142	2292
合计	95.99	99.49	84.67	98.96	11169	15343

数据来源：根据《中国民族统计年鉴》整理。
注：表格中“—”处表示暂无统计数据或数量太小未达到统计标准。

（七）“绿水青山就是金山银山”实践深入开展

截至2018年年底，全国有676个县级行政区被列入国家重点生态功能区，其中，少数民族地区占340个，其数量和面积分别占全国的50.3%、79.4%。2018年，少数民族地区共有国家重点自然保护区126个，占全国的27.2%；保护区面积约8152万公顷，占全国重点自然保护区总面积的55.3%，占全国自然保护区总面积的比重达8.5%。少数民族地区也是旅游资源富集区域，拥有国家5A级旅游景区52个、国家级风景名胜区50个（表8-6）。随着生态保护补偿机制不断完善、补偿力度不断加大，各族人民从保护生态环境中受益越来越多。

表8-6 2018年少数民族地区重点自然保护区、国家5A级旅游景区和国家级风景名胜区

地区	国家重点自然保护区/个	国家重点自然保护区面积/万公顷	国家5A级旅游区/个	国家级风景名胜区/个
少数民族地区	126	8152	52	50

数据来源：根据《中国民族统计年鉴》整理。

三、沿边地区

我国沿边地区生产生活条件普遍不佳，人口分布稀疏，对外开放起步较晚，经济社会发展水平相对较低，属于典型的欠发达地区，也是少数民族人口的集中分布区域。新中国成立以来，党和国家始终高度重视沿边地区发展，陆续设立了国家口岸、边境城市、边境经济合作区等多种类型的开发开放平台。然而，相对于东部沿海地区来说，我国沿边地区的开发开放进程仍然是严重滞后的。

（一）人口分布普遍稀疏

从东北濒临黄海的辽宁省丹东市到西南濒临北部湾的广西壮族自治区防城港市，我国沿边地区依次分布着长白山、小兴安岭、大兴安岭、内蒙古高原、阿尔泰山、天山、昆仑山、青藏高原、喜马拉雅山、横断山脉、云贵高原、两广丘陵等山脉、高原和丘陵。以高原山地为主的地形地貌，造成我国沿边地区自然条件不佳，开发开放的成本较高，甚至很多地区生态环境极度脆弱，不适宜人类生存。

我国沿边地区地域广阔，但大部分地区人迹罕至，生产生活条件普遍比较恶劣艰苦，人口分布普遍稀疏。根据第七次全国人口普查数据，我国沿边地区的常住人口密度仅为20人/平方千米，不到全国人口密度的1/7，边疆各省（区）沿边地区的常住人口密度均低于全国人口密度，且都明显低于本省（区）的常住人口密度。其中，辽宁、广西两省（区）沿边地区的常住人口密度比较高，分别达到146人/平方千米和112人/平方千米，接近于全国人口密度，但仅为本省（区）常住人口密度的1/2左右；黑龙江、内蒙古、甘肃、新疆、西藏5省（区）沿边地区的常住人口密度都低于50人/平方千米，均不到全国人口密度的1/3，甘肃和西藏的沿边地区常住人口密度分别仅为6人/平方千米和2人/平方千米（表8-7）。

表8-7　全国及边疆9省（区）全域和沿边地区的常住人口密度

地区	全域/（人/平方千米）	沿边地区/（人/平方千米）
辽宁省	288	146
吉林省	127	55
黑龙江省	72	38
内蒙古自治区	20	12
甘肃省	55	6
新疆维吾尔自治区	16	14
西藏自治区	3	2
云南省	120	91
广西壮族自治区	211	112
全国	147	20

数据来源：全国及各省（区）第七次人口普查数据。

（二）聚集着七成少数民族

我国有55个少数民族，其中近40个少数民族分布在沿边地区，包括蒙古族、维吾尔族、藏族、壮族、朝鲜族、满族、回族、哈萨克族、柯尔克孜族、傈僳族、傣族、景颇族、苗族、锡伯族、塔吉克族、独龙族、佤族、拉祜族、哈尼族、彝族、瑶族等，很多少数民族人口与周边国家和地区同一民族毗邻而居。

从自治地方来看，我国5个自治区中有4个属于边疆地区，沿边地区包括10个地级及副省级自治地方[①]，抵边县级自治地方有16个（表8-8）。

表8-8　我国涉边自治地方

涉边自治地方	少数民族自治地方
省级自治地方	内蒙古自治区、新疆维吾尔自治区、西藏自治区、广西壮族自治区
地级自治地方	延边朝鲜族自治州、昌吉回族自治州、博尔塔拉蒙古自治州、伊犁哈萨克自治州（包括伊犁地区、塔城地区和阿勒泰地区）、克孜勒苏柯尔克孜自治州、怒江傈僳族自治州、德宏傣族景颇族自治州、西双版纳傣族自治州、红河哈尼族彝族自治州、文山壮族苗族自治州

① 伊犁哈萨克自治州，地处新疆维吾尔自治区西部天山北部的伊犁河谷内，成立于1954年，首府是伊宁，是全国唯一的既辖地级行政区又辖县级行政区的自治州，也是全国唯一的副省级自治州，下辖的塔城地区和阿勒泰地区都是地级行政区，其他直辖的县级行政区称为伊犁地区。

（续表）

涉边自治地方	少数民族自治地方
县级自治地方	宽甸满族自治县、长白朝鲜族自治县、肃北蒙古族自治县、巴里坤哈萨克自治县、和布克赛尔蒙古自治县、察布查尔锡伯自治县、塔什库尔干塔吉克自治县、贡山独龙族怒族自治县、耿马傣族佤族自治县、沧源佤族自治县、澜沧拉祜族自治县、西盟佤族自治县、孟连傣族拉祜族佤族自治县、江城哈尼族彝族自治县、金平苗族瑶族傣族自治县、河口瑶族自治县

（三）经济发展严重滞后

我国沿边地区人口分布稀少，生产条件不佳，开发程度较低，开放起步较晚，又远离国内外大市场，经济发展水平和居民收入水平都明显偏低。2020年，我国沿边地区生产总值为34951.02亿元，仅占国内生产总值的3.4%，比常住人口占比低1.6个百分点，比土地面积占比低35.3个百分点；人均地区生产总值为47744元，仅为全国人均国内生产总值的67.83%。其中，辽宁、吉林、黑龙江、内蒙古、甘肃、新疆、云南和广西8省（区）的沿边地区人均地区生产总值均低于本省（区）平均水平，辽宁、吉林、黑龙江、新疆、西藏、云南和广西7省（区）的沿边地区人均地区生产总值都明显低于全国平均水平且比重均在80%以下（表8-9）。

表8-9　2020年边疆9省（区）的沿边地区人均地区生产总值及占比

地区	人均地区生产总值/元	占本省（区）平均水平的比重/%	占全国平均水平的比重/%
辽宁沿边地区	35614	60.40	50.60
吉林沿边地区	42131	82.38	59.86
黑龙江沿边地区	38894	90.43	55.26
内蒙古沿边地区	66945	92.74	95.12
甘肃沿边地区	62300	94.09	88.51
新疆沿边地区	49544	92.83	70.39
西藏沿边地区	52839	101.31	75.07
云南沿边地区	42818	82.43	60.83
广西沿边地区	42878	97.01	60.92

数据来源：全国及各地区第七次人口普查数据和2020年国民经济和社会发展统计公报。

（四）人口流失严重

我国沿边地区人居环境普遍较差，就业机会较少，生活成本较高，随着东中部地区和边疆省（区）重点地区经济快速发展，沿边地区人口人才呈现持续流出态势。2020年第七次全国人口普查数据显示，我国沿边地区常住人口为7320.44万，相比2010年第六次全国人口普查数据减少了285.12万人，占第六次全国人口普查数据的3.75%。常住人口减少的地区主要出现在东北地区，辽宁、吉林和黑龙江3省沿边地区的所有地级行政区常住人口都是减少的，其中，通化市常住人口减少超过100万，将近第六次全国人口普查数据的一半。抵边县级行政区的人口流失问题更为严重。除新疆数据缺失外，其他8个省（区）抵边的103个县级行政区第七次全国人口普查的常住人口合计为1647.06万，相比第六次全国人口普查数据减少了119.80万人，占第六次全国人口普查常住人口的6.78%。其中，有68个抵边县级行政区人口减少，主要出现在东北地区，人口减少率普遍在10%以上，甚至超过50%。毋庸置疑，流出人口的主体是青壮年人口人才，严重削弱了我国沿边地区经济发展的内生动力。

（五）设立了多种类型的国家级开发开放平台

口岸是由国家指定对外开放的门户，是国际货物运输、人员跨境往来的枢纽。截至目前，我国沿边地区经国务院批准的对外开放口岸共有113个，包括水运口岸17个、航空口岸12个、铁路口岸13个和公路口岸71个（表8-10）。口岸对我国沿边地区扩大对外开放发挥了重要的促进作用。为了进一步推动沿边地区开发开放，国务院在沿边地区陆续批准设立了边民互市贸易区、沿边开放城市、边境经济合作区、跨境经济合作区、沿边重点开发开放试验区、边境旅游试验区、综合保税区、中国自由贸易试验区、国家级经济技术开发区、国家级高新技术产业开发区等开发开放平台（表8-11）。目前，我国沿边地区已经形成以国家口岸、沿边开放城市、边境经济合作区、边民互市贸易区、跨境经济合作区、边境旅游试验区、沿边重点开发开放试验区、中国自由贸易试验区等平台为主体的全方位、多层次开发开放格局。

表8-10 国务院在沿边地区批准设立的国家口岸分布

省份	在沿边地区设立的国家口岸
辽宁省	水运口岸（丹东）、公路口岸（丹东）、铁路口岸（丹东）
吉林省	公路口岸（集安、沙坨子、古城里、开山屯、三合、临江、长白、圈河、珲春、南坪、图们）、铁路口岸（集安、图们、珲春）、航空口岸（延吉）
黑龙江省	水运口岸（漠河、呼玛、孙吴、逊克、黑河、嘉荫、萝北、抚远、同江、富锦、佳木斯、饶河）、公路口岸（黑河(步行)、黑河、黑瞎子岛、虎林、密山、东宁、绥芬河）、铁路口岸（同江、绥芬河）、航空口岸（佳木斯、牡丹江）
内蒙古自治区	公路口岸（乌力吉、满都拉、珠恩嘎达布其、阿尔山、额布都格、阿日哈沙特、室韦、黑山头、策克、甘其毛都、二连浩特、满洲里）、铁路口岸（二连浩特、满洲里）、航空口岸（二连浩特、包头、海拉尔、满洲里）
甘肃省	公路口岸（马鬃山）、航空口岸（敦煌）
新疆维吾尔自治区	公路口岸（卡拉苏、红其拉甫、伊尔克什坦、吐尔尕特、木扎尔特、都拉塔、霍尔果斯、巴克图、吉木乃、阿黑土别克、红山嘴、塔克什肯、乌拉斯台、老爷庙、别迭里）、铁路口岸（霍尔果斯、阿拉山口）、航空口岸（伊宁、喀什）
西藏自治区	公路口岸（里孜、普兰、吉隆、樟木）
云南省	水运口岸（关累、思茅、景洪）、公路口岸（田蓬、都龙、勐康、打洛、孟定清水河、腾冲猴桥、天保、金水河、磨憨、河口、畹町、瑞丽）、铁路口岸（磨憨、河口）、航空口岸（芒市、西双版纳）
广西壮族自治区	水运口岸（防城港）、公路口岸（爱店、硕龙、峒中、平孟、龙邦、水口、东兴、友谊关）、铁路口岸（凭祥）

资料来源：中国口岸协会网站。

表8-11 1992年以来国务院批准设立的沿边地区开发开放平台

开发开放类型	沿边地区开发开放平台
沿边开放城市（14个）	黑河、绥芬河、珲春、满洲里、二连浩特、伊宁、博乐、塔城、畹町、瑞丽、河口、凭祥、东兴、丹东
边境经济合作区（17个）	丹东、珲春、和龙、黑河、绥芬河、满洲里、二连浩特、伊宁、博乐、塔城、吉木乃、畹町、河口、瑞丽、临沧、凭祥、东兴
跨境经济合作区（4个）	中国磨憨—老挝磨丁、中国瑞丽—缅甸木姐、中国红河—越南老街、中蒙二连浩特—扎门乌德
沿边重点开发开放试验区（9个）	东兴、凭祥、百色、瑞丽、满洲里、二连浩特、勐腊（磨憨）、绥芬河—东宁、塔城
边境旅游试验区（2个）	满洲里、防城港

（续表）

开发开放类型	沿边地区开发开放平台
综合保税区（8个）	满洲里、珲春、绥芬河、凭祥、红河、阿拉山口、霍尔果斯、喀什
中国自由贸易试验区（5个）	中国（广西）自由贸易试验区（崇左片区）、中国（云南）自由贸易试验区（红河片区、德宏片区）、中国（黑龙江）自由贸易试验区（黑河片区、绥芬河片区）
国家级经济技术开发区（9个）	海林、牡丹江、双鸭山、呼伦贝尔、巴彦淖尔、准东、阿拉尔、库车、蒙自
国家级高新技术产业开发区（11个）	丹东、通化、延吉、牡丹江、佳木斯、伊春、海拉尔、集宁、包头、酒泉、昌吉

（六）基础设施建设滞后

我国沿边地区基础设施建设滞后，对开发开放和产业发展形成严重制约。受建设维护资金不足所限，大部分沿边地区的口岸基础设施条件落后、防疫设备年久失修，口岸通关效率普遍较低，口岸功能亟待完善提升。受对方国口岸政策的影响，一些边境口岸长期处于关闭状态。各类开发开放平台的水、电、路、气等配套基础设施建设的资金投入不足，基础设施条件普遍不能满足经济社会发展的需求，管理体制有待理顺，甚至一些开发开放平台建设处于停止状态。交通基础设施建设滞后，公路等级普遍较低、不能形成闭环网络，很多沿边地区没有通铁路和高速公路，普遍缺少联通内外的大运力骨干通道，跨境通道通而不畅，跨境物流的硬性成本普遍较高，沿边地区与内陆和沿海地区的互联互通水平较低，严重制约着货物运输、人员往来和招商引资。市政基础设施建设不完善的问题普遍存在，交通、医疗、教育、商贸、通信、文化、供排水等城镇功能普遍薄弱，城市用水问题普遍存在，严重削弱了沿边地区的城市和城镇聚集产业和吸纳人口的能力。边境物防技防设施建设不足，一些沿边地区主要靠人看眼盯，存在安全隐患。

（七）“通道经济”特征明显

我国边境贸易多为“穿岸而过”，很少在沿边地区落地加工，“通道经济”特征明显，开发开放“两张皮”的现象比较普遍。以辽宁省丹东市为例，边境贸易出口商品结构单一，以纺织、小机电、百货、农副产品等劳动密集型和资源密集型产品为主，批量小、品种杂、经营分散，主要依靠外省供应；进口则以资源类的农、副、林、水产品为主，相当部分也直接销往内地，很少落地加工，没有在当地实现仓储、加工等环节的增值。边境贸易不能促进沿边地区形成生产力规模，创造不出较多的就业机会，难以支撑边境城市和城镇发展壮大。因此，我国沿边地区的城市规模普遍不大。2020年，我国沿边地区25个地级城市中，只有包头的城区常住人口在100万以上，属于大城市行列，中等城市只有丹东、鹤岗、鸡西、佳木斯、牡丹江5个，且都分布在东北沿边地区，其他都是小城市（图8-3）；抵边的33个县

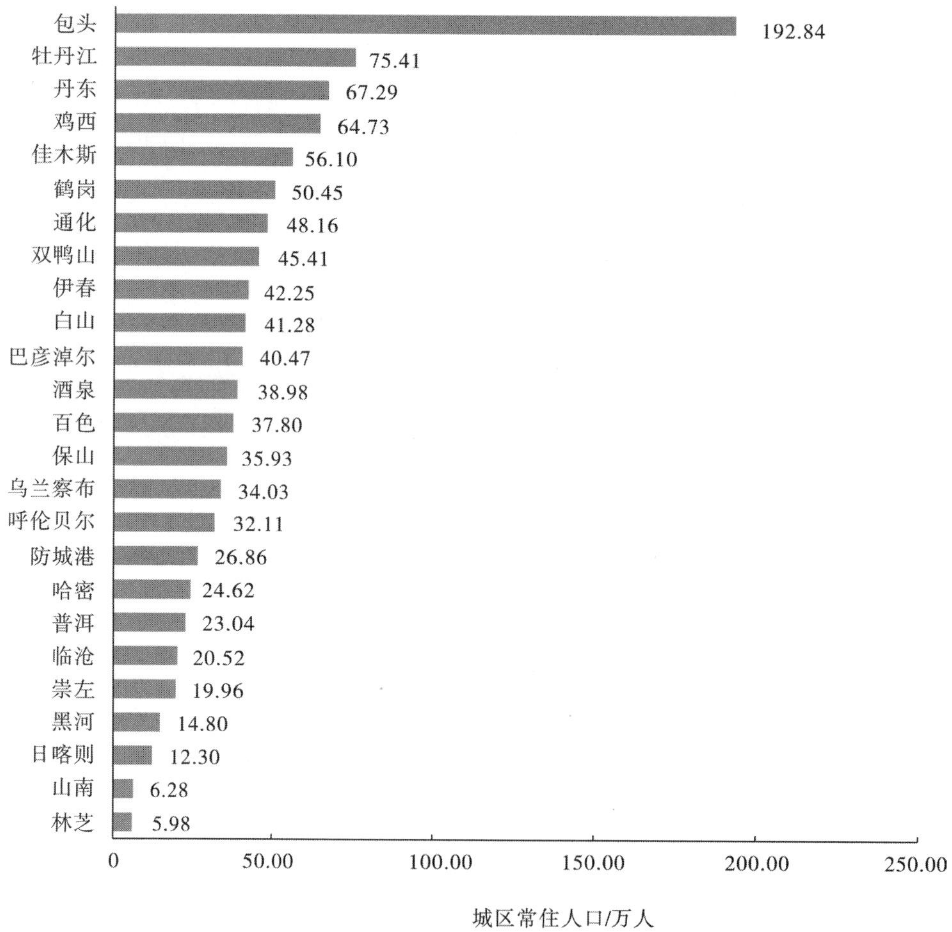

图8-3　2020年我国沿边地区地级城市人口规模

数据来源：《中国城市建设统计年鉴2020》。

级城市（不包括县城）中，只有珲春、满洲里、景洪3个县级城市的城区常住人口在20万以上，城区常住人口10万以上的县级城市有东港、珲春、满洲里、博乐、泸水、腾冲、瑞丽、芒市、景洪、靖西和东兴11个，集中在西南地区，其中博乐、泸水、芒市和景洪都是自治州政府驻地。

（八）营商环境普遍不佳

我国对城市建设和各类开发开放平台的投入不足，产业发展的配套设施建设滞后，不能满足企业建设和人才发展所需的基础设施条件。“放管服”改革不到位，各级政府部门工作人员的服务意识普遍淡薄，造成沿边地区企业发展和人才创业的交易成本较高。部分边境管理政策已不适应沿边地区开放发展需要，也没有强有力的政策措施促进资金、人才、技术等核心生产要素向沿边地区集聚，还缺少能够有效促进沿边地区与周边国家和地区加强合作的机制和政策。

（九）经济发展与生态保护矛盾突出

我国一些沿边地区的生态环境非常脆弱，经济和人口承载力较低，生态环境治理的压力也比较大，推进开发开放与保护生态环境的矛盾日益突出。如广西沿边地区，生态环境较为脆弱，土地、能源、矿产资源相对匮乏，资源环境承载力较低，部分地区长期对自然资源过度开发、粗放利用，保护和修复的治理措施滞后，付出了较大的环境代价，石漠化、水土流失、矿山生态破坏、环境污染、土壤重金属污染等环境问题突出，对区域可持续发展造成了严重的不利影响。我国沿边地区还广泛分布着国家级和省级自然保护区，2021年9月国务院批准设立的东北虎豹国家公园位于吉林、黑龙江两省沿边地区，未来很可能在沿边地区增设多个国家公园，将会进一步加重沿边地区的生态环境任务。

四、欠发达地区

党的十八大以来，党中央把脱贫攻坚摆在治国理政的突出位置，把脱贫攻坚作为全面建成小康社会的底线任务，组织开展了声势浩大的脱贫攻坚人民战争，脱贫攻坚战取得了全面胜利，现行标准下9899万农村贫困人口全部脱贫，832个贫困县全部摘帽，12.8万个贫困村全部出列，区域性整体贫困得到解决，完成了消除绝对贫困的艰巨任务。“十四五”时期，我国开启全面建设社会主义现代化国家新征程，把以脱贫地区为重点的欠发达地区的振兴发展放在重要位置，促进巩固拓展脱贫攻坚成果与全面实施乡村振兴战略的有效衔接，特别是要重点扶持集中连片特困地区加快发展。

（一）集中连片特困地区经济综合实力明显增强

党的十八大以来，集中连片特困地区经济快速发展，地区生产总值由2012年的31212亿元增加到2018年的53480亿元（图8-4），增长了71.34%，年均增速为9.39%，相比全国平均水平高出0.07个百分点。随着经济快速发展，集中连片特困地区的产业结构也在不断优化，2018年产业结构为20.34：37.43：42.23，第一产

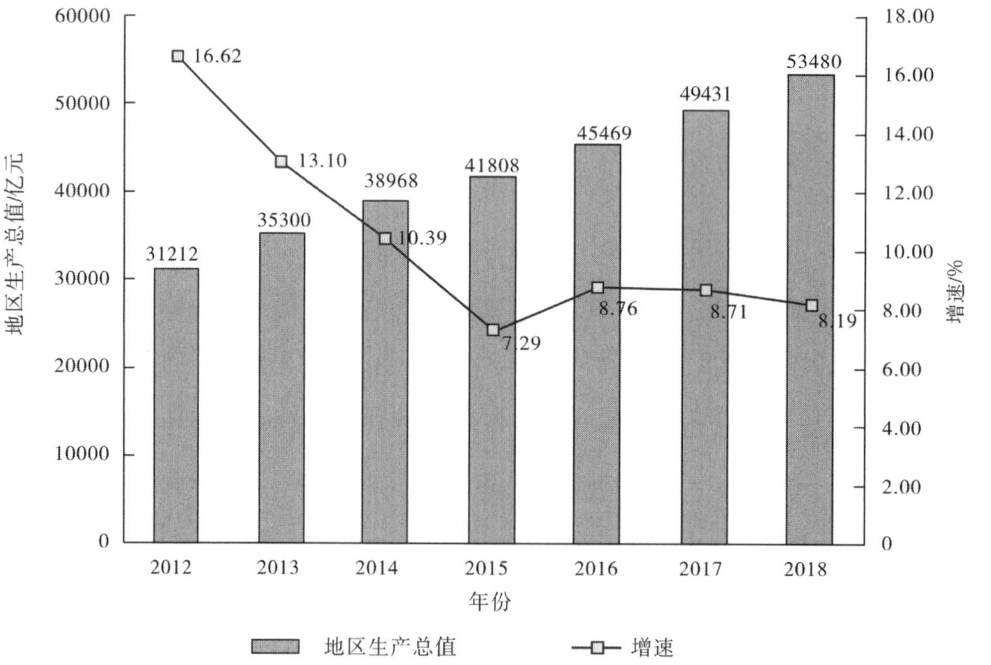

图8-4　2012—2018年集中连片特困地区生产总值及增速

数据来源：《中国农村贫困监测报告2020》。

业、第二产业增加值占比分别比2012年降低4.32个百分点和4.67个百分点，第三产业增加值占比则提高了近9个百分点，演变为“三二一”产业结构（图8-5）。

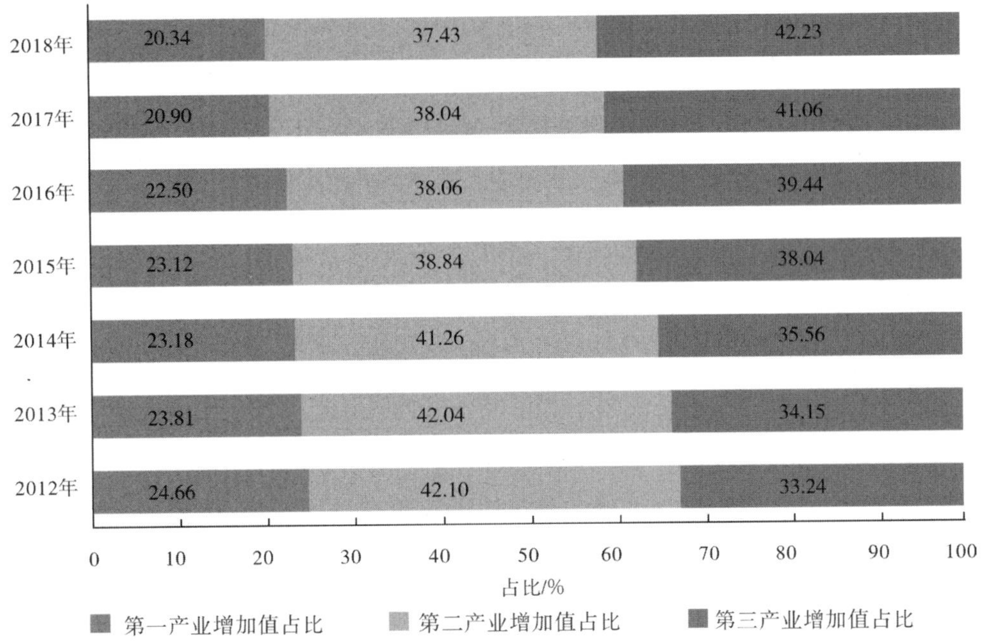

图8-5 2012—2018年集中连片特困地区产业结构

数据来源：《中国农村贫困监测报告2020》。

（二）集中连片特困地区经济发展水平仍远低于全国平均水平

集中连片特困地区人均地区生产总值2013—2018年年均增速为8.57%，整体上高出全国平均水平0.4个百分点。分片区来看，西藏区最高，年均增速为14.07%，高于全国平均水平5.9个百分点；其次为滇桂黔石漠化区，年均增速为12.42%，高于全国平均水平4.25个百分点；四省藏区、燕山—太行山区、大兴安岭南麓山区、大别山区、新疆南疆四地州和六盘山区的年均增速均低于同期全国平均水平。

从人均地区生产总值的变化来看，2018年片区整体上比2013年增加了0.76万元，增长51%。2013—2018年，8个片区的人均地区生产总值增幅均超过50%。其中，西藏区变化最多，增加了1.76万元，增长92.6%（根据所用数据的特点，此数值偏大）；其次是滇桂黔石漠化区，增加了1.03万元，增长79.2%。六盘山区、大兴安岭南麓山区、燕山—太行山区、四省藏区和新疆南疆四地州人均地区生产总值增幅较低，分别为31.4%、17.5%、26.7%、24.9%和36.4%，其中，大兴安岭南麓山区人均地区生产总值的绝对增量最小，为0.33万元，其次是六盘山区，人均地区生产总值5年增加了0.43万元（表8-12）。

表8-12　2013—2018年我国集中连片特困地区人均地区生产总值情况

片区	人均地区生产总值/万元						年均增速
	2013年	2014年	2015年	2016年	2017年	2018年	
四省藏区	3.01	2.94	2.99	3.24	3.37	3.76	4.59%
西藏区	1.90	2.12	2.39	2.76	3.28	3.66	14.07%
罗霄山区	1.69	1.86	2.01	2.22	2.44	2.67	9.56%
秦巴山区	1.65	1.82	1.94	2.12	2.38	2.60	9.47%
滇西边境山区	1.61	1.74	1.91	2.10	2.33	2.46	8.91%
滇桂黔石漠化区	1.30	1.49	1.67	1.89	2.15	2.33	12.42%
吕梁山区	1.53	1.65	1.55	1.67	2.01	2.33	8.69%
武陵山区	1.42	1.42	1.74	1.92	2.11	2.24	9.49%
燕山—太行山区	1.76	1.82	1.87	1.98	2.14	2.23	4.92%
大兴安岭南麓山区	1.89	2.00	2.13	2.20	2.22	2.22	3.28%
大别山区	1.34	1.46	1.54	1.67	1.82	1.97	8.01%
新疆南疆四地州	1.43	1.57	1.74	1.66	1.85	1.95	6.39%
六盘山区	1.37	1.52	1.54	1.64	1.69	1.80	5.66%
乌蒙山区	1.16	1.28	1.39	1.52	1.69	1.78	9.00%
整体情况	1.49	1.64	1.75	1.91	2.10	2.25	8.57%
全国平均水平	4.36	4.69	4.99	5.35	5.90	6.45	8.17%
片区占比	34.26%	34.88%	35.10%	35.60%	35.51%	34.91%	—

数据来源：孙久文、张静、李承璋、卢怡贤：《我国集中连片特困地区的战略判断与发展建议》，《管理世界》2019年第10期。

从人均地区生产总值的数值看，集中连片特困地区仍远低于全国平均水平，且绝对差距进一步拉大。2018年，14个片区中人均地区生产总值最高的四省藏区仅为全国的58.3%。从绝对数量来看，2018年各片区人均地区生产总值与全国平均水平的差距进一步拉大，除西藏区2018年与全国平均水平的差距比2013年的差距增量（0.33万元）小于1万元外，其余片区的人均地区生产总值与全国平均水平的差距增量均超过1万元。六盘山区、大兴安岭南麓山区、燕山—太行山区、大别山区、四省藏区和新疆南疆四地州人均地区生产总值与全国平均水平的相对差距也进一步拉大，其中四省藏区和大兴安岭南麓山区人均地区生产总值占全国平均水平的比重分别下降了11个百分点和9个百分点。其余片区的人均地区生产总值与全国平均水平的相对差距缩小，其中西藏区人均地区生产总值占全国平均水平的比重上升了13.2个百分点，滇桂黔石漠化区上升了6.3个百分点，其他片区仅上升1～2.6个百分点。

（三）集中连片特困地区基础设施条件不断改善

党的十八大以来，我国集中连片特困地区道路通达情况和通信设施状况不断改善。2019年，集中连片特困地区所在自然村通公路、所在自然村进村主干道路硬化、所在自然村能便利乘坐公共汽车的农户比重比2013年分别提高2.0个百分点、11.0个百分点、22.2个百分点；所在自然村通电话和所在自然村能接收有线电视信号的农户比重比2013年分别提高1.9个百分点和22.2个百分点。2019年，集中连片特困地区道路通达情况继续改善，所在自然村通公路、所在自然村进村主干道路硬化基本全覆盖，所在自然村能便利乘坐公共汽车的农户比重为75.7%；集中连片特困地区通信设施状况进一步改善，所在自然村通电话的农户基本全覆盖，所在自然村通宽带和所在自然村能接收有线电视信号的农户比重分别为97.2%和99.0%。

（四）集中连片特困地区农村基本公共服务水平显著提升

党的十八大以来，集中连片特困地区农村教育和医疗卫生条件不断改善。2019年，集中连片特困地区所在自然村上幼儿园便利和所在自然村上小学便利的农户比重比2013年分别提高19.3个百分点和12.8个百分点；所在自然村垃圾能集中处理和所在自然村有卫生站的农户比重比2013年分别提高54.8个百分点和12.5个百分点。2019年，集中连片特困地区所在自然村上幼儿园便利的农户比重为90.1%，所在自然村上小学便利的农户比重为92.3%；所在自然村垃圾能集中处理的农户比重为85.1%，比上年提高8.2个百分点，所在自然村有卫生站的农户比重为96.1%。

（五）集中连片特困地区农村居民收入和消费均明显增长

党的十八大以来，集中连片特困地区农村居民人均可支配收入年均实际增速比全国农村高2.2个百分点。2019年，集中连片特困地区农村居民人均可支配收入比2012年累计增长120.7%，年均名义增速为12.0%，扣除价格因素影响，年均实际增速为9.7%。集中连片特困地区农村居民收入与全国农村的差距持续缩小。

2019年，我国集中连片特困地区农村居民人均可支配收入为11443元，增长11.5%，扣除价格因素影响，实际增长8.0%，实际增速比全国农村高1.8个百分点。集中连片特困地区农村居民收入水平相当于全国农村的71.4%。14个集中连片特困地区农村居民收入增速均高于全国农村。其中，吕梁山区增速为15.1%，滇西边境山区增速为14.3%，四省藏区增速为14.2%，西藏区增速为13.1%，滇桂黔石漠化区增速为11.8%，新疆南疆四地州增速为11.6%，大别山区增速为11.4%，燕山—太行山区增速为11.3%，六盘山区增速为11.2%，武陵山区增速为11.0%，秦巴山区增速为11.0%，大兴安岭南麓山区增速为10.8%，乌蒙山区增速为10.7%，罗霄山区增速为10.4%。

从消费能力来看，2019年集中连片特困地区农村居民人均消费支出为9898元，比上年增加1044元，增速为11.8%，扣除价格因素影响，实际增速为8.3%。集中连片特困地区农村居民人均消费支出占人均可支配收入的比重为86.5%，比全国农村高3.3个百分点。

（六）集中连片特困地区农村生产生活水平大幅提高

党的十八大以来，集中连片特困地区农户居住条件明显改善，居住设施进一步改进。居住在竹草土坯房的农户比重由2012年的8.1%下降到2019年的1.3%，下降6.8个百分点；独用厕所的农户比重由2012年的89.9%提高到2019年的96.5%，提高6.6个百分点；炊用柴草的农户比重由2012年的62.6%下降到2019年的35.9%，下降26.7个百分点；饮水安全不断提高，2019年集中连片特困地区农村使用管道供水和使用经过净化处理自来水的农户比重比2013年分别提高36.4个百分点和28.9个百分点。

此外，集中连片特困地区农村居民耐用消费品升级换代明显，传统耐用消费品拥有量持续稳定提高，反映现代生活的耐用消费品拥有量也快速增长。2019年，集中连片特困地区农村每百户拥有移动电话227.0部，比上年增加10.4部；每百户拥有洗衣机90.8台，比上年增加3.8台；每百户拥有电冰箱91.5台，比上年增加5.3台；每百户拥有计算机16.5台，比上年增加0.6台；每百户拥有汽车19.6辆，比上年增加0.7辆。2019年，集中连片特困地区农村每百户拥有洗衣机、电冰箱分别比2012年增加39.4台和45.4台；农村每百户拥有移动电话、汽车、计算机分别比2012年增加109.2部、16.9辆和12.0台。

▶▶▶

| 第三节 |

老少边欠地区发展的支持政策

党的十八大以来，党和国家高度重视老少边欠地区发展，制定出台了多个支持老少边欠地区加快发展的指导意见和发展规划，从多个领域提出了支持政策。2016年1月，国务院印发《关于支持沿边重点地区开发开放若干政策措施的意见》。2016年12月，国务院印发《“十三五”促进民族地区和人口较少民族发展规划》。2017年10月，党的十九大报告明确提出“加大力度支持革命老区、民族地区、边疆地区、贫困地区加快发展”，将加大对老少边欠等短板区域的扶持摆在重要位置。2020年5月，中共中央、国务院印发《中共中央　国务院关于新时代推进西部大开发形成新格局的指导意见》。2020年12月，中共中央、国务院印发《中共中央　国务院关于实现巩固拓展脱贫攻坚成果同乡村振兴有效衔接的意见》。2021年2月，国务院印发《国务院关于新时代支持革命老区振兴发展的意见》。2021年11月，国家发展和改革委员会印发《“十四五”特殊类型地区振兴发展规划》，界定的特殊类型地区包括老少边欠地区。2022年10月，党的二十大报告明确强调，要“巩固拓展脱贫攻坚成果，增强脱贫地区和脱贫群众内生发展动力”，“支持革命老区、民族地区加快发展，加强边疆地区建设，推进兴边富民、稳边固边”。

一、财税政策

《“十三五”促进民族地区和人口较少民族发展规划》提出，充分考虑少数民族和民族地区贫困人口、交通状况、气候条件、生态环境等方面的公共支出成本差异，加大中央财政投入力度，完善财政一般性转移支付增长机制，一般性转移支付资金和相关专项转移支付资金进一步向民族地区倾斜，确保对民族地区转移支付在总盘子中的比重继续增加；建立健全各级支持少数民族发展的投入长效机制，通过现有资金渠道，重点支持贫困民族地区脱贫攻坚、少数民族事业、兴边富民行动、扶持人口较少民族发展等领域建设；充分兼顾民族地区利益，支持民族地区全面开展营改增试点。

《中共中央　国务院关于实现巩固拓展脱贫攻坚成果同乡村振兴有效衔接的意见》提出，过渡期内在保持财政支持政策总体稳定的前提下，根据巩固拓展脱贫攻坚成果同乡村振兴有效衔接的需要和财力状况，合理安排财政投入规模，优化支出结构，调整支持重点；保留并调整优化原财政专项扶贫资金，聚焦支持脱贫地区巩固拓展脱贫攻坚成果和乡村振兴，适当向国家乡村振兴重点帮扶县倾斜，并逐步提高用于产业发展的比例；各地要用好城乡建设用地增减挂钩政策，统筹地方可支配财力，支持“十三五”易地扶贫搬迁融资资金偿还；对农村低收入人口的救助帮扶，通过现有资金支出渠道支持；过渡期前3年脱贫县继续实行涉农资金统筹整合试点政策，此后调整至国家乡村振兴重点帮扶县实施，其他地区探索建立涉农资金整合长效机制；确保以工代赈中央预算内投资落实到项目，及时足额发放劳务报酬；现有财政相关转移支付继续倾斜支持脱贫地区；对支持脱贫地区产业发展效果明显的贷款贴息、政府采购等政策，在调整优化基础上继续实施；过渡期内延续脱贫攻坚相关税收优惠政策。

《国务院关于新时代支持革命老区振兴发展的意见》提出，中央财政在安排革命老区转移支付、地方政府专项债券时，对革命老区所在省份予以倾斜支持；探索制定革命老区转移支付绩效评估和奖惩激励办法；继续支持赣州执行西部大开发政策，在加快革命老区高质量发展上作示范；中央预算内投资对赣南等原中央苏区参照执行西部地区政策，对沂蒙革命老区参照执行中部地区政策，研究安排专项资金支持革命老区产业转型升级平台建设；支持符合条件的革命老区海关特殊监管区域按规定开展增值税一般纳税人资格试点，对其他地区向革命老区重点城市转移的企业，按原所在地区已取得的海关信用等级实施监督。

《“十四五”特殊类型地区振兴发展规划》提出，结合巩固拓展脱贫攻坚成果和实现共同富裕要求，完善财政转移支付制度，向欠发达地区、边境地区、革命老区等特殊类型地区重点民生领域倾斜，促进城乡区域间基本公共服务均等化；中央财政衔接推进乡村振兴补助资金加大对欠发达地区支持力度，各省继续统筹加大对本省欠发达地区转移支付力度，聚焦支持脱贫地区巩固拓展脱贫攻坚成果和乡村振兴，向国家乡村振兴重点帮扶县倾斜。

二、产业政策

《“十三五”促进民族地区和人口较少民族发展规划》提出，根据国家产业结构调整指导目录，引导和支持民族地区承接产业转移；对民族地区符合国家产业政策的产业转移项目，根据权限优先予以核准或备案；支持东部地区符合民族地区特点和生态环境要求的产业有序梯度转移，建立承接产业转移示范园区和区域性产业合作示范区，提升重点企业技术改造和创新能力，引导产业向优化升级、节能减排、绿色环保等方向发展；完善民族地区资源开发利益分配机制，优先布局能源资源及其加工转化类重大产业项目，提高能源资源加工和深加工比例，延长产业链，提高附加值；实施差别化产业政策，支持民族地区发展特色优势产业，适当下放核准权限；加强对民族地区资源型城市可持续发展的引导和支持。

《国务院关于支持沿边重点地区开发开放若干政策措施的意见》提出，实行有差别的产业政策，支持沿边重点地区大力发展特色优势产业，对符合产业政策、对当地经济发展带动作用强的项目，在项目审批、核准、备案等方面加大支持力度；支持在沿边重点地区优先布局进口能源资源加工转化利用项目和进口资源落地加工项目，发展外向型产业集群，形成各有侧重的对外开放基地，鼓励优势产能、装备、技术走出去；支持沿边重点地区发展风电、光电等新能源产业，在风光电建设规模指标分配上给予倾斜；推动移动互联网、云计算、大数据、物联网等与制造业紧密结合；适时修订《西部地区鼓励类产业目录》，对沿边重点地区产业发展特点予以充分考虑。依托边境城市，强化政策集成和制度创新，研究设立边境旅游试验区（简称“试验区”）；鼓励试验区积极探索“全域旅游”发展模式；允许符合条件的试验区实施口岸签证政策，为到试验区的境外游客签发一年多次往返出入境证件；推行在有条件的边境口岸设立交通管理服务站点，便捷办理临时入境机动车牌证；鼓励发展特色旅游主题酒店和特色旅游餐饮，打造一批民族风情浓郁的少数民族特色村镇；新增建设用地指标适当向旅游项目倾斜，对重大旅游项目可向国家主管部门申请办理先行用地手续；积极发展体育旅游、旅游演艺，允许外资参股由中方控股的演出经纪机构。

《国务院关于支持沿边重点地区开发开放若干政策措施的意见》还提出，研究整合现有支持产业发展方面的资金，设立沿边重点地区产业发展（创业投资）基金，吸引投资机构和民间资本参与基金设立，专门投资于沿边重点地区具备资源和市场优势的特色农业、加工制造业、高技术产业、服务业和旅游业，支持沿边重点地区承接国内外产业转移。

三、人才政策

《“十三五”促进民族地区和人口较少民族发展规划》提出，中央国家机关及省级党政机关有计划招录少数民族公务员，继续实施民族地区招录少数民族公务员照顾政策，推动少数民族流动人口较多地区的窗口单位根据需要招录一定数量的少数民族公务员；支持内地高校毕业生到民族地区基层工作；支持高校少数民族毕业生到内地就业创业；加大选调生工作力度，鼓励高校优秀毕业生到民族地区基层锻炼成长；完善机关和事业单位人员工资待遇政策中涉及少数民族和民族地区的相关政策；加大对艰苦边远民族地区人才的政策倾斜力度，落实艰苦边远地区津贴动态调整机制，落实职务晋升、职称评定、职业资格考试、科研项目等方面的特殊政策；加大国家重大人才工程对民族地区支持力度，继续实施各类人才援藏援疆援青、博士服务团、“西部之光”访问学者、少数民族科技骨干特殊培养、文化名家暨“四个一批”人才工程。

《国务院关于支持沿边重点地区开发开放若干政策措施的意见》提出，允许沿边重点地区按规定招用外籍人员。

《中共中央　国务院关于新时代推进西部大开发形成新格局的指导意见》提

出，鼓励东中部城市帮助边境城市对口培训亟需的管理和技术人才。

《中共中央　国务院关于实现巩固拓展脱贫攻坚成果同乡村振兴有效衔接的意见》提出，延续脱贫攻坚期间各项人才智力支持政策，建立健全引导各类人才服务乡村振兴长效机制；继续实施农村义务教育阶段教师特岗计划、中小学幼儿园教师国家级培训计划、银龄讲学计划、乡村教师生活补助政策，优先满足脱贫地区对高素质教师的补充需求；继续实施高校毕业生“三支一扶”计划，继续实施重点高校定向招生专项计划；全科医生特岗和农村订单定向医学生免费培养计划优先向中西部地区倾斜；在国家乡村振兴重点帮扶县对农业科技推广人员探索“县管乡用、下沉到村”的新机制；继续支持脱贫户“两后生”接受职业教育，并按规定给予相应资助；鼓励和引导各方面人才向国家乡村振兴重点帮扶县基层流动。

《“十四五”特殊类型地区振兴发展规划》提出，支持按照“原户口不迁、原关系不变、收入有提高、待遇有提升”的原则，建立特殊类型地区“人才飞地”政策，支持基层引进培养急需紧缺专业人才，在实施地区附加津贴制度、调整艰苦边远地区津贴实施范围和类别等方面给予政策倾斜；实施欠发达地区职业院校建设计划，面向中西部22个省（区、市）欠发达地区、革命老区、边境地区等新建一批技工院校，改扩建一批技工院校。

四、土地政策

《“十三五”促进民族地区和人口较少民族发展规划》提出，进一步完善建设用地审批制度，保障民族地区重点工程建设用地；合理确定民族地区产业园区建设用地基准地价；实施差别化土地政策，土地利用年度计划指标向民族地区适度倾斜，适当增加民族地区未利用地计划指标；新增建设用地计划指标和城乡建设用地增减挂钩指标重点向国家扶贫开发工作重点县倾斜，允许开展易地扶贫搬迁的集中连片特困地区、国家扶贫开发工作重点县和贫困老区将城乡建设用地增减挂钩指标在省域范围内使用；探索民族地区在域外发展“飞地”园区；高标准基本农田建设任务和分配中央补助资金继续向民族地区倾斜；支持有条件民族贫困地区开展建设用地整治试点工作。

《国务院关于支持沿边重点地区开发开放若干政策措施的意见》提出，对符合国家产业政策的重大基础设施和产业项目，在建设用地计划指标安排上予以倾斜；对入驻沿边重点地区的加工物流、文化旅游等项目的建设用地加快审批。

《中共中央　国务院关于新时代推进西部大开发形成新格局的指导意见》提出，对重点开发开放试验区、边境经济合作区、跨境经济合作区产业发展所需建设用地，在计划指标安排上予以倾斜支持。

《中共中央　国务院关于实现巩固拓展脱贫攻坚成果同乡村振兴有效衔接的意见》提出，坚持最严格耕地保护制度，强化耕地保护主体责任，严格控制非农建设占用耕地，坚决守住18亿亩耕地红线；以国土空间规划为依据，按照应保尽保原则，新增建设用地计划指标优先保障巩固拓展脱贫攻坚成果和乡村振兴用地需要，过渡期内专项安排脱贫县年度新增建设用地计划指标，专项指标不得挪用；原深度贫困地区计划指标不足的，由所在省份协调解决；过渡期内，对脱贫地区继续实施城乡建设用地增减挂钩节余指标省内交易政策；在东西部协作和对口支援框架下，对现行政策进行调整完善，继续开展增减挂钩节余指标跨省域调剂。

《国务院关于新时代支持革命老区振兴发展的意见》提出，支持革命老区重点城市开展城镇低效用地再开发，对损毁的建设用地和零星分散的未利用地开发整理成耕地的，经认定可用于占补平衡，允许城乡建设用地增减挂钩节余指标按规定在省域范围内流转使用；对革命老区列入国家有关规划和政策文件的建设项目，纳入国家重大建设项目范围并按规定加大用地保障力度；支持探索革命老区乡村产业发展用地政策。

五、金融政策

《“十三五”促进民族地区和人口较少民族发展规划》提出，充分发挥政策性金融、开发性金融、商业性金融和合作性金融作用，加大银行业、证券业、保险业对民族地区支持力度，重点支持基础设施、特色优势产业、能源、环保、教育、文化、医疗卫生等领域建设；加大民族地区信贷投入力度，鼓励民族地区县域内银行业金融机构新吸收存款一定比例用于当地发放贷款，重点支持中小企业、民贸民品企业发展；鼓励符合条件的金融机构在民族地区设立分支机构，加大金融服务力度，努力消除基础金融服务空白乡镇；推动符合条件的民间资本在民族地区依法发起设立民营银行和消费金融公司，参与发起设立村镇银行；规范民族地区信托业发展，支持融资担保机构从事中小企业担保业务；积极支持民族地区符合条件的企业在沪深交易所上市或在“新三板”挂牌并融资，支持符合条件的民族地区上市、挂牌公司通过并购重组做优做强，促进民族地区上市、挂牌公司健康发展；继续暂免征收西藏、新疆、内蒙古、宁夏、广西等自治区“新三板”挂牌公司的挂牌费用，实行专人对接、专人审核制度，做到即报即审、即审即挂；支持民族地区企业通过发行公司债、企业债、非金融企业债务融资工具和资产支持证券等方式进行融资；利用私募基金、产业基金、区域性股权市场和期货市场，支持民族地区经济发展；积极培育民族地区保险市场，不断丰富保险产品，拓宽保险服务领域；推动民族地区开展巨灾保险试点并推广，支持开展农业保险、贷款保证保险等业务；完善信贷风险补偿机制。

《中共中央　国务院关于实现巩固拓展脱贫攻坚成果同乡村振兴有效衔接的意见》提出，继续发挥再贷款作用，现有再贷款帮扶政策在展期期间保持不变；进一步完善针对脱贫人口的小额信贷政策；对有较大贷款资金需求、符合贷款条件的对象，鼓励其申请创业担保贷款政策支持；加大对脱贫地区优势特色产业信贷和保险支持力度；鼓励各地因地制宜开发优势特色农产品保险；对脱贫地区继续实施企业上市“绿色通道”政策；探索农产品期货期权和农业保险联动。

《国务院关于新时代支持革命老区振兴发展的意见》提出，鼓励政策性金融机构结合职能定位和业务范围加大对革命老区支持力度，鼓励商业性金融机构通过市场化方式积极参与革命老区振兴发展，支持符合条件的革命老区重点企业上市融资。

《“十四五”特殊类型地区振兴发展规划》提出，推广产业链金融模式，鼓励各类金融机构按照市场化原则支持特殊类型地区振兴发展，提升重点项目金融服务质效。

▶▶▶

第四节

加快老少边欠地区发展的思路与对策

老少边欠地区集中分布在我国中西部和东北地区。从改革开放开始，国家支持东部沿海地区率先发展，东部地区发展很快，但区域发展差距逐步拉大。国家从1999年开始陆续实施西部大开发战略、东北地区等老工业基地振兴战略、促进中部地区崛起战略，支持西部地区、东北地区和中部地区加快发展。2008—2016年，中西部地区连续9年经济增速超过东部地区。但区域发展差距依然较大，主要是老少边欠地区发展滞后，这是制约我国区域协调发展的关键所在。新阶段新征程加快推动老少边欠地区高质量发展，要瞄准老少边欠地区的困难底色，围绕实现基本公共服务均等化、基础设施通达程度比较均衡、人民基本生活保障水平大体相当的目标，坚持目标导向和问题导向相结合，找准这些地区发展的瓶颈和难点，进一步加大转移支付和政策支持力度。

一、加快老少边欠地区高质量发展的基本思路

加快我国老少边欠地区高质量发展，要以人民为中心，强化中心城市带动作用，推进产业集聚发展，提高城镇化水平和开放合作水平。

（一）以人民为中心

深入践行发展为了人民、发展依靠人民、发展成果由人民共享的执政理念，把解决老少边欠地区居民就业问题和增加老少边欠地区居民收入放在促进老少边欠地

区高质量发展的优先位置，不断增进老少边欠地区的民生福祉。推进老少边欠地区转移就业与就地就业相结合，多渠道扩大老少边欠地区居民就业，通过更加充分更高质量的就业，持续增加老少边欠地区居民收入。进一步加大对老少边欠地区财政转移支付力度，不断完善公共服务体系，加快补齐医疗卫生、科技、教育等公共服务短板，着力健全社会保险制度和救助体系，更好地让发展成果惠及老少边欠地区人民群众。

（二）中心城市带动

推动老少边欠地区高质量发展，离不开中心城市的辐射带动。中心城市功能越完善、城市功能品位越高，对人口和人才尤其是高层次人才的吸引力越强，对区域经济社会发展的辐射带动作用也越强。支持老少边欠地区高质量发展，必须强化老少边欠地区中心城市的辐射带动功能，重点完善老少边欠地区中心城市功能及某些城市功能的品位。第一，完善老少边欠地区中心城市的交通功能，一方面重点强化它们与周边城市的通达联系，另一方面重点强化它们与下辖县城及城镇的通达联系，大幅增强吸引企业集聚和与周边城市和城镇经济联系的基础支撑作用。第二，完善和提升老少边欠地区中心城市的生活性服务功能，包括教育、医疗、卫生、文化、商贸、科研、娱乐、生态、居住等方面，提高城市居民生活品质，促进企业凝聚高水平人才。第三，完善老少边欠地区中心城市的生产性服务功能，包括金融、商务、信息、物流等方面，有力促进老少边欠地区制造业升级转型发展。

（三）产业集聚支撑

改革开放40多年的实践证明，培育经济增长极是推动区域经济发展的有效举措。我国老少边欠地区类型多样、面积广阔、千差万别，不可能把每个地区都发展起来，也不是所有地区都适合开发。支持老少边欠地区高质量发展，要选择资源环境承载力较强的地区，通过国家及所在省（区、市）提供特殊政策和资金支持，促进经济要素向这些地区快速集聚，驱动产业快速发展，进而培育形成对周边地区产生较强辐射带动作用的经济增长极。

（四）区域开放合作

深入挖掘和充分发挥老少边欠地区的独特优势，积极参与到“一带一路”建设和西部陆海新通道建设中。推动老少边欠地区加强与国内主要城市和城市群的对接联系和经济合作，共同构建产业链、资金链、供应链、价值链、创新链、政策链、信息链、人才链等多链融合的创新创业生态圈，在融合互动中催生新技术、新产业、新业态和新模式，促进老少边欠地区借势借力发展。围绕“一带一路”六大经济走廊和西部陆海新通道建设，充分发挥边境城市对外开放的桥头堡作用，推进边（跨）境经济合作区高质量发展，积极探索边（跨）境经济合作新模式，不断拓展沿边地区发展新空间，激发沿边地区发展新动力。

二、加快老少边欠地区发展的对策

加快推动老少边欠地区高质量发展，要重点在优化公共服务供给、完善基础设施条件、增强自我发展能力、加强生态文明建设等方面进一步加大转移支付和政策支持力度。

（一）优化老少边欠地区公共服务供给

提高基本公共服务统筹层次。加大中央和省级财政对老少边欠地区转移支付力度，转移支付资金重点支持老少边欠地区提升基本公共服务水平。巩固完善义务教育管理体制，增加中央财政对老少边欠地区义务教育转移支付规模，强化老少边欠地区所在地的统筹作用。完善基本医疗保险制度，不断提高老少边欠地区基本医疗保险统筹层次。完善企业职工基本养老保险基金中央调剂制度，尽快实现老少边欠地区养老保险全国统筹。

提升公共服务供给质量。推进老少边欠地区城乡义务教育均衡发展和各类教育协调发展，进一步提高教育教学质量。鼓励老少边欠地区普惠性幼儿园发展，加快实施学前教育推进工程。按照人人享有基本医疗卫生服务的目标要求，构建健康促进新模式，加快完善老少边欠地区基层医疗卫生服务网络。加强老少边欠地区疾病防治、妇幼保健、爱国卫生等公共卫生服务工作和重大传染病防治工作，不断提高老少边欠地区卫生监督、应急救治、食品安全风险监测和突发公共卫生事件应急处置能力。通过易地搬迁实现老少边欠地区人口外迁内聚，不断提高居民聚集区公共服务供给层次，通过公共服务合理布局引导人口空间布局优化，降低人类活动对生态系统的干扰，同时提升居民生活质量。

（二）完善老少边欠地区基础设施条件

着力推进联内通外的大通道建设。充分发挥重大基础设施引导和支撑作用，聚焦提升老少边欠地区对外互联互通水平，因地制宜推进铁路、高速公路、国省干线公路建设，完善民航机场布局，促进支线机场和通用航空发展。通过规划新线、新建联络线、延伸支线等多种方式，推动老少边欠地区所在地级城市尽快融入国家高速公路网和高速铁路网，打通一批省际“断头路”，拓宽一批“瓶颈路”，增强跨省互联互通能力。优先布局一批铁路项目并设立站点，积极布局一批支线和通用机场，促进都市圈、城市群交通网络向邻近老少边欠地区延伸辐射，推进一批老少边欠地区从“交通末梢”向“交通通道”和“交通枢纽”转变。推进沿边地区铁路建设，有序加密区域铁路网络，完善口岸后方铁路集疏运系统，扩大沿边地区铁路客货运输服务覆盖范围。推进沿边地区城市重要机场改扩建工程，加强空管设施建设，提升既有机场容量，提升机场保障能力，有序推进、合理布局支线机场建设。促进老少边欠地区铁路、公路、民航、水路等多式联运无缝衔接，大幅改善老少边欠地区交通通达条件。

加快完善基础设施网络。进一步加强综合交通、能源管网、农田水利、生态环境、医疗卫生等传统基础设施建设，以及5G、特高压、高速铁路、新能源汽车充电桩、大数据中心、人工智能、工业互联网、物联网等新型基础设施建设，统筹存量和增量、传统和新型基础设施发展，打造集约高效、经济适用、智能绿色、安全可靠的现代化基础设施体系，加快释放新兴消费潜力，为老少边欠地区高质量发展提供坚实的基础设施支撑。结合乡村振兴战略的深入实施，不断完善老少边欠地区农田水利、生态环境、医疗卫生等基础设施建设，为巩固拓展脱贫攻坚成果提供重要支撑。推进老少边欠地区重大水利枢纽和配套灌区建设，优化能源基础设施建设布局。加强老少边欠地区产业路、资源路、旅游路等道路建设，强化园区、矿区、旅游景区等与干线公路的连接。加快沿边地区通向国家口岸、重点开发开放试验区、边境经济合作区和跨境经济合作区的高等级公路建设。积极推进老少边欠地区新型基础设施建设，并以此为契机，加快改造升级传统产业，培育壮大新兴产业。

（三）增强老少边欠地区自我发展能力

支持发展特色优势产业。支持老少边欠地区特色资源优势加快向经济优势转化，研究制定并不断优化特色产业扶持政策和特色产业发展引导目录，紧密结合乡村振兴战略，精准扶持一批具有地方特色和发展潜力的特色优势产业，培育一批在全国有影响力的龙头企业和品牌。用好革命老区红色旅游资源，支持革命老区发展红色教育培训、红色文化旅游等产业，打造不同时期红色旅游形象，设计“从古到今”的军事文化主题游。结合革命老区建筑风格建设红色民宿体验区，将革命记忆、河谷风情、湿地生态与浓郁军事主题氛围鲜活呈现，积极推动红色文化与生态旅游、休闲旅游等融合发展，形成综合性、复合型旅游新产品，提升红色旅游的品质和综合竞争力。加强革命老区特色农产品优势主产区建设，做大做强脐橙、茶叶、油茶、蜜柚、苹果等特色农业，支持建设一批特色农业园区和平台，着力打造赣南脐橙、六安瓜片、洛川苹果、田东香芒、通江银耳等一批知名农业品牌。支持少数民族地区培育特色优势产业，深入挖掘优秀民族文化内涵，立足少数民族群众针织、刺绣、舞蹈、音乐、体育等特长，突出民族特色，大力发展民族特色手工业、文艺创作、体育赛事、文化旅游等特色产业，促进少数民族地区特色产业新技术、新业态、新模式、新产业发展，提高少数民族地区产业发展层次，增强少数民族地区自我发展能力和可持续发展能力。支持沿边地区发展外向型经济和特色旅游业、特色农牧业、边贸加工业等，鼓励培育建设沿边地区特色农产品生产加工基地和特色产业园区，大力培育开发具有沿边地区特色的重点旅游景区和国际精品旅游线路。

扶持发展资源优势产业。因地制宜勘探开发老少边欠地区煤炭、石油、天然气、页岩气、页岩油等化石能源和科学有序开发太阳能、风能、水能等清洁能源，支持符合条件的老少边欠地区建设能源化工基地。大力支持老少边欠地区发展纺织服装、农产品深加工、消费电子、旅游等劳动密集型产业，完善产业链，增强企业抵抗风险和自主发展能力。支持老少边欠地区积极培育发展大数据、人工智能等战略性新兴产业。

支持探索“生态+”产业新业态。充分挖掘利用农业多种功能，鼓励老少边欠地区探索水中经济、林下经济、山上经济等农林牧渔产品发展模式，加快发展农业观光体验、电子商务、文化创意等新产业、新业态。深化老少边欠地区旅游业改革创新，依托大景区，大力挖掘历史传承、人文题材，把美丽乡村旅游、红色旅游、节庆旅游、运动休闲、养生保健、农家乐、民宿等串点成线、连线成面，配套发展导游、餐饮、购物等服务业，通过生态旅游业实现带动多产业发展。积极推进老少边欠地区生态产品全产业链建设，按照纵向延伸、横向联结的思路，引入和培育龙头企业等产业链的核心组织，通过股权、品牌、战略合作等途径链接产业链各节点，推进一二三产业融合发展。加强老少边欠地区生态产品品牌建设，加大品牌整合力度，推进绿色产品品牌标准化建设，把小品牌、散品牌、弱品牌整合成区域性生态产品大品牌，形成规模优势，统一标准、统一要求、统一宣传，扩大品牌知名度和影响力。推动老少边欠地区实行统一的绿色产品标准、认证、标识体系，实施统一的绿色产品评价标准清单和认证目录。探索建立老少边欠地区“生态+”产业市场规范制度。

强化产业发展的配套政策支持。支持老少边欠地区发展“归雁经济”，出台配套扶持引导政策。完善老少边欠地区集体经营性建设用地入市制度，盘活农村、生态地区的土地资源，对文化旅游综合体、田园综合体等新业态发展给予建设用地支持。强化智力扶持，制定支持老少边欠地区产业发展的人才援助、人力资本提升专项政策，通过优先职务职称晋升、享受政治荣誉、增加经济补贴、个税减免等方式，吸引专业技术人才到老少边欠地区工作。设立财政专项津贴，补助老少边欠地区义务教育、医疗卫生领域专业技术从业人员。鼓励老少边欠地区与东部沿海等发达地区城市深度合作，在5G+、先进制造、消费经济等领域形成新的协作关系。完善对口帮扶协作，推动建立“一对一”“一对多”“多对一”等不同组合方式的结对帮扶机制，引导人才、资金、技术等要素向老少边欠地区流动。中央预算内投资继续加大对老少边欠地区重点园区建设的支持力度。建立健全产业转移对接机制和税收分享机制，鼓励发达地区产业园区与老少边欠地区产业园区建立规划对接机制，在加强生态保护和环境治理的前提下，从规划层面推进产业有序转移，提高转移效率，降低交易成本。支持发达地区到老少边欠地区合作共建产业园区、创新平台，鼓励企业到老少边欠地区投资兴业、带动就业。对接乡村振兴战略和“三农”领域有关需求，多措并举加大老少边欠地区以工代赈投入力度，鼓励引导老少边欠地区政府在农业农村建设领域大力推广以工代赈方式，推动以工代赈从专项扶贫政策向集基建投资、就业促进、收入分配、区域发展于一体的综合性政策转变。研究老少边欠地区与对口支援省份间开展跨省城乡建设用地增减挂钩节余指标交易的可行性，以及在老少边欠地区选择有一定基础的县设立国家城乡融合发展试验区的可行性。

（四）加强老少边欠地区生态文明建设

践行绿色发展理念。深入践行绿水青山就是金山银山的理念，坚持节约资源和保护环境的基本国策，坚持人与自然和谐共生，加快探索老少边欠地区生态文明制度改革，在保护好生态环境的前提下，促进老少边欠地区绿色发展。坚定走生产发展、生活富裕、生态良好的文明发展道路，深入推进老少边欠地区生态保护系统化、环境治理精细化。把保护和修复生态环境放在重要位置，加强老少边欠地区水土保持和环境治理，推进综合治理、系统治理、源头治理，加强老少边欠地区自然保护区、风景名胜区、重要水源地、森林公园、重要湿地等生态空间保护，提升老少边欠地区生态系统功能。整合老少边欠地区应急、水利、地震、气象等各部门力量，充分发挥基层灾害风险预警指挥系统的作用，加快构建安全可靠的防灾减灾体系和预警体系。

划定并严守生态保护红线。对老少边欠地区生态保护红线方案进行优化调整，将生态保护红线落实到地块，明确生态系统类型、主要生态功能，通过自然资源统一确权登记明确用地性质与土地权属，融入生态保护红线全国“一张图”。在勘界基础上设立统一规范的标识标牌，确保生态保护红线落地准确、边界清晰，完成老少边欠地区生态保护红线划定和勘界立标。将生态保护红线作为老少边欠地区相关综合决策的重要依据和前提条件，履行好地方保护责任。建立目标责任制，把保护目标、任务和要求层层分解，落到实处，老少边欠地区各有关部门要按照职责分工，加强监督管理，做好指导协调、日常巡护和执法监督。发挥生态保护红线对老少边欠地区土地开发利用的底线作用，生态保护红线原则上按禁止开发区域的要求进行管理。

开展生态保护与修复。实施生态保护与修复重大工程，以县级行政区为基本单元制定实施老少边欠地区生态系统保护与修复方案，深入开展山水林田湖草生态保护修复工程试点工作。优先保护老少边欠地区良好生态系统和重要物种栖息地，建立和完善生态廊道，提高生态系统完整性和连通性。分区分类开展老少边欠地区受损生态系统修复，采取以封禁为主的自然恢复措施，辅以人工修复，不断提升生态功能。

积极探索开展生态补偿。在老少边欠地区选择一批试点县开展生态综合补偿工作，创新生态补偿资金使用方式，拓宽资金筹集渠道，调动各方参与生态保护的积极性，转变生态保护地区的发展方式，推进生态产业化和产业生态化，支持探索生态产品价值实现机制，增强自我发展能力，提升优质生态产品的供给能力，实现生态保护地区和受益地区的良性互动。加大对老少边欠地区重点生态功能区转移支付力度，结合生态效益外溢性、生态功能重要性、生态环境敏感性和脆弱性等特点完善补偿标准，提高草原奖补标准，向公益林补贴标准看齐，充分考虑成本上升因素提高造林等生态建设工程补助。推进老少边欠地区横向生态保护补偿，综合考虑生态产品供给地区的生态产品质量、付出的生态保护成本和损失的发展机会成本等因素，完善测算方法，建立横向生态保护补偿标准体系。进一步合理配置老少边欠地区生态补偿资金，提高资金使用效率，建立奖惩分明的激励约束机制，对生态保护任务完成较好、生态产品质量提升的地区加大补偿力度，除资金奖励外，还可以在基础设施建设、公共服务供给等方面提供政策性倾斜，而对生态产品质量下降的地区，则不予补偿或扣减资金，更加合理地分配补偿资金，提升生态补偿效果。

有序开展生态移民。根据某些老少边欠地区山多地少、生态环境相对脆弱的自然条件，坚持面上保护、点上开发，通过内聚外迁相结合，合理引导人口流动和城镇布局，做好生态移民搬迁工作，引导生态不宜居地方的人口走出大山，持续释放劳动力优势，大幅降低城镇化建设成本，走出一条新型城镇化与乡村振兴相辅相成、相得益彰的路子。结合脱贫成果巩固、生态保护和修复、新型城镇化建设和特色小镇发展、乡村振兴战略全面深入实施，按照“中央支持一部分、地方承担一部分、个人分担一部分”的融资模式，因地制宜压茬开展老少边欠地区生态移民搬迁试点，推动人口适度集中安置，降低人类活动强度，减小生态环境压力。利用老少边欠地区经济价值高、区位优势突出的中心区土地，功能齐全的城市规划区土地，选择邻近产业园区、商贸城、物流城等发展空间大的区位，合理规划布局生态移民安置区，激发搬迁户内生发展动力。老少边欠地区生态移民搬迁后，闲置、废弃的农村集体建设用地及腾出的宅基地，根据实际情况大部分转化为生态用地用于生态保护和修复，在不影响生态环境的情况下，少部分土地通过土地指标增减挂钩，产生的相应收益用于支持易地扶贫搬迁群众后期生活保障、生产发展。

（五）促进边疆地区高质量发展

优化边疆地区经济布局和政策导向。以畅通对内对外大通道为抓手推动设施利边，对外推动边境口岸与邻国口岸铁路统一等级标准，减少不必要的货物转运，提升货物通关效率；对内完善与周边城市及区域中心城市的铁路、公路、机场等交通网络，加强与国家重大战略区域的交通通道连接，推动边疆地区融入国家战略区域经济布局。以教育医疗领域公共服务补短板为重点推动民生惠边，加强边疆地区公共服务体系建设，改善医疗、教育等公共服务条件。以边疆城镇体系建设为重点推动城市固边，按照沿边集聚、合理布局、集约发展和适度超前原则，以边疆地级城市为引领，构建以沿边地区小城市和小城镇为节点、抵边集镇和抵边村寨为支撑的沿边城镇发展带。以特色优势产业为带动促进产业富边，积极开发边疆地区煤炭、石油、风能、光热等能源资源，加快发展资源加工业和清洁能源产业，推动外向型农产品加工、木材加工、林产品加工产业发展。支持在边境口岸、边（跨）境经济合作区发展边贸物流、跨境电商、跨境旅游产业。以融入共建“一带一路”为重点推动开放睦边，加强与周边国家的政策沟通、设施联通、贸易畅通、资金融通、民心相通，不断提升边疆地区对外开放能力和水平，促进睦邻友好和合作。以生态退化治理和跨境生态廊道建设为重点推动生态护边，加强边疆地区生态退化治理，围绕桂黔滇喀斯特石漠化区、塔里木河荒漠化区、浑善达克沙漠化区、藏西北羌塘高原荒漠区等重点生态退化区域，加强生态防护林建设，实施退耕还林还草、退牧还草、石漠化治理、天然林资源保护等工程，提高林草覆盖率。

规划建设沿边经济带。加快推动边疆地区高质量发展，应以沿边地级行政区为依托，以地级城市为战略支点，规划建设沿边经济带。经济带是经济要素空间集聚的重要形态，是城市带和产业带的统称，沿交通干线集聚经济要素，连接一个个城市，不仅可以使交通基础设施发挥更好的效益，而且有利于辐射带动整个区域，促进区域协调发展。沿边经济带是由沿边交通干线连接的一个个中心城市辐射带动形成的包括城市、城镇和农村在内的带状区域。以地级行政区为基础单元，以发展壮大边疆中心城市为战略重点，编制沿边经济带发展规划，并把规划建设沿边经济带上升为国家战略。我国陆地边境线绵延两万多千米，宜分段编制沿边经济带发展规划，由国家发展和改革委员会牵头，相关省（区）配合参与编制，报国务院审批后实施。规划建设沿边经济带，应着力于培育新的经济增长极，优化营商环境，发展壮大边疆中心城市，推动边疆地区全面融入构建新发展格局。

PART 09

第九章

区域协调发展的体制与机制

区域协调发展体制与机制的建立和完善对于促进区域经济的协调发展、推动全国区域一体化具有重要意义。本章在系统梳理体制与机制的区别和联系的基础上，分析了区域协调发展需要体制与机制的保障，并对区域协调发展体制机制的特征与效果进行了评估。未来，我国区域协调发展必须坚持目标导向与问题导向相结合，继续深化体制机制改革，并通过鼓励重点区域体制创新、重点领域体制机制创新等方法，将法律手段与经济手段相结合，履行好再分配功能，努力为中国式现代化创造有利条件。

区域协调发展的目的是通过合理的资源配置和协调机制，促进不同地区在经济、社会、环境等方面的协调发展，以提高整个国家的发展水平和综合竞争力，使其实现共同繁荣的目标。党的二十大报告对区域协调发展作出了长远、系统的战略部署，并进一步强调了促进协调发展的重要性。而区域协调发展的实现，需要建立相应的体制机制为其提供强有力的制度保障。体制和机制是两个不同的概念，厘清两者的区别与联系以及各自的作用机理，对于促进资源配置的均衡、实现区域经济协调发展、加强区域间的互动与合作、提高民生水平等具有重要的意义。

第一节

区域协调发展的体制与机制

体制机制是指在特定的社会制度下，为实现某种目标或完成某种任务而形成的一系列制度安排和运行机制。它不是单一的规章制度，而是由一系列相互关联的规则、制度和程序组成的复杂系统。在现代社会中，各种体制机制的运行影响着社会的发展和进步，是保障社会稳定和可持续发展的基础。体制机制的形成和运作机理既包括政策、法律、制度等方面的因素，也包括经济、社会、文化等方面的因素。深刻理解体制机制的概念和机理，对于实现区域协调发展，实现中国式现代化，提升社会治理能力具有非常重要的意义。

一、体制与机制的内涵

（一）体制的概念与特征

在《辞海》中，体制是指“国家机关、企事业单位在机构设置、领导隶属关系和管理权限划分等方面的体系、制度、方法、形式等的总称”[①]。体制具有狭义和广义之分。从狭义的角度看，体制通常被理解为指挥系统或组织结构，即遵循正义和道德原则的组织体系。例如，在狭义的政府体制中，政府应该遵守法律和政策，以公正和透明的方式去管理国家或地方事务，维护人民的利益和福祉。从广义的角度看，体制不仅是有为政府和有效市场的结合，更是制度的集合。广义的体制有机构和规则两方面的含义，如管理体制，首先是指一定的组织机构，其次这个组织机构全部或部分地决定了或蕴含着、影响着这个组织为实现某种管理功能而进行运作的规则[②]。体制可以是某些社会分系统方面的组织制度体系，如政治体制、经济体制、文化体制、教育体制等；也可以是国家机关、企事业单位整体意义上的组织制度体系。政治体制常指一个国家或地区的政治制度和组织形式，包括政府机构、选举制度、权力分配和制衡机制等方面的安排和规定。对于经济体制，学术界还未形成统一的观点：有学者认为经济体制包括一定社会所有的生产关系，还包括经济运行方式[③]；有学者认为经济体制是一种包含决策的组织、提供信息以及调节的机制（即市场与计划）、财产所有（的控制与收入）、确立目标及诱导人们的行动四种一般属性的机制[④]。但有一点达成了共识，就是“经济体制由所有制形式和分配方式构成”。

体制具有规范性、约束性、稳定性、适应性和统一性的特征。规范性是指为了规范人们的行为和活动，体制中包含了规范性的法律法规等，这些法律法规是国家和社会的行为准则。约束性是指体制对人们的行为和活动具有强制力，人们必须按

① 夏征农、陈至立主编《辞海：缩印本》，上海辞书出版社，2010。

② 鲍去病：《对经济制度、经济体制及其运行机制的认识》，《中国工业经济研究》1994年第10期。

③ 丁巧林：《论经济制度和经济体制及其关系》，《重庆社会主义学院学报》2003年第1期。

④ 黄邦根：《略论经济体制和经济制度的关系》，《财贸研究》2000年第3期。

照体制中的规定行事。例如，企业必须按照税收法规缴纳税款，政府必须按照法律规定行使职权，人民必须按照宪法的规定履行公民义务等。稳定性是指体制是一种长期存在的制度安排，体制的稳定性有助于保持社会的稳定和秩序，促进经济发展和社会进步。适应性是指体制需要随着时代变化和社会发展而不断改进和调整，以适应新的形势和发展需求。体制的适应性有助于保持制度的活力和有效性，促进社会的稳定。统一性是指体制内各项规则和制度应该相互协调一致，形成相互支持、相互依存的关系，避免出现矛盾和冲突，以保证制度的完整和有效。

（二）机制的概念与特征

在《现代汉语词典》中，机制也叫机理，最早泛指“机器的构造和工作原理”①。之后，用它来比喻事物的内在功能与相互关系，如某些自然现象的物理、化学规律。机制进入更广泛的领域意指事物自身的构成及其运动中的某种由此而彼的必然联系和规律性。因此，机制的定义应该包含四个要素：一是事物变化的内在原因及其规律；二是外部因素的作用方式；三是外部因素对事物变化的影响；四是事物变化的表现形态②。机制的外延包括市场机制、运行机制、创新机制、管理机制等。

机制具有针对性、灵活性、集成性、风险性和社会性等特征。针对性是指机制针对具体问题或领域，通过一系列规定和制度安排来达到特定的目标，机制通常是为了解决特定问题而制定的，具有明确的目的和方向。灵活性是指机制相对于体制来说更加灵活，能够根据需要进行及时的调整和改进。集成性是指机制的内部通常是相互关联、相互作用的，需要形成一个有机的整体，同时，机制的各个部分之间需要协调一致，形成相互支持、相互依存的关系。风险性是指机制通常要面对各种风险和挑战，因此需要具有一定的风险意识和应对能力。机制的形成面临各种不确定性因素，即各种可能发生的风险和问题。社会性是指机制的运行规则都是人为设定的，具有强烈的社会性，如激励机制等。

① 中国社会科学院语言研究所词典编辑室编《现代汉语词典》，商务印书馆，2016。

② 孔伟艳：《制度、体制、机制辨析》，《重庆社会科学》2010年第2期。

（三）体制与机制的区别和联系

体制与机制是经济学、政治学、管理学等多个学科中的两个重要概念，虽然两者经常被混淆，但它们有着明确的区别和联系。

1. 体制与机制的区别

首先，从外在表现看，体制是有形的，机制是无形的。体制是政府、组织或企业等在特定的条件下形成的，规定了权力结构、职责分配、决策机制等基本框架，是可以看得见的；而机制重在体现事物内部各部分之间的作用关系，它是一种运行过程[①]，是难以看得见的。因为机制是难以看见的，有人把路径当成机制，也有人把体制当成机制。

其次，从形成过程看，体制是以政府为主构建的，机制是政府与市场共同作用下形成的。体制是制度形之于外的一种表现形式，体制的形成和发展受制于制度，制度决定了体制的内容和形成，因此在特定制度下政府可以构建相应的体制。而机制是由动力系统、传导系统、反馈系统和调节系统组成的，单独靠政府是难以构建的，必须通过政府与市场的相互作用逐步形成。当然，无论是构建的体制还是形成的机制，都有一个逐步完善的过程。

再次，从适用范围看，体制适用范围广泛，而机制通常适用于特定领域。体制的适用范围非常广泛，不仅适用于上下之间有层级关系的国家机关、企事业单位等，同时涵盖了社会管理和组织运作的各个方面。而机制是一个相对灵活的概念，通常适用于某个特定的领域或问题，如环境保护机制、食品安全监管机制、金融市场监管机制等。

最后，从作用目的看，体制的目的更加广泛，机制的目的比较具体。体制的目的是有效管理和运作组织，实现组织的各项目标，例如提高效率、优化资源配置、增强执行力等。机制的目的是实现治理目标，解决特定问题或完成特定任务，例如促进政策实施、加强监督管理、提高决策质量等。

---

① 吴亚东、李钊：《对体系、制度、机制、体制相关概念的辨析与理解》，《现代商贸工业》2010年第4期。

体制与机制的区别见表9-1。

表9-1 体制与机制的区别

项目	体制	机制
外在表现	有形的	无形的
形成过程	以政府为主构建	政府与市场共同作用下形成
适用范围	广泛	特定领域
作用目的	广泛、多目的	具体、特定目的

2. 体制与机制的联系

机制依附于体制而存在，良好的体制是机制有效发挥作用的基础和保障（图9-1）。体制通常包括组织的目标、规章制度、管理层次、部门设置等，体制是组织中的一个基本框架，决定了组织的运作方式和内部的组织形式。机制则是指组织用来实现目标的具体方法、工具或流程，是体制的执行层面，包括工作流程、决策程序、绩效评估、监督机制等。机制的设计和实施是为了实现体制的目标，使组织能够有效地运作。体制决定了机制的范围和方式，机制则是实现体制目标的运行方式和手段，一定的体制必须有与之相适应的机制才能实现。如果体制存在缺陷，机制就无法有效地运作；如果机制不合理或缺乏有效的监督，体制也会受到影响。因此，体制和机制的相互作用是一个组织运作的基础，只有合理的体制和有效的机制有效结合，才能使组织高效运转，实现预期的目标。

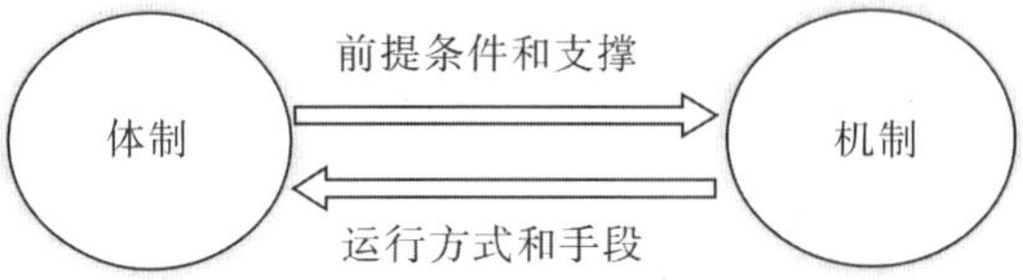

图9-1 体制与机制的关系

二、体制与机制的作用过程

（一）体制的作用过程

体制是一系列制度和文件定型的组织体系，可以分解为制度系统、组织系统、辅助系统三条作用路径。这三条作用路径能够在约束个人和社会行为、调节资源分配的情况下，通过制度安排和制度设计等手段，有效地促进资源的合理配置以及区域的协调发展，实现社会整体收益的最大化。体制内各种运行路径都是相互作用、彼此集成、交叉耦合的，它们共同作用于体制。

制度系统是体制发挥作用的基础，它规定了人们在特定的社会和历史条件下应该如何行动。制度系统不仅包括法律、政策、规章制度等，还包括制度安排、制度环境等内容，对社会的行为起着指导和规范作用。组织系统则是制度系统的实施机构，它将制度系统中的规定转化为具体的行动，包括组织形式、管理模式、权力结构等，负责执行制度系统中的规定。辅助系统是提供支持和帮助其他系统正常运转的子系统。具体而言，辅助系统包括了资源调配、信息管理、技术支持等功能。在体制运行中，辅助系统的角色是确保其他系统能够顺利运转，并帮助这些系统更好地协作和配合。体制的三条作用路径不是独立运用的，而是相互依存、相互支持的关系，制度系统制定规则，组织系统执行任务，辅助系统提供支持和服务，三者的有机结合和协同作用，使整个体制运行高效、有序、稳定，达到预期的目标和效益（图9-2）。

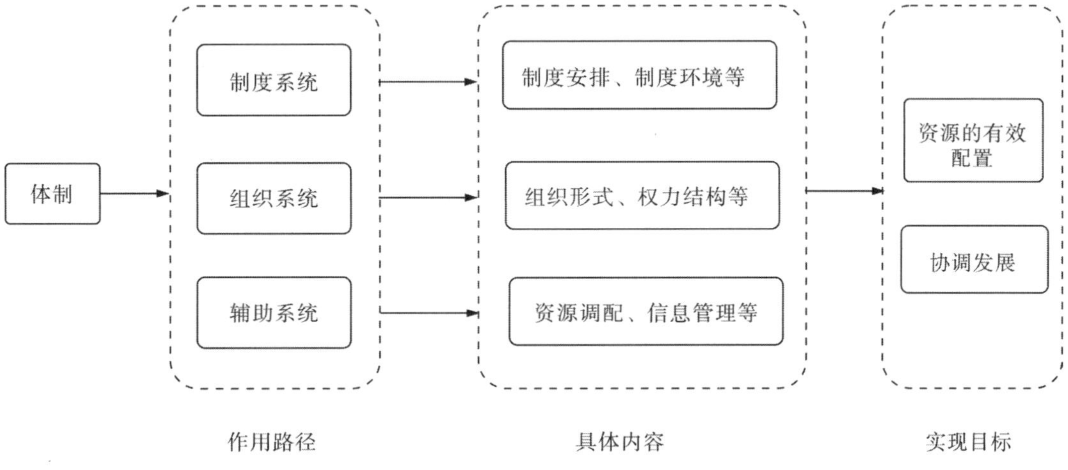

图9-2　体制的作用机理

（二）机制的作用过程

机制是一个复杂的系统，机制存在的前提条件是事物内部存在不同的结构，正是由于这些结构的存在，就有一个如何协调各个结构之间关系的问题，而协调各个结构之间的关系一定是一种具体的运行方式。机制是以一定的运作方式把事物的各个结构联系起来，使它们协调运行而发挥作用的。机制的内部结构包括动力系统、传导系统、反馈系统和调节系统四个子系统。四个子系统在机制运行的过程中既发挥各自的作用，又有千丝万缕的联系。

动力系统是机制运行的核心，是机制发挥作用的动力源，为机制提供所需的能量和动力。传导系统是机制发挥作用的通道，是将动力系统生成的能量和动力传递到需要执行的目标组织，以确保反馈系统和调节系统的正常运行。反馈系统是机制的重要组成部分，起到检测和纠正机制失误的作用。具体来说，反馈系统可以提供有关机制运行的实时信息，感知机制执行的效果，并根据所测量的信息向机制提供反馈，将结果传递至其他系统。调节系统是机制运行过程中的控制器，它可以根据反馈系统反馈的信息，对各个子系统进行调整和改进，以此来优化机制运行的效果。调节系统是对机制的一个补充和完善，它可以在机制运行过程中进行适时调整，以确保机制运行结果的最优。

各子系统之间相互依赖、紧密联系，共同支撑着机制的运作。动力系统和传导系统是机制中最重要的两个子系统，动力系统提供机制运行所需的能量和动力，而传导系统则负责传递这种能量和动力，且传导系统必须适应动力系统的性质和特点，才能使机制正常运行。传导系统和反馈系统也是紧密关联的两个子系统，传导系统将机制的输出传递给反馈系统，反馈系统则根据这些输出监测机制的运行状态并反馈到机制中，以便调节机制的运行。因此，动力系统和传导系统是机制运行的基础，反馈系统和调节系统是机制高效运行的保障，传导系统和反馈系统相互配合，反馈系统和调节系统协同工作，共同保证机制的运行状态（图9-3）。

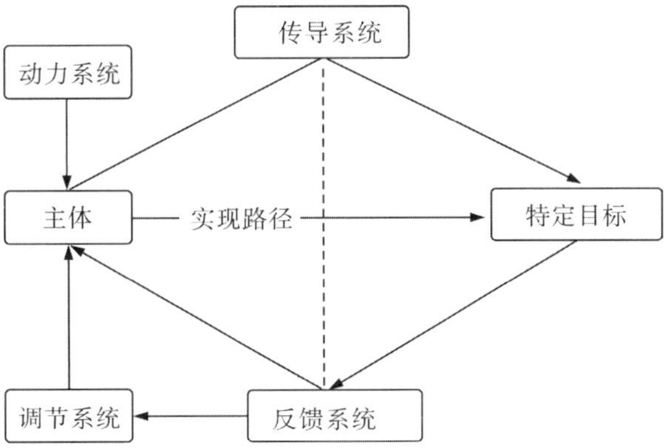

图9-3　机制的作用机理

三、区域协调发展需要体制与机制的保障

区域协调发展是支撑我国经济转向高质量发展的重要基础，是实现中国式现代化的途径。在我国区域发展实践中，绝大多数区域之间的协调发展依赖于各级政府之间的沟通和协商，相关协调机制的建立也多体现于规划和文件层面，制度层面的协调体制并不完善①。然而，区域协调发展涉及区域发展关系的调整，由此也会影响区域发展利益的再调整，倘若缺乏制度层面的约束和引导，区域协调发展进程很容易因为地方领导的变更、局部领域的冲突、相似产业的竞争等问题而放缓甚至中断。因此，实现区域协调发展目标不能仅仅依靠地方政府层面的沟通和协商，而应强调从制度层面搭建能够为区域协调发展提供强有力约束的制度体系，从而实现区域协调发展的长期化和制度化。此外，实现区域协调发展需要政府和市场共同发挥作用，而政府和市场之间的协调和治理需要一个有效的机制，体制保障可以提供与之相适应的协调和治理机制，从而更好地实现政府和市场的相互作用。改革开放以来，我国在促进区域协调发展的方式上经历了由运用区域战略向重视构建区域协调发展机制的转变。2005年，《中共中央关于制定国民经济和社会发展第十一个五年规划的建议》首次提出了“落实区域发展总体战略，形成东中西优势互补、

① 汪阳红：《改革开放以来我国区域协调合作机制回顾与展望》，《宏观经济管理》2009年第2期。

良性互动的区域协调发展机制”，并指出“形成区域间相互促进、优势互补的互动机制，是实现区域协调发展的重要途径”。2018年，中共中央、国务院发布《中共中央 国务院关于建立更加有效的区域协调发展新机制的意见》，这标志着区域协调发展机制上升到一个新的高度，即实现区域协调发展需要良好的机制保障。当前，我国在缩小区域差距问题上，本应主要依靠政府的宏观调控，但是政府协调区域之间发展关系的政策却严重不足或非常薄弱，没有形成缩小区域发展差距的制度性安排，在发挥地区比较优势上，政府干预过多，使得地区比较优势很难客观地体现。

▶▶▶

丨第二节丨

区域协调发展体制机制的特征、效果与存在的问题

随着国家战略的不断调整和发展，区域协调发展战略已经成为国家的重大战略之一。在这一背景下，形成有效的区域协调发展体制机制显得尤为重要。近年来，政府进行了一系列体制机制的创新和实践，逐步形成了以中央统筹、地方积极参与、市场机制作用和社会参与为基本特征的区域协调发展体制机制。这一体制机制的形成不仅促进各地区的均衡发展，也为实现中国式现代化提供坚实的制度保障和有力支撑。

一、区域协调发展体制的特征

区域协调发展是以缩小区域经济差距为目标，兼顾当前利益和长远利益，实现社会、资源、环境和人的可持续协调发展。它的内涵包括全面的协调发展、可持续的协调发展以及新型的协调机制三个方面①。一般意义上的区域协调发展，既包括西部大开发、东北振兴、中部崛起、东部率先发展四大区域战略，也包括支持老少边欠地区发展的区域发展。而区域协调发展体制是一种在区域协调发展战略的指导下由政府建立的制度安排，旨在为不同地区的协调发展提供制度保障。它的内涵随着发展观念的变化而深化，新时期我国区域协调发展体制呈现出以下特征。

① 魏后凯、高春亮：《新时期区域协调发展的内涵和机制》，《福建论坛（人文社会科学版）》2011年第10期。

（一）自上而下和自下而上相结合的制度变迁

区域协调发展体制的建立和发展是一个复杂的过程，既包括国家层面的政策制定和实施，也包括地方政府和社会组织在实践中的探索和创新，是一种自上而下和自下而上相结合的制度变迁。从自上而下的角度来看，中央政府是区域协调发展体制建设的主导者，由中央政府统一制定区域发展战略和政策，地方政府在此组织框架内开展合作，并通过行政手段直接推动区域内地方政府参与合作。比如我国陆续推出的区域重大战略都在国家层面成立了相关的领导小组及办公室，协调推动区域重大战略实施的重大事宜；相关省（区、市）也分别设立了领导小组及办公室，推动落实区域重大战略的总体要求和目标任务。地方政府作为中央政府政策的具体执行者，为了保证政策实施的效果，会按照自下而上的原则，积极面对和解决在实践过程中遇到的问题和矛盾，并通过与企业、民众的合作和协商自发地形成一些组织，比如行业协会、产业联盟等，最终形成自上而下与自下而上相结合的制度变迁。

（二）鲜明的统筹协调性

区域协调发展体制是一个系统性工程，需要多种资源的统筹协调，涉及多个领域、多个行业、多个部门之间的协调配合。区域协调发展体制涉及广泛的上级组织与下级组织、同级政府、政府与社会组织之间，以及政府与企业、政府与居民、企业与居民之间的关系，它们之间的互动不是简单地“控制”，而是在各个主体之间搭建桥梁和平台，加强各方面的协作和沟通，统筹协调各种资源的配置，共同促进区域协调发展。区域协调发展体制应考虑各方面的利益和需求，以整体的、全局的视角来制定政策和计划。由于区域协调发展的统筹协调性，就需要多主体的参与。区域协调发展的主体不仅包括中央政府和地方政府，而且包括社会各界的各种主体，如企业、居民、社会组织等。这些主体在区域协调发展过程中是平等的，各主体都积极地参与区域协调发展的各种事务，承担不同的职能，形成合力以弥补单纯靠政府行政体制处理区域性事务的不足。

（三）较大的区域差异性

差异性反映了各地区在推动区域协调发展时所采用的制度、结构、理念的不同。首先，区域协调发展体制可以关注到欠发达地区的发展，通过差别化的政策和资源投入，保障社会公平，有效地缩小地区差距。其次，不同地区具有不同的发展潜力和发展空间，各级政府要针对自己所辖区域的经济、社会、文化、环境等各方面的情况，构建适合本地区的发展体制，加强政策协调，充分发挥自身优势，实现整体竞争力的提高。此外，在不同地区发展中，政策适用情况也是不同的，区域协调发展体制应当考虑各地区的差异性，通过制定有针对性的政策，促进地区经济的发展。

（四）效果的长期性

效果的长期性，是指一个系统或一个政策在一段较长时间内可以持续有效地发挥作用。长期性能够保障区域协调发展体制可持续性发挥作用。区域协调发展需要制度安排来保障，而长期性则是制度安排的重要方面，只有建立健全的长效机制，才能保证区域协调发展长期有效地进行。区域协调发展体制的长期性特征，既能为区域提供稳定的投资环境，吸引企业和资本在区域内进行长期投资，进而推动区域经济的稳步增长和就业的持续扩大，还能促进区域内持久合作机制的建立和发展，包括政府间的紧密协作、产业间的联盟合作以及社会组织的积极参与等。通过这些机制，各方利益的协调和平衡得以实现，避免因追求短期利益而导致的损失和冲突，从而有力推动区域协调发展。如东北地区作为中国重要的经济区域，其交通经济联系密切、各种要素空间组合较好、发育程度相对成熟，在维护国防安全、粮食安全、生态安全、能源安全、产业安全等方面具有举足轻重的战略地位，是新中国的“工业摇篮”。1978年，东北三省以占全国8.3%的面积，承载了9.1%的人口，创造了14.0%的地区生产总值。但是，随着技术替代速度的日益加快，老工业基地的体制性、结构性矛盾日益显现。2007年，国家发展和改革委员会、国务院振兴东北地区等老工业基地领导小组办公室发布的《东北地区振兴规划》，提出“经过10到15年的努力……形成具有国际竞争力的装备制造业基地，国家新型原材料和能源保障基地，国家重要商品粮和农牧业生产基地，国家重要的技术研发与创新基地，国家生态安全的重要保障区，实现东北地区的全面振兴”。事实上，到2022年，东北地区人口仅占全国的6.8%，地区生产总值只占全国的4.8%。这说明东北地区经济发展仍面临不少困难，体制性因素影响仍然很大，实现全面振兴依然任重道远。

二、区域协调发展机制的特征

区域协调发展机制是指在国家政策的指导下，以区域为单位，统筹协调各方面资源，形成区域协调发展的一种机制。区域协调发展机制的建立和完善是实现区域协调发展的重要途径。

（一）有效市场与有为政府相结合

有效市场是指在市场经济条件下，市场资源配置的效率和公平达到最优状态的市场，这种市场能够确保所有市场参与者都能公平地获得信息并采取相应的行动，帮助地方政府更好地了解当地的经济和社会发展情况，以及市场所需的资源和需求。在区域协调发展中，有效的市场机制能够促进各种资源的流动和优化，从而实现区域间的资源互补和最佳配置。有为政府是指在国家经济管理中，政府能够采取积极有效的措施，推动经济和社会的发展。有为政府不仅能及时地制定经济政策和发展规划，还能积极地为市场提供优质服务和必需的公共物品。在区域协调发展中，有为政府可以通过有效的政策引导，调动地方政府和市场的积极性，推进区域协调发展。例如，政府可以加大对欠发达地区的扶持力度，引导优质资源向其倾斜，同时加强对发达地区的引导，以避免资源过度集中而导致的发展不平衡。有效市场和有为政府的结合确保了区域协调发展机制的高效运行，是缩小区域差距的重要保障。

（二）目标导向与问题导向相结合

区域协调发展机制是一个动态变化的过程，既要有明确的目标，又要关注实际问题，根据问题的具体情况形成相应的运行机制，以实现预定的发展目标。目标导向与问题导向相结合的特征，是区域协调发展机制的关键所在，既可以促进各地区协调发展，又能避免资源浪费和重复建设，提高整个区域的综合竞争力。目标导向有助于激发地方政府的积极性，使其更好地利用本地资源和优势，推动经济发展和社会进步。问题导向以实际存在的问题为导向，通过寻找解决问题的方法和措施，推动不同地区的发展，这种导向可以确保政策的针对性和有效性。此外，问题导向还可以帮助政府及时了解地方发展中存在的问题，并积极采取应对措施。

（三）传导机制强、反馈机制弱

区域协调发展机制在运行过程中呈现出政策传导机制强的特征，是因为在区域协调发展机制中，国家制定的有关区域协调发展的战略可以通过政策文件、会议宣讲、媒体宣传等各种渠道迅速传达至地方，使政策能够及时落实到基层；此外，政府部门在推进区域协调发展时也会采取一系列措施，如派驻工作组、成立协调机构等，加强对政策执行情况的监督和指导，使政策得以贯彻落实。反馈机制弱是区域协调发展机制的另一特征，主要体现在基层实践对政策执行情况的反馈能力相对较弱。一方面，基层实践的反馈渠道不畅通，反馈信息不能及时传达到上级，从而使政策难以及时得到调整和改进；另一方面，基层实践对政策的反馈可能存在一定的压力，如财政资金的分配、政绩考核等问题，导致实际执行情况与政策精神有所偏差。

（四）多元化与灵活性相统一

区域协调发展机制的多元化是指区域协调发展机制需要充分考虑到不同区域的特点和发展需要，因地制宜地制定各项措施和政策，保证其可操作性和可持续性。不同地区的经济、社会、文化等方面都存在差异，这就要求区域协调发展机制必须具有多元化的特征，即在保证整体协调的前提下，充分考虑各方面的差异性和多样性。灵活性是区域协调发展机制的另一个重要特征。随着社会经济的快速发展和变化，各地区的发展需求也在不断变化。因此，区域协调发展机制需要具有灵活性的特征，以适应不同阶段和不同情况。

三、区域协调发展机制的效果

区域协调发展上升为国家重大战略以来，各地区各部门围绕如何正确处理政府和市场的关系，积极探索建立健全区域合作机制、区域基本公共服务均等化机制、区域市场一体化机制、区域利益补偿机制、区域政策调控机制等，推动区域政策体系的不断完善，并取得了一定的成效。

（一）区域合作机制

区域合作机制是指相关区域按照自愿参与、平等协商、互惠互利、优势互补的原则，在促进要素自由流动、建立区域共同市场、改善发展条件、开展生态环境治理与保护，以及对外经济联系和贸易等诸多方面联合行动，减少或消除相互间的无效竞争，形成发展合力和关联互动的发展格局，促进各自的经济发展，提高区域整体发展效率[①]。区域合作规范化运行的前提条件是区域合作机制的建立。区域合作机制有两方面的含义：一种含义是具有制度性的协调组织机制，是指各区域在分工的前提下，为了保证区域合作能够顺利进行，实现人民生活水平的普遍提高而进行的一系列制度安排。另一种含义是非制度性的协调组织机制，主要表现在特定区域各地政府通过倡导方式而成立的松散型的协调协商组织。区域合作机制的构成要素有区域合作组织、区域合作章程、区域合作政策、区域合作项目、区域合作指标等[②]。

从区域合作机制的构成来看，我国区域合作机制取得了长足的进步。中华人民共和国成立后，我国曾多次进行行政体制改革和行政区划调整，尤其是为了加强省级行政区合作而设立了六大行政区和七大协作区[③]，这为区域合作机制的形成创造了条件。我国区域合作有多种形式，其中对口支援是一种具有中国特色的区域合作机制，自2010年国务院发布《关于中西部地区承接产业转移的指导意见》以来，我国批准建立了包括晋陕豫黄河金三角、湖北荆州、湘南湘西、广西桂东、宁夏银

① 胡军、覃成林等：《中国区域协调发展机制体系研究》，中国社会科学出版社，2014。

② 孙久文：《以区域合作促进区域发展新格局形成》，《开放导报》2021年第4期。

③ 肖金成、马燕坤、洪晗：《我国区域合作的实践与模式研究》，《经济研究参考》2020年第4期。

川—石嘴山、甘肃兰白经济区等在内的承接产业转移示范区。截至2022年年底，湘南湘西、重庆沿江、皖江城市带、晋陕豫黄河金三角等承接产业转移示范区已正式开始运作。随着《国家东中西区域合作示范区建设总体方案》《赣闽粤原中央苏区振兴发展规划》等规划方案的批复实施，区域合作机制不断完善，东中西部经济合作规模不断扩大，区域合作已经成为推动中西发展的重要引擎，不仅帮助各地区优化了产业结构，还共同实现了经济快速增长和社会进步，促进了民生福利的改善。全国对口支援贵州、青海、新疆、西藏等工作也取得了显著的成效。

（二）区域基本公共服务均等化机制

实现基本公共服务均等化是中共中央、国务院发布的《中共中央　国务院关于建立更加有效的区域协调发展新机制的意见》的基本目标之一。基本公共服务均等化机制是在政府和市场共同努力的前提下，确保区域基本公共服务均等化得以实现的重要保障，它为各区域实现公共服务的均衡发展提供了条件。

基本公共服务均等化水平是体现区域经济协调发展的重要目标。2004年以来，我国坚持以人民为中心，持续大力推进基本公共服务均等化机制改革，并取得了明显的成效。2018年，国务院办公厅印发《基本公共服务领域中央与地方共同财政事权和支出责任划分改革方案》，将义务教育、基本就业服务、基本养老保险、基本医疗保障等八大类共计18个事项纳入中央和地方共同财政事权范围，并规范支出责任分担方式。这标志着财政事权和支出责任划分取得了新的重大进展，区域基本公共服务均等化水平大幅提高。

采用31个省（区、市）的卫生技术人员的变异系数、每万人口高等学校平均在校生数的变异系数、城乡居民基本养老保险参保人数占地区人口比重的变异系数来衡量我国基本公共服务均等化机制的实施效果，我国基本公共服务均等化指数在2021年达到143.6，并呈现出持续升高的趋势①。具体来看，无论是在医疗服务水平方面，还是在居民受教育程度方面，各地区人均基本公共服务的差距都在持续缩小（图9–4）。随着我国高等教育从大众化阶段进入普及化阶段，各地区每万人口

① 黄群慧、叶振宇等：《中国区域协调发展指数报告（2021）》，中国社会科学出版社，2023。

高等学校平均在校生数的差距逐渐变小，2020年这个指标的变异系数值比2004年下降了44.52%[①]，各地区人口素质的相对差距明显缩小。在城乡养老保险方面，各地区城乡居民基本养老保险参保人数占地区人口比重的差距呈现先上升再下降的波浪趋势。由于各地区的经济发展水平不同，人口的收入水平和就业情况也不同，较发达地区的居民参保意识较强，参保率也较高，而相对落后地区的居民则缺乏相应的保障意识和经济能力，参保率较低，因此城乡养老保险差距暂时性扩大。2015年之后，随着我国社会保障体系的健全，各地区城乡养老保险的差距也在不断地缩小，2021年这个指标的变异系数值为45.07%，比2015年下降了17.85个百分点。

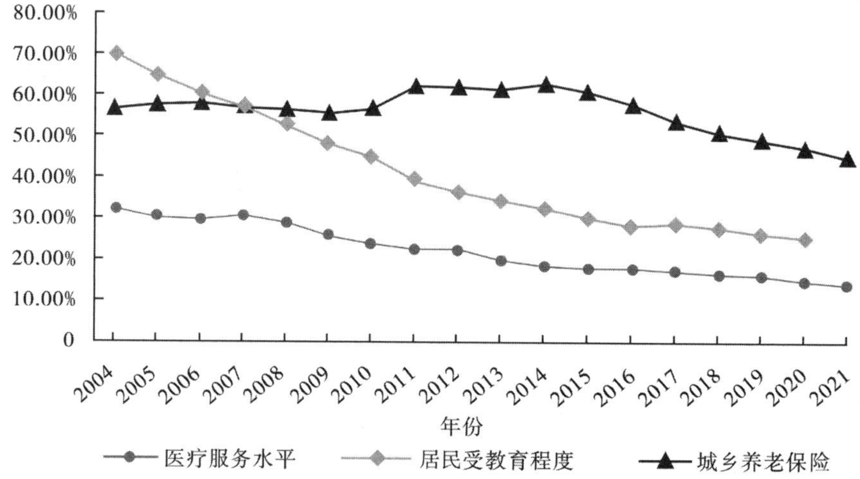

图9-4　2004—2021年我国31个省（区、市）基本公共服务均等化变异系数

数据来源：根据相关年份《中国统计年鉴》测算得出。

（三）市场一体化机制

市场一体化机制是指在一个区域内，通过建立共同的市场规则、标准和制度等，推动各类要素在市场中自由流动，实现市场资源的优化配置和市场经济的高效运作。市场一体化机制的核心是建立统一的市场规则和制度，通过深化劳动力、资本、土地、技术等要素的改革，促进形成统一、开放、竞争、有序的全国统一大市场。

① 由于该指标在2021年有许多省份的数据缺失，因此只能统计到2020年。

由于市场一体化无法用单一指标来衡量，本书采用东部、中部、西部和东北四大区域的市场分割指数[①]来评价区域市场一体化机制的实施效果。市场分割指数越低，市场一体化水平越高。从图9-5显示的结果来看，2003—2014年，四大区域市场分割指数的整体变化趋势基本保持一致，均呈现出波浪式下降趋势，这表明市场一体化机制的改革举措在该阶段发挥了较为显著的作用。2015—2019年，四大区域的市场分割指数虽然有上升的变化趋势，但仍低于2003年。具体来看，四大区域中，东部市场一体化机制的实施效果最好，其市场分割指数由2003年的0.00048下降至2019年的0.00019，减少了59.21%；中部和西部市场一体化机制的实施效果次之，其市场分割指数分别由2003年的0.00033、0.00039降至2019年的0.00013和0.00020，分别减少了58.92%和48.41%；东北市场一体化机制的实施效果相较于其他三个区域较差，其市场分割指数由2003年的0.00028下降至2019年的0.00019，减少了30.62%。

区域市场一体化机制的实施对区域之间贸易壁垒的消除产生了积极的效果，降低了跨省份企业的市场准入门槛，促进了资源和劳动力的优化配置。此外，市场一体化水平的提高也加速了企业间的竞争，鼓励了创新和技术进步。然而，我国区域市场一体化机制也存在挑战和问题。老少边欠地区的发展相对滞后，部分企业仍然面临着地方保护主义的障碍，市场准入门槛仍然较高，不同地区的政策和法规还存在差异，对企业跨区域投资形成了一定的障碍。

① 四大区域的市场分割指数是根据每个区域所包含省（区、市）的市场分割指数算术平均计算得到的。

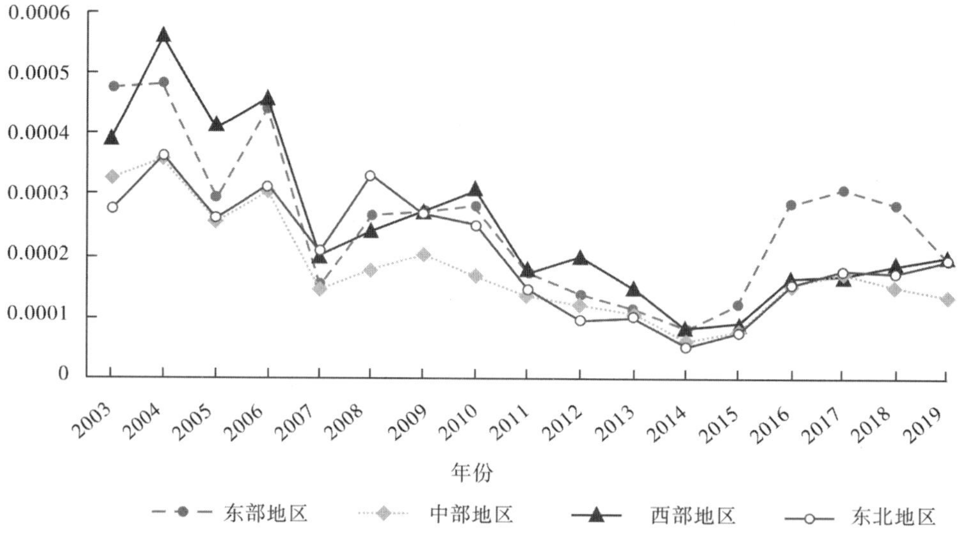

图9-5 2003—2019年我国东部、中部、西部、东北地区市场分割指数

数据来源：根据相关年份《中国统计年鉴》整理计算得出。

（四）区域利益补偿机制

区域利益补偿是基于区域间存在明确的利益损益关系的前提，以公平负担为原则，在受损区作出特别牺牲或付出代价后，由受益区补足或抵消其利益减损[①]。区域利益补偿机制与一般的补助政策是不同的，该机制解决的是区域发展问题。当前，我国各级政府通过税收优惠、直接补偿、转移支付等各种方式对资源型区域、重点生态功能区、粮食主产区等进行了大力度的政策支持和支援，受益区也通过产业飞地、产销合作、资金直接补偿等形式对受损区给予补偿，并取得了一定的成效。但是，区域利益补偿机制还存在制度框架不健全、路径不明晰等问题，其效果远远无法满足实现区域经济高质量发展目标的需要。

首先，区域利益补偿资金呈现出逐年增加的趋势，但是政府在补偿过程中的作用并未得到完全发挥。区域利益补偿有横向和纵向之分，在横向区域利益补偿过程中，存在受益区政府对区域利益补偿认识不足的问题，同时没有意识到自身对受损区有补偿的义务。虽然当前受益区已经采取了包括流域上下游生态补偿、粮食产销

① 陈婉玲：《区际利益补偿权利生成与基本构造》，《中国法学》2020年第6期。

地合作等在内的补偿方式，但都不是基于平等利益主体的对损失的利益补偿。在纵向区域利益补偿过程中，虽然中央纵向财政转移支付每年都在增加，但补偿类型仍以转移支付为主，补偿金额规模小，基本没有具体安排受制度规范的区域利益补偿资金。例如，目前应用最广泛的中央对国家重点生态功能区的补偿，2021年对676个国家级生态功能区（县）共补偿881.9亿元，其中禁止开发区补偿仅为70亿元，每个县补偿资金为1.3亿元[①]，补偿资金中还有较大部分用于专项生态补偿，对当地基本公共服务、绿色产业发展等的支持比较有限，导致“十补九不足”。

其次，补偿手段逐渐多元化，但针对市场化补偿的价格和产权制度尚不清晰。一般情况下，我国政府针对区域外部性的补偿有两种：一种是对产生正外部性的区域给予转移支付，使该地区得到补偿；另一种是通过完善资源产权制度、市场价格机制等对重点领域或行业构建以市场为支撑的补偿和激励机制。前者是在实现区域基本公共服务均等化的基础上进行基本补偿；后者才是真正推动区域协调发展，激发区域创造活力的“造血型”补偿。改革开放以来，我国区域利益补偿方式逐渐由基本补偿向“造血型”补偿转变，比如我国在广东、内蒙古、宁夏等地区基于有偿使用制度的原则，就资源环境权益问题开展了试点等，取得了突破性的进展。但是，当前我国的能源价格、资源价格、粮食价格仍然不能真正解释生产成本和市场供求关系。

（五）区域政策调控机制

区域政策是针对区域问题而出现的，区域问题是有阶段性变化的，区域政策的重点也会随着主要区域问题的变化而改变[②]。区域政策调控机制旨在通过实行差别化的区域政策、建立区域均衡的财政转移支付制度、建立健全区域政策与其他宏观调控政策联动机制对不同地区的经济和社会发展进行引导和调控。近年来，我国为解决各种区域问题采取了一系列措施，取得了明显成效，但仍存在一些问题。

区域政策调控手段逐渐完善，但尚未彻底激发区域发展动能。近年来，我国

① 郑国楠：《区域利益补偿机制构建的理论基础与实践探索》，《区域经济评论》2022年第4期。

② 安树伟：《改革开放40年以来我国区域经济发展演变与格局重塑》，《人文杂志》2018年第6期。

政府通过不断完善区域政策调控手段，致力于缩小区域差距。例如，国家提出的西部开发、东北振兴、中部崛起等一系列政策措施，旨在解决落后区域、萧条区域、膨胀区域的发展问题。然而，尽管政府的区域政策调控手段逐渐完善，实施效果显著，但实际上并没有彻底激发区域发展动能。一方面，一些地区受制于地理、环境和资源等因素，难以实现高质量发展。另一方面，一些地区政策落实不力，没有真正发挥政策的效应。此外，虽然政府出台了许多区域协调发展政策，但实际执行效果并不理想。一些发达地区和一些强势企业往往能够更好地利用政策资源，而较为落后的地区则很难在政策资源的竞争中获得优势。这种现象导致了贫富分化和区域差距的进一步扩大，削弱了整个国家的发展活力。虽然政府通过不断完善区域政策调控手段，促进了一些地区的发展，但尚未真正激发整个区域的发展动能。为了实现区域协调发展，应该进一步加强政策协调和落实，注重发展内生动力，鼓励各地发挥优势，激发地方发展潜力。

四、区域协调发展体制机制存在的问题

我国区域协调发展机制整体上取得了显著、积极的成效，区域合作的深度和广度进一步拓展，人民生活水平差距逐步缩小，区域基本公共服务均等化取得长足进步，但也要看到市场一体化机制、区域利益补偿机制、区域政策调控机制尚有较大的提升空间，资本要素流动还不够充分，补偿权利义务主体还不够明确。

（一）行政分割严重，要素流通不畅

市场是激发经济活力、促进区域协调发展的动力源。目前，我国区域协调发展的行政分割问题比较严重，不同地区之间的市场联系不够紧密。一方面，区域之间的市场壁垒较高，导致各地企业面临的市场规模和竞争格局不同，企业之间的竞争不够公平；另一方面，一些行业和领域还存在着“玻璃门”和“弹簧门”现象，地区封锁、行政分割和恶性竞争的情况仍然存在，使得整体利益受损。另外，我国的要素流通存在着一定的制度障碍，导致要素自由流动缓慢。例如，户籍制度限制了人口的自由流动，劳动力资源无法充分配置；地方政府之间的税收分配机制导致资

金流通不畅，一些地区的经济建设难以得到足够的资金支持；土地制度问题也制约了农村地区的发展。

（二）“强政府—弱市场”特征突出

当前，“强政府—弱市场”问题在我国区域协调发展中十分突出。首先，政府过度干预经济，将资源和权力高度集中在政府手中，造成了市场参与者的匮乏和社会组织的薄弱。这使区域协调发展中的非政府力量难以充分发挥作用，导致区域经济发展缺乏多元主体参与，难以形成有利于区域协调发展的合作机制和社会共治格局。其次，政府过度干预市场，依赖行政手段推进区域发展，导致政策单一、刚性过高、不适应市场变化等问题。这使区域协调发展常常受到政策协调、规划实施等方面的制约，难以实现区域的协同发展和整体优化，造成了区域碎片化和经济发展不平衡。

（三）体制机制创新不够，政策协调力不足

区域协调发展需要体制机制的创新，以激发不同区域的发展动力。然而，当前我国区域协调发展的体制机制创新不够、政策协调力不足，难以充分发挥不同地区的发展优势。一方面，在现有的区域协调发展体制机制中，政府在协调和引导区域发展中的作用仍然较大，而市场调节和社会力量参与的机制尚不完善。尤其是在解决贫困地区发展和人口外流等问题时，主要还是采用单一的财政投入和资源调配，缺乏具有创新性的制度安排。另一方面，当前我国各地区的经济发展水平、产业结构和人口分布等存在较大差距，这给区域协调发展带来了很大的挑战。虽然中央政府出台了一系列促进区域协调发展的政策，但是这些政策在实施过程中，由于各级政府的行为不一致、政策落实不到位等问题，未能取得预期的效果。特别是在加强各地区产业协调和科技创新合作、深化市场一体化等方面，政策协调的效果更是不尽如人意。

（四）体制机制的分散性、重复性问题突出

各地在政策制定和执行过程中存在相对独立的问题，缺乏有效的沟通和协调机制，容易出现政策重复和资源浪费。同时，政策执行部门的权责不清、执行不力，也成为区域协调发展的瓶颈。首先，区域协调发展体制机制存在分散性问题。区域协调发展体制机制由不同的部门和单位承担，比如国家发改委、财政部、自然资源部、交通运输部等，由于职能部门的不同，体制机制建设存在管理上的分散化问题。这些部门在实施区域协调发展体制机制时，由于各自的职能不同，又存在政策、资源、管理等方面的分散现象，造成了协调难度的加大和实施效果的降低。其次，区域协调发展体制机制存在重复性问题。在各级政府和部门之间，由于缺乏协同合作机制，出现了各自为政、重复建设的现象。例如，在一些重点发展地区，政府部门的建设规划和发展战略可能存在差异，而这种差异可能导致重复建设和资源浪费。此外，在一些重点领域，政府部门之间的协调可能不够紧密，存在协同合作不够顺畅的问题，比如推动区域协调发展的财税体制、生态环境保护体制由于缺乏紧密的协调，区域间在区域规划、基础设施建设和产业发展等方面缺乏必要的合作和协调，导致体制机制实施的效果大打折扣。

（五）缺乏有效的调节和反馈机制

区域协调发展体制机制需要健全的调节系统和反馈系统进行监督和反馈，然而，目前区域协调发展体制机制的调节系统和反馈系统未能完全发挥效用，导致一些地方政府对区域协调发展政策执行不力，甚至出现了“一纸空文”的现象，严重影响了区域协调发展的进程。此外，调节和反馈机制的缺乏对某些企业和机构的行为产生了不良影响，尤其在生态保护、矿产开采、市场竞争等方面，由于缺乏有效的调节和反馈机制，部分不良行为难以得到及时纠正，对区域协调发展造成了潜在的威胁。这种机制的缺失还导致了政策效果的评估和调整变得困难。由于无法准确、及时地获取政策执行过程中的反馈信息，政策制定者难以对政策效果进行科学评估，也就无法根据实际情况进行必要的调整和优化。

第三节

区域协调发展体制机制探索

习近平总书记指出，要采取有力措施促进区域协调发展、城乡协调发展，加快欠发达地区发展，积极推动城乡发展一体化和城乡基本公共服务均等化[①]。解决区域发展问题，单纯靠市场自发调节是无效的，政府必须通过不断的体制机制创新才能履行好再分配功能，更好地推进区域协调发展。

一、鼓励重点区域体制创新

我国经济已进入新常态，区域协调发展的重要性日益凸显，而实现区域协调发展的关键之一是鼓励重点区域体制创新。重点区域作为经济增长的重要极点，具有独特的地理和经济优势，推动重点区域体制创新，有助于缩小区域之间的发展差距，提高各地区经济整体实力。因此，加强对重点区域体制创新的支持和引导，对于促进区域协调发展具有重要的意义。

东北地区作为我国重要的老工业基地，在国家的经济发展中扮演着至关重要的角色。然而，由于历史遗留问题和其他种种因素，东北地区的发展一直面临着诸多挑战。为了破解东北老工业基地振兴难题，缓解长期积累的体制机制矛盾，实现东北的全面振兴，体制创新成为关键与前提[②]。这就需要打破体制性束缚，转变政府职能，树立创新意识，增强东北地区经济发展的内生动力；构建区域经济高质量发

① 《抓住机遇立足优势积极作为系统谋划“十三五”经济社会发展》，《人民日报》2015年5月29日第1版。

② 安树伟、李瑞鹏：《高质量发展背景下东北振兴的战略选择》，《改革》2018年第7期。

展的新体制，厘清政府与市场、企业及居民的关系，提升体制运行效率，提高东北地区的市场化程度[①]；进一步完善创新人才引进体制机制，促进人才要素活起来；提升东北地区中小城市的公共服务功能、吸纳就业功能、产业发展功能，畅通要素流通渠道，促进区域间更深层次的合作。

京津冀城市群作为我国沿海三大城市群之一，由于经济体量和人口规模巨大，始终是我国重要的经济发展动力源。然而，京津冀城市群的核心城市与所在区域的发展差距过大，河北地区的综合实力相对落后，这种二元经济特征严重制约着京津冀城市群经济效益的发挥。为此，推进体制创新，打破京津冀市场壁垒和行政分割发展迫在眉睫。这就需要政府在各个领域推进体制的全面创新，坚决破除一切不合时宜的思想观念和体制机制弊端，营造创新环境，激发创新行为，保护企业家精神，为企业发展创造良好的营商环境。建立和完善跨区域协调发展新体制，为落后地区提供一些特殊的扶持政策，如财税倾斜、金融扶持等。

沿边地区作为我国重要的战略资源储备基地，不仅是我国重要的生态安全屏障，也是我国重要的开放门户。我国沿边地区分布着45个地级行政区，137个县级行政区。县级行政区的土地面积约占全国陆地面积的36.6%，然而人口超过50万的县级行政区却只有3个[②]，沿边地区城镇体系很不完善，急需从体制创新着手，增强沿边地区发展环境的特惠性和经济的灵活性。沿边地区的经济社会和自然条件与国内其他地区是无法进行竞争的，只有通过体制创新，改善沿边地区的制度供给，打破体制藩篱，才能在短期内实现发展速度的大幅提高。建议改变过去支持边境县级行政区的做法，以地级行政区作为加快边疆发展的基本单元，通过加强区域中心城市的发展带动边境县城和城镇。因此，沿边地区可以选择一部分经济、社会、自然条件比较好的地级行政区、口岸开展体制创新试点工作，顺应简政放权的趋势，赋予边疆地区政府更高的发展自主权，因地制宜探索体制新模式，筑就“政策高地”[③]。

① 李瑶、安树伟：《东北地区经济高质量发展研究》，《城市与环境研究》2019年第1期。
② 肖金成：《加快沿边经济带发展》，《中国投资（中英文）》2022年第Z0期。
③ 孙久文：《以区域合作促进区域发展新格局形成》，《开放导报》2021年第4期。

二、鼓励重点领域体制机制创新

鼓励重点领域体制机制创新是应对发展环境和内外部压力变化的重要举措，是促进区域协调发展向更高水平和更高质量迈进的有效途径。一方面，鼓励重点领域体制机制创新可以通过制定更加适应发展需要的政策、法规和制度，有效调动各方面的积极性和创造性，促进资源的优化配置，实现经济发展的良性循环。另一方面，体制机制创新应该随着环境的变化，不断调整和完善自身的管理和运作机制，从而应对各种潜在的风险和挑战，更好地促进区域高质量协调发展。

强化科技体制机制创新是实现区域协调发展的必由之路。在新的历史条件下，科技创新及其衍生出的数字经济正悄然改变区域经济格局，科技化与数字化是不可逆的全球潮流。政府应完善政策体系和创新机制，加强政策协同和科技资源整合，改变原有经济发展格局，革新传统要素市场，创新区域发展范式，强化区域创新活力。推动地区之间的合作与交流，促进科技创新和产业升级，推进数字化转型，以此推动区域协调发展。企业也应积极加大技术研发投入，提高科技创新能力，实现可持续发展。

鼓励人才体制机制创新是推动区域协调发展的有力措施。在当前全球化和信息化的背景下，各地区的经济发展水平和人才储备差异较大，这给区域协调发展带来了许多挑战。因此，创新人才体制机制，促进人才的流动和聚集，是推动区域协调发展的必要手段。政府要在政策层面建立更加完善的人才评价、引进和培养机制，通过提高人才待遇、增加人才培训、激励人才创业等方式，提高各地区吸引人才的竞争力。此外，政府要通过人才体制机制创新，推动各地区之间的人才交流和合作，增强人才之间的联系和沟通，为人才的流动提供更加便捷和高效的渠道，促进区域人才合理布局和协调发展。

鼓励财政体制机制创新是促进区域协调发展的重要手段。政府可以通过制定差异化的财政政策，推进跨区域合作，建立区域协调发展的财政管理体制，推动资本市场创新，鼓励企业跨区域投资和发展等方式，促进财政资源的优化配置和协调发展。这就需要政府加强领导，完善法规和制度，建立协同机制，充分调动地方政府、企业和社会各方的积极性。

三、促进区域协调发展体制机制从以行政手段为主转变为以法律手段和经济手段为主

区域协调发展的体制机制主要采用行政、经济、法律三种手段对区域经济进行调节，三种手段各有利弊。行政手段可以迅速达到预定目标，短期效果显著，然而由于地方领导是“对领导负责”而不是真正对公众负责，可能给长期的经济社会发展带来较多负面作用。如某些地区政府官员为了完成招商引资指标，推出“零地价”政策，使生产要素成本大大扭曲，造成产业布局不合理，资源大量浪费。经济手段以物质利益为基础，能够有效地调动积极性、主动性，它的效果显现需要一个较长时间的机制转换，作用领域主要限于经济领域，不能解决社会需求和精神问题。法律手段可以有效规范区域市场主体行为，实施效果稳定、连续，有利于形成稳定预期，维系市场经济健康运行。

发达国家的区域政策的实施主要是建立在法律基础之上的，权责明确，预期稳定，规则明晰，能够有效减少交易成本。随着市场经济的发展和进一步完善，法律手段越来越体现出优越性，而我国区域发展中行政手段明显多于法律手段，大多数采用的是行政手段，均以通知、意见、纲要、决定、建议、规划等形式出现，其原因是多方面的，包括法治建设还很不完善、公众参与程度不高、传统治理方式的传承、政府“经济人”追求利益最大化动机、官员的任期及升迁导致的行政短期行为等。这就需要有针对性地进行改革和调整，打破“人治”的路径依赖，建立法治规则，完善市场经济，实现我国区域协调发展体制机制从以行政手段为主向以法律手段和经济手段为主转变，以保证我国区域政策的科学性、连续性、高效性和透明性①。

四、确保政策的有效落实

政策是要落实的，只有通过健全的体制机制，保障政策目标任务落地实施，

① 安树伟、刘晓蓉：《区域政策手段比较及我国区域政策手段完善方向》，《江淮论坛》2010年第3期。

使发展蓝图转化为发展实践，才是一项政策工作的完整过程。如果不能保证政策的有效落实，则很容易流于形式。因此，一要建立健全区域政策与其他宏观调控政策联动机制。加强区域政策与财政、货币、投资等政策的协调配合，优化政策工具组合，推动宏观调控政策精准落地。围绕区域规划及区域政策导向，采取完善财政政策、金融依法合规支持、协同制定引导性和约束性产业政策等措施，服务国家区域协调发展战略[①]。二要建立制度健全、程序规范、方法科学的政策评估督查体系，通过全面评估与重点评估相结合、定性评估与定量评估相结合、过程评估与效果评估相结合、自我评估与第三方评估相结合、机构评估与群众评估相结合，找到政策本身存在的问题和实施中的偏差，寻找政策调整的依据，提出未来需要解决的重点问题，从而提高政策的有效性[②]。

---

① 《中共中央　国务院关于建立更加有效的区域协调发展新机制的意见》，《中华人民共和国国务院公报》2018年第35期。

② 杨伟民等：《新中国发展规划70年》，人民出版社，2019。

▶▶▶

| 第四节 |

新时代促进区域协调发展体制机制创新

在经济全球化的背景下，区域协调发展已成为推动全国经济发展的重要战略。然而，由于不同区域的发展水平和资源分配存在巨大差异，区域协调发展的难度越来越大。因此，为了更好地促进区域协调发展，实现中国式现代化，需要进行体制机制创新。未来一个时期内，我国区域协调发展要坚持目标导向和问题导向相结合，继续深化体制改革，持续完善区域协调发展体制机制，努力为中国式现代化创造有利条件。

一、形成有效市场和有为政府有机结合的体制机制

形成有效市场和有为政府有机结合的体制机制需要政府、市场主体和社会各界的共同努力。有效市场的形成是区域协调发展体制机制创新的核心。市场的作用不可替代，必须形成开放、公正、透明、有序的市场环境，促进各地区资源的优化配置和互补发展。为此，需要制定市场准入规则和竞争政策，引导各地区有序竞争，防止市场垄断，推动区域间的经济合作和协同发展。有为政府的建设是区域协调发展体制机制创新的重要保障。政府在市场调节和资源配置中具有重要作用，需要强化政府的职能和责任，形成有效的政策环境和政策体系。一方面，政府应该引导和规范市场行为，推动经济转型升级，加大对战略性新兴产业的支持力度。另一方面，政府应该建立完善的制度和政策保障体系，营造公平竞争的环境，促进各地区在资源禀赋、产业发展、技术创新等方面的互补协同。要形成有效市场和有为政府

有机结合的体制机制，需要做到以下几点。一是要加强市场调节机制的作用。激发市场主体的积极性和创造性，以市场供求关系为导向，倡导市场竞争，推动市场调节机制作用的有效发挥。二是要强化政府引导作用。更好地发挥宏观调控和政策引导作用，制定有效的政策措施，引导经济要素向欠发达地区转移。三是要推进制度创新。不断加强制度建设，形成一系列符合市场规律和政府要求的制度安排，打造一个有利于区域协调发展的制度环境。例如，制定优惠政策，鼓励企业进入欠发达地区投资发展；建立跨区域协调机制，加强区域协调发展的政策衔接和资源共享。

二、形成与中国式现代化相适应的区域协调发展体制机制

中国式现代化是世界文明进步运动在中国的生动实践，具有人口规模巨大、全体人民共同富裕、物质文明和精神文明相协调、人与自然和谐共生及走和平发展道路五个鲜明特征。实现中国式现代化要求加快建立与之相适应的区域协调发展体制机制，牢牢把握发展的动力引擎，厚植雄厚的经济根基，将区域协调发展体制机制作为实现中国式现代化的重要支撑。这就需要增强政策制定的科学性和透明度，建立科学的决策体制，确保政策的制定和执行符合科学规律和市场需求，同时公开透明，接受社会监督。加强法律和制度保障，建立健全法律法规体系，确保区域协调发展的各项政策措施得到有效实施，建立和完善监管体制，加强对区域协调发展的监督和评估，及时发现和解决问题，推动区域协调发展体制机制的不断完善和优化，为实现中国式现代化提供坚实的政策保障。通过试点示范和制度创新，不断探索新的区域协调发展模式和体制，以适应不断变化的时代背景和全球经济的发展趋势，为实现中国式现代化提供保障。

三、形成与优势互补、高质量发展的区域经济布局相适应的体制机制

2019年，习近平总书记指出，“要从多方面健全区域协调发展新机制”，

“形成优势互补、高质量发展的区域经济布局”①。从我国区域经济发展特点看，中心城市和城市群等优势区域具有较高的资源要素配置效率和强大的经济发展活力，是经济增长的动力源。因此，应形成与优势互补、高质量发展的区域经济布局相适应的体制机制，打造老少边欠地区发展的动力源，更好地推进中国式现代化。首先，要建立和完善区域合作机制，推动资源共享和优势互补。通过加强政策协调、信息交流、人才流动等措施，推动土地、资本等传统要素和数据等新型要素资源的市场化改革，促进区域间产业合作和经济互联互通，共同推进区域协调发展。其次，要注重政策创新和体制创新，提高政策和制度的适应性和灵活性。针对不同地区的实际情况，应该制定具体的政策措施推动经济发展。同时，也要通过不断改革和创新，完善区域协调发展的制度体系，以此来推动形成优势互补、高质量发展的区域经济布局。

四、形成差别化的区域协调发展体制机制

随着我国经济的快速发展，各地区的经济发展水平和发展需求也日益多样化和差异化。因此，对于区域协调发展体制机制创新，必须考虑到各地的差异性和特殊性。首先，需要形成差别化的发展策略。不同地区在发展阶段、经济结构和资源禀赋等方面都存在差异。因此，针对不同的区域特点，需要制定相应的差别化发展策略。其次，需要形成差别化的政策措施。针对不同区域的发展需求，应该制定相应的政策措施。对于西部欠发达地区，可以采取税收优惠、金融扶持等政策，鼓励投资和创业；对于东部沿海地区，可以加大对高新技术产业的支持力度，提高产业竞争力和创新能力。最后，需要形成差别化的管理和监管机制。针对不同区域的差异性和特殊性，应该建立相应的管理和监管机制。对于重点发展的产业园区，需要支持园区建设和加强管理。

① 习近平：《推动形成优势互补高质量发展的区域经济布局》，《求是》2019年第24期。

五、区域协调发展体制机制应由“锦上添花”向“雪中送炭”转变

为解决我国区域发展不平衡不充分的问题，更好地满足人民日益增长的美好生活需要，要更加注重对发展落后和困难地区的援助干预[①]。过去，区域发展更多的是扮演“锦上添花”的角色，即为经济发达地区提供更多的政策支持和资源投入，以促进进一步发展。然而这种体制机制在一定程度上加剧了地区差距。新时期，区域协调发展应把扶弱济困作为区域政策的优先选项，少做“锦上添花”之事，多做“雪中送炭”之事，逐步实现区域协调发展体制机制由“锦上添花”向“雪中送炭”的转变。这意味着，对那些单纯依靠市场和自身力量发展艰难的欠发达地区，政府要提供更多的政策支持和资源投入，通过强化政策补偿机制、优化资源配置机制、建立互利共赢的合作机制等，保障欠发达地区的发展需求和环境要求，从而增强区域发展的平衡性和协调性。

① 陈耀：《构建区域协调新机制应充分体现制度优势》，《区域经济评论》2019年第1期。

参考文献

[1] 习近平. 决胜全面建成小康社会 夺取新时代中国特色社会主义伟大胜利. 人民日报，2017-10-28.

[2] 习近平. 推动形成优势互补高质量发展的区域经济布局. 求是，2019（24）.

[3] 习近平. 高举中国特色社会主义伟大旗帜 为全面建设社会主义现代化国家而团结奋斗. 人民日报，2022-10-26.

[4] 习近平. 习近平著作选读：第一卷. 北京：人民出版社，2023.

[5] 陈栋生. 区域经济学. 郑州：河南人民出版社，1993.

[6] 杜平. 中外西部开发史鉴. 长沙：湖南人民出版社，2002.

[7] 高志刚. 新疆区域经济协调发展若干问题探讨. 经济师，2003（2）.

[8] 陈秀山，刘红. 区域协调发展要健全区域互动机制. 党政干部学刊，2006（1）.

[9] 程必定. 区域经济学. 合肥：安徽人民出版社，1989.

[10] 范恒山. 探索建立全要素的区际利益平衡机制. 区域经济评论，2020（1）.

[11] 范恒山，孙久文，陈宣庆，等. 中国区域协调发展研究. 北京：商务印书馆，2012.

[12] 郝寿义. 区域经济学原理. 上海：上海人民出版社，2007.

[13] 胡焕庸.中国人口之分布：附统计表与密度图. 地理学报，1935（2）.

[14] 胡焕庸.中国人口的分布、区划和展望. 地理学报，1990（2）.

[15] 毛泽东. 论十大关系//毛泽东. 毛泽东选集：第5卷. 北京：人民出版社，1977.

[16] 陈栋生. 为什么说我国经济分布客观上存在着东、中、西部三大地带//《红旗》杂志社理论教育编辑室. 学习“七五”计划文件问题解答. 北京：红旗出版社，1986.

[17] 肖金成，欧阳慧，等. 优化国土空间开发格局研究. 北京：中国计划出版社，2015.

[18] 肖金成. 城镇化与区域协调发展. 北京：经济科学出版社，2013.

[19] 肖金成. 中国区域发展：理论、战略与布局. 北京：光明日报出版社，2021.

[20] 安树伟. 改革开放40年以来我国区域经济发展演变与格局重塑. 人文杂志，2018（6）.

[21] 魏后凯，成艾华，张冬梅. 中央扶持民族地区发展政策研究. 中南民族大学学报（人文社会科学版），2012（1）.

[22] 安树伟，董红燕. 我国减贫战略演变与新时代脱贫攻坚成果巩固.甘肃社会科学，2022（3）.

[23] 张军扩. 中国区域政策回顾与展望. 管理世界，2022（11）.

[24] 胡军，覃成林，等. 中国区域协调发展机制体系研究. 北京：中国社会科学出版社，2014.

[25] 孙久文. 以区域合作促进区域发展新格局形成. 开放导报，2021（4）.

[26] 肖金成，马燕坤，洪晗. 我国区域合作的实践与模式研究. 经济研究参考，2020（4）.

[27] 中共中央　国务院关于建立更加有效的区域协调发展新机制的意见. 中华人民共和国国务院公报，2018（35）.

[28] 陈婉玲. 区际利益补偿权利生成与基本构造. 中国法学，2020（6）.

[29] 郑国楠. 区域利益补偿机制构建的理论基础与实践探索. 区域经济评论，2022（4）.

[30] 陈耀. 构建区域协调新机制应充分体现制度优势. 区域经济评论，2019（1）.

[31] 周毅仁. 加快构建更加有效的区域协调发展新机制. 中国经贸导刊（理论版），2020（7）.

[32] 石碧华.我国区域经济发展战略思想的演变及展望.理论视野，2021（12）.

[33] 魏后凯.区域协调发展战略的理论和实践创新.经济学动态，2022（9）.

[34] 学习贯彻习近平新时代中国特色社会主义经济思想 做好“十四五”规划编制和发展改革工作系列丛书编写组.推动脱贫攻坚和特殊类型地区振兴发展.北京：中国计划出版社，2020.

[35] 中共中央党史和文献研究院. 习近平扶贫论述摘编. 北京：中央文献出版社，2018.

[36] 中共中央宣传部，国家发展和改革委员会.习近平经济思想学习纲要.北京：人民出版社，2022.

[37] 习近平.习近平谈治国理政：第4卷. 北京：外文出版社，2022.

[38]《党的二十大报告辅导读本》编写组.党的二十大报告辅导读本.北京：人民出版社，2022.

[39] 安虎森，何文. 区域差距内生机制与区域协调发展总体思路. 探索与争鸣，2012（7）.

[40] 安虎森，汤小银. 新发展格局下实现区域协调发展的路径探析. 南京社会科学，2021（8）.

[41] 安树伟，肖金成，吉新峰. “十二五”时期我国区域政策调整研究. 发展研究，2010（7）.

[42] 陈栋生. 深化区域合作推进经济转型和协调发展. 贵州社会科学，2012（1）.

[43] 陈栋生. 经济布局与区域经济. 北京：中国社会科学出版社，2013.

[44] 陈栋生，王崇举，廖元和. 区域协调发展论. 北京：经济科学出版社，2005.

[45] 陈南京. 坚持区域经济协调发展是当前的一项战略任务. 求实，1996（4）.

[46] 陈秀山，杨艳. 区域协调发展：回顾与展望. 西南民族大学学报（人文社科版），2010（1）.

[47] 陈岩. 国际一体化经济学. 北京：商务印书馆，2001.

[48] 陈云. 当前基本建设工作中的几个重大问题. 红旗，1959（5）.

[49] 学习贯彻习近平新时代中国特色社会主义经济思想 做好“十四五”规划编制和发展改革工作系列丛书编写组. 实施区域发展战略. 北京：中国计划出版社，2020.

[50] 高山. 国民经济新成长阶段的区域问题. 管理世界，1987（4）.

[51] 高云虹，李敬轩. 区域协调发展的作用机制和传导路径——基于产业转移的视角. 兰州财经大学学报，2016（4）.

[52] 苟兴朝，杨继瑞. 从“区域均衡”到“区域协同”：马克思主义区域经济发展思想的传承与创新. 西昌学院学报（社会科学版），2018（3）.

[53] 郭丽. 中国区域经济发展的理论与实践：基于四代领导人区域经济思想的分析. 山东省青年管理干部学院学报，2008（1）.

[54] 郝寿义，安虎森. 区域经济学：第3版. 北京：经济科学出版社，2015.

[55] 郝寿义，倪鹏飞. 区域协调发展战略. 广州：广东经济出版社，2020.

[56] 赫特纳. 地理学. 王兰生，译. 北京：商务印书馆，1983.

[57] 胡焕庸. 中国八大区的人口增长、经济发展和经济圈规划. 地理研究，1985（4）.

[58] 胡乃武，韦伟. 区域经济协调发展论. 发展论坛，1995（2）.

[59] 黄俊，张晓峰. 科学发展观：马克思主义协调发展理论的时代解读：以协调发展为例. 湖北社会科学，2008（1）.

[60] 蒋会成，夏英祝. 关于城乡经济协调发展的几个问题. 安徽大学学报（哲学社会科学版），1986（3）.

［61］蒋清海. 论区域经济协调发展. 学术论坛，1992（3）.

［62］蒋清海. 论区域经济协调发展. 开发研究，1993（1）.

［63］蒋清海. 区域协调发展：对区域差距的分析与思考. 贵州社会科学，1995（2）.

［64］姜文仙. 区域协调发展的动力机制研究. 广州：暨南大学，2011.

［65］姜文仙，覃成林. 区域协调发展研究的进展与方向. 经济与管理研究，2009（10）.

［66］金丹. 区域经济一体化的理论框架研究. 西部经济管理论坛，2014（3）.

［67］孔全新. 论毛泽东的区域经济均衡发展战略. 济宁师范专科学校学报，2002（4）.

［68］李仁贵. 增长极理论的形成与演进评述. 经济思想史评论，2006（1）.

［69］李树桂，王小琪. 横向开放经济带：沿海与内地的协调发展. 数量经济技术经济研究，1989（9）.

［70］李小建. 经济地理学. 北京：高等教育出版社，1999.

［71］李小建，杨慧敏. 中原城市群产城协调发展分析. 区域经济评论，2017（4）.

［72］梁忆南. 区域开发中的协调问题. 国土与自然资源研究，1991（3）.

［73］刘西忠. 跨区域城市发展的协调与治理机制. 南京社会科学，2014（5）.

［74］刘再兴. 九十年代中国生产力布局与区域的协调发展. 江汉论坛，1993（2）.

［75］刘志彪. 我国区域经济协调发展的基本路径与长效机制. 中国地质大学学报（社会科学版），2013（1）.

［76］毛泽东. 毛泽东选集：第5卷. 北京：人民出版社，1977.

［77］马克思. 资本论：第1卷. 北京：人民出版社，2018.

［78］马克思. 资本论：第3卷. 北京：人民出版社，2018.

［79］马孝先. 区域经济协调发展内生驱动因素与多重耦合机制分析. 宏观经济研究，2017（5）.

［80］彭荣胜. 区域经济协调发展内涵的新见解. 学术交流，2009（3）.

［81］乔旭宁，张婷，安春华，等. 河南省区域发展协调度评价. 地域研究与开发，2014（3）.

［82］覃成林. 中国区域经济差异研究. 北京：中国经济出版社，1997.

［83］覃成林. 区域协调发展机制体系研究. 经济学家，2011（4）.

［84］覃成林，姜文仙. 区域协调发展：内涵、动因与机制体系. 开发研究，2011（1）.

［85］覃成林，刘迎霞，李超. 空间外溢与区域经济增长趋同：基于长江三角洲的案例分析. 中国社会科学，2012（5）.

［86］覃成林，张华，毛超. 区域经济协调发展：概念辨析、判断标准与评价方法. 经济体制改革，2011（4）.

［87］覃成林，张华，张技辉. 中国区域发展不平衡的新趋势及成因：基于人口加权变异系数的测度及其空间和产业二重分解. 中国工业经济，2011（10）.

［88］覃成林，郑云峰，张华. 我国区域经济协调发展的趋势及特征分析. 经济地理，2013（1）.

［89］《区域经济学》编写组. 区域经济学. 北京：高等教育出版社，2018.

［90］孙久文. 区域经济学：第4版. 北京：首都经济贸易大学出版社，2017.

［91］孙久文. 论新时代区域协调发展战略的发展与创新. 国家行政学院学报，2018（4）.

［92］孙久文，席强敏，易淑昶. 新型城镇化与区域协调发展. 北京：中国人民大学出版社，2023.

［93］田青. 国际经济一体化理论与实证研究. 北京：中国经济出版社，2005.

［94］田扬戈. 论区域经济协调发展. 党政干部论坛，2000（2）.

［95］王思薇，刘一康. 高质量发展视角下区域协调发展水平测度. 统计与决策，2023（2）.

［96］魏后凯，刘楷. 中国区域经济协调发展的目标和政策（上）. 经济纵横，1994（3）.

［97］魏后凯，刘楷.中国区域经济协调发展的目标和政策（下）. 经济纵横，1994（4）.

［98］吴殿廷. 区域经济学：第四版. 北京：科学出版社，2019.

［99］乌兰察夫. 邓小平“两个大局”思想的实践和发展：深圳与西部大开发. 特区经济，2002（4）.

［100］夏永祥. 构建我国一级与次级衔接的区域协调发展机制. 区域经济评论，2015（1）.

［101］肖金成. 东、中、西的经济差距与中西部的发展. 经济纵横，1999（9）.

［102］肖金成. 梯度推移与区域协调发展. 中国经济导报，2008-04-12（3）.

［103］肖金成. 区域发展战略的演变与区域协调发展战略的确立：新中国区域发展70年回顾. 企业经济，2019（2）.

［104］肖金成，安树伟. 深入实施区域经济协调发展. 河南日报，2022-10-27（14）.

［105］肖金成，洪晗，申秀敏. 区域协调发展与共同富裕. 华东经济管理，2024（3）.

［106］肖金成，洪晗. 促进区域协调发展 迈向共同富裕之路. 经济，2022（11）.

［107］肖金成，黄征学. 未来20年中国区域发展新战略. 财经智库，2017（5）.

［108］徐国弟，刘源. 我国区域经济协调发展的构想. 河南财经学院学报，1994（4）.

［109］徐现祥，舒元. 中国省区经济增长分布的演进（1978—1998）. 经济学（季刊），2004（2）.

［110］杨开忠. 我国区域经济协调发展的总体部署. 管理世界，1993（1）.

［111］张可云. 论区域和谐的战略意义与实现途径. 创新，2007（4）.

［112］张可云. 新时代区域协调发展战略的内容与机制. 中国国情国力，2018（5）.

［113］张可云. 区域协调发展战略与泛北部湾区域合作的方向. 创新，2007（2）.

［114］张可云，裴相烨. 中国区域协调发展水平测度：基于省级数据分析. 郑州大学学报（哲学社会科学版），2019（6）.

［115］张耀华. 运用经济手段促进南京区域经济协调发展. 中国经济体制改革，1986（11）.

［116］马克思，恩格斯. 马克思恩格斯选集：第1卷. 北京：人民出版社，1960.

［117］马克思，恩格斯. 马克思恩格斯全集：第1卷. 北京：人民出版社，1972.

［118］马克思，恩格斯. 马克思恩格斯选集：第1卷. 2版. 北京：人民出版社，1995.

［119］马克思，恩格斯. 马克思恩格斯选集：第3卷. 2版. 北京：人民出版社，1995.

［120］马克思，恩格斯. 马克思恩格斯选集：第4卷. 北京：人民出版社，1958.

［121］马克思，恩格斯. 马克思恩格斯选集：第20卷. 北京：人民出版社，1971.

［122］马克思，恩格斯. 马克思恩格斯全集：第23卷. 北京：人民出版社，1972.

［123］列宁. 列宁全集：第2卷. 北京：人民出版社，1959.

［124］列宁. 列宁全集：第3卷 . 北京：人民出版社，1984.

［125］列宁. 列宁全集：第19卷. 北京：人民出版社，1956.

［126］列宁. 列宁全集：第20卷. 北京：人民出版社，1958.

［127］列宁. 列宁全集：第29卷. 北京：人民出版社，1956.

［128］列宁. 列宁全集：第34卷. 北京：人民出版社，1985.

［129］斯大林. 斯大林选集：第6卷. 北京：人民出版社，1956.

［130］斯大林. 斯大林全集：第7卷. 北京：人民出版社，1958.

［131］斯大林. 斯大林选集：第12卷. 北京：人民出版社，1958.

［132］斯大林. 斯大林选集：下卷. 北京：人民出版社，1980.

［133］中共中央文献编辑委员会. 毛泽东著作选读：下册. 北京：人民出版社，1986.

［134］中共中央文献研究室. 毛泽东文集：第7卷. 北京：人民出版社，1999.

［135］邓小平. 邓小平文选：第3卷. 北京：人民出版社，1993.

［136］周起业，刘再兴，祝诚，等. 区域经济学. 北京：中国人民大学出版社，1989.

［137］普洛勃斯特. 社会主义工业布局概论. 郝乃毓，胡序威，等译. 北京：商务印书馆，1987.

［138］巴朗斯基. 经济地理学论文集. 邓静中，周超业，李恒，等译. 北京：科学出版社，1958.

［139］科洛索夫斯基. 经济区划原理. 莫斯科：莫斯科政治书籍出版社，1958.

［140］涅克拉索夫. 苏联地域生产综合体. 莫斯科：莫斯科经济科学出版社，1981.

［141］萨乌什金. 经济地理学：历史、理论、方法和实践. 毛汉英，等译. 北京：商务印书馆，1987.

［142］班德曼. 地域生产综合体（TPC）是解决区域问题的生产力组织的先进形式. 地理译报，1989（2）.

［143］克尔日查诺夫斯基. 苏联经济区划问题论文集（1917—1929）. 王守礼，译. 北京：商务印书馆，1961.

［144］ 曾培炎.西部大开发决策回顾.北京：中央党史出版社，2010.

［145］ 肖金成，袁朱，等.中国十大城市群.北京：经济科学出版社，2009.

［146］ 杨开忠，等.中国西部大开发战略.广州：广东教育出版社，2001.

［147］ 陈栋生.中国区域经济新论.北京：经济科学出版社，2004.

［148］陈春林，梅林，刘继生，等.蒙东地区与东北三省城镇一体化发展研究.经济地理，2011（6）.

［149］迟福林.东北亚区域经济合作与东北振兴.北方经济，2021（3）.

［150］董静媚.“十四五”时期东北振兴取得新突破的发展思路.区域经济评论，2021（3）.

［151］洪晗，肖金成.构建东北经济区的思路与对策.中国投资（中英文），2023（Z4）.

［152］何纪祥. 习近平关于新时代东北振兴重要论述研究. 长春：吉林大学，2022.

［153］姜扬.新时代东北地区优化营商环境的现实困境与路径选择：基于市场主体的视角.吉林大学社会科学学报，2022（2）.

［154］李文.“一带一路”建设背景下的东北亚合作问题.东北亚学刊，2015（4）.

［155］马燕坤，徐红.东北沿边经济带发展思路研究.中国投资（中英文），2022（Z0）.

［156］《内蒙古落实国家重大区域发展战略的思路对策研究》课题组，黄占兵，祁婧，等.内蒙古落实东北振兴战略面临的问题及对策.北方经济，2021（12）.

［157］田毅鹏，康雯嘉.作为发展命题的“东北现象”：“东北现象”研究三十

年.开放时代，2019（6）.

［158］王新宇．“东北振兴”战略实施效果评价．长春：吉林大学，2016.

［159］王士君，马丽.基于宏观形势和地域优势的“十四五”东北振兴战略思考.地理科学，2021（11）.

［160］肖金成.增长极是区域经济发展的最有效战略.经济，2021（3）.

［161］肖金成.打造东北地区“一群一带”空间布局.经济，2021（6）.

［162］肖金成．“三大战略”统筹“四大板块”.小康，2017（9）.

［163］习近平谈东北振兴.中国经济评论，2021（10）.

［164］许欣.东北振兴战略演进轨迹及其未来展望.改革，2017（12）.

［165］尹鹏，李诚固，陈才.东北地区省际城市可达性及经济联系格局.经济地理，2014，34（6）.

［166］周宏春．“东北现象”与振兴之策.经济纵横，2017（1）.

［167］赵儒煜，王媛玉.论“东北现象”的成因及对策.南开学报（哲学社会科学版），2017（6）.

［168］陈元.促进中部地区崛起的思路与对策研究.北京：中国财政经济出版社，2007.

［169］杨开忠，李国平，等.面向现代化的中国区域科学.北京：经济管理出版社，2021.

［170］金凤君.黄河流域生态保护与高质量发展的协调推进策略.改革，2019（11）：33–39.

［171］孙久文，程芸倩.中部地区高质量发展的成效、特征及对策建议.治理现代化研究，2022（2）：27–33.

［172］黄艳，安树伟.中国都市圈：识别、特征与发展态势.中国投资（中英文），2022（Z2）：29–36.

［173］李志军.2020中国城市营商环境评价.北京：中国发展出版社，2021.

［174］毛小明，胡伟辉.产业承接视角下中部地区工业资源环境承载力研究.区域经济评论，2021（5）：73–83.

［175］吉新峰.中国区域协调发展战略效应评价：基于区域差距的分析.西安：西北大学，2011.

［176］周绍森，王志国，胡德龙．“中部塌陷”与中部崛起.南昌大学学报（人文社会科学版），2003（6）：54–60.

［177］安树伟，张双悦.新中国的资源型城市与老工业基地：形成、发展与展望.经济问题，2019（9）.

[178] 高国力，贾若祥，徐睿宁.加快特殊类型地区高质量振兴发展研究.经济纵横，2022（7）.

[179] 贾若祥.支持特殊类型地区发展研究.中国经贸导刊，2021（14）.

[180] 赵艳春.新时代沿边民族地区经济发展研究.合作经济与科技，2018（22）.

[181] 庄芮，宋荟柯，张晓静.我国沿边开放战略思考：历史逻辑与推进方向.国际贸易，2021（7）.

[182] 丁阳，夏友富，吕臣.新型国际分工模式下的沿边开发开放问题研究.江苏社会科学，2015（1）.

[183] 孙久文，周玉龙，和瑞芳.中国的沿边经济发展：现状、问题和对策.经济社会体制比较，2017（2）.

[184] 国家统计局住户调查办公室.中国农村贫困监测报告2020.北京：中国统计出版社，2020.

[185] 孙久文，张静，李承璋，等.我国集中连片特困地区的战略判断与发展建议.管理世界，2019，35（10）.

[186] 马诗萍，张文忠，李绪茂.特殊类型地区发展政策的国际经验.国际城市规划，2022，37（1）.

[187] 刘峥延.未来一段时期促进生态退化地区振兴发展的重点举措.中国经贸导刊，2021（20）.

[188] 肖金成.培育增长极 充分发挥开发区的优势.人民政协报，2018-12-21（7）.

[189] 肖金成，马燕坤.西部地区区域性中心城市高质量发展研究.兰州大学学报（社会科学版），2020，48（5）.

[190] 肖金成.加快沿边经济带发展.中国投资，2022（Z0）.

[191] 马燕坤.规划建设沿边经济带的政策思考.开放导报，2021（4）.

[192] BARRO R J,XAVIER SALA-I-MARTIN.Convergence.Journal of political economy,1992（2）.

[193] HARVEY D. Social justice and the city （revised edition）. Athens: University of Georgia Press, 2009.

[194] KREGMAN P. Increasing returns and economic geography. journal of political economy,1991（3）.

[195] PERROUX F. Economic space: theory and application.quarterly journal of economics,1950（1）.

[196] Robson,Peter.The economics of international integration.Academic Division of

Unmin Hyman Ltd,1990.

[197] VINER J. The customs union issue. Carnegie Endowment for International Peace Press,1950.

[198] WILLIAMSON J G.Regional inequality and the process of national development: a description of the patterns. economic development and cultural change,1965 (13) .

后　记

2023年年初，广东经济出版社盛情邀请我组织撰写《促进区域协调发展》一书。当时，我组织撰写的《京津冀协同发展》书稿刚刚提交其他出版社，本想休整一下，但我也认识到，撰写并出版《促进区域协调发展》一书极为重要。虽然党的十九大将区域协调发展作为国家重大战略提出之后，众多学者对此作了大量研究，可谓是汗牛充栋，但认识并不是很一致。坊间对此有很多说法，比较多的是“区域协调发展就是一个筐，什么都可以往里装”。什么是区域？什么是区域发展？什么是区域协调发展？这些概念的内涵是什么？以及相互之间是什么关系？虽然我写的文章论述过，但篇幅有限，水平不高，讲得不是很清楚、准确、系统，确实有进一步研究和详细阐述的必要。如果组织一批学者共同研究，不仅可以集思广益，而且能在短时间内将成果奉献在读者面前，所以在经过一番纠结之后接下了这一任务。

对于编写这本书我还是有信心的。从1994年起，我开始学习区域经济这门专业，迄今刚好30年。从关注西部，到分析区域发展差距，再到研究区域协调发展，我提出了一些思路和对策建议，很想将多年形成的理念、观点和思想系统展示出来。

我1994年考入中国社会科学院研究生院，师从陈栋生教授，他研究了一辈子区域经济。从他那里，我了解了区域及区域经济这些基本概念。我原以为区域经济是中观经济，我知道全球经济、全国经济是宏观经济，企业经济是微观经济，区域经济理所当然就是中观经济。陈老师纠正了我的这一认识。他说：“区域经济是宏观经济，是站在全球或全国看一个地方，是从整体视角看局部，没有整体，就没有局部，没有全国，就没有区域。区域经济既不是微观经济，也不是中观经济，而是宏观经济。如站在全国角度，分为东部、中部、西部；如站在全球角度，中国西部也是（全球）东部。所以，区域是一个相对概念，不像动植物的名字和其他有形事物的名称。”关于区域协调发展，他认为区域协调是区域之间的协调，不是内部协调。当然区域是分层次的，如山西省可分为晋东南、晋西南、晋北，福建省经常谓之“八闽大地”。当然，一个县也可以分为若干区域。所以，区域发展、区域协调发展充满了辩证法。1997年，博士毕业后，我开始研究西部发展战略，首先研究的是我国东西部差距问题，从区域差距进一步认识到区域协调发展的重要意义。我在《经济纵横》杂志上发表的第一篇关于区域经济的文章，题目就是《东、中、西的经济差距与中西部的发展》①。

2000年，我参与组织《中外西部开发史鉴》一书的编写②，还承担了部分的写作，如“区域协调发展与‘西部大开发’战略”。我在文稿中写道：随着东、中、西部三大地带的经济发展差距的扩大被越来越多的人所认识，区域经济学者们提出了区域协调发展的观点，就是既要保持国民经济的高效运转和适度增长，又要促进各地区经济协调发展，共同繁荣。国民经济是一个有机的整体，在这一有机整体中，各地区之间、各产业之间都存在着一定的有机联系和相互依存关系，各地区、各产业的发展要保持协调，即各地区、各产业间的发展水平的相对差距应逐渐有所缩小或至少把地区间差距的扩大幅度控制在一定限度内，保持各区域经济普遍有所增长，不能出现个别区域经济衰退的状况，从而保持国民经济、政治、社会秩序的安定。区域经济协调发展是我国社会主义市场经济条件下区域经济发展模式的必然选择。纵观世界现代化历史，凡是幅员较大的发展中国家和西方发达国家，在实现工业化、现代化的历程中，都不可避免地经历由地区非均衡到均衡协调发展的过程。

2013年，我将发表在报刊上关于城镇化与区域协调发展的文章汇编为一本书，由经济科学出版社出版，书名为《城镇化与区域协调发展》③。

2022年，《经济》杂志第11期发表了我的一篇题为《促进区域协调发展 迈向共同富裕之路》的文章。该文提出了促进区域协调发展就是要采取措施缩小区域之间的差距，缩小区域差距应放在缩小人均收入差距上的观点。

2023年，全国人大常委会委托中国国土经济学会研究“区域协调发展与共同富裕”，我为课题负责人，组成了课题组，按时完成了研究任务。

---

① 肖金成：《东、中、西的经济差距与中西部的发展》，《经济纵横》1999年第9期。

② 杜平主编《中外西部开发史鉴》，湖南人民出版社，2002。

③ 肖金成：《城镇化与区域协调发展》，经济科学出版社，2013。

撰写一本书远没有接受写作任务那么简单。比如，邀请哪些专家学者参与撰写？我知道，区域研究领域的学者都很忙，如果没有充分的时间进行研究和写作，很难保证书稿的质量。如果没有对此领域有深厚的功底，临阵磨枪，现学现卖，即使再费力再认真也很难保证有高度、有深度、有广度的成果。我首先联系了暨南大学覃成林教授、首都经济贸易大学安树伟教授、国家发展和改革委员会国土开发与地区经济研究所国土经济室主任黄征学研究员，一个是中国人民大学的经济学博士，两个是南开大学的经济学博士。覃教授于1997年撰写出版了《中国区域经济差异研究》一书，安教授于2002年撰写出版了《中国省区交界地带经济发展研究》一书，黄征学研究员于2014年撰写出版了《城市群：理论与实践》一书。他们三位欣然同意后，我的心就有底了。此外，我还邀请了他们的学生和我的学生参与撰写。有了写作班子，任务已经完成了一半，下一步工作就是建立写作框架和分工了。

区域协调发展既是一个理论问题，也是一个实践问题，还是一个历史过程。因此，本书的框架分为三个部分，共九章。第一部分阐述区域协调发展的理论内涵和战略形成过程；第二部分是区域协调发展战略实践，包括东部地区率先发展、西部大开发、东北全面振兴、中部地区崛起以及支持老少边欠地区加快发展；第三部分是区域协调发展的体制与机制创新，这是促进区域协调发展的重要手段。全书大纲经全体撰稿人集体讨论形成，我对初稿提出了修改意见，并对各撰稿人提交的书稿进行了修改。可以这么说，整部书稿是集体智慧的结晶，最后由我审阅定稿，书中的所有问题应当由我来负责。

本书绪论由我执笔撰写，综述了各章的主要内容和主要观点，以便读者快速了解全书的思想脉络。

第一章，我国区域协调发展的理论基础，由黄征学、洪晗（第一节）执笔撰写，主要梳理马克思主义经典作家、我国历代领导人关于区域协调发展的论述，探索提炼新时代区域协调发展的理论框架。

第二章，区域协调发展的理论探索，由贾善铭、覃成林执笔撰写，主要梳理国内外区域经济学者关于区域协调发展的研究，阐释对区域协调发展概念和特征的基本认识、区域协调发展的目标与测度以及区域协调发展的内生动力。

第三章，区域协调发展战略的形成过程，由我执笔撰写，阐述了新中国建立以来区域发展战略的转变、区域协调发展战略的酝酿及确立，回顾了我国区域发展的历史和区域协调发展战略形成过程，总结了区域发展的基本经验。

第四章，推动东部地区率先发展，由李博雅执笔撰写，阐述了东部沿海地区改革开放以来实施的重大战略举措、取得的成效和率先实现现代化的对策。

第五章，推进西部大开发形成新格局，由李军培执笔撰写，阐述了西部大开发战略提出的历史背景、演进过程、实施重点、支持政策和主要成效，分析了存在的问题，提出了新时代推进西部大开发形成新格局的对策建议。

第六章，推动东北全面振兴取得新突破，由洪晗执笔撰写，阐述了"东北现象"及其成因、东北振兴战略的演进历程及取得的成效，提出了推动东北全面振兴的思路和对策建议。

第七章，促进中部地区加快崛起，由张晋晋、阎敏执笔撰写，阐述了中部地区崛起战略的演进、重大举措、成效与问题，提出了新发展阶段加快中部地区崛起的思路、对策与展望。

第八章，支持老少边欠地区加快发展，由马燕坤执笔撰写，阐述了革命老区、少数民族地区、边疆地区、欠发达地区的基本情况，以及加快发展的必要性以及采取的对策。

第九章，区域协调发展的体制与机制，由安树伟、申秀敏执笔撰写，在分析体制与机制的区别与联系、基本特征和作用机理的基础上，阐述了我国体制机制的特征、效果及存在的问题，最后对区域协调发展的体制机制创新进行了探索。

区域协调发展作为国家重大战略，内涵十分丰富。我和各位撰稿人试图建立一个新的逻辑框架，一个支撑国家战略的理论体系。当然，无论是战略还是理论，认识不可能完全相同，观点不可能完全一致。我们建立的逻辑框架也不可能没有瑕疵，肯定存在深度不够、理论性不强等问题，希望读者批评指正。书中引用的其他学者的观点尽可能在脚注中标明，如有遗漏，望见谅并指出问题所在。

肖金成

2024年1月26日